変わりゆくパミールの自然と暮らし

ー持続可能な山岳社会に向けてー

渡辺 悌二・白坂 蕃　編著

目次

表紙写真　アライ谷の放牧地の景観（撮影：渡辺 2019年 8月）

刊行によせて

なぜパミール研究なのか

Preface

渡辺 悌二・白坂 蕃

1　アジアのなかのパミール

アジアにはヒマラヤ，カラコラム，ヒンズークシュ山脈を含めた「巨大山塊」があり，このアジアの巨大山塊の北側から東側は中国国内にひろがっている。日本からみると，この巨大山塊の向こう側，すなわち西の端にパミールがある。

中央アジアに位置するパミールにはソ連邦の崩壊によってうまれた新しい国家が多い。厳しい自然環境のもとにあるパミールは貧困と向き合う地域で，ヨーロッパ諸国をはじめ，アメリカ合衆国や，中国，韓国など多くの国がさまざまな支援活動を行っているが，パミールへの日本の支援活動は著しく限定されている。

支援活動と同様に，筆者ら日本人がもっているパミールに関する情報はきわめて限られており，この地域の基盤となる自然環境や生業活動に関する研究はさらに少ない。パミールについて語ることができる日本人は，ほとんどいないといっても過言ではないだろう。

冒頭にパミールが中央アジアにあると書いたが，「中央アジア」という概念はアレクサンダー・フォン・フンボルト（1769～1859）が19世紀中頃に提唱したものだといわれている（帯谷ほか 2012）。しかし，その厳密な規定はない。

狭義の中央アジアは旧ソ連の5カ国（ウズベキスタン，カザフスタン，キルギス，タジキスタン，トルクメニスタン）を指す。宇山（2003）は，これら5カ国に，その周辺の中国新疆ウイグル自治区，タタルスタン，バシュコルトスタンを加えて中央アジアを議論している。

一方，広義の中央アジアは「歴史的中央アジア」や「大中央アジア（Great Central Asia）」ともいわれている。ユネスコが採用している定義も，ほぼこれに相当し，旧ソ連の5カ国に加えて，中国の新疆ウイグル自治区，モンゴル（中国の内モンゴルを含む），チベット，アフガニスタン，イラン北東部，パキスタン北部，インドのジャム・カシミール，ロシアのシベリア南部を含んでいる。いずれにしても，中央アジアの山岳地域の中核部はパミールと天山（テンシャン）山脈である。しかし広義の中央アジアを想起すると，面積的にはパミールは，そのごく一部を占めるにすぎない。パミールという広がりを中心にみる場合は，狭義の中央アジアの中核部と対比して考える方がわかりやすい。

2　パミールは高原か

日本の中学校や高等学校で使われている地理の教科書や地図帳には「パミール高原」という表現が使われている。これに対して本書では「パミール高原」ではなく「パミール」とよぶ。岩田（2008）は，パミールを山脈と盆地，峡谷の集合体として特徴づけている。大まかにはタジキスタンの東側には「高原」らしい景観・地形がひろがっているが，それ以外のパミールは6,000〜7,000 m級の山脈の集合体である（写真1）。この点からパミールを「パミール高原」とよぶのには大きな違和感が生じる。

日本語の「パミール高原」を英語にそのまま訳すと，Pamirsに「高原」の意味のplateauとかhighlandをつけることになる。しかし実際にはPamirs Plateau（あるいはPamirs Highland）という英語地名が使われることは，ほとんどない。ドイツ語圏では「パミール高原」に相当する言葉（Hochland von Pamir）が1933年発行の百科事典に載っているというが，一般にはパミールの後ろに「高原」はつけない。

それでは，海外では，なぜパミールは「高原」とよばれないのだろうか。1911年版のブリタニカ百科事典にはPamirsという項目があって，そこには「パミールがチベット高原と似ていると，よくいわれるけれども，じつはそうではない」という内容の記述がある。パミール核心部（タジキスタン東部）を大きく東西で二つに区分すると，東パミールは，ほとんどの地域で年降水量が200 mm以下と，ひじょうに乾燥した山岳砂漠からなっている。そこは緩やかな山脈列と，その間の比較的平坦な高地の集合体で，東パミールだけをみると「高原」とよんでもあまり違和感はない。

一方，西パミールでは高所の年降水量が2,000 mm以上にも達するといわれており，その結果，大きな氷河が発達している。西パミールは地形的には6,000～7,000 m級の急峻な山やまが連なる大山岳地帯で，決して「高原」とよべる地形をしていない（写真1)。面積的には「高原」とよぶにふさわしい，なだらかな高地の方が少ないため，世界的には「高原」とはよばないようだ。

写真１　パミール核心部のタジキスタンの山と氷河（撮影：渡辺 2007 年 8 月）

つまり，日本の学校教育で学ぶ「パミール高原」は，国際的には，おかしな表現だといえる。筆者らの知る限り，英語の主要な辞書で「高原」にあたるPlateauをPamirsといっしょに用いている例はなく，また主要な地図帳でもない。まさにヒマラヤ，アルプスと同等にThe Pamir(s)であって，それを日本語に訳すなら「パミール高原」ではなく「パミール」，あるいは，その地形からは「パミール山地」とすべきであろう。

3　パミールは世界に一つだけ？

そこで本書では特にパミールのうち西半分の山脈群からなる山岳地帯を除いた東側の高原状の地域を指す場合のみ「パミール高原」あるいは「高原パミール」とよぶ。ここで，パミール全体に対して「高原」をつけないのは，英語でThe Himalayan Rangeとか，The Alps Rangeとはよばないように（ただし，これらの和訳にはヒマラヤ，アルプスのほかにヒマラヤ山脈，アルプス山脈がある），The Pamir Plateauとはせず，The Himalayaとか，The Alpsと同様にThe Pamir(s)とよぶのが普通だからである。パミールは，誰もが認識できる地球上の唯一の「大きな存在」である。

ヒマラヤの英語表現にはThe HimalayasとThe Himalayaの両方が存在している。一般には英語の主要な辞書ではThe Himalayasであり，ネパール・ヒマラヤやブータン・ヒマラヤ，インド・ヒマラヤなどの集合体としてヒマラヤが存在していると考えられているのだろう。

一方，アルプスはThe Alpsesと複数形にはならない。日本アルプスやニュージーランド・アルプスは，日本人やニュージーランド人が勝手に地元でそのようによんでいるだけで，ヨーロッパでは，それらの存在を認めないという強い自負があるのかもしれない。パミールにもThe PamirsとThe Pamirがあり，英語ではThe Pamirsと複数形で示されることが多く，多くの英語の辞書が示すように，一般的にはパミールはタジク・パミールを中心とする複数の「パミール」の集合体とみなされるのであろう。またIves & Messeli (1987)やIves (2004)などの著書にみられるように，アルプス同様，パミールやヒマラヤは世界に一つずつしかない存在としてThe PamirやThe Himalayaを用いるべきだという研究者もいる。

日本でも「パミール」と表記している例は存在している。香山（1973）は『世界地名大辞典2，ヨーロッパ・ソ連II』のなかで，「パミール高原」ではなく「パミール」を用いており，「パミール」は「中央アジア東南部の山地」と記している。また三省堂『コンサイス外国地名事典改訂版』（三省堂編集所 1985）では「パミール（高原）」と「高原」を括弧で括っている。田村（1976）は『パミール　シルクロードの城塞』のなかでパミール高原ではなく，パミールと表記すべきだと述べている。

4　パミールの広がり

パミールの南東にはカラコラムとヒマラヤが，南西にはヒンズークシュとスライマーンの山脈が，東には崑崙（コンロン，クンルン）山脈，北東に天山（テンシャン）山脈，北西にトルクスタン山脈が存在している。しばしば「世界の屋根」とよばれるパミールは，これらの大山脈が一カ所に集まる場所にある（図1)。

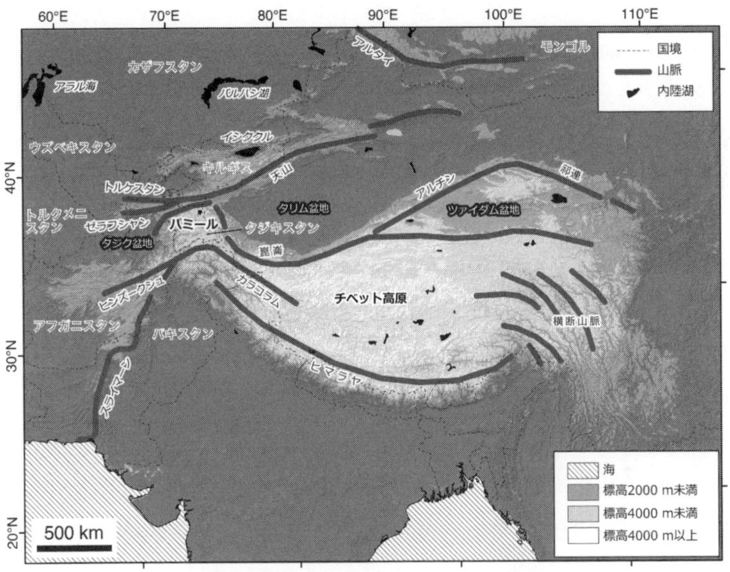

図１　中央アジア諸国とパミールの位置
（藤田　1992を参照に小松作成。ベースマップはSRTM-30）

中央アジアと同様にパミールの定義も難しい。本書で扱うパミールの定義については第1章でくわしく述べるが，ここでも簡単に定義をしておこう。本書が扱う「パミール」の範囲は南北方向にはキルギスのアライ山脈からタジク・パミール，ワハン回廊までを指し，東西方向には中国との国境（東端）からパンジ（パンジャ）川（西端）までを指す（図2)。最高峰は西パミールのイスモイル・ソモニ峰（標高7,495 m）である。議論の中心はキルギスとタジキスタン東部に限定しているが，自然の概要についてはパミールに関連した周辺地域，すなわち，天山山脈やパミールを源とする水が流れ下るアラル海，つまり，ウズベキスタン，カザフスタンまでを含めている（図1）。これは特にパミールに住む人の生活の持続可能性を考えるうえで広域の気候・気象，水の理解が不可欠なためである。

5　対象地域の特徴と地域区分

すでに述べたように，本書の主要な舞台はキルギスとタジキスタンの一部である。いずれも1991年に旧ソ連から独立した新しい国家で，貧困な国として位置づけられる。キルギスは面積20.0万㎢の山岳国家で，国連の2002年国際山岳年提唱国としてもよく知られている。1885〜1876年にロシア帝国に併合され，1918年にロシア共和国の一部となった。1924年にロシア連邦共和国内の一自治州となり，1926年キルギス自治ソビエト社会主義共和国，1936年キルギス・ソビエト社会主義共和国としてソ連邦を構成する共和国の一つになった。1991年に独立し，1993年に国名をキルギスタン共和国からキルギス共和国に改めた。

面積14.3万㎢のタジキスタンも山岳国家で，国内最高峰イスモイル・ソモニ峰（旧コミュニズム峰）の周辺には長大な山岳氷河が分布し，それがアムダリヤ川の水源となっている。1868年にロシア帝国の保護国となり，1924年ウズベク共和国内のタジク自治共和国が成立し，1929年にタジク・ソビエト社会主義共和国としてソ連邦構成共和国となった。1991年に独立してタジキスタン共和国を設立した。

キルギスは山岳国家であると述べたが，大まかにいえば天山山脈とパミール・アライ山脈が国土の7割弱を占める。キルギス国内の天山山脈は国土を東西に走る数列の山脈の集合体で，北部，内部，中部，西部，および南部に区分される（Azykova 2002）。中国との国境には国内最高峰のポベーダ峰（7,439 m）が聳える。パミール・アライ山脈は南に隣接するタジキスタンとの国境に位置するザアライ山脈とアライ山脈の総称で，レーニン峰[1]（7,134 m）を最高峰としている。国土の平均高度は2,750 mで，国土面積の94.2%が標高1,000 m以上にあ

1)　第16章で述べるように，現在の正式名称はクーヒガルモ山（*Koh-i-Garmo*）であるが，本書ではレーニン峰を用いる。

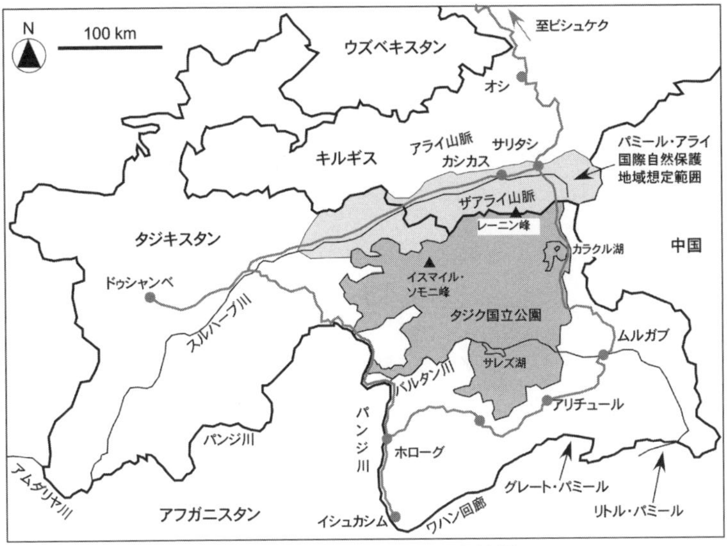

図２　本書が扱うパミール中核部

この本ではキルギスの南部（アライ山脈から南）とタジキスタンの東部をパミール中核部として扱う。

り，40.8％が3,000 m以上にある（Azykova 2002）。

本書ではザアライ山脈とアライ山脈との間に位置するアライ谷を調査の主要対象地域の一つとした。また本書ではキルギス東部のサリチャット・エルタシュ自然保護区も扱っている。ここは厳密にはパミールではなく天山山脈に位置するが，多くの貴重な野生動物が生息する保護区であるため，保護区ではないアライ谷と対比できる点できわめて重要であり，保護区で生じている地下資源採掘による環境問題を考えるうえでも，たいへん重要である。

先に述べたように，タジキスタンは国土の東半分が山岳地域となっていて，パミールの中核部となっている。キルギス同様にタジキスタン東部にはクルグス族[2)]が居住している。本書では北東部のカラクル湖周辺およびワハン回廊の調査結果についても扱っている。おもにワヒ族が居住するワハン回廊はタジキス

2)　本書では，地名（国名）としては一般に受け入れられているロシア語発音のキルギス（Kyrgyz）を用い，民族名としてはクルグス（人，族）を用いる。

タンの最南端，すなわち，アフガニスタンとの国境付近に位置しており，本書が扱うパミールの南端に相当する。

山岳国家である点ではキルギスとタジキスタンは日本と共通しているが，日本とは山岳地域の植生景観が大きく異なっており，森林面積は国土の数％ときわめて少ない。森林は標高1,200〜3,000 mの間にひろがっており，おもにトウヒ，モミ，ビャクシン，カラマツなどからなっている（Konolov et al. 2002など）。

キルギスとタジキスタンは中央アジア5カ国のなかでも，もっとも貧困な国である（表14.1参照）。2000年におけるいわゆる貧困層の割合は国民の約半数（キルギスで49%，タジキスタンで68%）に達している。キルギスでは2011年に33.7%に，タジキスタンでは2013年に35.6%にまで改善したものの，いぜんとして国民の約3分の1が貧困層である。2013年末でキルギスは60億ドル（GDPの80%以上）の累積債務をかかえており，タジキスタンの2010年の対外債務残高は推定19億4,200万ドルである（二宮書店 2017）。

生活のレベルで実感できることとしては，以下のことがあげられよう。すなわち，これら調査地域のかなりの範囲には電気はあるものの（ただし頻繁に停電する），水道は設置されておらず，水は集落のなかにいくつか設けられている井戸，あるいは川まで汲みに行く必要がある。

パミールの自然景観を中核部の二つの国について述べると，もっとも高所には氷河が横たわり，その下に裸地あるいは草原がひろがる景観が基本となっている。森林が，ごくわずかしかないことはすでに述べたとおりであるが，特にキルギス南部のアライ谷では森林をほぼ欠いた景観がひろがる（図3）。図3はアライ谷の土地利用・土地被覆の面積割合を示したものであり（Gaunavinaka 2010），ここでは森林の面積割合は0.0〜0.5%にすぎない。

タジキスタン側は極端に乾燥していて，遠目には裸地と，その高所にひろがる氷河だけからなる景観をしていることが多い。斜面に近づいて見ると，テレスケン（*Ceratoides papposa*）とよばれるケラトイデス属の灌木が点在していて，氷河の融け水が供給される所だけに，わずかに草原が認められる。キルギス同様にタジキスタン側にも森林はきわめて少ない。タジキスタン側では土地利用・土地被覆図を作成していないが，ベルン大学に提出された博士論文（Hergarten 2004)によると，カラクル湖の南半分とアクジルガ谷およびコクイベル谷北部で

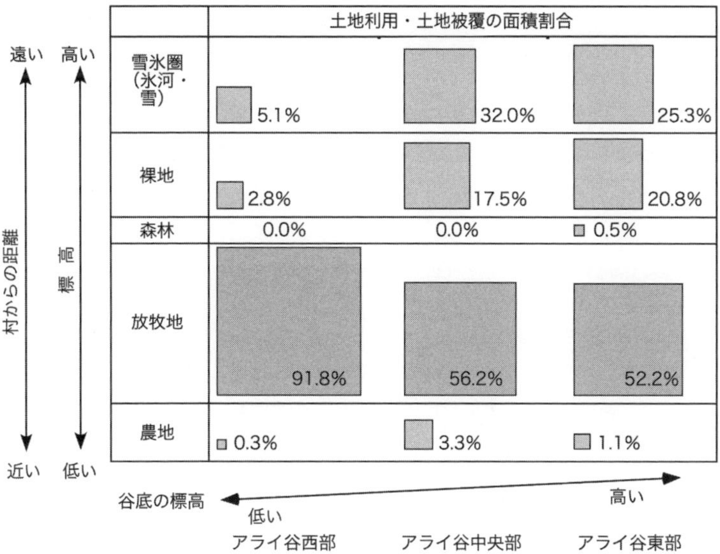

図３　キルギス，アライ谷の地利用・土地被覆の面積割合（Gaunavinaka 2000 を改変）

は裸地（テレスケンの生息域）がもっとも広くて74,326 ha（67%），次いでステップおよび高山植生帯が14,924 ha（13%），カラクル湖の一部が13,866 ha（12%），雪氷帯が7,449 ha（7%），その他が772 ha（1%）である。アライ谷と比較すると草原の面積割合が小さくなり，その分，裸地の面積割合が増加している。

旧ソ連時代から辺境地として位置づけられていたパミールでは政策によって家畜の飼育が行われ，パミールは都市住民や国境付近に駐留していた軍人らへの食肉生産基地として位置づけられていた。現在でも牧畜が最大の産業となっている。アライ谷には広大な牧草地がひろがっていて（写真2），それが多数の家畜の放牧を可能にしている（写真3）。

ところで，本書には，しばしば異なるレベルの行政地区名が出てくる。おもな行政地区名は *Oblast, Rayon,* および *AA* (*Aiyl Aimak*)[3] の三つで，表1にまとめた

3)　多くの文献で「村」は *AO* (*AÖ*) と表記されるが，正式には間違いであり *AA* とすべきである。*AÖ* (*Aiyl Ökmötü*) は，Executive body of a local municipality (Anarbaev 2017) であり，*AA*（村）を運営している組織，すなわち村役場に相当する組織を指す。

ように，本書では，これらをそれぞれ州，郡，村と訳した。これらの行政地区は，例えば，キルギスでは「オシ州（中心都市はキルギス第二の都市オシ市）の一部にアライ郡（アライ谷の東部を含む）とチョン・アライ郡（アライ谷の西半分）があり，アライ郡の主要な村にはヌラ村，サリタシ村，タルディス村，サリモゴル村がある」というように使われる。

写真２　キルギス，アライ谷の景観（撮影：渡辺 2013 年 7 月）
背後がタジキスタンとの国境にのびるザアライ山脈。

写真３　キルギス，アライ谷で行われている家畜の放牧（撮影：渡辺 2009 年 7 月）

表1　調査地域の行政地区名

現地で使われている用語	対応する英語	日本語
Oblast	province or region	州
Rayon	district	郡
AA (Aiyl Aimak)	sub-district	村（1つ，または複数の集落からなる）

一方，多くの文献に出てくる*AÖ* (*AO*)は，*Aiyl Ökmötü*の略で，村（*AA*）を運営する組織（村役場）を指す。具体的には，アライ谷にある二つの郡に所属する*AÖ*は表2にまとめたように三つずつおかれている。

タジキスタンの東半分は，行政的にはゴルノバダフシャン自治州（GBAO）で，21.4万人（2015年時点）が面積6.4万㎢の広大な山岳地域に住んでいる。GBAOは，アクセスの悪さや1991年の独立後に長年にわたって続いた内戦が繰りひろげられた地域であったことなどから，貧困なタジキスタンのなかでも特に開発が遅れている。本書が扱うカラクル湖周辺地域（ムルガブ郡の一部），およびワハン回廊のタジク側の地域（イシカシム郡の一部）はGBAOに属する。

表2　キルギス，アライ谷の二つの郡の行政区分

郡 (*Rayon*)	チョン・アライ郡（西部）	アライ郡（東部）*
村役場 (*AÖ*)	カシカス*AÖ*	サリタシ・ヌラ*AÖ*
	チョン・アライ*AÖ*	タルディス*AÖ*
	ジェケンディ*AÖ*	サリモゴル*AÖ*

＊アライ郡の中心都市はグルチャで，アライ谷の外には合計11の*AÖ*がある。

6　パミールで何が起こっているのか—本書のねらい

一般にいわれるように，山岳地域の生態系は脆弱であり，途上国においては，そこに住む人間を含めて生態系の持続可能性を高い状態で維持する必要がある。パミールは，まさにそうした地域であり，貧困な山岳社会に対して気候変化（温暖化）と社会変化（政治体制の変化）が決定的な影響を与える可能性が

ある。貧困社会では「タダ」である自然資源への依存が著しく高まる。自然資源には野生動物と植物，さらには地下に埋蔵されている鉱物資源があり，これらの消費が脆弱な生態系の破壊に繋がる。

一般的に気候変化（温暖化）は山岳地域の住民生活や生態系の持続可能性に大きな役割を果たしうる。パミールは乾燥地域にあり，周辺にも乾燥した地域が多い。例えば，タジキスタンのパミールのもっとも標高が高い地域からアラル海まで注ぐアムダリヤ川や，キルギスの天山山脈から流れ下るシルダリヤ川の水は主として氷河の融け水であり，温暖化による氷河の融解は長期的には水供給に影響を与える。また氷河の融解は小規模ながらも氷河湖決壊洪水（GLOF）を頻発させている（Narama et al. 2009; Komatsu & Watanabe 2013）。さらに，永久凍土の融解は地盤を「緩ませている」と考えられる。パミールは地震が発生しやすい地域であることから（最近では，2008年10月5日にアライ谷最東端のヌラ村でマグニチュード6.6の大きな地震があった），緩んだ地盤が崩壊することも推定される。パミールは，こうした災害発生の場でもある。

そのうえ，パミールでは，いわゆる極端気象に見舞われることがあり，数年から数十年に一度の割合で大寒波が襲来し，多くの家畜が犠牲になっている。

一方，社会変化（政治体制の変化）は，どうであろうか。旧ソ連邦の崩壊が1991年に生じて，政治・社会体制が激変した。これが現在のパミールの社会に極めて大きな影響を与えている。本書を読み進めると，その影響の大きさが理解できるはずである。

パミールには1911年の地震で，せき止められてできた巨大なサレズ（サレス）湖をはじめ，大小さまざまな面積の湖が1,000以上ある。そのなかでももっとも大きな湖がカラクル湖である。カラクル湖は標高3,915 mにあり，霞ヶ浦二つ分以上の大きさ（面積約380 ㎢）の塩湖で，排水口をもたない湖（閉塞湖）である。乾燥したパミールのなかにあって，かつてカラクル湖のような巨大な湖があった広い谷底は，現在では，さまざまな渡り鳥や，大型野生動物の生息場所として貴重な役割を果たしている（例えば，図2に示したグレート・パミールやリトル・パミール）。パミールの中核部はタジク国立公園になっていて，さらに世界遺産リストにも記載されている。しかし，その管理はどうなっているのであろうか。

野生動物資源の消費はきわめて深刻である。パミールには外部の人たちによる商業的な野生動物消費と，住民による自給的な野生動物消費の二つの消費形態が存在している。いずれの場合にも最大のターゲットはアルガリ（マルコポーロ・シープ）であろう（写真4）。

一方で，筆者らが現地で調査を始めてから明らかになった問題もある。野生動物の保護・保全ばかり考えていた筆者らはオオカミによる家畜への被害の問題をまったく想定していなかった。パミールには，オオカミやジャッカルのように，適正な管理が必要とされている野生動物も生息している。こうした問題解決のためには，貧困軽減・解消が不可欠である。

もう一つの大きな問題は地下資源の問題である。地下資源開発は貧困解消に役立つ可能性があるが，環境破壊に至る可能性もきわめて大きいため，その開発には注意が必要である。アライ谷では石炭が採掘されており（写真5），特に近年は中国企業が採掘にかかわっていて，多くの住民から苦情や環境破壊への懸念が示されるようになっている。アライ谷の西部では金などの探査が国内外

写真４　タジク国立公園のアルガリ（マルコポーロ・シープ）（撮影：コクール・カシロフ）

の企業によって行われているし，ほかにも多くの地下資源探査が始まっている。

キルギス国内の大規模な地下資源開発の例としては国の東部で採掘が進んでいるクムトール金鉱山があげられる。サリチャット・エルタシュ自然保護区に隣接し，保護区内に拡大しつつあるクムトール金鉱山の採掘は国内のみならず国際的にも大きな環境問題だといってよい。こうした金鉱山をはじめとする地下資源開発への期待がキルギスでは，ますます大きくなっている。

アンチモン鉱と水銀の産出量ではタジキスタンは，それぞれ世界5位と6位（いずれも2014年）である（同じ年のキルギスにおける産出量は，それぞれ世界9位と3位）（二宮書店 2017）。両国では多くの地下資源の存在が期待されていて，実際，欧米などの企業が調査を行っているが，現状では，それらを商業ベースにのせることが十分にできていない。しかし技術開発が進めば状況は大きく変わる可能性があり，アライ谷でキルギス政府や中国が地下資源探査をさかんに行っている現状をみると，地下資源開発が至るところで進み，環境への影響が危惧される。

パミールではツーリズムは，いまだ発達しているとはいいがたい。最大の理由はアクセスの悪さにあるだろう。しかし，そのポテンシャルはきわめて大きく，キルギスおよびタジキスタン両政府ともに外貨獲得の手段として大きな期待をしている。両国とも山岳国家であることもあり，エコツーリズム開発に興味を示すようになってきているのである。

エコツーリズム導入が貧困国・地域にとって万能薬でないことは，すでによく知られた事実である。にもかかわらず，筆者らはエコツーリズムとジオツーリズムの導入によって，この地域の持続可能性を高めたいと考えた。その理由はパミールには世界でも特に興味深い生態系が残されているからであり，一方で，そこでは管理のない土地利用や無計画な地下資源開発が行われてはならないからである。

ここで簡単にジオエコツーリズム[4)]について述べておきたい。エコツーリズム

4)　途上国ではしばしばエコツーリズムの導入が議論されてきた。一方，ジオパークで実践されているのがジオツーリズムである。しかし，エコツーリズムおよびジオツーリズムという二つの用語をあえて別々に用いる必要はなく，ツーリズムを企画する人にとっても，あるいはガイドにとっても，そこにあるものすべてを旅行資源として捉えればよい。観光客にと

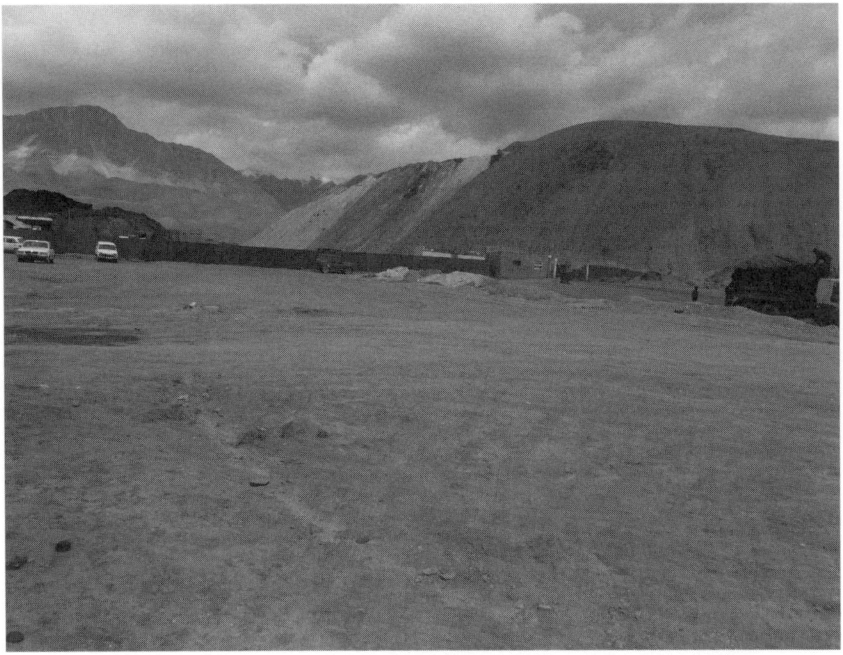

写真５　アライ谷，サリモゴル村の採炭場（撮影：渡辺 2015 年 9 月）

は広く知られた概念であるが，ジオツーリズムは新しい概念で，最近は日本にもジオパークの数が増加したことで，そこで展開されているジオツーリズムについての理解も深まり始めている。筆者らは，これらエコツーリズムとジオツーリズムを区分して考えるのではなく，人間・生態系の持続可能性の維持に有効なツーリズムの一形態としてジオエコツーリズムという表現を使うこととした。パミールには観光客への解説に適した，すぐれた地形・地質があり，乾燥地域であるために，それらが森林に覆われることなく露出している。これらの「ジオ（非生物部分）」は多様であり，そこで生育できるわずかな植物も多様な分布をしている。そして，これらを生息場所とする野生動物にも多様性が認め

っては，目の前の「すべて」を受け入れることで，その地域について知り，楽しむことができるようになる。そこで本書では，エコツーリズムとジオツーリズムをあわせてジオエコツーリズムとよぶことにした。ジオエコツーリズムは，ジオエコロジー（地生態学）的な考え方に立ったツーリズムだといえる。

られている。さらに，そこで生きている人間は，これらの生態系から得られる恩恵（生態系サービス, ecosystem services），すなわち，水や食料，農畜産物，動植物，微気候の違いを享受しながら社会を維持している。そもそも生態系サービスの考え方には生き物の生息地としてのジオが含まれているはずで，その全体像を的確に表現するためには地生態系サービス（geoecosystem services）とよぶ方がよいともいえる。こうした人間・生態系全体に利益を与える機能の持続可能性を高めるための一つのアプローチとして本研究ではジオエコツーリズムという表現が適していると考えた。

本書が扱う地域ではジオエコツーリズム資源の一つとして家畜の放牧がカギとなる。したがって，本書には家畜の放牧に関連した多くの新しい知見が述べられている。パミールでは長年にわたって続けられてきた遊牧民の生活が大きく変化してきた。19世紀には少しずつ定住化が進み，旧ソ連の国家の枠組みに取り込まれたことで定住化が決定的になった（吉田 2012）。現在のキルギスとタジキスタンでは1920年代末から1930年代に全面的な定住化が推進された。すなわち，年間を通してユルタ[5)]（移動式テント）だけで暮らす本当の意味での「遊牧民」は，この頃にはいなくなり，母村に家屋をもちながら春から秋にのみ移動式テントに住み，季節的移動を繰り返す牧畜民へと変わったのである（吉田 2012）。これは，すなわち，旧ソ連邦のソホーズ（国営農場）とコルホーズ（集団農場）の導入による家畜放牧形態の変化であった。本書では特に旧ソ連崩壊後に自由化された社会環境下での家畜放牧形態に焦点を当てて述べる。「遊牧民」の血が流れる地元住民にとって家畜の放牧は自己アイデンティーにかかわる行為に違いない。しかし彼らは，それ自体がジオエコツーリズムの大きな資源であることに気づいていない。

このようにパミールには持続可能性，貧困社会，気候変化（温暖化），災害発生の場，地下資源開発，環境破壊，水・食料へのアクセス，ジオエコツーリズムといったキーワードが当てはまる。これらのキーワードは国際連合が提唱した持続可能な開発目標SDGs（Sustainable Development Goals）の多くと強く関連

5)　ユルタはロシア語で，キルギス語ではボズ・ウィだが，調査地域の多くではユルタやユルトとよばれることが多い。

している。「持続可能な開発」と筆者らの研究（本書）との関係については本書を「持続可能な開発」に無理に結びつけようとしたわけではない。「持続可能な山岳社会の構築」は研究開始当初から最終目標として掲げてきたものである。17の目標からなるSDGsでは貧困に終止符を打ち，地球を保護し，すべての人が平和と豊かさを享受できるように，2030年をターゲットとしている。具体的には「目標1. 貧困をなくそう」「目標2. 飢餓をゼロに」「目標3. すべての人に健康と福祉を」「目標4. 質の高い教育をみんなに」「目標6. 安全な水とトイレを世界中に」「目標7. エネルギーをみんなにそしてクリーンに」「目標8. 働きがいも経済成長も」「目標10. 人や国の非平等をなくそう」「目標11. 住み続けられるまちづくりを」「目標16. 平和と公正をすべての人に」「目標17. パートナーシップで目標を達成しよう」の11の目標が，パミールで取り組むべき重要な目標として位置づけることができる。アジア開発銀行（ADB）の資料によればキルギスおよびタジキスタンでは目標2〜12および17（目標1はいうまでもなく取り組みの基礎となっているものと考えられる）の達成に向けた取り組みを特に重視している。

中国は現代版シルクロード構想である「一帯一路構想」を打ち出しており，パミールは，その陸路の「シルクロード経済帯（一帯)」の「要」の一つとなって，今後,「シルクロード経済圏」としてのヒト・モノ・カネの移動に，きわめて重要な役割を果たすことが予想される。

現在，パミールには十分な交通網も通信網も整備されていないが，中国による道路整備援助の速度はきわめて速く，近い将来，パミールの人と生活は劇的な変貌を遂げる可能性を秘めている。すなわち，中国とヨーロッパの結節点としての，この地域の重要性は高まりつつあり，パミールは，その東端におかれた日本にとっても認識を深めなければならない地域である。まだ多くのことが未知のまま残されているが，今後，パミールは，これまで以上に急速に変容を遂げるであろう。1991年の独立から四半世紀後のパミールの状況を明らかにすることは，この地域の将来の持続可能性を考えてゆくうえで欠かすことのできない基礎となるに違いない。

文 献

岩田修二 2008. パミールとはどんなところか？—範囲・地形・環境. 地理, 53, 1, 18-29.

宇山智彦（編著）2003.『中央アジアを知るための60章』明石書店.

帯谷知可・北川誠一・相馬秀廣 2012. 序 - 中央アジア・コーカサスという地域.『朝倉世界地理講座5　中央アジア』朝倉書店, 3-8.

香山陽坪 1973. パミール Pamir. 渡辺　光・木内信蔵・山口恵一郎・ほか3名（編）『世界地名大辞典2, ヨーロッパ・ソ連II』朝倉書店, 987-988.

三省堂編集所 1985. パミール（高原）Pamir.『コンサイス外国地名辞典改訂版』三省堂, 77.

田村俊介（編著）1976.『パミール　シルクロードの城塞』ベースボールマガジン社.

二宮書店 2017.『データブック　オブ・ザ・ワールド 2017』二宮書店.

藤田和夫 1992.『アルプス・ヒマラヤからの発想』朝日文庫.

吉田世津子 2012.「遊牧民」の現在.『朝倉世界地理講座5　中央アジア』朝倉書店, 143-154.

Anarbaev M. 2017. Soil legislation and policy in the Kyrgyz Republic on the development of the Law "On Soil Fertility Protection of Agricultural Lands". In: Ginzky H, Dooley E, Heuser IL ほか3名. Eds.: *International Yearbook of Soil Law and Policy 2017*, Springer International Publishing, 65-73.

Azykova EK. 2002. Geographical and landscape characteristics of mountain territories. In: Chokoeva ChA, Hafizova GI & Minko DA. Eds.: *Mountains of Kyrgyzstan*, "Technologiya" Publishing House, Bishkek, 15-22.

Gaunavinaka L. 2010. *Regional differences by analysis of main land use/land cover and bioregional condition in the Kyrgyz part of the Pamir-Alai Transboundary Conservation Area (PATCA).* Master's Thesis submitted to Hokkaido University.

Hergarten C. 2004. *Investigations on land cover and land use of Gorno Badakhshan (GBAO) by means of land cover classifications derived from LANDSAT 7 data making use of remote sensing and GIS techniques.* Diplomarbeit der Philosophisch-naturwissenschaftlichen Fakultät der Universität Bern.

Ives JD. 2004. *Himalayan Perceptions*. Routledge.

Ives JD & Messerli B. 1977. *The Himalayan Dilemma: Reconciling Development and Conservation*. Routledge.

Konolov OV, Musuraliev TS, Bikirov ShB, Zamoshnikov VD & Koblitskay TM. 2002. Forest and forest use of mountains. In: Chokoeva ChA, Hafizova GI & Minko DA Eds.: *Mountains of Kyrgyzstan*. Techonologiya Publishing House, 101-18.

Komatsu T & Watanabe T. 2013. Glacier-related hazards and their assessment in the Tajik Pamir: A short review. *Geographical Studies*, 88, 2, 117-131.

Narama C, Severskiy I & Yegorov A. 2009. Current state of glacier changes, glacier lakes, and outburst floods in the Ile Ala-Tau and Kungöy Ala-Too Ranges, Northern Tien Shan Mountains. *Geographical Studies*, 84, 22-32.

第一部

自然

ザアライ山脈（中央がレーニン峰）とアライ谷（撮影：渡辺 2012 年 7 月）

第1章

パミールは，どのような所か？

What is the Pamir?: Its extent, landforms, and environments

小松 哲也・岩田 修二

1　はじめに

パミールはどのような所か？ 地図帳をひろげると，中央アジアのタジキスタン共和国の東半分に「パミール高原」と書かれている。しかし，「パミール高原」の範囲はわからない。パミールの地形や環境については，地図からは見当もつかない。パミールは「高原」という名でよばれるのだから，なだらかな起伏の地形なのだろうか？ そうではなく，ヒマラヤやカラコラムのような山脈が並んでいるとイメージすればよいのだろうか？ 気候は，湿潤なのか乾燥しているのか？ そもそもパミールという名称が何に由来し，また，なぜ本書のタイトルに地図帳にあるパミール高原という名称を使用していないのか？ パミールについて日本語で得られる情報は，ヒマラヤやアンデスと比較してひじょうに限られている。私たちにとってパミールは，わからないことだらけである。

そこで，本章ではパミールがどのような所かを知るうえでの基礎情報，すなわち，上にあげた疑問への答えを説明したい。次節では，まず，アジア大陸のなかでのパミールの位置と範囲について示す。第3節では，パミール内の地形と気候の特徴を俯瞰したうえで，パミールの各地域の環境を説明する。最終節の第4節では，パミールの語源を紹介し，パミールの呼び方についての筆者らの考え方を示す。

2　アジアのなかのパミール

2.1　パミール・ノット

アジア大陸中央部の山脈の配列を俯瞰してみると，アジアの主だった山脈がパミールを中心にのびていることがわかる（「刊行によせて」の図1参照）。つまり，パミールの北東には天山（テンシャン），東には崑崙（クンルン），南東にカラコラムとヒマラヤ，南西にはヒンズークシュとスライマーン，西にはトルケスタンとゼラフシャンが位置している。見方を変えれば，パミールは，これらの山脈の結節点であるといえる。そのためパミールは「Pamir Knot（ノット＝結び目）」とよばれることがある（例えば，岩田 2008; Kreutzmann 2016）。パミールの特徴の第一は，アジアの山脈の結び目である。

2.2　パミールの範囲

パミールの範囲については岩田（2008）に書いたようにさまざまであり，文献によって意見は異なっている。したがって，パミールの範囲をここで決定する必要がある。

本書では，最初に地域の範囲を決定するうえで誰もが着目するであろう地形の特徴にもとづいてパミールの範囲を考える。その次に地形の特徴に加えて，人間活動を考慮してパミールの範囲を決める。これは，地域の範囲は地形の特徴だけでは決まらず，実際には人間の認識で命名されて決まるためである。

2.2.1　地形の特徴によって定義されるパミール

パミールの北・東・西の境界は，以下のように山地と盆地との地形境界にとることができる（図1.1）。

- 北の境界：ザアライ山脈の北側の山麓線。アライ谷との地形境界。
- 東の境界：タリム盆地と，北西から南東方向にのびる西クンルン山脈–カシガル山脈との地形境界（山麓線）。
- 西の境界：タジキスタン，アフガニスタンの丘陵地帯との地形境界。およそ東経69.5〜70度付近。

パミールの北西の境界については二通り考えられる。一つは，ザアライ山脈から西にのびる山地とそれ以北にある山地（ゼラフシャン）との間（スルハーブ川沿い）に境界をとるという考え方である（図1.1）。これは前者が北西方向に撓む山脈列であることに対して，後者が，どっしりとした山塊として認識でき，両者の山地地形としての見た目の違いが明らかなためである。別の考え方は，ザアライをアライに対してのし上がらせた断層（衝上断層）であるパミール主衝上断層の西の延長部に沿ってパミールの北西縁を区切るというものである（図1.1の破線）。これらの断層は，地形学者・地質学者によって北にのし上がっていくパミール山地の最前線とみなされているためである。

パミールの南の境界は，パミールの南に位置し，ヒマラヤやカラコラムと対等な山脈として確立しているヒンズークシュである。ヒンズークシュは，山地を刻む谷地形のパターン（河系模様）が変わる所でもあり，ヒンズークシュ以南では南北方向にのびる谷が発達し，それ以北では東西方向にのびる谷が発達する。ヒンズークシュを目安にしてパミールの南の境界をとると，以下のようになる（図1.1）。

- 南の境界：ヒンズークシュ北縁。西から順にファイザバード–ワハン谷–ワクジル峠–ヤルカンド川の屈曲点まで。

このように地形的特徴から決定されるパミールは，南北300 km，東西300〜400 kmの北に向かって凸な弧を描く山域として認識できる。また，その範囲はアフガニスタン，パキスタン，タジキスタン（ゴルノバダフシャン自治州），キルギス，中国（新疆ウイグル自治区）の計5カ国にまたがる。

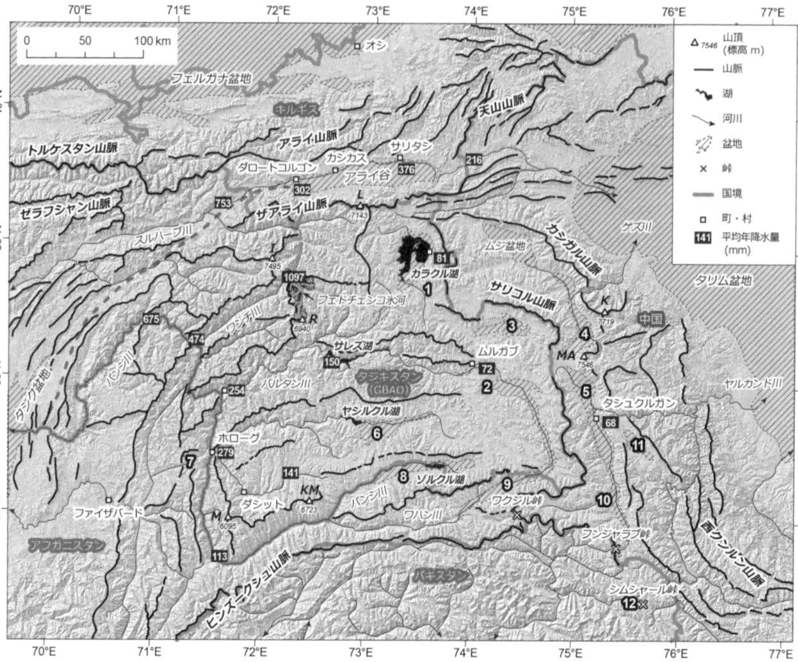

図 1.1　パミールの概観図

岩田（2008），Kreutzmann (2016) を参照し作成。パミール北西部の破線は，パミール主衝上断層の西の延長部を示す。1: ハルグシュ・パミール，2: サレズ・パミール，3: ランクル・パミール，4: カラクル・パミール，5: サリコル・パミール，6: アリチュール・パミール，7: シワ・パミール，8: グレート・パミール，9: リトル・パミール，10: タグドゥンバシュ・パミール，11: Mariang・パミール，12: シムシャール・パミール。GBAO: ゴルノバダフシャン自治州，I: イスモイル・ソモニ，L: レーニン，R: 革命峰，M: マヤコフスキー，KM: カールマルクス，K: コングル，MA: ムズタグ・アタ。タシュクルガン以外の地点の平均年降水量については，中央アジア気温・降水量データ 1879 ～ 2003（Williams & Konovalov 2008）による。タシュクルガンの平均年降水量については，Owen et al. (2012) を引用。ベースマップは，SRTM-4 (Jarvis et al. 2008) を用いて作成。

2.2.2　地形と人文条件によって定義されるパミール

人間活動をからめてパミールの範囲を考えると，岩田（2008）が主張したようにパミールにアライ谷とアライ山脈を含めることができよう。その理由は，アライ山脈とザアライ山脈があわせてパミール・アライ山脈とよばれ，両山脈の間にあるアライ谷は昔からパミールの通路として考えられてきたためである。この場合のパミールの北の境界は，フェルガナ盆地との地形境界（アライ山脈の北側の山麓線）である。北東の天山山脈との境界はカシガルとオシを結ぶ線に，北西の境界はアライ山脈の西端（ゼラフシャン山脈とトルケスタン山脈との分岐点）となる。

このようにして認識されたパミールの範囲は，地形の特徴にもとづいて認識したパミールと同様にアフガニスタン，パキスタン，タジキスタン，キルギス，中国の5カ国にまたがる山域となる（図1.2）。そして，パミールの面積は，図1.3に示したように日本の東北地方南部と関東，中部を合わせた程度のものとなる。

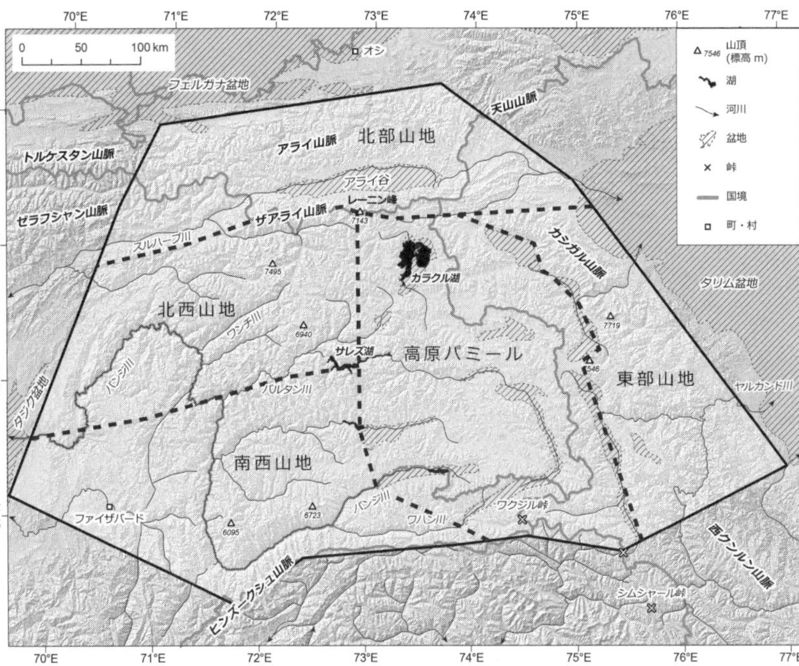

図1.2　パミールの地域区分

黒色の太線は地形と人文条件によって定義されるパミールの範囲。黒色の破線はパミールの地域区分境界。パミールの面積は182,160 ㎢，高原パミールの盆地の面積は9,970 ㎢である。

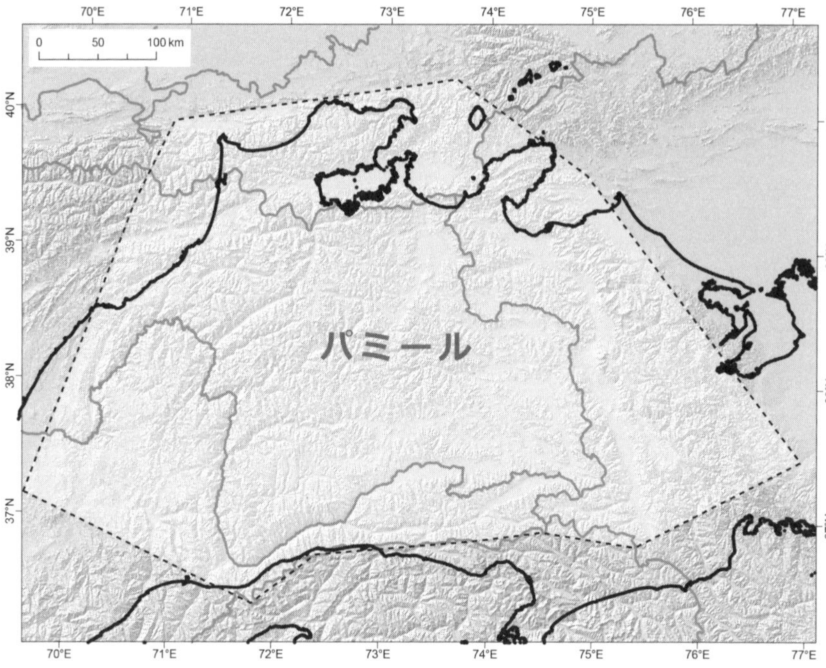

図 1.3　パミールと日本列島との比較
黒の太線は約 140 度反時計周りに回転させた日本列島の外形（東北南部〜中部地方の範囲）。破線は図 1.2 に示したパミールの範囲。灰色の線は国境。

ところで，パミールの語源の一つは，「穏やかな谷と盆地」，ないしはそこにある「草原」を指す「パミール」が山域の総称となったというものである。この語源を重視するならば，パミールの範囲には「パミール」すべてを含める必要があろう。その場合，ここまでに示してきたパミールの範囲にカラコラム山脈のシムシャール峠周辺にあるシムシャール・パミール（図 1.1）が加わる。そのような例には Kreutzmann (2016) があげられる。しかし地形からみると，シムシャール・パミールはパミールの地形境界の外側に位置する飛び地である。筆者らは地形と人文条件の両方からパミールの範囲を決定する立場をとることから，ここではシムシャール・パミールをパミールの範囲に含めなかった。

3　パミールの地形・気候と地域区分

3.1　地形と気候の要

パミールの地形は，標高2,000 m台の峡谷底から7,500 m以上の山頂まで高度差が大きく，山と谷が入り組んだ複雑な特徴をもつ。しかし，くわしくみれば，東経73度以西のパミール西部と，パミールの縁辺は険しい山脈と峡谷から構成される。これに対し，東経73度より東側にあるパミール東部は山間盆地と山地から構成され，パミール西部やパミール縁辺部と比してその起伏は小さい。

次に，植生分布や人びとの暮らしにも密接にかかわる気候はどうなっているのだろうか？ まず，パミールにおける年平均気温だが，これは観測地点の高度によってさまざまである。ここでは目安として2地点のデータを紹介する。1地点目はパミール西部の中心地であるホローグ（2,080 m）である（図1.2）。ホローグの年平均気温は8.7℃で，この値は札幌と同程度である。2地点目はパミール東部の中心地であるムルガブ（3,640 m）である（図1.2）。ムルガブの年平均気温は－1℃である。この値は，日本では日本アルプスの山稜部で観測される年平均気温に近い。例えば，北アルプスの立山の山稜上にある内蔵助山荘（2,780 m）の年平均気温は－1.6℃（福井 2010），中央アルプスの木曽駒ケ岳の千畳敷（2,623 m）の年平均気温は0.4℃（足助 2011）である。

次にパミールにおける平均年降水量の分布についてみていこう。パミールをはじめとするアジア大陸西部の山地の降水は，冬–春の偏西風と夏–秋のインドモンスーンによる（Aizen et al. 2009）。しかし夏–秋の降水量分布図が示すように，インドモンスーンに運搬される水蒸気は，パミールの南に位置するカラコラム山脈とヒンズークシュ山脈により遮蔽され，その大半がパミールにまで入ってこない（図4.4を参照）。その結果，パミールにおける降水は，主として偏西風によって大西洋，およびカスピ海からもたらされる水蒸気による（Aizen et al. 2009）。こうした背景から，偏西風が西から運ぶ湿った空気を受け入れるように東西方向に谷が開いている北西部においてパミール内の平均年降水量はもっとも多くなり，その値は700〜1,100 mm/年に達する（図1.1）。平均年降水量は北西部から南・東に向かうほど減少し，アライ谷では200〜400 mm/年，パミール南西部では110〜250 mm/年，パミール中心部では150 mm/年程度となる（図1.1）。パミール東部においては，西と北を山地に遮られる雨陰効果によって降水量が劇的に低下する。その結果，パミール東部は平均年降水量が70〜80 mm/年の砂漠気候となる（図1.1）。このようにパミールでは平均年降水量については，地域差がかなりはっきりしている。

3.2　パミールの地域区分

パミールの地域区分には，①東西二つに分ける考え（ベレッキィ 1960），②中国領パミール，東パミール，中央パミール（西パミール），南西パミールの4地域に分ける考え（吉沢 1984），③山岳パミールと高原パミールに二分したうえで，山岳パミールを東部山地，北部山地，北西山地，南西山地に細分する考えがある（図1.2; 岩田 2008）。しかし地形と気候の地域差を考慮に入れると，これらの区分の中では岩田（2008）の考えにもとづくパミールの地域区分がもっとも実情に即しているといえよう。したがって，以下では，岩田（2008）の地域区分を踏襲し，各地域の特徴について述べる。

3.2.1　山岳パミール

東部山地　東部山地は中国領パミールに属し，パミールの東縁をなす山脈である。山脈主脈はほぼ北西-南東に走り，その西側には古くから有名なタシュクルガンのある広い谷があり，タリム盆地へつながる（図1.1, 1.2）。この山脈の名前は定まっておらず，中国では単にパミール（帕米爾）高原とよぶ。ここでは深田（1973）にならいカシガル山脈とよぶ。東部山地（カシガル山脈）にはパミールの最高峰コングルやムズタグ・アタといった7,000 mを超える高峰が聳え，氷河の発達もよい。また東部山地の西側，タシュクルガン以北の山麓沿いには土石流扇状地が連なる。

北部山地　北部山地は，パミールの北縁をなすアライ山脈とその南のアライ谷をあわせたものである（図1.1, 1.2）。アライ山脈の主脈は，ほぼ東西にのび，その最高点は5,544 mである。氷河の発達も認められる。

一方，アライ谷は東西の幅180 km, 南北40 kmほどの広い谷である。その風景は，ザアライ山脈の氷河の融け水によって形成された広大な扇状地，氷期に山麓を越えて拡大した氷河が形成したハンモック状のモレーンと，それらを覆う緑ゆたかな草原に特徴づけられる。

アライ谷において注目すべき点は，谷の東端と西端とで谷底に約1,000 mの標高差を有することだろう。その結果，アライ谷では気温環境に顕著な地域差が生じ，そのことが人間活動にも影響を与えている。例えば，東部のサリタシ村（3,150 m）では，まったく農作物を育てることができないのに対して，中部のカシカス村（2,800 m）では，ジャガイモ，小麦，大麦がつくられ，西部のダロートコルゴン村（2,470 m）に至っては，多様な農作物がつくられている（図1.1; Watanabe et al. 2009, 第17章参照）。

北西山地　北西山地は，およそ東経73度線の西，バルタン川以北，ザアライ山脈のレーニン峰以西に位置する（図1.1, 1.2）。ベレッキィの言葉をかりると「高山を擁する諸山脈と深い峡谷と水量豊かなさかまく河の国」である（ベレッキィ 1960）。北東-南西に走る急峻な山脈がならび，河川は西流してパンジ川（アムダリヤ上流）に合流する。パミール内でもっとも降水量が多い山地であるため，6,000〜7,000 mの高峰群の谷間には世界最長の谷氷河フェドチェンコ氷河などの氷河群がある。またバルタン川の上流部，北西山地の東端付近には，1911年2月18日に北緯38度3分，東経72度30分付近において発生したMw7.7±0.2の地震が引き起こした大規模崩壊による堰止湖，サレズ湖が形成されている（図1.1; Ambraseys & Bilham 2012）。

南西山地　南西山地は，北西山地の南側，ワハンの谷の北側に位置する山地である（図1.1, 1.2）。北西山地と同様に北東-南西に走る急峻な山脈からなり，カールマルクス峰などの6,000 m級の高峰がある。北西山地と比較して降水量が少なくなるため，氷河は分布するものの北西山地にあるような長大な谷氷河はみられなくなる。

その一方で，南西山地には多くの氷河湖が認められる。オーストリアのBOKU大学の研究グループの調査によれば，2,500 m²以上の面積をもつ氷河湖は172ある（Mergili et al. 2012）。氷河湖決壊にともなう災害も発生しており，2002年8月7日に発生した氷河湖決壊にともなう土石流は，下流の沖積錐につくられたダシット村を壊滅させた（図1.1; Komatsu & Watanabe 2013）。

パンジ川の合流する北西山地のワンチ谷や，南西山地の谷ぞいには昔からタジク人たちが住んでいた。西側の平原部の過酷な環境や支配から農民たちが逃げ込んだという。村落は支流出口の沖積錐や段丘，氾濫原につくられ，マメ類，ムギが灌漑によって栽培されている。また，リンゴ，アプリコット，クワの実といった果樹も栽培されている。

3.2.2　高原パミール

高原パミールは，東経73度線の東側から東部山地の西のタシクルガンの谷まで，パミールの東半分の山域である（図1.1, 1.2）。ザアライ山脈の東半分，タジキスタン～中国国境のサリコリ山脈も高原パミールに含まれる。高原パミール北部には，アラル海やバルハシ湖と同様に流出する河川をもたない塩湖，カラクル湖がある。

高原パミールの地形は，標高3,500～4,000 mにある広い谷や盆地と，それらの間にある標高5,000～6,000 mの氷河を擁する山地・山脈によって特徴づけられる。谷底盆地の年間降水量は100 mmに満たないことから，植生は典型的な山岳荒原のものである。乾いた土の上には，ちょこんと灰色の茂みをのぞかせているテレスケン（*Ceratoides papposa*）とよばれる灌木，ヨモギの類（*Artemisia* spp.），ハネガヤ（*Stipa* spp.）などがみられる。また，高山性のクッション植物もみることができる。このような風景から，ベレッキィには「水のない荒地」で「陰鬱な風景はすばらしい氷河群によっても生気はとりもどしはしない」と書かれている（ベレッキィ 1960）。しかし「パミール」と名づけられた谷・盆地ではその限りではなく，濃い緑の草地がひろがる。パミールの一つであるグレート・パミールにあるゾルクル湖（図1.1）を訪れたマルコ・ポーロは，その草地のすばらしさを旅行記に記した（スタイン 1984; 酒井 2000）。高原パミールの「パミール」では，ヒツジ，ヤク，ウマを連れて移牧を行っているクルグス族の移動天幕ボズ・ウィ（ユルタ）をみることができる。

4　パミールの名称

4.1　パミールの名の由来

パミールという名の由来については，岩田（2008）がまとめている（表1.1）。パミールの語源として可能性が高いものの一つが，バム・イ・ドゥニアである。これは「バミ」（尾根）という語と，この語の拡大語尾「ohr」がいっしょになってバメールとなったとする考えである（ベレッキィ 1960など）。もう一つの可能性が，すでに述べたようにパミールにある「穏やかな谷と盆地」，ないしは，そこにある「草原」を指す「パミール」が山域の総称となったというものである。

中国では「漢書西域伝」以来，葱嶺（そうれい）という名前が伝えられてきた。これは野生ネギが生えていることによる。葱嶺は，はじめはタリム盆地西部の山地群の総称であったが，のちにパミールの東縁にある山地を指すようになったと深田（1973）は説明している。

表1.1　さまざまなパミールという名の由来（岩田 2008）

もとになった語	語の意味や由来	出典
パーイーミフル	太陽が昇る東方の山国の意（古代イラン語）	吉沢（1984）
パイムゥル	死の山麓（古代サンスクリット語）	クルィレンコ（1978）
ポ・イ・モル	死の座を意味する語（チトラル住民の用例）	ベレッキィ（1960）
バミ・ドゥニアグ	世界の屋根（ワハン住民の呼び方）	ベレッキィ（1960）
バム・イ・ドゥニア	世界の屋根（ペルシャ語）	ベレッキィ（1960），酒井（2000）
パミール	うねる放牧地（古代ペルシャ語）	渡辺（2005）
パミール	肥沃な天然の高所放牧地	渡辺（2005）
パミール	寒いステップ高原（クルグス人の使い方）	バウムガルトナーほか（1981）
パミール	草のある浅い谷地形（クルグス人の使い方）	ティルマン（1975）

4.2　パミールは高原か？

地図帳では「パミール高原」と書かれているにもかかわらず，なぜ本書では一貫して「パミール」とよぶのか？ その理由はシンプルで，パミールの地形が，すでに説明してきたように私たちが高原と聞いてイメージするような起伏の小さいテーブル状の地形ではないからである。パミール東部の高原パミールと名づけた山域であっても起伏はかなりある。例えば，カラクル湖の南にある山地は，帯広からみる日高山脈に匹敵し，高原パミールの深奥部，ムルガブより上流にある氷河のない山地にしても大阪湾からみた六甲山地以上の高さをもつ（図1.4）。また，パミールの高原状の地形を「山間盆地」と定義し，そのすべての面積を合わせてもパミール全体の5%程度にすぎない（図1.2）。パミールを地形からみて適切に表すのは，山脈と盆地・峡谷の集合体，英語でいうベースン アンド レンジである。

その一方で，パミールをパミール高原（Pamir Plateau）とよぶ研究者もいる。パミールの地殻構造・地質構造の成り立ちや，パミールの隆起過程に関心がある研究者たち（例えば，Robinson 2015; Stearns et al. 2015; Rutte et al. 2017）である。彼らがパミールをパミール高原とよぶ理由の一つは，パミールをつくる地質がチベット高原から連続する（小松 2016）ためであろう。つまり，地質からみてパミールをチベット高原の延長としてみなしているのだろう。もう一つの理由としては，パミールを刻む谷のすべてを埋めて大地形（接峰面[1]・背面[2]）としてのパミールを仮想すると，パミールが高原状地形だと認識できるからなのかもしれない。数百kmに及ぶ大地形が，どのようなメカニズムで現在の高度を得たかに関心がある場合には，このような見方をすることがある。実際，この見方でパミール全体を俯瞰すると，パミールの山地・山脈はタジク盆地・タリ

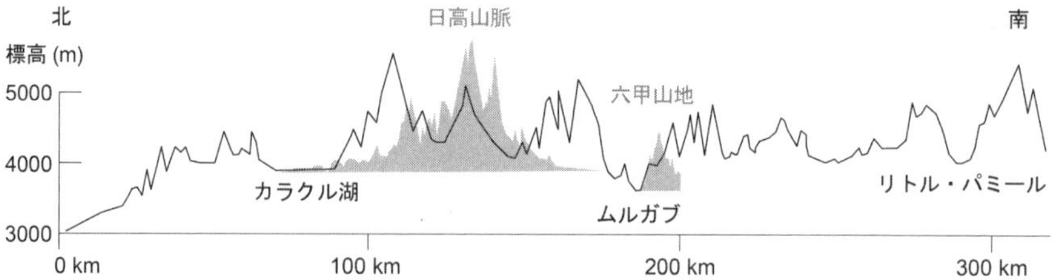

図 1.4　高原パミールの南北地形断面

1)　小規模な谷を埋めて描かれる仮想的な等高線図が示す形態。
2)　高さの揃っている山地の尾根を連ねた仮想の地表面。

ム盆地からテーブル状に盛り上がった高まり「パミール高原」として認識できる（「刊行によせて」の図1参照）。しかし，これらは研究上の特殊な考え方である。一般的にパミールをよぶ名称としては，やはり現実の地形にもとづきパミール，ないしはパミール山地とするのがよいだろう。

パミールの例に限らず，山地・山脈・高原については，名称と地形が一致しない場合がある。大事なことは，地図に記された名称に先入観をもたずに現実の地形をグーグルアースなどを使って見ることである。例えば，チベット高原においても山脈・峡谷からなる起伏の大きい所は広く存在する（例えば，ラサ周辺）。また逆に山脈と名づけられていても，地形からみると高原状のなだらかな起伏からなり，高原とよんでも差し支えない山地もある（例えば，トルコのトロス山脈，中央アンデス山脈のプナ・アンデス）。

文　献

足助武彦 2011. 木曽駒ケ岳千畳敷における1981年から2010年までの気温の変化について. 伊那谷自然史論集, 12, 1-6.

岩田修二 2008. パミールとはどんなところか？—範囲・地形・環境. 地理, 53, 18-29.

クルィレンコ NV（田村俊介訳）1978.『未踏のパミール』白水社.

小松哲也 2016. パミールにおける新生代の地質構造発達史に関する最近の研究. 地学雑誌, 125, 661-698.

酒井敏明 2000.『旅人たちのパミール—玄奘, マルコ・ポーロはどの道を通ったか』春風堂.

スタイン A（沢崎順之助訳）1984.『中央アジア踏査記』白水社.

ティルマン HW（薬師義美訳）1975.『カラコラムからパミールへ』白水社.

バウムガルトナー Bほか（西堀栄三郎ほか監修）1981.『図説百科 山岳の世界』大修館書店.

深田久弥 1973.『ヒマラヤの高峰1〜3』白水社.

福井幸太郎 2010. 立山, 内蔵助山荘での長期気温観測データ（1997－2009年）と現在の氷河平衡線高度. 立山カルデラ砂防博物館研究紀要, 11, 11-17.

ベレッキィ EA（袋一平訳）1960. スターリン峯登頂記.『世界登山山岳全集11』朋文堂, 217-321.

吉沢一郎（監修）1984.『コンサイス外国山名辞典』三省堂.

渡辺悌二 2005. タジキスタン共和国, タジク国立公園における野生動物資源の保全と持続的利用. 北海道地理, 80, 53-59.

Aizen VB, Mayers PA, Aizen EMほか7名 2009. Stable-isotope and trace element time series from Fedchenko glacier (Pamirs) snow/firn cores. *Journal of Glaciology,* 55, 275-291.

Ambraseys N & Bilham R. 2012. The Sarez-Pamir Earthquake and Landslides of 18 February 1911. *Historical Seismologist,* 83, 294-314.

Jarvis A, Reuter HI, Nelson Aほか1名 2008. Hole-filled SRTM for the globe Version 4, available from the CGIAR-CSI SRTM 90m Database (http://srtm.csi.cgiar.org).

Komatsu T & Watanabe T. 2013. Glacier-related hazards and their assessment in the Tajik Pamir: A short review. *Geographical Studies*, 88, 117-131.

Kreutzmann H. 2016. Pamir or Pamirs: Perceptions and Interpretations. In: Kreutzmann H & Watanabe T. Eds.:

Mapping Transition in the Pamirs: Changing Human-Environmental Landscapes, Springer, 17-40.

Mergili M, Kopf C, Müllebner Bほか1名 2012. Changes of the cryosphere and related geohazards in the high-mountain areas of Tajikistan and Austria: a comparison. *Geografiska Annaler: Series A, Physical Geography*, 93, 79-96.

Owen LA, Chen J, Hedrick KAほか7名 2012. Quaternary glaciation of the Tashkurgan Valley, Southeast Pamir. *Quaternary Science Reviews*, 47, 56-72.

Robinson A. 2015. Mesozoic tectonics of the Gondwanan terranes of the Pamir Plateau. *Journal of Asian Earth Sciences*, 102, 170-179.

Rutte D, Ratschbacher L, Schneider Sほか5名 2017. Building the Pamir-Tibet plateau—Crustal stacking, extensional collapse, and lateral extrusion in the Central Pamir: 1. Geometry and kinematics. Tectonics, 36, 342-384.

Stearns MA, Hacker BR, Ratschbacher Lほか2名 2015. Titanite petrochronology of the Pamir gneiss domes: Implications for middle to deep crust exhumation and titanite closure to Pb and Zr diffusion. *Tectonics*, 34, 784-802.

Watanabe T, Anarbaev M, Ochiai Yほか2名 2009. Tourism in the Pamir-Alai Mountains, southern Kyrgyz Republic. *Geographical Studies*, 84, 3-13.

Williams MW & Konovalov VG. 2008. Central Asia Temperature and Precipitation Data, 1879-2003. Boulder, Colorado: USA National Snow and Ice Data Center. Digital media (http://nsidc.org/data/g02174).

第2章

パミールの地形

Landforms of the Pamir

小松 哲也・平川 一臣

1　はじめに

ヒマラヤ山脈およびチベット高原の成立が，5,000万年前ころに始まるインド大陸とユーラシア（アジア）大陸の衝突によることは広く知られている（図2.1）。この大陸同士の衝突は図2.2に示すように，ヒマラヤ山脈とチベット高原の形成にかかわるだけでなく，パミールを含めたアジア大陸の広域に変化に富んだ地殻変動とそれらによる山脈，高原・高地，盆地や構造谷の地形，長大な活断層とそれらの配置，さらには8,000 mを越える高さから海水面高度以下の標高分布にまで関与してきた。例えば，世界最深のバイカル湖（湖面は標高456 m，最大水深は1,741 m）は隆起したドームが引き裂かれた所であり，チベット高原は横ずれ断層により搾られるように東へ押し出されている。このような知識のあらましは，プレートテクトニクスの提唱から10数年後には得られていた（例えば，Ollier 1981）。本章では，こうしたアジアのテクトニクスの古典的理解に加え，最新の研究動向に留意し，インド・アジア衝突という劇的なイベントに端を発したパミール[1)]の地形とその発達史について説明する。なお，パミールの山脈や盆地などの地名については，第1章を参照・確認しながら読まれたい。

1)　本章で取り上げるパミールは，地形的特徴から決定されるパミール（第1章参照）である。

2　大地形としてのパミールの特徴

2.1　パミールの平面形態と水系パターン

アジア全体の地形を俯瞰すると，パミールはチベット高原から続く標高4,000 mほどの山塊として認識できる。また図2.3からわかるように，パミールは，ヒマラヤ山脈の北では中央アジアで最大規模の天山（テンシャン）山脈の南縁に続くタジク盆地－アライ谷－タリム盆地に対して北に凸の弧を描く特徴的なかたちである。この外形は，インド大陸とユーラシア（アジア）大陸の衝突に起因する。インド・アジア衝突後，インド大陸をつくるインドプレートはアジア大陸をつくるアジアプレートの下に沈み込み，北進した。衝突時のインドプレートは，現在のインドプレートよりも面積が大きく，特にその西方がアジアプレートに対して突き出していたらしい（図2.1)。そのため，アジアプレート西部は突き出し部に押されるように北向きに湾曲していった。この北方への突き出し運動の結果，パミールでは，かつて一連の相対的低地・平地であったタジク盆地－アライ谷－タリム盆地を分断しつつ，北縁を弧状の外形とする特異な平面形と配置を獲得していったのであろう。インドプレートの北進運動は続いているので，パミールと天山山脈の西端部に挟まれているアライ谷はいずれ消滅すると考えられる。

インド・アジア衝突後にパミールで生じた数千万年間に及ぶ地殻変動の影響は，パミールを流れるパンジ川の水系パターンにも表れている。パンジ川の水系パターンは，大局的にみれば，東西方向の支流群が南北方向の主流に直交するように合流し，その主流がパミールの北西部において南西方向に転向するというものである（図2.3)。東西方向の支（流）谷群は，地質構造（インド・アジア衝突時のテレーン[2)]境界）と大局的に一致することから，構造谷とみなされている（Brookfield 2008)。これに対し，南北方向の主谷は，インド・アジア衝突時にパミールの北側に位置した低地（タジク盆地–アライ谷–タリム盆地）に

2)　周囲を断層で区切られ，周辺地域と形成史が異なる地層・岩体の集合体。

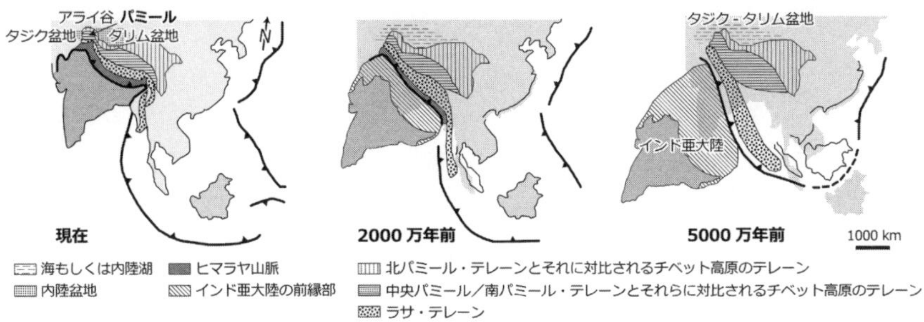

図 2.1　インド・アジア衝突とパミールの形成（Royden et al. 2008 を一部改変）
薄い灰色は現在の地形。ケバつき太黒線は沈み込み帯を示す。

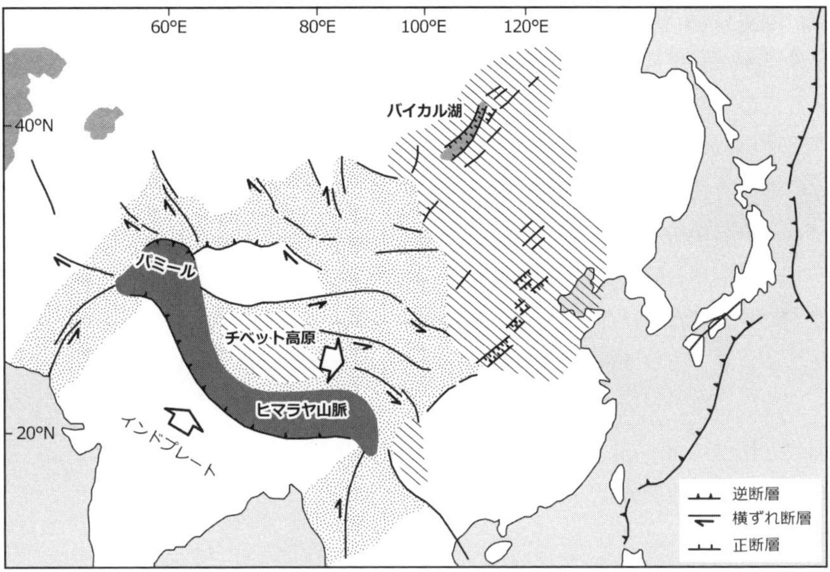

図 2.2　アジア大陸のテクトニクス（Ollier 1981 を一部改変）
濃灰色部は南北圧縮により地殻が厚くなっている場（圧縮応力場）を，斜線部は正断層が発達し，地殻が引きのばされている場（引張応力場）を，点描部は横ずれ断層が発達する場を示す。矢印は，インドプレートの北進により，チベット高原の地殻が東方に押し出されている様を模式的に示す。

向かって発達した必従谷[3]起源と考えられている。この南北方向の谷の南西方向への転向が，インド・アジア衝突後に生じたパミールの数百 km に及ぶ北への弧状の突き出しと関係する。なぜなら，パミールの北への弧状の突き出しによる地殻の南北圧縮がパミール北部の山地形成をうながし，それによって北に向かって流れていたパンジ川が西側のタジク盆地に流路を向けざるをえなくなったと考えられているからである（Brookfield 2008）。

2.2　パミールの高さ

パミールの広がりは南北 300 km, 東西 300～400 km に及び，その範囲が全体として標高 4,000 m 近い高さを獲得している（図 2.3）。それは，パミールの地殻の厚さが一般的な大陸地殻の約二倍の厚さとなる 70 km にも達しているためである。幅数百 km を越える大規模な山地や高地の地形では，厚い地殻が浮力でアイソスタティックに支えられており，その場合，地形の高さは地殻の厚さに比例するためである。つまり，例えてみれば，厚さが違う木の板を水に浮かべたとき，厚い板は水面上により高く浮かぶのと同じようなものである。パミールが厚い地殻を得たのは，インド・アジア衝突後，インドプレートの北進がアジアプレートの地殻を水平方向に短縮させたためである。

しかし，パミールの地殻はインド・アジア衝突から現在に至るまで一貫して厚くなり続けたわけではないようである。Schmidt et al.（2011）が行った計算では，インド・アジア衝突後，現在まで地殻短縮が継続して生じた場合，パミールの地殻の厚さが 90～110 km に達するからである。これは，現実のパミールの地殻と比べて 20～40 km の厚さに及ぶ地殻の余剰が生じたことを意味する。それでは，この地殻の余剰分はどのように処理されたのだろうか？ この問に対して，最近の研究は，パミールの地殻の余剰分が侵食により除去されるだけでなく，マントルへ沈み込んだり，後述するパミールの西方（タジク盆地）への地殻の押し出しにより除去されていることを示している。

3)　地形の最大傾斜方向に流れる河川が形成した河谷。

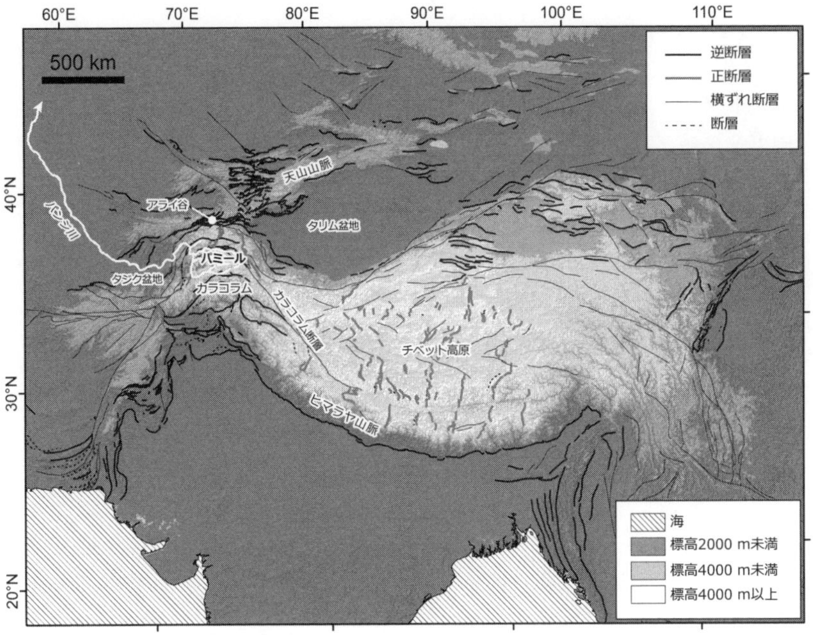

図 2.3　ヒマラヤ・チベット山塊と断層

ベースマップは，SRTM-30を用いて作成。断層分布は，中央アジア断層データベース（Mohadjer et al. 2015）にもとづく。

3　パミールの断層と地震活動

インド大陸は，およそ2,000 kmもユーラシア（アジア）大陸に食い込んだとされる。しかも単に食い込んだのではなく，巨大なストレスをユーラシア（アジア）大陸に与えてきたので，その影響は広範囲に及んでいる。断層は，そのようなストレスを受けた地殻の動きの地表表現であり，パミールにおける数十km幅の起伏，言い換えれば，山脈・山地・盆地の形成に関与した。パミールの主要な断層は，(1) パミールの北への突き出し運動によるストレスを解消・低減する断層，(2) 変成岩ドームの形成にかかわる断層，(3) パミールの成長にともなって形成された断層，の3タイプに大別できる。以下では，これら3タイプの断層の特徴について述べる。

3.1　パミールの北への突き出し運動を解消・低減する断層

インドプレートの北進が続く限り，北へ突き出されるパミールの地殻には，ひずみが蓄積され続ける。図2.4に示すパミールをつくる三つのテレーン（北パミール・テレーン，中央パミール・テレーン，南パミール・テレーン）の境界をなす逆断層，右ずれ断層であるカラコラム断層と，カラコラム断層を根にもつアクスゥ–ムルガブ断層帯は，いずれも，そうしたひずみを解放している地学的証拠である（図2.4）。

テレーンの境界をなす断層のうち，北パミール・テレーンの北縁（すなわちザアライ山脈の北縁）を限って走るのが，パミール主衝上断層（MPT: Main Pamir Thrust）と，その前縁衝上断層であるパミール前縁衝上断層（PFT: Pamir Frontal Thrust）である。これらは，その西方では左ずれ断層であるダルヴァズ断層帯に連続し，東方では4条の高角な右ずれ断層であるKashgar-Yecheng transfer system（KYTS）に連続する（図2.4）。北パミール・テレーンと中央パミール・テレーンの境界には，北パミール・テレーンを上盤とする衝上断層であるタニマス断層が走っている。さらに中央パミール・テレーンと南パミール・テレーンとの境界には，中央パミール・テレーンを上盤とするサレズ–ムルガブ衝上断層系が発達する（図2.4）。

これら3条の断層のうち，パミール北縁のMPTおよびPFT沿い，タニマス断層の東側には，地殻浅部（深さ10 km以浅）で発生した地震が帯状に連なる。特にパミールと天山山脈が衝突する場では地震が多く，1974年にはマグニチュード[4] 7.0のマルカンスー（Markansu）地震が，2008年10月5日にはマグニチュード6.6のヌラ（Nura）地震が発生した。パミールの活構造図（Schurr et al. 2014）によれば，MPT, PFT, ダルヴァズ断層帯，サレズ–ムルガブ衝上断層系が第四紀の地形・地層を変形させてきたことがわかる。

パミール–カラコラムとチベット高原とを分断し，1,200 km以上にも及ぶ長大な右ずれ断層がカラコラム断層（図2.3）であり，かつてはチベット高原に対

4)　本稿で用いるマグニチュードは，モーメントマグニチュード（Mw）にもとづく値である。

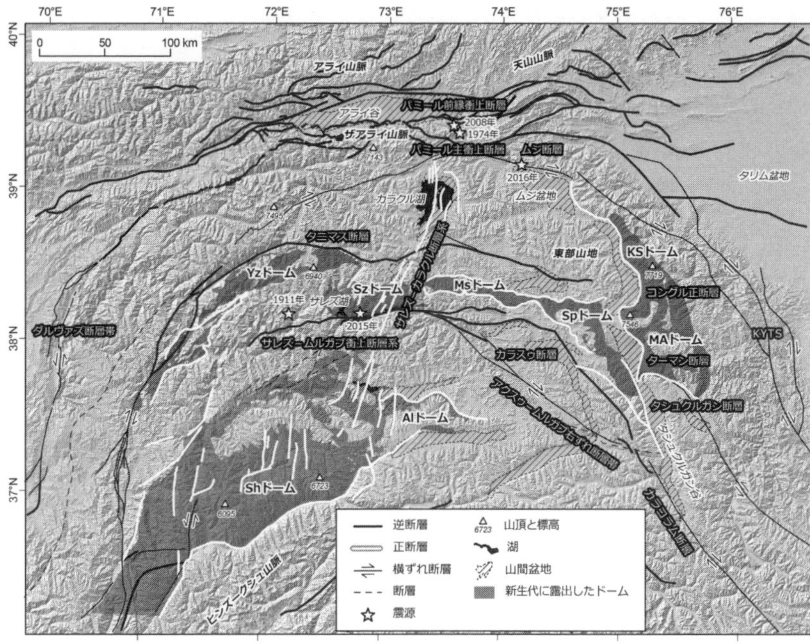

図 2.4　パミールの断層分布図と大規模地殻内地震の分布
大規模地殻内地震の内容については本文を参照。Yz: ヤズグロム，Sz: サレズ，MS: ムズコル，Sp: シュプト，Sh: シャハダラ，Al: アリチュール，KS: コングル山，MA: ムズタグ・アタ。KYTS=Kashgar-Yecheng transfer system。ベースマップは，SRTM-4 (Jarvis et al. 2008) を用いて作成。断層分布は，中央アジア断層データベース（Mohadjer et al. 2015）を部分的に修正したものを利用。

してパミール–カラコラムが北向きに数百kmも食い込むような平面パターンを示す移動（ずれ）を単独で解消していると考えられていた（Tapponnier et al. 1982）。しかし，最近の研究では，カラコラム断層の活動開始以来の右ずれ総変位量は，パミール–カラコラムの東縁部で150 km程度にすぎず，さらにカラコラム断層の北部（タシュクルガン谷の南端より北）は，少なくとも2万〜3万年前以降，おそらくは，およそ20万年前以降，いかなる変位も起こしていないとされる（Robinson et al. 2015）。このことから，カラコラム断層の右ずれ運動だけでインドとアジアの衝突に関連したひずみの大部分を解消しているわけではないと指摘してよさそうである。

アクスゥ–ムルガブ右ずれ断層帯は，北西方向にのび，中央パミール・テレーンと南パミール・テレーンとの境界をなすサレズ–ムルガブ衝上断層系に収斂する（図2.4）。この断層帯を構成するカラスゥ断層は，カラスゥ（カラスー）谷に発達した4段の河成段丘のうち3段の河成段丘を右ずれ変位（上位からそれぞれ，135 m, 61 m, 6 m; 最上位のものは10 mの縦ずれ変位をともなう）させる（Strecker et al. 1995）ことから，現在も活動している構造と考えられる。

3.2　変成岩ドームの形成にかかわる断層

インド・アジア衝突にともなう地殻厚化の結果，パミールの地下深部では高い圧力や熱が生じた。そうした圧力と熱により変成作用を受けた岩体がドーム状に隆起し，地表に露出したものが変成岩ドームである。変成岩ドームの周囲には，隆起したドーム側を下盤とする正断層が形成された。

図2.4にパミールに発達する変成岩ドーム（中央パミールのヤズグロム, サレズ, ムズコル , シュプトドーム，および南パミールのシャハダラ，アリチュールドーム）の配置を示す。変成岩ドームはパミールの面積の約30%を占める。それらは地殻が，ほぼ南北方向に引きのばされて露出したものと，東西方向に引きのばされて露出したものに分けられる。中央パミール・テレーンにおける四つのドームと南パミール・テレーンにおける二つのドーム（シャハダラ，アリチュールドーム）は前者に相当し，北パミール・テレーンにおける二つのドーム（コングル山，ムズタグ・アタドーム）は後者に相当する（図2.4）。7,000 m級のコングル峰，ムズタグ・アタ，6,000 m級のマヤコフスキー峰，カールマルクス峰，エンゲルス峰，革命峰といったパミールの高峰は，これらのドームの露出により形成された。また，北パミール・テレーンにおける二つのドーム沿いに発達する正断層（コングル正断層）は，東部山地に沿って250 kmにわたってのびる山間盆地（ムジ盆地〜タシュクルガン谷）の形成に寄与している（図2.4）。しかし，このタイプの断層のうち，第四紀の地形・地層を変形させているのはコングル正断層のみである。

3.3　パミールの成長にともなって形成された断層

このタイプの断層は，パミールの北進運動と隆起の過程で発達し，第四紀の地形・地層を変形させている。パミール東部に発達する正断層系，およびパミールのほぼ真ん中に発達する正断層系がこのタイプである。前者は，ザアライ山脈から東部山地の背後に分布する山間盆地を形成した断層である（図2.4; Strecker et al. 1995）。それらはカラクル湖がある盆地にみられる正断層群と，東部山地背後の山間盆地沿いにみられるムジ断層（左ずれ断層），ターマン断層（正断層），タシュクルガン断層（正断層）である。ムジ断層，ターマン断層，タシュクルガン断層に上述のコングル正断層を加えてコングル山正断層系（Kongur Shan Extensional System）とよばれる。コングル山正断層系のムジ断層沿いでは，2016年11月25日にマグニチュード6.6の地震が生じた。

一方，後者は地殻の厚化が生じた場で，山が高くなりすぎて，これ以上地殻を厚く（＝山を高く）できず，地殻を側方に逃がすために形成される断層である。このタイプの断層は，上方への成長が頭打ちとなった山体に形成される断層であり，チベット高原での発達がよく知られている（図2.3, 2.4）。パミールでは，カラクル湖西側の正断層から南西方向にのびてヒンズークシュ山脈にまで達する左ずれ断層系（正断層成分をともなうサレズ–カラクル断層系）が，このタイプの断層である（Schurr et al. 2014）。

震源メカニズム解とGNSS（Global Navigation Satellite System: 衛星測位技術）観測にもとづくと，パミール内部の変形はサレズ–カラクル断層系の東側と西側で大きく異なる。東側は，地震活動や内部変形をほとんどともなわず一様に北向きに動き，パミール北縁に沿って顕著な水平短縮を引き起こしている。これに対し，西側では，北東向きの左ずれ断層運動（もしくはその共役断層）と正断層運動に起因する地震性変動が多発する。これらの断層運動は，パミールの西側において南北方向の短縮とともに東西方向の伸張が生じていること，すなわち，パミールがこれ以上高くなれずに，タジク盆地に向かって地殻が押し出されていることを示唆する（Schurr et al. 2014）。このようなパミールの西方向への地殻の押し出しは最近生じたものではなく，2,500万～1,500万年前には始まっていたと考えられている。つまり，全体としてみれば，この時期までにパミールは現在に近い標高をもつ山塊になっていたということであるが，以降の1千万年を越える時間の侵食量とその結果としての現在の地形との関係は検討されるべき課題であろう。

サレズ–カラクル断層系沿いおよびその周辺では，MPT，PFT沿いと同様に地震の帯が形成されている。過去約100年の間に，パミールでは，この断層系沿いでマグニチュード7を越える大規模地震が二度発生した（図2.4）。一つは，1911年2月18日に発生したマグニチュード7.3の地震である。この地震によって大規模崩壊が発生し，その崩壊堆積物は河道を閉塞し，サレズ湖を形成した。もう一つが2015年12月7日に発生したマグニチュード7.2の地震である。この地震では，50 kmを越える区間で地震断層が出現したとされる（Metzger et al. 2017）。

4　気候環境の変動にかかわる地形

パミール南西部の主要都市ホローグからグント川を遡るように東へ向かうと，パミール中心部を越えた辺りから風景が一変する。そこには，砂漠のように荒涼とした風景の中に過去に氷河や湖がひろがっていたことを示す地形・堆積物が残されている。パミールにおける氷河の消長と湖の変動はいつ生じ，それらはどんな様相だったのだろうか？ 近年，露出年代測定法（^{10}Be法）[5]を用いた氷河地形編年や光ルミネッセンス法[6]を用いた湖成地形の編年が進んで，こうした

5)　岩石と宇宙線が反応することで生成される原位置宇宙線生成核種（半減期が約150万年の^{10}Beなど）を利用した年代測定法。宇宙線生成核種の生成速度は計算式によって見積もることができる。そのため地表に露出した岩石が宇宙線に曝され始めたときの核種濃度をゼロであったとすれば，その岩石の核種濃度から岩石が地表面に露出していた時間（露出年代）を求めることができる。モレーン上に露出した巨礫に適用することでモレーンの形成年代を，氷河侵食を受けた岩盤に適用することで岩盤が氷河から解放された時代を，それぞれ推定することができる。

6)　堆積物中の石英や長石に光をあてたときに，それらが放射線の蓄積量に応じた強さで発光すること（光ルミネッセンス）を利用した年代測定法。光ルミネッセンスは太陽光を浴びることでゼロになる。そのため石英や長石の光ルミネッセンスの強さを測定し，その値を単位時間あたりの放射線量で除することで，石英や長石の埋没年代，つまり堆積物の堆積年代を推定することができる。

問いに答えることができるようになった。

4.1　氷河変動

パミールにおける氷河変動の特徴は，古い時期ほど氷河の拡大規模が大きいことである。地形に残されたもっとも古い氷河拡大は，一つ前の氷期（19万～13万年前ころ），もしくはそれ以前と考えられている（図2.5）。前進した氷河の末端を示すターミナルモレーンの分布にもとづくと，パミール東部の山間盆地（ムズタグ・アタの山麓，タシュクルガン盆地，ワキア谷）では，氷河は盆地にまで達し，山麓に氷河をひろげた（山麓氷河）と考えられる（例えば，Seong et al. 2009）。また，パミール南西部では，主谷（グント谷，シャハダラ谷，ワハン谷）を満たす谷氷河が発達したと考えられる（Stübner et al. 2017）。

最終間氷期から最終氷期前半の13万～7万年前ころ（海洋酸素同位体ステージ, Marine Isotope Stage, MIS 5）における氷河拡大は，パミール中央～南東部のヤシルクル湖と南アリチュール山脈において確認されている（図2.5）。また，8万年前ころから6万年前ころ（MIS4）まで，もしくはMIS 4（7.1～5.7万年ころ）の氷河拡大もパミールで広く認められている（図2.5）。ターミナルモレーンの分布から，これらの時期，パミール東部では氷河が主谷ないしは盆地にまで拡大し，山麓氷河を形成したと考えられている（例えば，Abramowski et al. 2006）。また，パミール南西部でもグント谷の主谷にある羊背岩が約6万年前まで氷河に覆われていたこと（Stübner et al. 2017）から，この時期に氷河が主谷にまで達していた可能性がある。

最終氷期も後半に入る5.7万～2.9万年前（MIS 3）における氷河拡大は，パミール東部，中央部，南西部において確認されている（図2.5）。ターミナルモレーンの分布からみると，パミール東部と中央部では，この時期の氷河の拡大は支谷に収まる規模であった（Abramowski et al. 2006）。その一方で，パミール南西部ではMIS 3においても最終氷期前半の氷河拡大と同様に支谷を越えて主谷にまで氷河が達していた可能性がある（Stübner et al. 2017）。

MIS 3における氷河拡大は，アジアの山岳地域ではインドモンスーンの影響を受ける地域で広く確認されている（例えば，Owen & Dortch 2014）。これらを

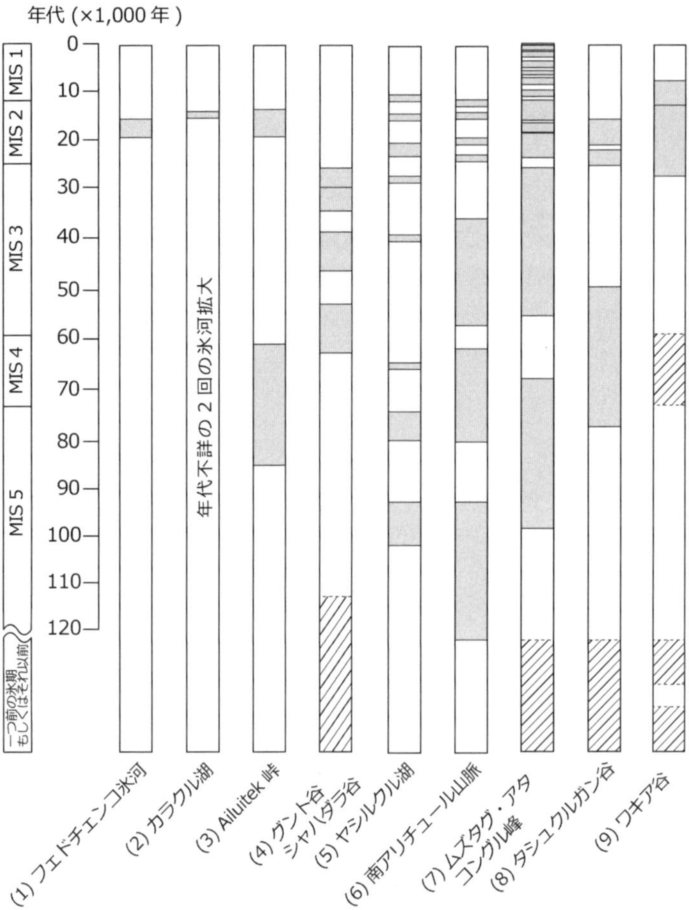

図 2.5　パミールにおける中～後期更新世の氷河変動

灰色部は氷河拡大の時期と期間（年代値の誤差を含む）を示す。斜線部は，絶対年代による制約が不十分である氷河拡大期を示す。調査地点については図 2.6 を参照。2005 ～ 2017 年に出版された学術論文 9 編の結果にもとづき作成。MIS は，海洋酸素同位体ステージ（Marine Isotope Stage）の略称。

解釈するためにZech et al. (2005)は，インドモンスーンによる影響を受ける地域の北限が，MIS 3にはヒンズークシュやカラコラムを越えてパミール中央部にまでひろがった可能性を指摘した。しかし中央アジアで確認されるMIS 3の氷河拡大はインドモンスーンの発達とは関係なく，わずかに温暖となった気候環境により降水量が増加したためという考え（奈良間2012）もあり，この問題の決着はついていない。

最終氷期の最寒冷期であったMIS 2（2.9万～1.4万年前ころ）における氷河拡大はパミールのほぼ全域で確認されている（図2.5）。この時期の氷河拡大は複数回あり，おおまかにみればMIS 2の前半と後半に生じた。注目すべきはMIS 2における氷河拡大規模が，みかけ上，北部と南部とで大きく異なることである（図2.6）。パミール北部のフェドチェンコ氷河周辺，カラクル湖の流域では氷河末端は現在よりも数十km下流まで拡大した。その一方で，パミール南東部の氷河は10～10数kmほどの拡大であった。このような氷河拡大規模の違いは，現在の氷河の大きさの南北差を単純に反映したものにすぎないのであろうか？それともMIS 2に偏西風による水蒸気流入量の南北差が現在以上に大きくなったことに起因したのであろうか？この点についてもMIS 3における氷河拡大の原因と同じく未解決のままである。

晩氷期以降の氷河変動は，パミールの東部と中央部において確認されている(図2.5)。特にパミール東縁のムズタグ・アタとコングル山では，Seong et al. (2009)によって複数のモレーンを対象に年代測定が行われ，8回の氷河拡大期（1.37, 1.12, 1.02, 0.84, 0.67, 0.42, 0.33, 0.14万年前）と，小氷期における複数の氷河拡大期があったことが明らかにされた。これらの氷河拡大期は，グリーンランドの氷床コアや北大西洋の海底コアに記録されたミレニアムスケールでの急激な古気候変動に応答して生じたと考えられている（Seong et al. 2009）。

先に2,500万～1,500万年前にはパミールは，全体としてみれば現在に近い標高をもつ山塊になっていたという解釈を記した。それなのに，氷河の発達が，最近10万年からせいぜい数十万年前までしか遡らないのは，なぜであろうか？検討されるべき課題であろう。

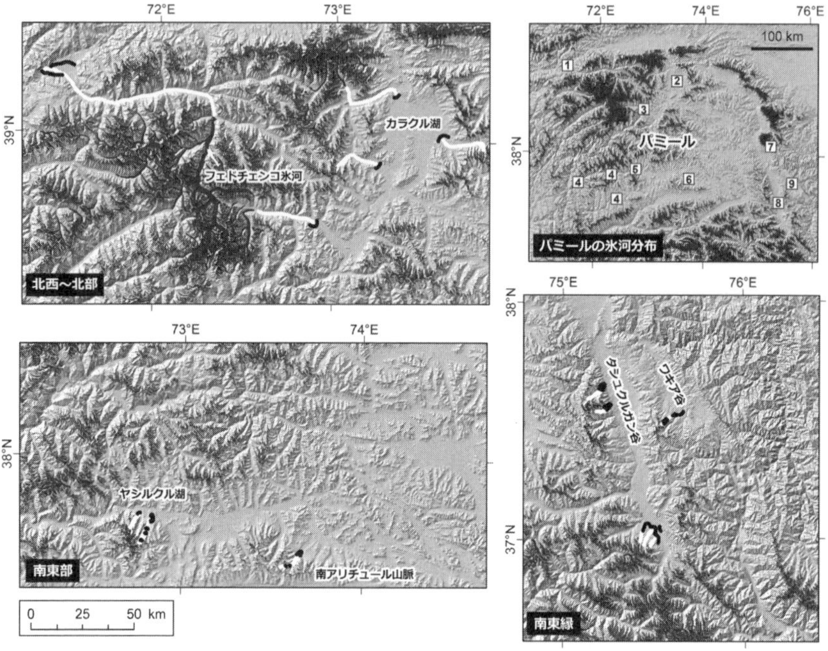

図 2.6　最終氷期の最寒冷期（MIS 2: 2.9 万〜 1.4 万年前）における氷河拡大規模の違い
現在の氷河分布を黒塗りで，MIS 2 に形成されたモレーンを黒線で，MIS 2 の谷氷河を白色で示す。右上の図に示された番号は，図 2.5 に示した氷河地形編年研究が行われた場所を示す。ベースマップは SRTM-4 (Jarvis et al. 2008) を用いて作成。現在の氷河の分布は Arendt et al.（2015）にもとづく。

4.2　カラクル湖の変動

カラクル湖（湖面の標高は3,915 m，面積は388 ㎢）は，パミール北東部に位置する流出河川をもたない湖である（図2.4）。このような湖は閉塞湖とよばれ，その湖面は気温・降水量の変化を直接的に反映し，上下することが知られている。湖面変動の履歴は，湖岸に残された旧汀線地形から知ることができることから，閉塞湖は氷河と同様に古気候変化の指標として古くから利用されてきた。

カラクル湖では旧汀線地形の発達がひじょうによい。例えば，北岸の扇状地では，湖面から205 mの高さまで階段状に60列の旧汀線地形を認めることができる。カラクル湖のユニークな点は，このような旧汀線地形の発達の良さに加え，流域に分布する氷河が湖岸まで流下していたことを示す地形が残されていることである。筆者らは，これらの地形を対象とした野外調査から湖・氷河の変動，ならびに両者の関係について考察してきた（Komatsu et al. 2010）。得られた結果を列挙すると，以下のようになる。

（1）湖面変動：4回の高湖水位期（古いほうからH，M，L，LL期；最高湖水位はそれぞれ標高4,120，4,000，3,950，3,925 m）と，それらの間の低湖水位期（現湖水位の標高3,915 mと同じか，より低い）があった。

（2）湖と氷河の関係：4回の高湖水位期のそれぞれが流域の氷河拡大期に対応し，両者のピークが一致していた。H，M期の極相には，ほとんどの氷河の末端は，その当時の湖に直接流れ込んだカービング型氷河であった（図2.7）。当時の湖の上には無数の氷山が浮かんでいたに違いない。扇状地には，その当時に氷山が運んだと考えられる数mの大きさの巨礫が残されている。これに対し，L期の極相には氷河が当時の湖面と接する関係にあった。LL期の極相には，氷河は湖岸まで達することはなかった。

それでは，4回の高湖水位期はいつ生じたのか？ 筆者らは光ルミネッセンス年代測定法を用いてL期の湖水位変動によって形成された浜堤列[7)]の編年を行った（Komatsu & Tsukamoto 2015）。その結果，L期の湖水位上昇は少なくとも1万9千年前には開始しており，L期の最高水位期と氷河の最大拡大期はともに晩氷期の1万5千年前まで継続していたことがわかった。この1万9,000〜1万5,000年前までの湖水位上昇期は，チベット高原西部やパミールにおける氷河拡大期と重なる。そのため，数千年以上の時間スケールでのカラクル湖の湖水位上昇は，氷河を拡大させる古気候条件に起因したと考えられた。

ところで，アジアにはカラクル湖と同様に氷期に水位を上昇させた超巨大な閉塞湖がある。それはカスピ海である。カスピ海は，黒海，地中海とともに偏西風が中央アジアにもたらす水蒸気の供給源として知られている（第4章参照）。地中海など海の水位は氷期に最大100数十m低下したが，内陸にあるカスピ海

7)　波浪により，湖岸線に沿って砂や礫が積み上げられてできた高まりを浜堤とよぶ。浜堤列は，浜堤が数列，あるいはそれ以上並んだもの。

では，その逆に水位が上昇した。なぜなら，カスピ海では，氷期に寒冷な気候により海面からの蒸発が抑えられただけでなく，ユーラシア氷床がカスピ海の流域にまで及んだ結果，氷床から融解水の流入が生じたからである。最終氷期においては，1万6,500年〜1万4,500年前にカスピ海の水位が上昇し，その水位が分水界を越えたため，カスピ海と黒海とが連結したと考えられている（Badertscher et al. 2011）。当時のカスピ海の面積は現在の約二倍に達したとされるから，カラクル湖のL期には，アジア西部に巨大な海が出現していたことになる。重要なのは，過去67万年の間に同様の現象（カスピ海と黒海との連結）が少なくとも7回，全球的な氷期・亜氷期のピーク（63, 58, 51.5, 22, 17.5, 13, 1.45〜1.65万年前）に対応して生じていたことである（Badertscher et al. 2011）。このことは，中央アジアにもたらされる水蒸気の供給源となる水域が氷期・亜氷期に縮小したどころか，拡大したことを示唆する。過去約70万年間のカスピ海の海面変動がヒマラヤ・チベット山塊およびその隣接地域に発達する湖・氷河の変動に与えた影響，これはアジアの第四紀古環境変遷において検討されるべき興味深い研究テーマであろう。

5　パミールの河川とその地形的特徴

パミールを流れる河川は，タジク盆地に向かうパンジ川と東のタリム盆地に向かうゲズ川，ヤルカンド川に大別できる（図2.8）。これらの河川は，パミール東部の山間盆地からタジク盆地，ないしはタリム盆地までの数百〜800 kmの距離のうちに約4,000 mの高度差を流下する。

パミール東部に源流域をもつパンジ川，グント川，バルタン川の河川縦断形をみると，それらは上に凹のスムーズな一つの曲線ではなく，大局的にみれば，東西パミールの境界付近にある急流区間を介して二つの区間に分かれることがわかる（図2.9）。この急流区間における興味深い地形学的事象は，堰止湖の形成である。例えば，バルタン川では1911年の地震性斜面崩壊による堰止湖・サレズ湖が，グント川ではおよそ4,000年前ころの斜面崩壊堆積物による堰止湖・ヤシルクル湖（Zech et al. 2005）が形成されている（図2.9）。さらに，過去にもパミール主谷の堰止めが度々生じたことが，湖成堆積物の分布から判明してい

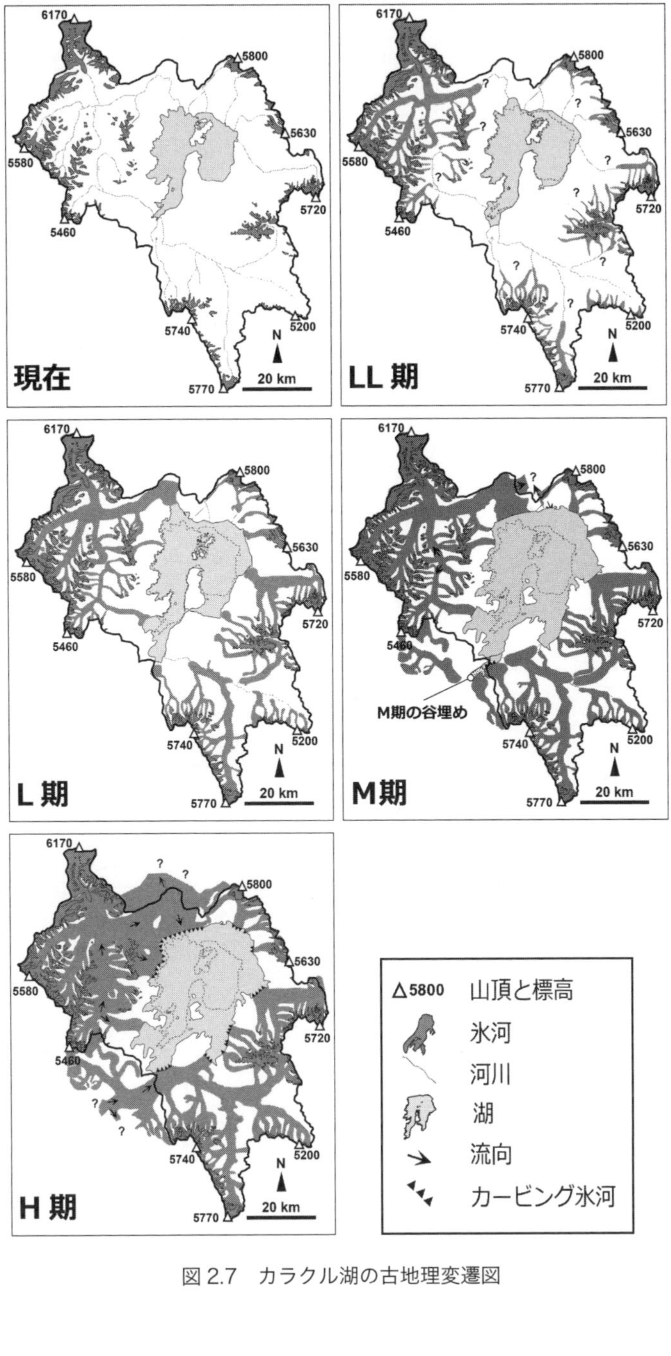

図 2.7　カラクル湖の古地理変遷図

る（図2.8; Schneider et al. 2011）。筆者らも2006年の現地観察でバルタン川沿いのバルタン村において現河床より150 m程高い谷壁斜面に湖成堆積物らしき堆積物が分布すること，アリチュール村付近の主谷の標高3,920 m付近まで湖成堆積物が分布することを認めた。パミール西部では一つ前の氷期，ないしは約6万年前に氷河が主谷にまで達していたことから，これらの湖成堆積物には，地すべり・崩壊堆積物の堰止めによるものだけでなく，前進した氷河，ないしは氷河末端地形の堰止めによるものもあったと考えられる。

パミールの中央〜西部に堰止湖が形成されれば，それらが局所的な侵食基準面となって，それより上流では異なる流域のような河谷地形形成条件になるだ

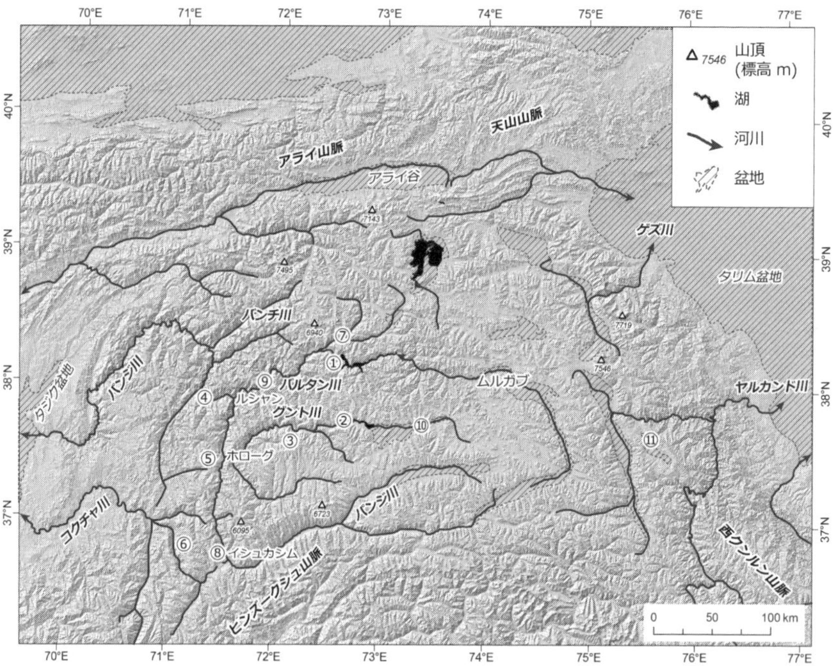

図 2.8　パミールのおもな河川と堰止湖，および湖成堆積物の分布
①サレズ湖，②ヤシルクル湖，③ Rivakkul, ④ Shids, ⑤ Shiva, ⑥ Bashun, ⑦ Pasor，⑧イシュカシム，⑨バルタン，⑩アリチュール，⑪ワキア。①〜⑥は地すべり・崩壊による堰止湖の位置を，⑦〜⑪は湖成堆積物が確認された場所を示す。ベースマップは，SRTM-4 (Jarvis et al. 2008)を用いて作成。

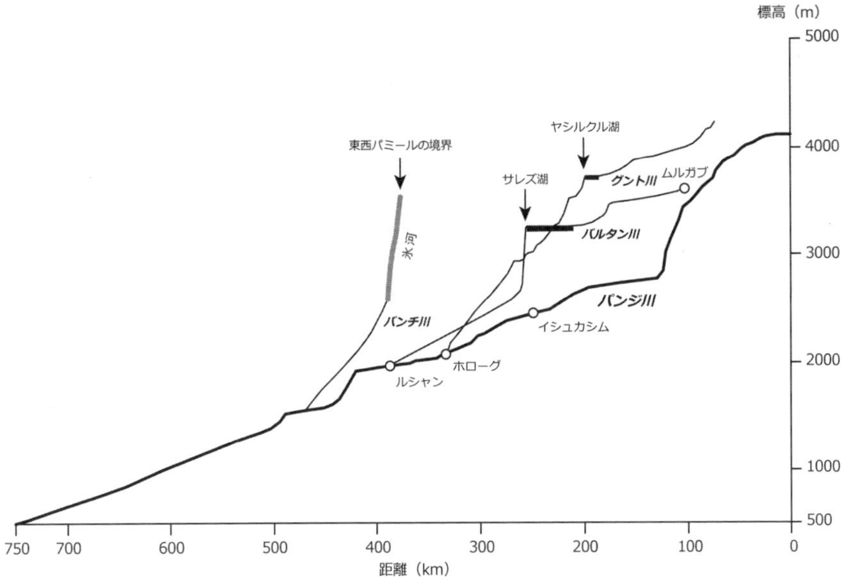

図 2.9　パンジ川とその支流の河川縦断形

ろう。つまり，堰止湖はパミール東部に向かう西側（下流）からの深い峡谷の進行を妨げるように働くと考えられる。しかし，本章4.1でも指摘したが，堰止湖が河谷地形の発達に与える影響は，堰止湖の形成が氷河変動と関係したとしても，現在からせいぜい数十万年前以降に始まったにすぎないだろう。その一方で，パミールの河谷地形は，本章2.1で触れたように，パミール全体の数千万年間にわたる地形発達と並行して形成されてきたに違いない。パミールの河谷地形が，数千万年間という長い時間を通してどのように発達してきたのか，また，その中で最近数十万年間における河谷地形の発達は，どのように位置づけられるのか？ これらは，いまだ手つかずの地形学的課題として残されている。

文　献

奈良間千之 2012. 氷河編年研究の展望―南半球・アジア山岳地域の最近の事例―. 地学雑誌, 121, 215-234.

Abramowski U, Bergau A, Seebach Dほか5名 2006. Pleistocene glaciations of Central Asia: results from ^{10}Be surface exposure ages of erratic boulders from the Pamir (Tajikistan) & the Alay-Turkestan range (Kyrgyzstan). *Quaternary Science Reviews,* 25, 1080-1096.

Arendt A ほか87名 2015. Randolph Glacier Inventory: A dataset of global glacier outlines: Version 5.0. Global L& Ice Measurements from Space. Boulder Colorado, USA. Digital Media (http://www.glims.org/RGI/r&olph.html).

Badertscher S, Fleitmann D, Cheng Hほか5名 2011. Pleistocene water intrusion from the Mediterranean and Caspian seas into the Black sea. *Nature Geoscience*, 4, 236-239.

Brookfield ME. 2008. Evolution of the great river system of southern Asia during the Cenozoic India-Asia collision: Rivers draining north from the Pamir syntaxis. *Geomorphology*, 100, 296-311.

Jarvis A, Reuter H & Nelson A. 2008. Hole-filled seamless SRTM data V4. CIAT: http://srtm.csi.cgiar.org

Komatsu T, Watanabe T & Hirakawa K. 2010. A framework for Late Quaternary lake-level fluctuations in Lake Karakul, eastern Pamir, focusing on lake-glacier landform interaction. *Geomorphology,* 119, 198-211.

Komatsu T & Tsukamoto S. 2015. Late Glacial lake-level changes in the Lake Karakul basin (a closed glacierized basin), eastern Pamirs, Tajikistan. *Quaternary Research*, 83, 137-149.

Metzger S, Schurr B, Ratschbacher Lほか4名 2017. The 2015 M7.2 Sarez, Central Pamir, Earthquake & the importance of strike-slip faulting in the Pamir interior: insight from geodesy & field observation. *Geophysical Research Abstracts*, 19, EGU2017-15936.

Mohadjer S, Strube T, Ehlers TAほか1名 2015. Central Asia Fault Database. Available online: www.geo.uni-tuebingen.de/projekte/faults/ (accessed on 15 May 2017)

Ollier CD. 1981. *Tectonics and Landforms*, Longman.

Owen LA & Dortch JM. 2014. Nature and timing of Quaternary glaciation in the Himalayan-Tibetan orogen. *Quaternary Science Reviews*, 88, 14-54.

Robinson AC, Owen LA, Chen Jほか9名 2015. No late Quaternary strike-slip motion along the northern Karakoram fault. *Earth and Planetary Science Letters*, 409, 290-298.

Royden LH, Burchfiel BC & van der Hilst RD. 2008. The geological evolution of the Tibetan Plateau. *Science*, 321, 1054-1058.

Schmidt J, Hacker BR, Ratschbacher Lほか8名 2011. Cenozoic deep crust in the Pamir. *Earth & Planetary Science Letters*, 312, 411-421.

Schneider JF, Gruber FE & Mergili M. 2011. Recent cases and geomorphic evidence of landslide-dammed lakes and related hazards in the mountains of Central Asia. *Proceedings of the Second World Landslide Forum—3-7 October 2011, Rome*, 1-6.

Schurr B, Ratschbacher L, Sippl Cほか3名 2014. Seismotectonics of the Pamir. *Tectonics*, 33, 1501-1518.

Seong YB, Owen LA, Yi Cほか1名 2009. Quaternary glaciation of Muztag Ata and Kongur Shan: Evidence for glacier response to rapid climate changes throughout the Late Glacial & Holocene in westernmost Tibet. *Geological Society of America Bulletin*, 121, 348-365.

Strecker MR, Frisch W, Hamburger MWほか2名 1995. Quaternary deformation in the Eastern Pamirs, Tadzhikistan and Kyrgyzstan. *Tectonics*, 14, 1061-1079.

Stübner K, Grin E, Hidy AJほか4名 2017. Middle and Late Pleistocene glaciations in the southwestern Pamir and their effects on topography. *Earth & Planetary Science Letters*, 466, 181-194.

Tapponnier P, Peltzer G, Le Dain AYほか2名 1982. Propagating extrusion tectonics in Asia: new insights from simple experiments with plasticine. *Geology*, 10, 611-616.

Zech R, Abramowski U, Glaser Bほか3名 2005. Late Quaternary glacial & climate history of the Pamir Mountain derived from cosmogenic ^{10}Be exposure ages. *Quaternary Research*, 64, 212-220.

第3章

パミールの氷河をめぐる謎

Mysteries of glaciers in the Pamir

岩田 修二

1　知られざるパミールの氷河

世界の屋根パミール，その屋根は広く氷河に覆われている。それらの氷河のなかで，名前が知られているのはフェドチェンコ氷河だけであろう。その理由は，この氷河には，さまざまな意味での「世界最大」という形容がついているからである（表3.1）。このように名前だけはよく知られたフェドチェンコ氷河ではあるが，その実態は知られていない。ましてや，そのほかのパミールの氷河の実態はまったく知られていない。ロシア語以外で書かれた文献がなく地図も入手困難，外国からの登山者もほとんど訪れなかったからである。

ところが近年，さまざまな衛星情報が簡単に得られるようになった。JAXA（宇宙航空研究開発機構）ですらウェブサイトでフェドチェンコ氷河の画像と説明を提供している（JAXA 2006a, b）。アジアの氷河について，もっとも総括的な報告である『衛星画像氷河アトラス：アジア』(Williams & Ferrigno 2010) も刊行された。Kotlyakov et al. (2008) が強調するように夏に晴天が続くパミールでは衛星による情報が役立つ地域である。

表 3.1　フェドチェンコ氷河に関する最大級の形容表現

ユーラシア最大の氷河	Kotlyakov et al. 2008
山岳氷河では世界最大	Froebrich & Mahmadaliev 2008
山岳谷氷河では世界最大	Aizen et al. 2009
山岳氷河では長さと深さが世界最大	Aizen et al. 2009
極地以外では最長の氷河	Wikipedia 09/04/26

この章では，これらの情報を利用して，パミールの氷河と氷河地形に関する解説を行い，いくつかの知られざる点を明らかにする。第一はどのような形の氷河がどこにあるのか，第二はフェドチェンコ氷河の実態と，なぜ飛び抜けて大きいのか，第三はサージ氷河の動態である。

2　パミールの氷河分布

パミールの範囲（第1章参照；岩田 2008）内の氷河分布を図3.1に示す。パミールはほぼ正方形の範囲であるが，北西部の角と，そこから東にのびるザアライ山脈に氷河が発達する。東縁のカシガル山脈にも広い氷河域がある。氷河域はパミールの縁辺部に発達する。南側の縁辺には氷河域が少ないが，ワハン回廊（ワハン谷）南側のヒンズークシュ山脈には広い氷河域が分布する（パミールから外れるので図示していない）。パミールの氷河は，パミール地域の合計地表面の10%以上を占める (Vernakova 2010)。1970年代半ばにおける氷河数と氷河面積を表3.2に示した。この表のなかでギッサールと表記されている氷河地域は図3.1の西側（外側）で示されていない。

パミールには，比較的狭い範囲に，さまざまな規模とタイプの氷河—小規模な斜面氷河から巨大な樹枝状谷氷河まで—が分布する。パミール主要部の氷河面積約7,493 ㎢（表3.2）のうち，中規模の氷河（1〜10 ㎢）がもっとも広範囲(2,989 ㎢）を占め，大型氷河（10〜100 ㎢）は88で，2,036 ㎢を占める。100 ㎢以上の氷河も三つあり909 ㎢を占める (Vernakova 2010)。

氷河の形態タイプもさまざまである。ロシアや中国での氷河形態分類を整理すると，小規模な山腹氷河3タイプ（アイスエプロン〔懸垂氷河〕，ニッチ氷河，斜面氷河），圏谷，谷氷河中間2タイプ（圏谷氷河，圏谷−谷氷河），谷氷河5タイプ（単一涵養域谷氷河，複涵養域谷氷河，複合谷氷河〔compound valley glacier〕，樹枝状谷氷河〔大型複合谷氷河〕，横断型谷氷河〔多流域氷河〕）の全10タイプになる（図3.2）。これらの氷河の地域別の特徴を概観しよう。

2.1　アライ山脈

パミール北縁のアライ山脈（4,500〜5,500 m）の主氷河域は山脈の西方にあり，面積1〜3 ㎢の圏谷氷河と圏谷-谷氷河が大部分を占めるが，長さ5〜10 km，面積10〜15 ㎢の単一・複涵養域谷氷河がある。アブラモフ氷河では長く観測が行われてきた (Barandun et al. 2015)。ゼラフシャン山脈との接合点には長さ28 kmの複合谷氷河もある。氷河平衡線高度は4,000 mと低い。

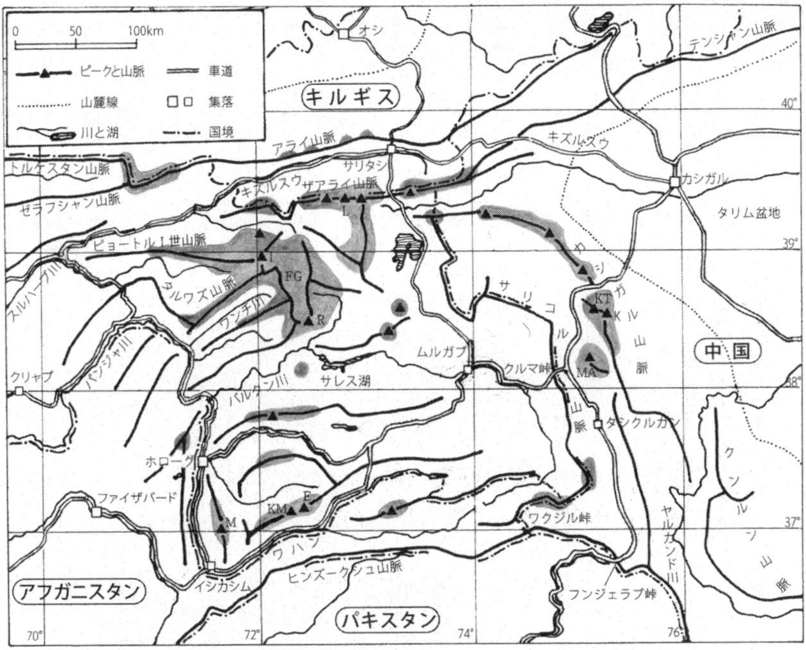

図3.1　パミールの地形と氷河分布（灰色の部分が氷河領域）
地図の中央部はタジキスタンに属する。FG フェドチェンコ氷河，山頂：I イスモイル・ソモニ (7,495 m)，KM カールマルクス (6,723 m)，M マヤコフスキー (6,065 m)，L レーニン (7,134 m)，R 革命峰 (6,940 m)。

表 3.2　パミールの氷河数と氷河面積

山　域	氷河数	氷河面積 (㎢)
アライ山脈・ギッサール（北西側）	3,893	2,336
パミール主要部	6,730	7,493
カシガル山脈（中国パミール）	*2,112	**2,696
合　計	12,735	12,525

Vernakova (2010) による。ただし，* 中国科学院蘭州冰川凍土研究所 (1988), ** Shi Yafeng et al. (2010) による。ギッサールはパミールの外側の地域。

2.2　ザアライ山脈

ザアライ山脈はタジキスタンとキルギスとの国境を東西に走るが，中央部のレーニン峰 (7,134 m) 付近と，そこから南にのびる尾根沿いに氷河が発達する。南面も北面も氷河発達は同程度で，長さ 15〜20 km の複涵養域谷氷河，複合谷氷河が多数分布する。

2.3　北西部山塊（パミール中央山地）

パミール北西部は，深く狭い谷に隔てられた東西方向にのびる山脈と，南北にのびる山脈が交錯する山域で，Vernakova (2010) はパミール中央山地〔The Central Pamirs〕とよんでいる。主峰イスモイル・ソモニ (7,495 m) がある科学アカデミー山脈周辺に大規模氷河が集中する。ここでは，いくつかの複合谷氷河と樹枝状谷氷河（フェドチェンコ氷河）が接合して大規模な氷河系を形成する。さらに科学アカデミー山脈から西にのびる平行する尾根と谷の部分には複合谷氷河から斜面氷河までさまざまな氷河が発達している。

2.4　南部と東部（高原パミール）

これまで述べてきたザアライ山脈や北西部山塊とは違って，パミール主要部の南部と東部では氷河の発達は貧弱である。氷河面積は地域の 8% で，山腹氷

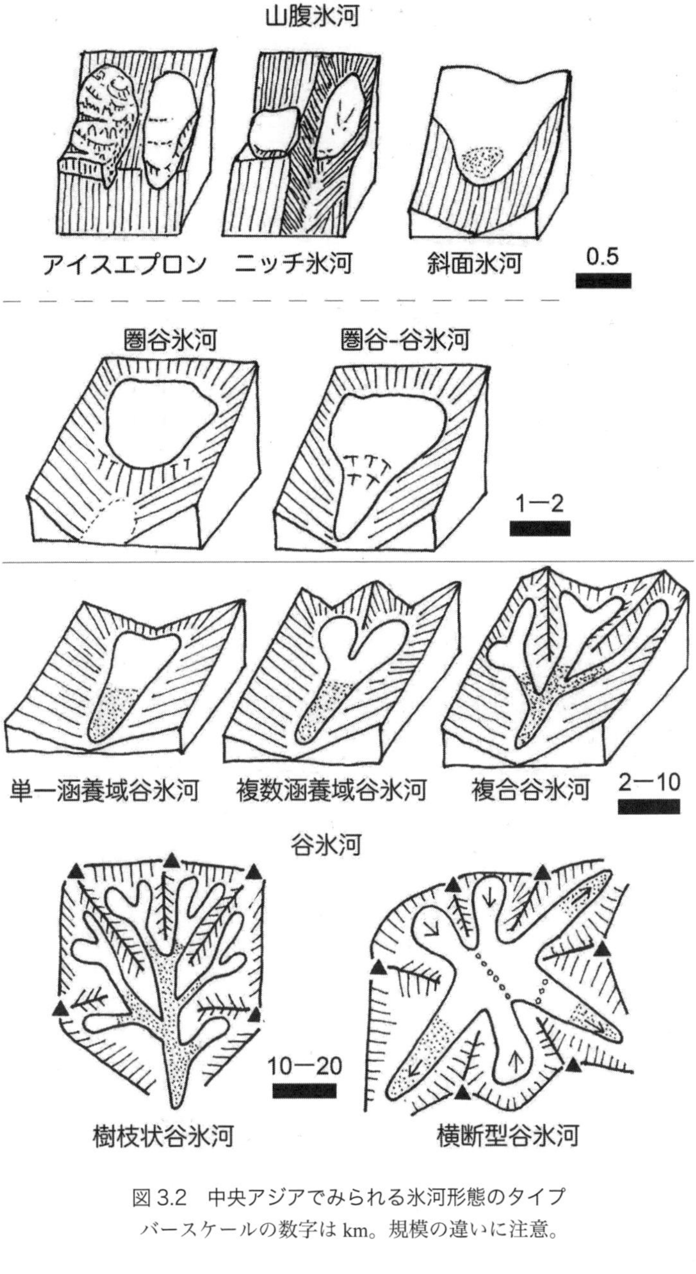

図 3.2　中央アジアでみられる氷河形態のタイプ
バースケールの数字は km。規模の違いに注意。

河と圏谷氷河，単一涵養域谷氷河が分布するだけである。氷河分布地域は散在的で，各氷河域は数十km離れている。南部の，東西に走る山脈群の6,000 mを超える高峰の周辺には谷氷河が分布する。しかし特に目立つのは斜面氷河である。斜面氷河とは厚さの薄い（数十m）氷河氷が広く緩やかに山腹斜面を覆う氷河で，岩屑に覆われない（図3.2）。パミールで最初に認定されたという（Vernakova 2010）。

2.5　カシガル山脈（中国パミール）

パミール主要部東端のサリコル山脈から谷を隔てて東側にあり，パミールの最高峰コングル峰 (7,719 m) をもつ山脈である。氷河域はムズタグ・アタ峰山塊，コングル峰山塊と，チャクラギル (6,760 m)からアクサイバシ (6,146 m) にいたる長い弧状山脈とに三分割される。ムズタグ・アタ峰の西面は緩傾斜の尾根で山頂氷帽を形成し，数本の複涵養域谷氷河が流下している。急峻な東面には長さ20 kmを超える複合谷氷河がある。コングル峰山塊の北面と東面にも長さ20 kmを超える複合谷氷河があり，西面には急峻な複涵養域谷氷河が並んでいる。コングル峰山塊の北西に連なる山脈（5,800～6,200 m）の氷河は，ほとんどが単一涵養谷氷河と山腹氷河であるが，山脈南部の北東側には長さ10 km程度の複涵養域谷氷河もある。

カシガル山脈の氷河発達は東西の非対称が明瞭である。東側の発達がよく，西側の発達がわるい。氷河平衡線も東側で低い。

2.6　氷河発達の特徴

パミールでの氷河の発達は周辺部（とくに北西側）でよく，中心部でわるい。これは水蒸気の供給と山の高さとの両方に関係している。氷河形態タイプの分布をみると，高い山のある山塊には大規模な谷氷河があり，低い山には小規模な山腹氷河や圏谷氷河しかない。複合谷氷河は縦谷に多い。複合谷氷河は険しい山稜に囲まれた細長い谷を流下し，氷河下流部は岩屑に覆われ，典型的なトルキスタン型氷河である。

3　氷河を涵養する気候（機構）の謎

パミールはユーラシア大陸中央部の乾燥地帯に位置する。乾燥地なのになぜ広大な氷河地帯が出現するのか。この謎を考えよう。

フェドチェンコ氷河の中流岸（標高4,169 m）にはフェドチェンコ氷河観測所があり気象観測が行われている。図3.3に示したように降水は秋から春に多く，この年の年降水量は約1,250 mmであった。この降水をもたらす水蒸気の供給源はどこか。2005年の夏にフェドチェンコ氷河源頭の標高5,200 mを超える場所で2本の積雪・フィルンコアが掘削・採取され，安定同位体によって明瞭な季節層の存在が検知され，コア中の雪氷の微量元素分布によって氷河にもたらされる大部分の降水は大西洋起源であることが示された（Aizen et al. 2009）。つまり，この地域への水蒸気のほとんどは偏西風で運ばれ，氷河涵養域での降水量は冬から春に最大になる。

一方，夏の水蒸気はユーラシア中央部の半乾燥地帯から再蒸発したもので，夏の降水は局地的なものであることも判明した。パミールの年降水量は，降水量が夏に最大になるヒマラヤ，チベット，天山東部とは対照的である。

東側のカシガル山脈でも水蒸気は西風あるいは北西風によってもたらされる（中国科学院蘭州冰川凍土研究所 1988）ので降水は冬季にある。カシガル山脈に流れ込む気流は遠い大西洋や北極海からのものであるが，山脈の障壁効果によって高山帯には多くの降水がある。平原のカシガルでは年降水量61.5 mmであるのに対して山地内のヤゴジイ（3,800 m）では450〜800 mmである（“Kongur Tagh-Muztag Ata, 1:100,000” 地図解説）。登山隊の記録などによると，カシガル山地の高所では夏にも大雪が降ることがあるという。このような降水が山麓の乾燥地帯から再蒸発した水蒸気による局地的な降水なのか，インド洋からのモンスーンの影響によるのかは不明であるが，夏にも山脈の東側へかなりの降水があると思われる。

いずれにせよ，山麓は乾燥しているが，高山地域には十分な降水（降雪）があり，広大な氷河地帯が涵養，維持されているという訳である。

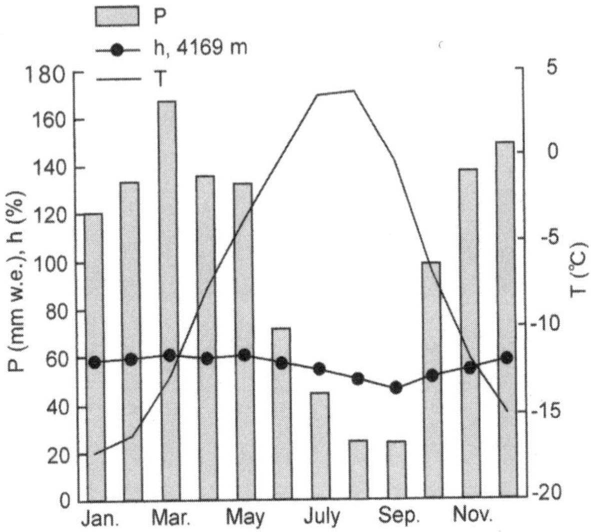

図 3.3　フェドチェンコ氷河観測基地（海抜 4,169 m）での月平均気温 T，月降水量 P，月ごと相対湿度 h の年変化（Aizen et al. 2009 による）
観測基地の位置は図 3.5 に示した。

4　フェドチェンコ氷河はなぜ突出して大きいのか

北西部山塊にあるフェドチェンコ氷河（長さ 77 km）はパミールで最大の氷河である。フェドチェンコ氷河のまわりには多くの氷河があるが，最長でも長さ 37 km で半分以下の長さしかない。世界的にもフェドチェンコ氷河に匹敵する長さ 50 km を超える氷河はカラコラムの 5 大氷河（シアチェン，バルトロ，ビアフォ，ヒスパー，バトゥーラ）だけである。これらは，いずれも山脈に平行な縦谷にあり，同規模の氷河が肩を並べている。

一方，フェドチェンコ氷河は山脈列の方向に直交する横谷にあり（図3.1），パミールでの唯一の巨大氷河である。そこで疑問が生まれる。フェドチェンコ氷河は，なぜパミールでたった一つの大きな氷河なのか。どのようにしてこんな大きな氷河なのか。

フェドチェンコ氷河が発見されたのは1878年であるが，源流まで氷河流域全体が明らかにされたのはドイツ–ソビエト合同探検隊によって1928年のことであった（クルィレンコ 1978）。

4.1　フェドチェンコ氷河流域の形態

革命峰（6,940 m）の北西斜面の5,400 mがフェドチェンコ氷河の源頭で，北に流下し，海抜2,900 mで終わる（図3.4）。フェドチェンコ氷河の形態についてはIwata (2009) でくわしく論じた。源頭からはほぼ北に流下するが，中流で北西方向に曲がり（図3.4のB地点），その下流はA地点から細い消耗域となって北北東へ流下する。平面形から樹枝状谷氷河〔大型複合谷氷河〕に分類されるが，上流部の分水界で隣の氷河とつながっている部分が複数ある（図3.4中の1〜7）。6の地点では氷河本流から東方へ（タヌィマス鞍部とよばれる氷河分水界氷から）あふれてタヌィマス末端となっている。このような氷河中流での分流は氷原や氷床からの溢流氷河（アウトレット氷河）としては珍しくないが，山岳域の谷氷河では普通ではない。

図3.5は旧ソビエトの10万分の1の地形図から作成した縦断図である。氷河の主流に沿う断面の表面傾斜は平滑で，また直線的で急傾斜の区間はない。国際地球観測年（1957/58）に地震探査と重力測定によって得られた氷河の厚さの推定値が3点示してある (Aizen et al. 2009)。東側と西側の分水界の断面も図3.5に示した。下流区間の西側分水界は高く，イスモイル・ソモニ峰 (7,495 m) をふくむ。

一方，中流区間と上流区間の分水界は低く，カシャル・アヤク鞍部 (4,281 m) とタヌィマス鞍部 (4,540 m) のような特に低い鞍部がある。上流域の流域界は東側が高く，西側が低い非対称がはっきりしている。

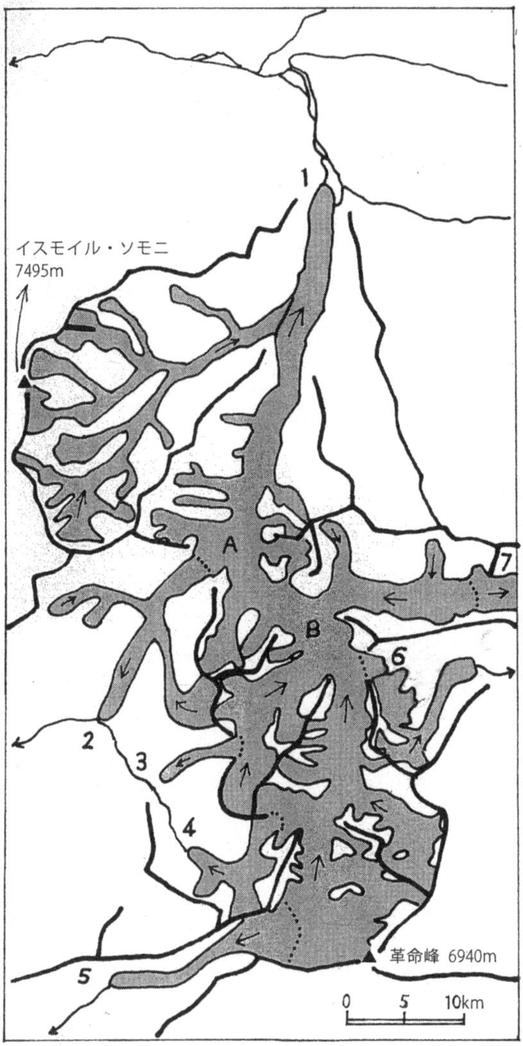

図 3.4　フェドチェンコ氷河流域
矢印：氷河流動方向，氷河上の点線は氷河上分水界．氷河：1 フェドチェンコ氷河先端，2 王立地理学会 (RGS) 氷河，3 ベア氷河，4 アブダルカゴール氷河，5 ヤズグレム氷河．6 タヌィマス末端，7 ナルブキン氷河。A と B は推定される過去の流域界。Hauser (2004) から作成。

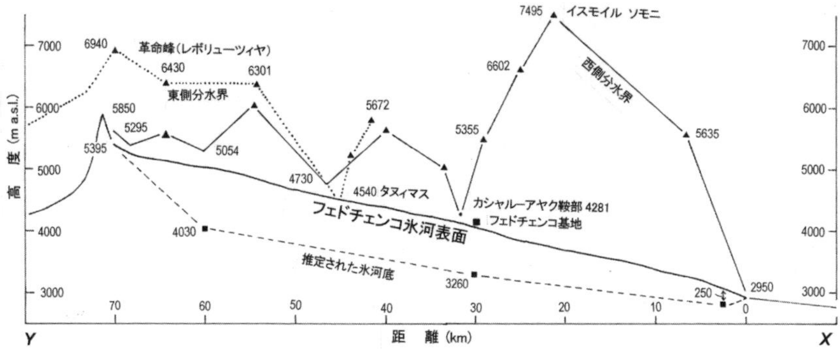

図 3.5　フェドチェンコ氷河の本流流心に沿う縦断面
1975 ～ 79 年に編集されたソビエト陸軍の地図（1:100,000）から作成。

4.2　氷河先端

2003年現在，フェドチェンコ氷河の最下流部の先端部は，三つの川が合流して十字峡状になっている場所にあるので，氷河先端部は東と西にふくらんでいる（図3.6）。グーグルアース3D画像の海抜高度から，氷河前面下の地面と氷河前面縁の氷河表面との比高は中央部で30～45 m，両端で10～20 mであった。図3.6には1933年，1957年，1990/2006年の氷河前面の位置が描かれている（Tajikistan 2002; JAXA 2006b; Tajik Agency on Hydrometeorology 2007）。1933～1990年までの間に氷河前面位置は約1,400 m後退したが，JAXAの画像によると1993～2006年の過去13年間には前面位置と池に変化はない。

一方，タヌィマス鞍部の東側にある小分流の先端（タヌィマス末端：図3.7）は氷河前面の氷河と接する小さな氷河湖に流入しており，その水は東側のタヌィマス谷に排出されている。1970年代作成のソビエトの地図と比較すると，1970年代から2006年までの30年余の間にタヌィマス先端はほとんど位置が変化していないが，周辺部の氷河は大きく縮小していることがわかった。

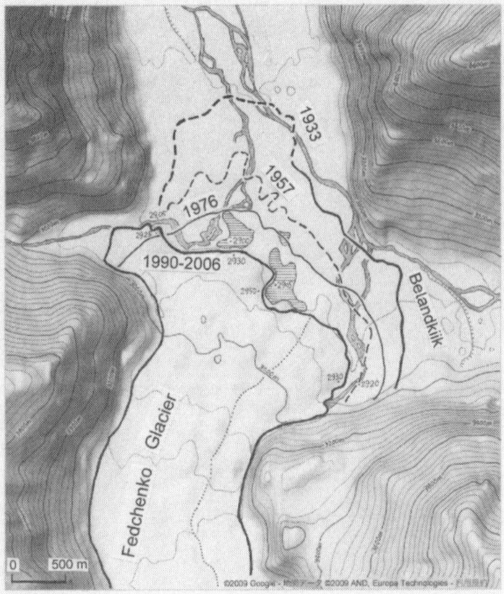

図 3.6　フェドチェンコ〔Fedchenko〕氷河の先端と
1933 年から 1990 ～ 2006 年までの先端位置
東からバランドキーク〔Belandkiik〕河が流入する。UNEP/GRID (2003) の情報と 2006 年のグーグルアース画像とグーグルマップテレーンによって著者作成。

図 3.7　タヌィマス鞍部とその周辺
2006 年のグーグルアース画像とグーグルマップテレーンをつかって著者作成。

4.3　氷河表面岩屑とフィルン限界

フェドチェンコ氷河の下流部は岩屑に覆われており，氷河先端から6.5 km地点（標高3,280 m）まで表面岩屑に完全に覆われているが，岩屑層は厚くない。6.5 kmから上流では右岸側に岩屑のない狭い帯が現れ，次第に幅を増してゆく。左岸側では16 km地点（3,560 m）から岩屑のない帯が現れる。25 km地点で岩屑のない部分が50%になる。

フェドチェンコ氷河の氷河平衡線高度 (ELA) はAizen et al. (2009) によって4,700 mと報告されている。氷河平衡線高度の代替値として用いられるi) フィルン限界の高度（消耗期の終わりのフィルン域と裸氷域境界の高度），ii) 氷河表面岩屑と中央モレーンのもっとも大きい高度値，iii) 側方モレーンの最高地点高度，iv) 氷河表面の等高線が凸形から凹形に変わる高度をグーグルアースの衛星画像によって調べた。衛星画像では裸氷を示す灰色表面の上限高度は4,640〜4,680 mであった。つまり，これが，衛星画像が撮られたとき（日時は不明）のフィルン線の高度である。ソビエトの地図（10万分の1）に描かれた積雪域の下限高度はフェドチェンコ氷河の本流で5,200 mである。したがって，少なくとも，この高度よりフィルン限界は低い。氷河表面の表面岩屑は右岸では5,020 mまで，側方モレーン堤は5,000 mまでグーグルアース上で認められる。ロシアの地図の等高線の平面形は4,720 mと5,200〜5,240 mという二つの高度で変化する。これらの事実からフィルン限界は5,000 m付近であると考えられる。

4.4　フェドチェンコ氷河のタイプと長大な長さの理由

フェドチェンコ氷河は樹枝状谷氷河に分類されている（Vernakova 2010)。下流・中流区間は典型的な谷氷河の形状であるが，上流部の複数の流域界（分水界）は氷河に覆われた氷河分水界を形成する。したがって，氷河流域は，ほかの氷河流域と連結しており，横断型谷氷河として分類できる。しかしながら，フェドチェンコ氷河では，氷河分水界で接続して別流域に流れ出る氷河は，フェドチェンコ氷河本流の谷氷河部分に比べてあまりにも短い (特に図3.4の氷舌2〜6)。平面形からすると横断型谷氷河というよりも樹枝型氷河とすべきという見解に賛同する。そしてフェドチェンコ氷河は岩屑被覆氷河であるが，その全体における面積率は大きくない。逆に，なだらかな広い涵養域をもつ。したがって，フェドチェンコ氷河はトルキスタン型氷河とはいえない。

パミールの山脈配列の一般的傾向（東西）と異なり，フェドチェンコ氷河は南北方向にのびるという普通でない配置である。このことと，複雑な樹枝状の流域形状，両側の流域界に存在する深い切れ目（流出口）は，過去にはフェドチェンコ氷河が数個の異なる方向（東西方向？）に流出する氷河に分断されていたことをうかがわせる。考えられる過去の流出口は東へのタヌィマス谷，南西へのカシャル–アヤック鞍部南西へのR.G.S.氷河である。当時，図3.4に示したAとBの分水界によって，フェドチェンコ氷河はそれぞれの流出口をもつ少なくとも三つの独立した流域に分かれていたと想像できる。過去何回かの氷期には，この流域では，現在より発達した氷河が山岳氷原あるいは横断型谷氷河系を形成していたと考えられる。氷期の厚い氷河は低い分水界を下刻し，結果として複数の流域が合体した。東西方向にのびていた二つの氷河流域が，北にあった北流する氷河の南への拡大によって争奪された。つまり，フェドチェンコ氷河の南北方向への拡大はさかんな氷河侵食によっておこった流域の争奪（流域の取り込み）の結果であると考える。

5　サージ氷河の謎

氷河が突然急速に流下する現象をサージ運動といい，サージを起こす氷河をサージ氷河とよぶ。アラスカと同じようにパミールはサージ氷河研究の古典的フィールドである。1970年代からソ連科学アカデミー地理学研究所によるリモートセンシング調査が続けられてきた。サージ氷河の多くは衛星写真・画像で簡単に識別できる。サージ氷河かどうかを判定する形態的特徴は，褶曲し，ループ（輪）状に変形した表面モレーンや，活動的なクレバス，前進する大量の氷の存在などである。旧ソビエトのサリュート6号の宇宙飛行士は，そのような形態を宇宙から観察し，パミールに多くのサージ氷河が存在することを発見し，サージ運動の進行や収束も予測した。地球観測衛星レスルス〔Resurs-F〕に搭載されたKFA-1000カメラで撮影されたカラーステレオ写真（解像度5〜10

m）が多用された。最近ではETM+ (Landsat Enhanced Thematic Mapper Plus) やASTER（だいち）の衛星デジタル画像も使われている。

2006年までにパミールには55のサージ氷河が存在することが確認され，そのうちの19氷河では1960〜2003年までの期間にサージが発生した(Kotlyakov et al. 2008)。そのうちの5氷河はレーニン峰の周りにあり，14氷河はフェドチェンコ氷河の西側にある。

5.1　サージ運動の把握

近年，サージ氷河の研究が大きく進んだのは，撮影時期が異なる衛星画像を解析することによって氷河の流動速度を面的に測定できるようになったからである。これによって，これまで測定が難しかったサージ運動中の急速な氷河の動きが捉えられることになった。ここではKotlyakov et al. (2008) によってレーニン峰の南東にあるオクチャブスキィ〔Oktyabr'sky〕氷河（長さ12.7 kmの樹枝型氷河）の動きを示そう。

この氷河は1972〜73年と1985〜90年にサージを起こした。図3.8のaはサージ前，bはサージ後の写真である。aのサージ前には，①と②の2本の支氷河が前進して本流氷河を狭め，その上流で，本流は堰き止められひろがっている。bではサージによって本流氷河が前進し，①の支氷河は切断され，②の支氷河は下流へと細長く引きのばされている（白い細線）ことがわかる。1972年から1985年までの，氷河の長軸に沿う流動速度を図3.9に示した。曲線①は1972/73サージの時の速い流速，曲線②〜⑥は減速期で⑥が最低，曲線⑦〜⑧は速度が増してゆく時期，曲線⑨は1985年からのサージの開始期の速度を示す。サージ時の流速は中流の6〜7 km付近で最高になり，同じ場所でのサージ休止期の速度の3.5倍にも達している。

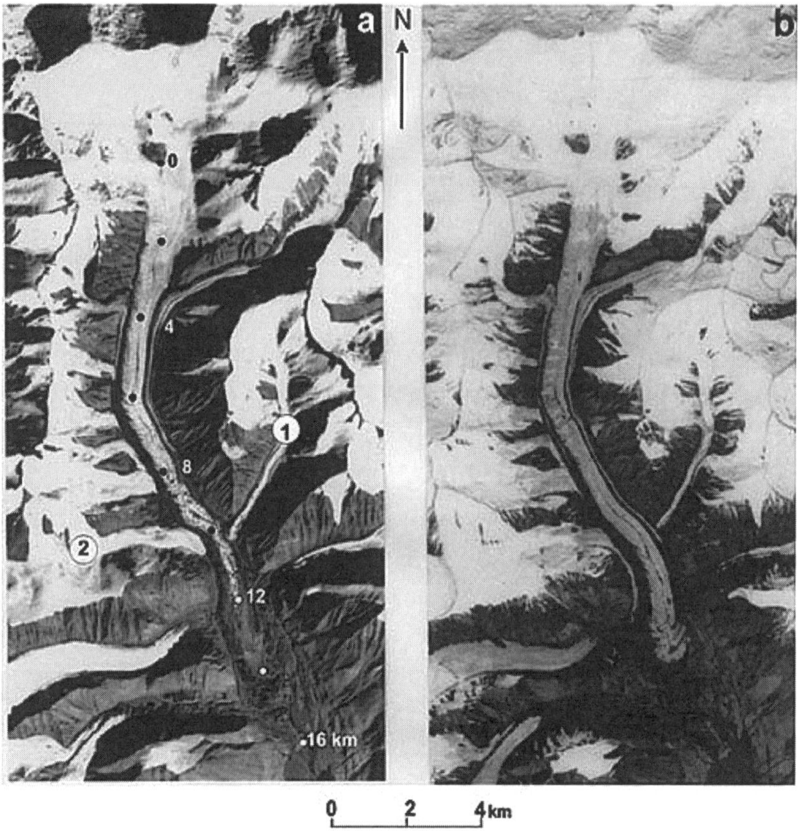

図 3.8　オクチャブスキィ氷河の KFA-1000 による写真
a は 1983 年（サージ前），b は 1990 年（サージ後）。a の氷河本流のドットは図 3.9 の距離（0 〜 16 km）を示す。①と②は支氷河。b では，本流氷河のサージによって①は切断され，②の支氷河は下流へと細長く引きのばされている（白い細線）。Kotlyakov et al. (2008) による。

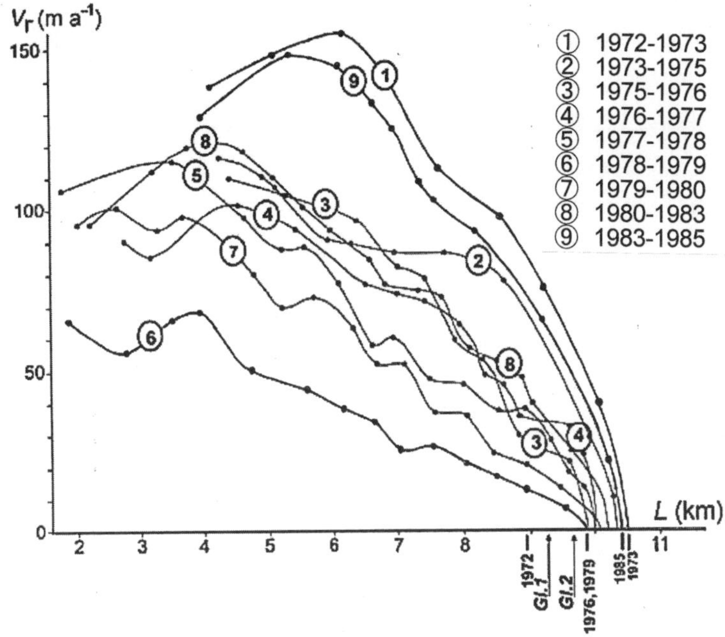

図3.9　オクチャブスキィ氷河の本流に沿う流速 *Vr*（m / 年）の年年変化
横軸の距離は図 8a に示す。横軸下の年代は活動部分に下限位置。Gl.1, Gl.2 は支氷河①，②の合流位置。Kotlyakov et al. (2008) による。

5.2　繰り返し起こるサージ

ビバチェニィ〔Bivachny〕氷河は，かつては先端から 10 km地点でフェドチェンコ氷河に合流するもっとも長い（長さ27 km）支氷河であった (図3.4)。現在では，その下流部は完全に停滞しており，氷河氷は本流にはまったく流入していない (Kotlyakov et al. 2008)。ビバチェニィ氷河の上流部と支流には褶曲模様や「涙しずく状模様」も存在する（図3.10c)。Kotlyakov et al. (2008) は，衛星写真を用いて1971～1991年までのビバチェニィ氷河のサージ動態史を復元し，この氷河のサージ現象を下記のように解釈した。

1972～75年の休止期の後，1975/76年に急速なサージ運動を始め，1976～78年に絶頂期をむかえ，流速は最高に達した（＞1,200 m/年)。その後の4年間に流速はゼロ近くまでに落ち，サージは終了した。ビバチェニィ氷河が休止期にある間に支氷河のMGU氷河が前進を始め，50〜120 m/年の速度で主氷河に流入した。MGU氷河の氷舌端はビバチェニィ氷河の半分以上を堰き止めたので，この堰き止めの上流域ではビバチェニィ氷河本体内での圧縮応力が増大した。この上流部の応力がこの堰き止めの抵抗力を上まわったとき，ビバチェニィ氷河本流のサージが再び始まった（図3.10a）。サージの運動のためMGU氷河の堰き止め部分は谷沿いに本流氷河とともに3 km下流に動いた（図3.10 b）。ビバチェニィ氷河の先端の動きが止まった後に，MGU氷河が再び前進を開始し，主谷に流入し，次のサージを準備する動きを始めた。

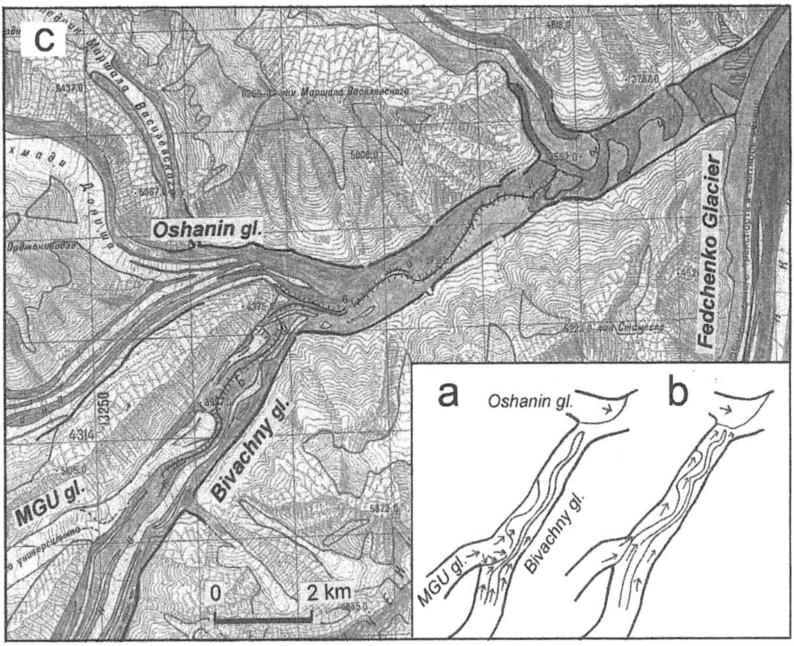

図 3.10　c: 2006 年のグーグルアースを用いて著者が描いた
ビバチェニィ〔Bivachny〕氷河のサージの様相

オシャニン〔Oshanin〕氷河やその下流の氷河にもサージを起こした形態がみられる。ビバチェニィ氷河の末端は，現在は停滞しており，フェドチェンコ〔Fedchenko〕氷河に流入していない。a: サージ以前のビバチェニィ–MGU 氷河合流による流線, b: サージ中の流線（a と b は Kotlyakov et al. 2008 から）。

ビバチェニィ氷河の岩屑に覆われた下流部に2〜3個の涙しずく状ループがみられるのは，上に述べた現象が周期的に発生したことを示している (図3.10c)。1950年代以降，この氷河ではサージが三回発生したことが確認されている (Kotlyakov et al. 2008)。このサージ現象の発生にはビバチェニィ氷河の動きに対するMGU氷河の動きが重要な役割を果たしている。つまり，ビバチェニィ氷河系の反復サージは，二つの氷河の相互作用（堰き止めとその突破）が原因である。

繰り返しサージを起こす氷河は少なくない。最初に説明したオクチャブスキィ氷河でも，少なくとも二回のサージが知られているし，その原因は支氷河による堰き止めによると説明されていた。フェドチェンコ氷河の上流部の西側にあるメドベジィ氷河（図3.4の3〔ベア氷河〕）は，1960年代から4回のサージを繰り返している (Kotlyakov et al. 2008)。ただし，この氷河は複涵養域谷氷河 (典型的ななだれ涵養型トルキスタン型氷河）で，支氷河によって堰き止めが起こるような氷河ではない。

5.3　サージ時に前進する氷河先端

アラスカの氷河サージでは，サージ時に氷河先端が前進するものは少ないと説明されてきた。しかしパミールのサージ氷河は，サージ時に先端が前進するものが少なくない。Kotlyakov et al. (2008) に取り上げられている19の氷河のうち，先端が前進しなかったものは4氷河にすぎない。最大の前進量はオシャニン〔Oshanin〕氷河の1961/62サージ時の7.5 kmである。15氷河の21回のサージ時の平均前進量は2.1 kmとなった。

ほとんどのサージ氷河は人里から離れた場所にあるから氷河災害が発生することは少ないと思われる。しかし先端の前進が河川を堰き止めて氷河湖決壊洪水を起こす可能性があるので監視が必要である。また氷河変動を氷河先端位置の変動から議論するときにも注意が必要になる。

6　パミールの氷河変動と地球温暖化との関係

世界中の山岳氷河が最近数十年間に縮小しているにもかかわらず，フェドチェンコ氷河の先端は1990年代以来停滞している。

一方，1970年代の旧ソビエトの地図とグーグルアースの画像との比較研究では，フェドチェンコ氷河のまわりの小型氷河は過去5年間にかなり後退している。このような氷河の挙動はカラコラム山脈の氷河の挙動「カラコラムの異常」(Hewitt 2005, 2007) とよく似ている。そこでは高い場所に涵養域をもつ大きな氷河がこの10年間に前進しており，多くの氷河サージが報告されている。このようなパミールとカラコラムの氷河の挙動の類似性は，人工衛星情報による氷河表面高度の変化にもとづく質量収支の研究からも明らかにされた (Gardelle et al. 2013)。

岩屑被覆氷河やサージ氷河が多いヒマラヤやパミールの氷河地域では氷河先端の位置変化だけで氷河変動を捉えることがむずかしい。21世紀になって人工衛星や宇宙船（スペースシャトルなど）などから精度の高いDEM（数値標高モデル）をつくることが可能になった。Gardelleたちの研究ではヒマラヤ東方の横断山脈，ブータンヒマラヤ，エベレスト周辺，西ネパール，スピティ・ラハールヒマラヤ，東カラコラム，西カラコラム，ヒンズークシュ，パミール（北西山塊）の9地域を選んで，2000年のSRTM（スペースシャトル立体地形データ）version 4 DEMと2010〜2011年のSPOT 5 DEMとを比較して，氷河表面高度の差から約10年間の質量収支を計算して，氷河氷の増減を1年あたりの水等量（水換算量）で示した。

その結果は，東ヒマラヤからヒンズークシュまで，すべての氷河域で氷河が減少しているなかで，カラコラムとパミールだけは氷河が増大していることを明らかにした。カラコラムでは＋0.10±0.16 m（年間水等量），パミールでは＋0.14±0.13 m（年間水等量）となった (Gardelle et al. 2013)。パミールの氷河域の高度変化を示した分布図 (Gardelle et al. 2013所収 Fig. 10) をみると，フェドチェンコ氷河の涵養域では，やや上昇，大きく上昇しているのは科学アカデミー山脈からその西方に分布する5〜6条の氷河の涵養域である。上記のように，この地域は，サージ氷河が多数分布する地域であるが，サージ氷河の表面高度の変化量（＋0.19±0.22 m年間水等量）は非サージ氷河の変化量（＋0.12±0.11 m年間水等量）よりやや大きかった。

このようなパミールの氷河の挙動は世界全体の傾向と異なっているので，カラコラムの異常とあわせて「パミール・カラコラム異常」とよぶことを提案している。カラコラムでは冬季の降水量の増加，夏の気温の低下などがこの「異常」の原因としてあげられているが，まだ推測の域を出ていない。パミールの氷河の挙動と気候に関する継続的なモニタリングが必要である。

文　献

岩田修二　2008.パミールとはどんなところか？—範囲・地形・環境.地理,53, 1, 18-29.

クルィレンコ NV（田村俊介訳）1978.『未踏のパミール』白水社.

中国科学院蘭州冰川凍土研究所　1988.『中国冰川概論』科学出版社.

Aizen VB, Mayes, PA, Aizen, EM ほか7名 2009. Stable-isotope and trace element time series from Fedchenko Glacier (Pamirs) snow/firn cores. *Journal of Glaciology*, 55, 275-291.

Barandun M, Huss M, Sold L, ほか6名 2015. Re-analysis of seasonal mass balance at Abramov glacier 1968-2014. *Journal of Glaciology*, 61, 1103-1117.

Froebrich J, Mahmadaliev M & Petrov G. 2008. State of the Tajikistan glaciers and adaptation of economic activities in conditions of global warming. 13th World Water Congress, Montpellier, France 26/04/2009. <online abstract at: http://wwc2008.msem.univ-montp2.fr/index.php?page=proceedings&abstract_id=63>

Gardelle J, Berthier E, Arnaud Y & Kääb A. 2013. Region-wide glacier mass balances over the Pamir-Karakoram-Himalaya during 1999-2011. *The Cryosphere*, 7, 1263-1286.

Hewitt K. 2005. The Karakoram anomaly? Glacier expansion and the ‘elevation effect,’ Karakoram Himalaya. *Mountain Research and Development*, 25, 332-340.

Hewitt K. 2007. Tributary glacier surges: an exceptional concentration at Panmah Glacier, Karakoram Himalaya. *Journal of Glaciology*, 53, 181-188.

Iwata S. 2009. Mapping features of Fedchenko Glacier, the Pamirs, central Asia from space. *Geographical Studies*, No. 84, 33-43.

Kotlyakov VM, Psipova GB & Tsvetkov DG. 2008. Monitoring surging glaciers of the Pamirs, central Asia, from space. *Annals of Glaciology*, 48, 125-134.

Shi Y, Mi D, Yao T ほか2名 2010. Pamirs, Glaciers of China. In: Williams RS & Ferrigno J. Eds.: *Glaciers of Asia: Satellite Image Atlas of Glaciers of the World: U. S. Geological Survey Professional Paper* 1386-F, F127-166.

Vernakova GM. 2010. Pamirs, Alai (Alayskiy), and Gissar (Hisor) Range (in the Republics of Tajikistan, Kyrgyzstan, and Uzbekistan). In: Williams RS & Ferrigno J. Eds.: *Glaciers of Asia: Satellite Image Atlas of Glaciers of the World: U. S. Geological Survey Professional Paper* 1386-F, F14-22.

Williams RS & Ferrigno J. 2010. *Glaciers of Asia: Satellite Image Atlas of Glaciers of the World: U. S. Geological Survey Professional Paper* 1386-F, U. S. Geological Survey.

地　図

ソビエト陸軍 1975-1979. 1:100,000地形図, 1:50,000地形図から編集.

Hauser M. 2004. *The Pamirs 1: 500,000,* The Pamir Archive.

Mi Desheng（刊行年記載なし）The Map of Snow Mountains in China: Kongur Tagh-Muztag Ata, 1:100,000, Xi'an Cartographic Publishing House.

Webサイト

JAXA 2006a. Gigantic glacier in Pamir Mountains: Fedchenko Glacier. http://www.eorc.jaxa.jp/en/imgdata/topics/2006/tp060703.html

JAXA 2006b. Retreating Fedchenko Glacier http://www.eorc.jaxa.jp/en/imgdata/topics/2006/tp060929.html

Tajik Agency on Hydrometeorology 2007. Shrinking of Fedchenko Glacier in the Pamirs of Tajikistan http://maps.grida.no/go/graphic/shrinking-of-fedchenko-glacier-in-the-pamirs-of-tajikistan

Tajikistan 2002. Climate Change: State and Trends. http://enrin.grida.no/htmls/tadjik/soe2001/eng/htmls/climate/state.htm

UNEP/GRID 2003. Tajikistan 2002, State of the Environment Report. http://enrin.grida.no/htmls/tadjik/soe2001/eng/htmls/climate/state.htm, http://maps.grida.no/go/graphic/shrinking-of-fedchenko-glacier-in-the-pamirs-of-tajikistan

Wikipedia 2009/04/26. Fedchenko Glacier. http://en.wikipedia.org/wiki/Fedchenko_Glacier

第４章

パミールの気候環境と水環境

Climate and water environment in the Pamir

松山 洋

1　多様性に富むパミールの気候環境―地点データにもとづいて―

パミールの範囲はとても広いが，本章では図4.1に示した範囲（25°～55°N, 55°～90°E）を扱う。この範囲にはロシア，モンゴル，中国，カザフスタン，ウズベキスタン，キルギス，タジキスタン，トルクメニスタン，アフガニスタン，パキスタン，インド，ネパール，ブータン，バングラデシュの各国が含まれる。図4.1にあげた8地点は『理科年表 平成28年』（国立天文台 2015）の「気象部に掲げた世界の観測地点一覧表」のうち，気温と降水量の両方について平年値が利用可能な地点であり，図4.1中ではこれらの雨温図も同時に示されている。ここで平年値とは過去30年間の平均値のことであり，2011～2020年の平年値は1981～2010年の平均値になる。すなわち，2011～2020年の平年値は各年とも同じ値になり，平年値は10年ごとに更新される。なお図4.1に示した地点の観測期間は1981～2010年，もしくは1982～2010年のいずれかである。

図4.1からは気温・降水量ともにきわめて多様性に富んでいることがわかる。まず気温からみていくと，北半球であるため夏に高温になり冬に低温になるという季節変化を示す。月平均気温の最大値は南に行くほど高くなる傾向にあり，図4.1では6月のニューデリーの33.2℃が最大値である。この時期に月平均気温が最大になるのは，インドの南西モンスーンの開始時期（= 乾季の終わり）だからであり，東京の月平均気温の最大値が26.4℃（8月）であることを考えると，6月のニューデリーがいかに暑いかがわかる。ただしニューデリーでは月平均気温の最小値もほかの地点に比べると高く，1月の14.1℃となっている。

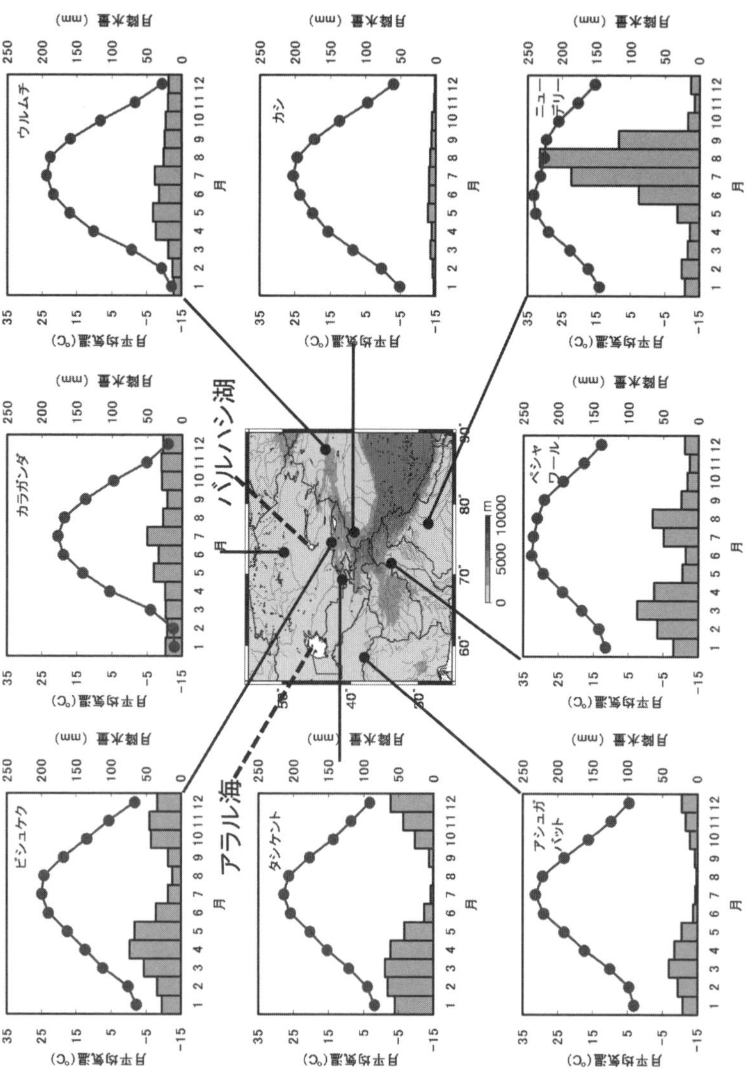

図 4.1　本章でのパミールの範囲と各地の雨温図
『理科年表 平成 28 年』（国立天文台 2015）で月平均気温（℃）および月降水量（mm）の両方を利用できる地点のもの（期間は 1981 ～ 2010 年または 1982 ～ 2010 年）を示した。

一方，月平均気温の最小値は北に行くほど低くなる傾向にある。図4.1では1月のカラガンダの－12.9℃が最小値であり，次いで同じ月のウルムチにおける－12.0℃となる。ここで，東京の月平均気温の最小値は5.2℃（1月）であるから，これらの地点がいかに寒いかがわかる。カラガンダもウルムチも夏の気温は約25℃まで上がるため，年較差（月平均気温の最大値と最小値の差）は大きい。図4.1の範囲では年較差の最大値はウルムチの35.8℃，最小値はニューデリーの19.1℃であり，東京の年較差は21.2℃となっている。年較差が大きいのは大陸性気候の特徴であり，海から遠く離れたユーラシア大陸内部に位置するウルムチの年較差が最大となるのは，このような理由による。

年較差だけでなく日較差が大きいのも，この地域の特徴である。少し古い文献になるが，畠山（1964）によれば「西アジアの夏は，日中の体温をはるかに上まわる暑さがあらわれるが，夏の夜の天井のない映画館が終る1時半ごろは，上衣を着ないとトリハダがたつぐらいに冷えることがあり，婦人は毛皮のえり巻をもっている」という記述がある。夏には日中の最高気温は，ほとんどの地域で30℃前後まで昇温するが，早朝の気温はかなり低く，20℃以下まで下がるところが多い。

次いで，図4.1の降水量について概観すると，降水量は気温と比べると，さらに地域差が大きい。まず年降水量は図4.1の南東部に位置するニューデリー（年降水量767.7 mm/年）を除くと全地点500 mm/年以下である。一般に年降水量500 mm/年以下のところでは灌漑をしなければ農業をすることは難しく，これについてはアメリカ合衆国とカナダにおける年降水量500 mm/年の等値線と100°Wの経線との関係が有名である。図4.1よりパミールもそのような半乾燥地域であることがわかる。

図4.1のカラガンダ，ビシュケク，カシ，ニューデリーは，ほぼ同じ経度線上（75°E付近）にあるが，降水量の季節変化の様相は大きく異なる。ニューデリーはインドの南西モンスーン期（6〜9月）が雨季で，この時期に年降水量の80%以上が集中する。一方，その北西に位置するペシャワールでは南西モンスーン期にも若干降水量の増加がみられるが，むしろ降水量が多いのは冬季（1〜4月）である。同様の傾向は図4.1の西部〜中央部に位置するアシュガバット，タシケント，ビシュケクにもみられる。ビシュケクでは降水量のピークが現れ

る時期が若干遅れて春になるが，これは後述するように，この地域に冬雨をもたらす前線帯が冬から春にかけて北上してくるためである。図4.1の北部に位置するカラガンダやウルムチでは顕著な雨季がみられなくなり，降水量そのものも少なくなる。この傾向は周囲を高い山に囲まれたカシで顕著であり，カシの年降水量の平年値は71.5 mm/年にすぎない。

前述したように，図4.1の西部〜中央部では冬季が雨季，夏季が乾季であり，これは地中海性気候の特徴を表わしている。この地域にみられる冬雨は冬季に地中海から東に進んでくる低気圧がもたらすものであり，これを西方低気圧または西方擾乱という（畠山 1964）。日本を含む東アジアでは一般に，夏が雨季，冬が乾季であるから，これとはまったく逆になる。なお夏雨型のモンスーン気候の地域と冬雨型の地中海性気候の地域の境界はインドの北西隅付近であり，前述したペシャワールの雨温図には両方の特徴が表れている。この冬雨をもたらす西方低気圧の前面には暖気，後面には寒気があるため，低気圧の通過に伴う気温変化が大きい。シベリア方面から寒気が流れこむと西方低気圧の通過後にはかなり強い寒波になり，各地で氷点下の気温になることがある。

このほか，この地域を特徴づける気象要素に湿度がある。このことは松山ほか（2014）でも述べた通りであるが，図4.2に一例を示す。これらは75°E付近に位置する地点のうち『理科年表 平成28年』（国立天文台 2015）で相対湿度の長期間平均値が利用可能な地点を示したものであり，比較のため東京のデータも示してある。降水量の季節変化に乏しいカラガンダでは低温な冬季に相対湿度が大きくなり，高温な夏季には小さくなる。降水量そのものが少ないカシでは年間を通じて相対湿度は小さいが，冬季に乾燥する東京におけるこの時期の相対湿度がこれを下回るのは注目に値する。ニューデリーでは乾季の終わり（5月）にもっとも乾燥し，雨季が始まると相対湿度が増大する。これは図4.1中の雨温図における気温と降水量の季節変化とよく対応している。再び東京のデータと比較すると，8月（雨季）のニューデリーの相対湿度は東京と同じ（73%）であり，夏季に蒸し暑い東京はインド並みの湿度であることがわかる。

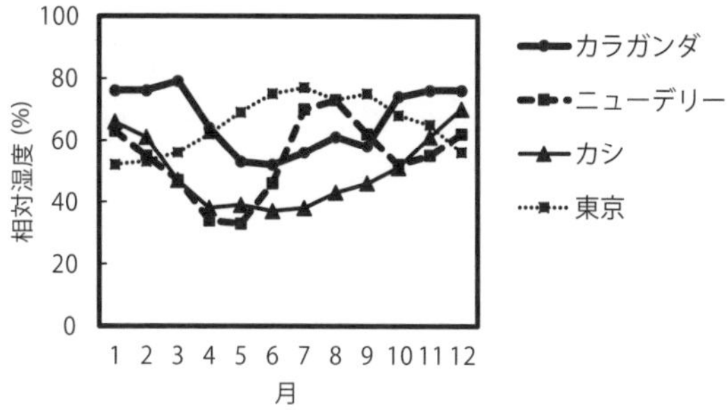

図4.2　図4.1中のいくつかの地点と東京における相対湿度（%）の季節変化
期間は，カラガンダが1961～1967年，ニューデリーが1971～1990年，カシが1961～1979年，東京が1981～2010年。

2　パミールにおける気象要素の空間分布

次にグローバルな気象データを用いて，この地域の気象要素の空間分布についてみてみる。ここで用いるのはアメリカ合衆国のデラウェア大学で作成されている気温・降水量の格子点データ（Willmott & Matsuura 2015a, b），およびアメリカ合衆国環境予測センター／大気研究センターで作成されている風向・風速の格子点データ（Kalnay et al. 1996）である（図4.3, 4.4）。デラウェア大学のデータは地点観測データに空間内挿を施して作成されている。

一方，風向・風速の格子点データは4次元データ同化という手法（例えば，時岡ほか 1993）で作成されている。これは大気の高層観測データと全球の大気大循環モデルの予報値を組み合わせてつくられた，物理的につじつまのあった大気のデータである。

図4.1中の雨温図の特徴にもとづいて，ここでは1～3月（冬の雨季）と7～9月（夏の雨季）における気温，降水量，風の場について示す。図4.3は冬と夏の気温分布について示したものである。どちらもチベット・ヒマラヤ山塊の地形の影響が顕著にみられ，季節を問わず高原上は低温域になっていることや，周囲を山脈に囲まれたタリム盆地は高温域になっていることがわかる。また冬には気温が氷点下になる地域が広いものの，領域の南側には気温が20℃以上とな

る地域も分布していることもわかる（図4.3a）。これに対して，夏には領域全体が高温になり，15℃以下の低温域は主として山岳域に限られている。領域の南側では，気温が40℃に達するところもみられる（図4.3b）。

図4.4は冬（1〜3月）と夏（7〜9月）の降水量と風の分布について示したものである。冬は領域の南西部に多降水域がみられる。図4.1に示したように，これらの地域は冬に雨季となり，降水量の空間分布にもこの特徴が表われている。また地形に沿った多降水域がみられ，チベット高原から天山山脈（テンシャン山脈）にかけては冬・夏ともに降水量が多くなっている。冬については低緯度側で西風，高緯度側で東風となっており，多降水域は西風の領域に分布している（図4.4a）。これは冬季に地中海から東に進んでくる西方低気圧（西方擾乱）を反映している。夏についてはチベット・ヒマラヤ山塊の南側で多降水域となっており（図4.4b），これはアジアの南西モンスーンを反映している。

一方，冬に多降水域となっていた領域南西部は，夏には北風が卓越する。これは，亜熱帯高気圧に覆われるためであり，領域の北部では高緯度の擾乱による多降水域がみられるようになる。中国とカザフスタンの国境付近にみられる多降水域は，地形性降雨を反映したものであろう（図4.4b）。

3　パミールにおける気象要素の経年変化

ここまでは平年値を用いてパミールとその周辺の気候を概観してきたが，気温や降水量の経年変化はどうなっているだろうか？図4.5は図4.1の範囲を地図上で4等分し，それぞれの領域（NW, NE, SE, SW）における年平均気温と年降水量の経年変化を示したものである。データソースは図4.3, 4.4を作成するのに使ったWillmott & Matsuura (2015a, b) であり，このデータは2016年10月現在，1900〜2014年について利用可能である。また，ここでは1年の取り方はカレンダー通り（1〜12月）とした。前節との関連でいうと，NWの特徴は図4.1中に観測地点がないため不明であるが，NEは年間を通じて降水量が少なく顕著な雨季がみられない地域，SEはチベット・ヒマラヤ山塊を含む多降水域で夏に降水量が多い地域，SWは西方低気圧の影響で冬に降水量が多くなる地域という特徴がある。

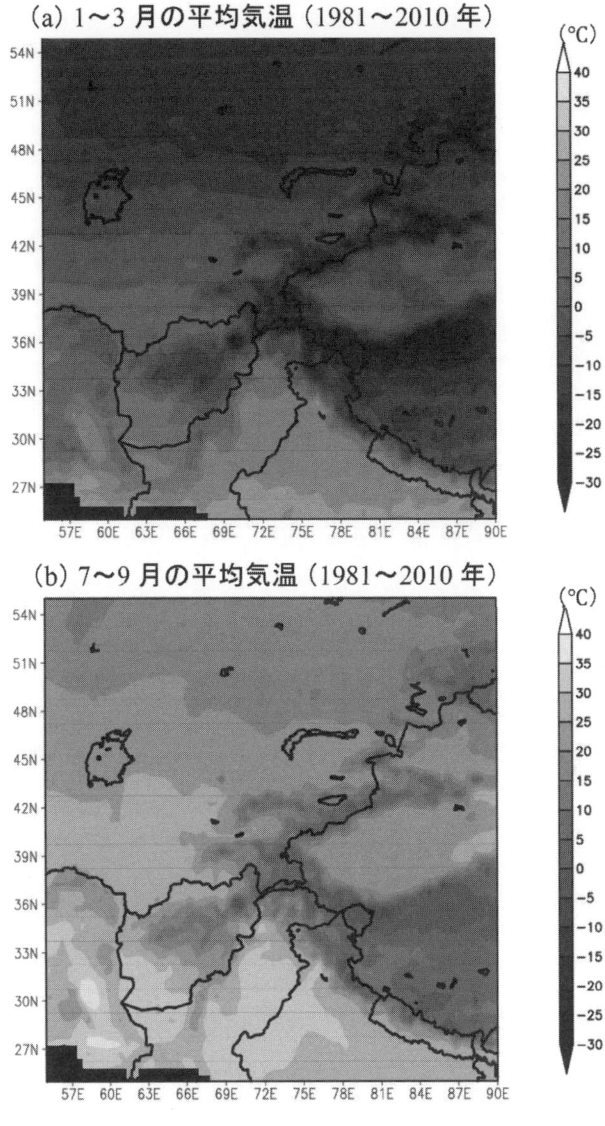

図4.3　(a) 1 ～ 3 月および (b) 7 ～ 9 月における平均気温 (℃) の平年値の分布
(Willmott & Matsuura 2015a により作成)

図の左隅にみられる黒塗りの領域は，データがないことを示している。(a) では気温が 0℃以下の領域を，(b) では気温が 20℃以上の領域を，それぞれ灰色で示した。

（a）1～3 月の積算降水量と平均風速（1981～2010 年）

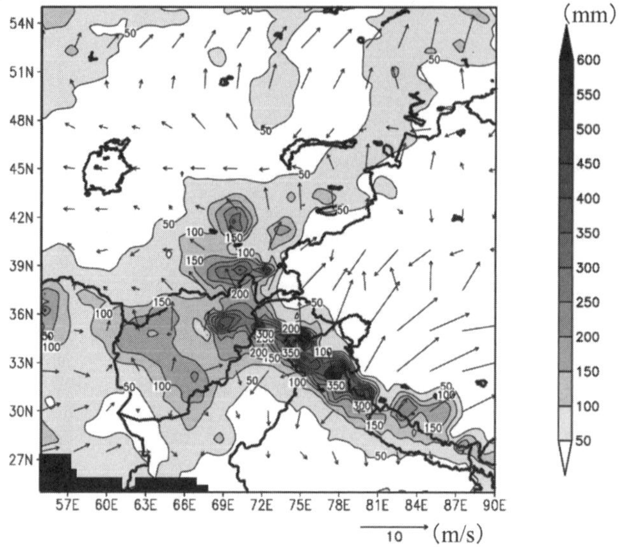

（b）7～9 月の積算降水量と平均風速（1981～2010 年）

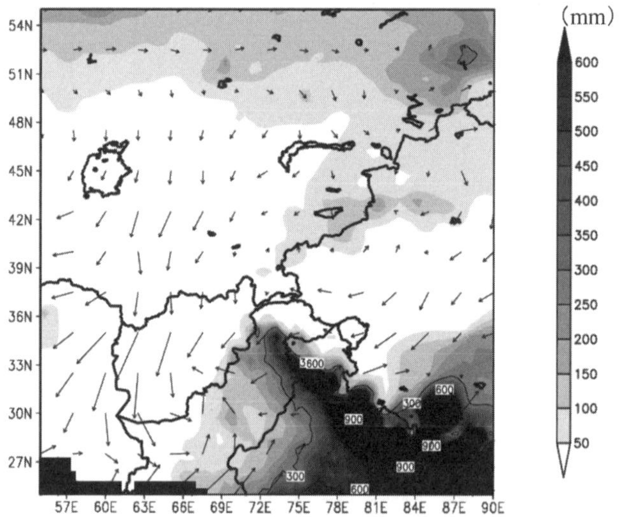

図 4.4　(a) 1～3月および (b) 7～9月における積算降水量 (mm) および平均風速 (m/s) の平年値の分布（Willmott & Matsuura 2015b および Kalnay et al. 1996 により作成）
図の左隅にみられる黒塗りの領域は，データがないことを示している。

それぞれの気温と降水量の経年変化をみると，4つの領域すべてで気温は上昇傾向にある。これらの時系列データに対してMann-Kendall検定（Kendall 1938; 松山・谷本 2008）を施したところ，気温の上昇傾向は，すべて危険率1%で統計的に有意であった。すなわち，パミールにおいても地球温暖化の影響が現れつつある。図4.1の雨温図と比べると，図4.5のNE領域の年平均気温は低めであるという印象を受けるが，これはWillmott & Matsuura (2015a, b) が地点データではなく格子点データであり，より低温な領域北部が含まれるためである。また図4.5におけるSE領域の気温はSW領域のそれと比べて低めであるという印象を受けるが，これは標高の高いチベット・ヒマラヤ山塊がSE領域に含まれるためである。

一方，降水量については4つの領域すべてで減少傾向にある（図4.5）。Mann-Kendall検定の結果，NW領域の減少傾向は危険率5%で，SE領域の減少傾向は危険率1%で，それぞれ統計的に有意であった。NE領域とSW領域については統計的に有意な減少傾向はみられなかったものの，パミール全体で降水量が減少傾向にあることは大変興味深い。IPCC（2013）によると地球温暖化が進行すると，降水量が少ない地域では乾燥傾向がますます顕著になり，降水量が多い地域では豪雨傾向がますます顕著になることが指摘されている。図4.5はIPCC（2013）で述べられていることが，半乾燥地域であるパミールにおいて，すでに顕在化していることを示している可能性があり，今後も継続して気象要素の変動を監視し続ける必要がある。

4　山ある国は水資源が豊か

先にあげた図4.1ではパミール南東部を除いては年降水量500 mm/年未満の地域がほとんどであることを述べた。このうち北東部に位置するウルムチでは1982～2010年の年降水量は305.2 mm/年しかないが，ウルムチには札幌とほぼ同じ約200万人の人びとが生活している。札幌の1981～2010年の年降水量も1,106.5 mm/年と，日本の平均値（1,700～1,800 mm/年）と比べると少ないが，それにしてもウルムチの年降水量約300 mm/年は少なすぎる。この程度の降水量しかないのに，約200万人もの人びとを養えるのはなぜだろうか？

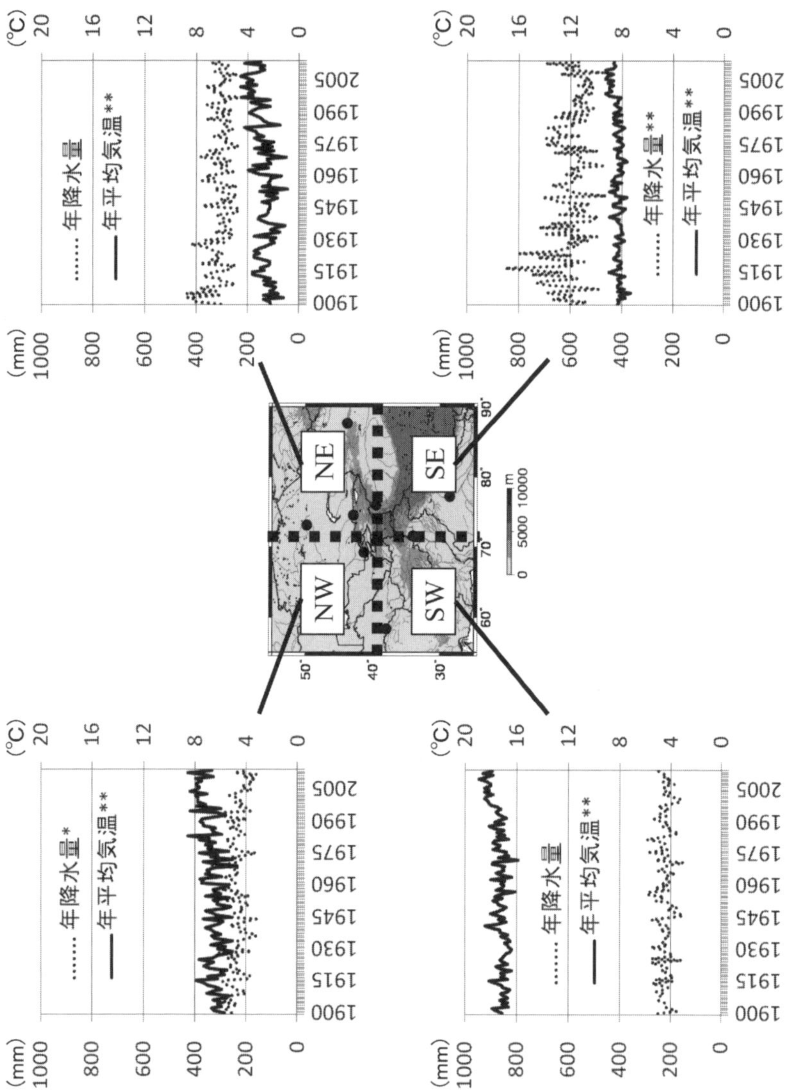

図 4.5　便宜的に 4 分割したパミールの各領域と，それぞれの領域における年降水量（mm）と年平均気温（℃）の経年変化（1900 ～ 2014 年，Willmott & Matsuura 2015a, b により作成）1 年の取り方は，カレンダー通り（1 ～ 12 月）とした。また年降水量 / 年平均気温の右肩の *（**）は，Mann-Kendall 検定の結果，危険率 5%（1%）で統計的に有意であることを示す。

それはウルムチの背後に天山山脈があるからである。図4.4では山地において夏・冬ともに降水量が多くなることを示した。ここで山地と平地の水循環と水資源について考えてみると図4.6のようになる。一般に標高が高くなると降水量は多くなる。それは風が山地にぶつかって，上昇気流が生じやすいからである。一方，標高が高くなると気温は低くなるために蒸発散量は少なくなる。水資源量は「降水量－蒸発散量」で表されるため（人間は，降水量のすべてを使えるわけではなく，蒸発散量として失われる部分を差し引かなければならない），標高が高いところ（山地）では低いところ（平地）に比べて水資源量は多くなる。そのため半乾燥地域ではウルムチのように山麓に大都市が立地する場合が多い。

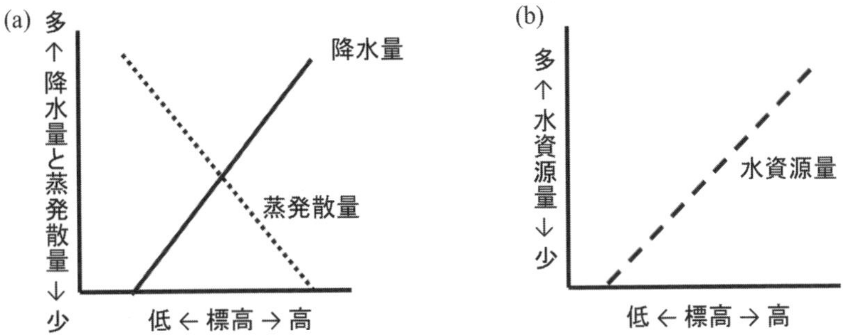

図4.6 「山ある国は水資源が豊か」の概念図

標高が高いところでは気温が低いため降水は降雪として生じる時期がある。そして越年する積雪は氷河に変化する。氷河は夏でも大人の背丈よりも高いほどであり，水資源として重要である。これには（1）量的に重要であること，(2) 季節配分も重要であること，という二つの意味がある。氷河は秋から冬にかけて積雪として堆積し，春から夏にかけて流出する。人びとは，主として春から夏にかけての暖候期に農業用水として水を使う。氷河からの融雪水は人びとが水を必要とするときに多くなるという特長がある。

その山岳氷河に地球温暖化の影響が及んでいる（IPCC 2013）。写真4.1はウルムチ河上流No.1氷河の最近20年間の変化を示したものである（松山 2015）。1994～2004年にかけては，写真4.1 (a), (b) 右上の稜線上の氷河が消失しているが，見かけ上，No.1氷河の本体は大きく変化していない。しかしながら，2004

〜2014年にかけてのNo.1氷河の変化（消耗）は著しい。2000年代の10年間，地球温暖化の小休止があったが（Watanabe et al. 2014），この小休止の後，気温はさらに上昇することが予想されている。山岳氷河が半乾燥地域に暮らす人びとに必要な水をもたらすのであれば，地球温暖化にともなう山岳氷河の消耗は，そこに暮らす人びとの存立基盤を脅かすことになる。しかも図4.5に示したようにパミールでは降水量そのものが減少傾向にあるのである。われわれは地球温暖化を防ぐために温室効果ガスの排出を自粛すべきであるし，写真4.1のように山岳氷河の状況を定期的に監視する必要がある。

（a）1994 年 8 月 31 日　（b）2004 年 8 月 5 日　（c）2014 年 8 月 28 日

写真 4.1　ウルムチ河上流 No.1 氷河の過去 20 年間の変化（松山 2015）

5　干上がったアラル海と水位が回復したバルハシ湖―(1)アラル海の場合―

先に述べたように年降水量500 mm/年以下のところでは灌漑しなければ農業を行うことは難しい。その一方，過剰な灌漑農業は環境破壊をともなう。図4.1の範囲で有名な環境破壊は「アラル海の縮小」である（例えば，福嶌ほか 1995）。アラル海は，かつては世界第4位の面積（64,100 ㎢）を誇る内陸湖であった（図4.7）。内陸湖であるから湖から流出する河川はなく，アラル海に流入する河川であるシルダリヤ（シルダリア）とアムダリヤ（アムダリア）の水は湖から蒸発して失われるだけである。シルダリヤとアムダリヤは山岳起源（それぞれ，天山山脈とパミール）なので安定した水資源である。しかしながら，半乾燥地域を流れるために蒸発損失も大きい。

そこに目をつけたのが旧ソ連の指導者たちであった。そして「アラル海は美しく死ぬべきだ」というスローガンのもと，第二次世界大戦後から「自然改造計画」が行われた。アラル海に流入するシルダリヤ，アムダリヤの河川水が大量に取水され，水を大量に使う綿花栽培が主として行われた。特にアムダリヤから隣国のトルクメニスタンに導水するカラクーム運河が建設され，アラル海に流入する河川水は激減した。その結果，アラル海では湖面の縮小と塩水化，漁業の壊滅が起こった。2014 年現在，南側の大アラル海は瀕死の状態にある。

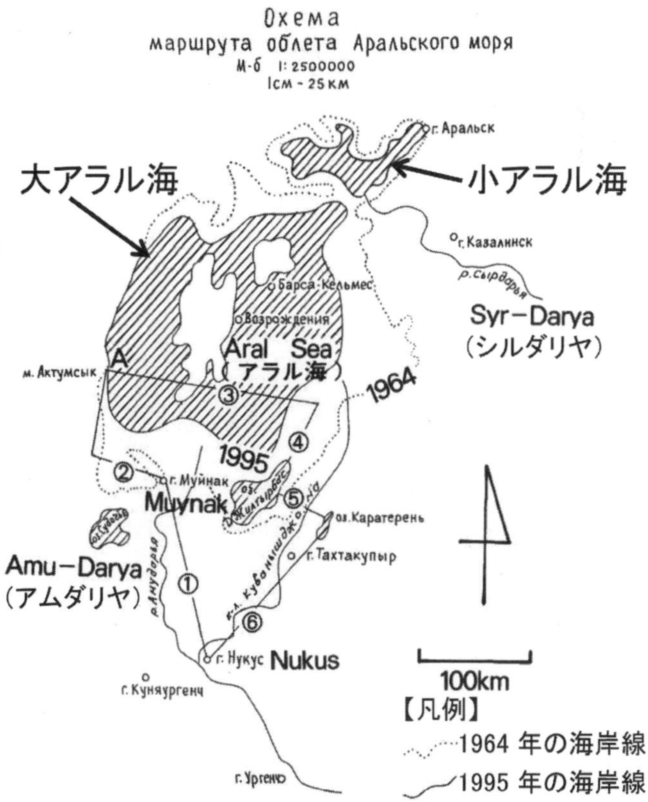

図 4.7　1964 ～ 1995 年におけるアラル海の縮小過程（松山ほか 1997 に加筆）
2014 年 10 月現在，大アラル海は西岸の一部を除いて消滅した。

アラル海を瀕死に追いやってまで灌漑農業を推進しなければならなかった理由として東西冷戦があげられる。冷戦時代の旧ソ連の目標として陣営内の物流を自給自足することがあり，綿花もそれらの物品の一つであった。1940年代から1980年代にかけて旧ソ連の中央アジア諸国（ウズベク共和国，カザフ共和国，キルギス共和国，タジク共和国，トルクメン共和国）では灌漑面積は拡大し，綿花の生産高も急増した（福嶌ほか 1995）。しかしながら，半乾燥地域で灌漑を行うと塩類集積が起こる。塩分を排出するためには，より多くの水が必要になり，結果的に灌漑地は放棄される。写真4.2はアムダリヤ，シルダリヤ流域で撮影したものではないが，このような開路に水を流すのでは，あまりにも非効率である。うち捨てられるのも当然というものであろう。

半乾燥地域では貴重な水を有効に使う工夫がなされている。図4.8aはカレーズ（カナート，フォガラともいう）とよばれる地下水路の地上部を撮影したものである（松山 1996）。半乾燥地域では蒸発散量が大きいため山で降った雨や雪どけ水を人びとが暮らす集落まで運ぶのに，地上を通したのでは蒸発損失が大きくなりすぎる。そのため山麓から集落までを結ぶ地下水路がつくられ，集落の近くになって初めて水路は地上に出る（図4.8b）。図4.8aにみられるモグラ

写真 4.2　うち捨てられた灌漑設備の例（松山 2006a）
カザフスタンのアルマトイ郊外にて（撮影：松山 2005 年）。

(a)

(b)

図 4.8　(a) 地上からみたカレーズおよび (b) 地下から地上に出つつあるカレーズ
(a): 松山 (1996) を一部修正，撮影: 松山，1994 年，ウルムチ郊外のトルファンにて ; (b): 撮影: 松山，2014 年，トルファンにて。

の巣のような穴は地下水路を補修するために地上にある縦穴である。

半乾燥地域は，降水量が少ないがゆえに半乾燥地域なのである。これは逆にいうと，雲ができにくく，日照条件に恵まれていることを意味している。このことは農業にとって適した条件であることは間違いなく，土壌が農業に適しているのであれば水をいかにして確保するかが重要になってくる。半乾燥地域では環境保全に配慮して水利用を図ることが必要であるが，アラル海の場合は度がすぎた。そのためアラル海の縮小と消滅は「20 世紀最大の環境破壊」ともいわれている。

「20 世紀最大の環境破壊」は湖水面の低下，湖の面積と水量の減少，塩分濃度の増大といった自然環境に大きな影響を与えただけでなく，湖で生きる生物の大半を死滅させるという生態系の破壊も引き起こした。これは人間生活にも影響を与えた。すなわち，漁業も壊滅し，関連産業（キャビアや缶詰の製造など）も，ほぼ全滅した。人びとの生活基盤が失われたため街はスラム化，ゴーストタウン化し，砂に埋もれた地域も出現した。塩まじりの砂埃が舞うといった大気環境の悪化，および農薬が溶け込んだ地下水を飲用しなければならないなど，住民の健康問題も顕在化した。

「アラル海は美しく死ぬべきだ」といったものの，旧ソ連の指導者たちもアラル海の縮小について手をこまねいていただけではない。北極海に流れる大河川の水をカスピ海・アラル海に引こうという壮大な計画（シベリア河川逆流計画）があったのである（福嶌ほか 1995）。図4.1の範囲からは外れているが，1930年代以降，アラル海の西に位置するカスピ海でも水位が低下し続けていた（Makita 2015）。そのためシベリアを流れるオビ川，エニセイ川の水を中央アジアにもってきて，これらの湖の水位低下に歯止めをかけようとしたのである。

この「シベリア河川逆流計画」は1986年頃中止になったが，1977年以降，カスピ海の水位は上昇に転じた（Makita 2015）。そのためカスピ海に流れ込むボルガ川からアラル海へ導水する計画も浮上している。この方がシベリアの大河川から水を引くよりは距離が短く現実的であるが，それを行うと，今度はカスピ海が大きな打撃を受ける。カスピ海ではキャビアの生産がなされるなど，現在も漁業が行われているのである。

漁業といえば，北側の小アラル海は南側の大アラル海を結ぶ水路を堤防で締め切ったため，近年，水位や面積の変動が小さくなってきている。その結果，漁業ができるようになるまで環境が回復してきている。しかしながら，大アラル海については環境回復に関する有効な手段は見当たらず，このまま消滅するのを見守るしかないのであろう。

6　干上がったアラル海と水位が回復したバルハシ湖―(2)バルハシ湖の場合―

アラル海の東，約1,500 km，カザフスタン国内には別の内陸湖であるバルハシ湖がある（図4.1）。流域面積は41万3,000 ㎢と日本の面積より若干広く，上流部の15%が中国，下流部の85 %がカザフスタンに属する。湖の面積は1万8,200 ㎢であり，平均水深は約8 mと浅い。内陸湖なので流出河川はなく，流入河川には湖への流入量の約8割を占め，湖の西側に流入するイリ川（図4.9）などがある。この特徴を反映して湖の西側よりも東側の方が塩分濃度は高い（松山 2006b)。

アラル海同様，バルハシ湖でも人為的水利用によって湖の水位低下と面積の縮小，および環境の悪化が生じてきた。特にイリ川中流に1970年に建設されたカプチャガイダム（図4.9）によってイリ川下流部では大規模な灌漑農業が可能になり，1970～1980年代中頃にかけて湖の水位は2.3 m低下した（図4.10)。図4.10からはカプチャガイダムが操業を始めた1970年以降，バルハシ湖の水位が低下傾向にあることがわかる。しかしながら，(1) 1970年以前にも湖の水位は長周期で変動しており，(2) しかも1900 年頃から1950年頃にかけての水位の低下幅は1970年以降よりも大きいことがわかる。すなわち，1970年以降（人為的な影響を受けた期間）の水位変動は自然変動の範囲内であるといえる。

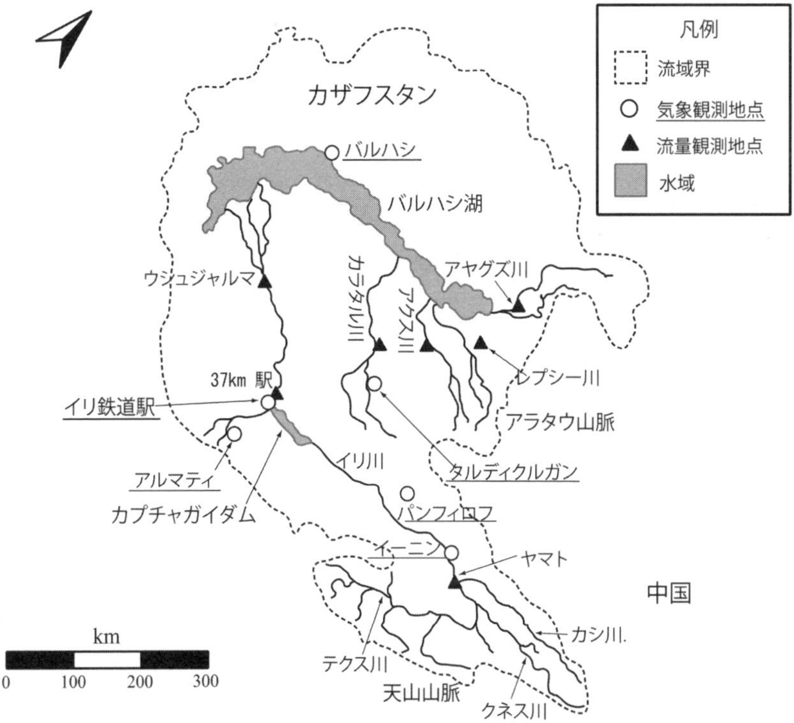

図 4.9　バルハシ湖流域の概念図（Kezer & Matsuyama 2006 を元に作成）

だからといって，過剰な水利用を続けてよいわけではない。1900年頃から1950年頃にかけての水位の低下速度に比べて1970年以降のそれは大きく，このまま放置しておいてはバルハシ湖もアラル海のように縮小してしまうところであった。なお，この地域における気温の年較差（図4.1）を考えると，イリ川の河川水を有効に利用して灌漑農業を行うことができるのは暖候期に限られる。Kezer & Matsuyama（2006）は，この点に着目してイリ川下流のウシュジャルマ（図4.9）における灌漑期（4～9月）と非灌漑期（10～3月）の河川流量について検討した。その結果，カプチャガイダムによる流量調節の影響は灌漑期にのみみられ，非灌漑期の流量はダム建設（1970年）の前後で変化がほとんどないこと，そしてダムによる流量調節の影響が全流量の変動の56%に相当することを明らかにした。

図4.10で注目すべきもう一つの点は，1987年以降バルハシ湖の水位が上昇に転じていることである。この理由として湖面への降水量の影響は小さく，バルハシ湖の流入量の約8割を占めるイリ川の流量が1987年頃に増加したことが指摘されている（Akiyama et al. 2012)。それでは，なぜイリ川の流量が増加したのかというと，(1）技術革新が進み，イリ川下流の水稲圃場での単位面積あたりの灌漑水量が減少したこと（北村ほか 2009)，(2）1991年の旧ソ連の崩壊にともなうコルホーズ・ソホーズの解体によって灌漑面積そのものが減少したこと（Akiyama et al. 2012)，さらに自然的要因として，(3）バルハシ湖の流域平

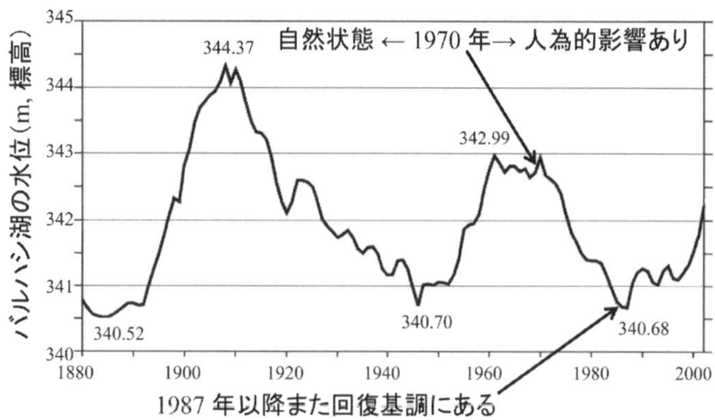

図4.10　1880年以降のバルハシ湖の水位の変化（Tursunov 2002に加筆）

均降水量が増加したことが考えられている。実際，Matsuyama & Kezer（2009）は流域平均降水量の偏差を毎年足し合わせたもの（積分偏差曲線）が1980年代後半以降，増加傾向にあり，湖の水位の変動（図4.10）とよく対応していることを示した。このことは湖の水位の変動は，まず第一に人為的水利用よりも流域平均降水量の多少，すなわち自然現象の影響を強く反映していることを示唆している。

7　まとめ

本章で述べたことをまとめると，以下のようになる。

1. パミールの気温は，大きい年較差と日較差によって特徴づけられる。また，標高による気温の違いも大きい。降水量は地域差が大きく，南西部は冬に雨季となる地中海性気候，南東部は夏に雨季となる南西モンスーン気候である。北部は降水量そのものが少なく，降水量の季節変化も乏しく1年中乾燥している。なお，夏のパミールは東京よりも相対湿度が小さく，全体的に乾燥している。
2. パミールでは1900〜2014年の間，全域において統計的に有意な気温の上昇傾向がみられる。その一方，同じ期間の降水量については減少傾向となっており（統計的有意性は地域によって異なる），「乾燥地域はますます乾燥化する」というIPCC（2013）による指摘（地球温暖化にともなう水循環の変化）がすでに顕在化している可能性がある。
3. パミールの多くは年降水量が500 mm/年以下の半乾燥地域である。このような地域では，灌漑をしなければ農業を行うことは難しいが，山岳地域にある氷河が貴重な水資源として機能し，山麓に暮らす人びとを養っている地域もある。しかしながら，地球温暖化の影響で，中国の天山山脈では山岳氷河が縮小しつつある例を示した。
4. カザフスタンとウズベキスタンにまたがるアラル海は，これに流入するシルダリヤ，アムダリヤから大規模に取水して灌漑農業を行ったために，南側の大アラル海は2014年現在ほぼ消滅した。一方，カザフスタン東部に位置するバルハシ湖は1970年以降，流入するイリ川の中流にダムが建設され，人為的な水利用が行われたために水位が低下したが，1987年以降再び水位は回復傾向にあり，アラル海とは対照的な現状となっている。

文　献

北村義信・清水克之・塚本祐介 2009. 2008年度イリ川下流域農業水利調査. オアシス地域研究会報, 7, 1, 49-53.

国立天文台（編）2015.『理科年表 平成28年』丸善出版.

時岡達志・山岬正紀・佐藤信夫 1993.『気象の数値シミュレーション』東京大学出版会.

畠山久尚（編）1964.『アジアの気候』古今書院.

福嶌義宏（監修），村上雅博（総編集），水文・水資源学会編集・出版委員会（編）1995.『地球水環境と国際紛争の光と影ーカスピ海・アラル海・死海と21世紀の中央アジア／ユーラシア』信山社.

松山 洋 1996. ウルムチに水の風景をたずねて（前編）ー天山山脈の湖とトルファンのカレーズー. 地理, 41, 4, 30-33.

松山 洋 2006a. バルハシ湖紀行. 天気, 53, 69-74.

松山 洋 2006b. カザフスタンとブラジル～二つの大国～. 地理, 49, 11, 76-80.

松山 洋 2015. 続・10年ぶりの1号氷河. 地理, 60, 12, 88-91.

松山 洋・谷本陽一 2008.『UNIX/Windows/Macintoshを使った 実践 気候データ解析 第二版』古今書院.

松山 洋・カダル・篠田雅人・森永由紀 1997. 環境水文学・水文地質学に関する第3回米国・独立国家共同体会議に出席して. 天気, 44, 645-649.

松山 洋・川瀬久美子・辻村真貴ほか2名 2014.『自然地理学』ミネルヴァ書房.

Akiyama T, Li J, Kubota J, Konagaya Y & Watanabe M. 2012. Perspectives on sustainability assessment: An integral approach to historical changes in social systems and water environment in the Ili River basin of Central Eurasia, 1900－2008. *World Futures*, 68, 595-627.

Intergovernmental Panel on Climate Change. 2013. Climate Change 2013: The Physical Science Basis. In: Stocker TF, Qin D, Plattner G-K ほか7名 Eds.: *Contribution of Working Group I to the Fifth Assessment Report of the Intergovernmental Panel on Climate Change*, Cambridge University Press.

Kalnay E, Kanamitsu M, Kistler R ほか19名 1996. The NCEP/NCAR 40-year reanalysis project. *Bulletin of the American Meteorological Society*, 77, 437-471.

Kendall MG. 1938. A new measure of rank correlation. *Biometrika*, 30, 81-93.

Kezer K & Matsuyama H. 2006. Decrease of river runoff in the Lake Balkhash basin in Central Asia. *Hydrological Processes*, 20, 1407-1423.

Makita H. 2015. Recent Caspian Sea level changes and their formation processes. Ph.D thesis, Graduate School of Urban Environmental Sciences, Tokyo Metropolitan University.

Matsuyama H & Kezer K. 2009. Long-term variation of precipitation around Lake Balkhash in Central Asia from the end of the 19th century. *SOLA*, 5, 73-76.

Tursunov AA. 2002. *From the Aral Lake to the Lobnor Lake: Hydrology of the Dischargeless Drainage Basins of Central Asia.* Galym-Publishers.

Watanabe M, Shiogama H, Tatebe H ほか3名 2014. Contribution of natural decadal variability to global-warming acceleration and hiatus. *Nature Climate Change*, 4, 893-897.

Willmott CJ & Matsuura K. 2015a. Terrestrial Air Temperature: 1900-2014 Gridded Monthly Time Series (V 4.01). http://climate.geog.udel.edu/~climate/html_pages/Global2014/air_temp_ 2014.tar.gz.

Willmott CJ &Matsuura K. 2015b. Terrestrial Precipitation: 1900-2014 Gridded Monthly Time Series (V 4.01). http://climate.geog.udel.edu/~climate/html_pages/Global2014/precip_2014. tar.gz.

第5章

キルギス高山植生の特徴と保全

Characteristics and conservation of alpine vegetation in the Kyrgyz Republic

荒瀬 輝夫

1　はじめに

中央アジアのなかでもキルギス（図5.1）は豊かな山岳景観をもつことで知られる。天山（テンシャン）山脈とパミール・アライ山脈（いずれも7,000 m級の最高峰を擁する）が国土の70%弱を占め，さらに25%は雪，氷河，岩場のひろがる標高3,500 m以上の山岳地域である。それより低い山岳域には主としてステップ草原が占め，針葉樹やクルミなどの広葉樹の森林もひろがる（Taft et al. 2011）。同じ山岳国でも森林面積の多い日本とは植生景観が大きく異なる。

キルギスは，かつてローマやイスタンブールと中国とを結んでいたシルクロードの中継点にある。もともと騎馬遊牧民の生活の地（林 2009）で，現在もヒツジ，ウシ，ウマなどの家畜の放牧が重要な第一次産業となっている。1991年の旧ソビエト連邦崩壊後に独立したキルギスは中央アジアの国ぐにのなかでも民主化のもっとも進んだ国とされるが，その代償として貧しい国の一つに数えられる状況にある（田中 1996；下社 2008）。

その一方で，独立後に海外からの観光・レクリエーションもさかんとなった（Schmidt 2005）。豊かな山岳環境に恵まれているため外国人観光客は中央アジア諸国のなかでも多いものの（アナルバエフ・渡辺 2008），外国人富裕層によるトロフィー・ハンティングが大きな収入源となっていることや，燃料として資源量の乏しい灌木類が収奪されていることなど（渡辺 2008；渡辺ほか 2008），自然保護を進めるうえで矛盾を抱えている。これらの社会情勢も植生環境に大なり小なり影響を与えると考えられる。

過放牧による草原の衰退は問題視されており，近年，特に中央アジアから中国にかけての地域で研究が進められている。放牧による植生への直接的影響は草高とバイオマスの減少（Painter et al. 1993；西脇ほか 1999），裸地化と1年草の侵入（Daubenmire & Colwell 1942；川越・馬場 1992；Kawanabe et al. 1998），アレロパシー[1)]の強い植物種の優占（Li et al. 2011）や，嗜好性の低い草種への置換（Cheng et al. 2008）などが知られている。また土壌への直接・間接的影響として裸地化，保水力の低下，侵食，アルカリ化（Daubenmire & Colwell 1942；田村・程 2009）などが指摘されている。しかし植生の変化・衰退の原因が放牧のみによるかどうかの判断には注意が必要である。温暖化など物理環境の影響や，観光などの人的要因もある（渡辺ほか 2008）からである。

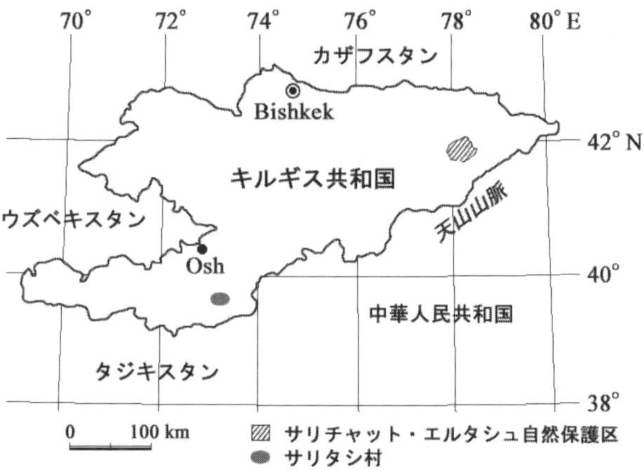

図 5.1　キルギスおよび本章での植生調査地域の位置

高山植物は低温，乾燥，表土の凍結・融解や移動，強風，紫外線などの厳しい条件下で生育しており（増沢 1997；菊池 2003），種子の分布が不均一で，セーフ・サイト以外での実生の生存率は低く（Erschbamer et al. 2001），裸地化すると，土壌の侵食や劣化をおこすので（田村・程 2009），一度，被害を受けた

1)　アレロパシーとは，ある植物から環境（個体外）に放出される物質が，周辺の植物の発芽や成長などに影響を及ぼす現象をさす。他感作用ともいわれる。

植生の回復は容易ではない。しかしながら，世界的にみると高山帯に草食獣がいないことの方がむしろ少なく，ヨーロッパ，アジア，南アメリカの高山では家畜の放牧が行われている（例えば，高槻 2003）。昔から草食獣による採食圧がある海外の高山において植生の分布と成立状況を知ることは，近年，ニホンジカなど野生動物の進出してきた日本の高山植生の保全を考えるうえでも，ひじょうに意義がある。

家畜放牧と野生動物の生息がみられ，観光地化や植生の衰退があまり進んでいない高山帯として，著者はサリチャット・エルタシュ自然保護区のエルタシ谷，およびコヨンド谷に着目した。本地域は天山山脈北麓に位置し，標高3,000〜4,000 m級の氷食谷である。当地域においてもウマやヒツジの放牧が行われ，放牧と重なる地域にアルガリ（マルコポーロ・シープ），アイベックスなどの草食動物，オオカミ，ユキヒョウなどの肉食動物も生息している。しかし氷河の後退に関する研究（例えば，Solomina et al. 2004）を除くと，生物，気象，生活などの基本的な情報は少ない。本章では森林限界の植生，植物群落の分布，住民の植物利用（荒瀬ほか 2011；Arase et al. 2012, 2014）について紹介する。

次に高山植生の衰退が懸念されている放牧と観光の拠点として南部オシ州のサリタシ村周辺に注目した。当地域はパミール・アライ山系の北に位置し，標高およそ3,000〜3,500 m，森林限界より上で緩斜面にステップ草原のひろがる植生景観である。すでに筆者は環境傾度に沿った植物種の入れ替わりや，放牧圧に関連をもつ生育型に注目して分析しており（Arase et al. 2014），それらの結果を高山植生の衰退の事例として紹介する。

2　調査地域と方法

2.1　高山植生の分布と植物利用－サリチャット・エルタシュ自然保護区

エルタシ谷（写真5.1上左）はU字谷の氷河地形で右岸・左岸ともモレーン斜面の岩屑堆積地，斜面上部は岩塊地となっている。現地で森林限界付近の木本植生のみられた地域（標高約3,000〜3,200 m）において本流および大きな支流を横切る帯状区を5地点設けた。樹種を記録するとともに，木本類の多様性と立地環境との関連を分析した。調査は2011年10月下旬に行った。

コヨンド谷（写真5.1上右）は森林限界より高標高で，木本植物はほとんどなく，ステップ草原のひろがる景観である。移牧のベースキャンプであるコヨンド小屋を中心に，標高約3,300～3,600 mの地域において約100 mの距離間隔で，右岸（NE斜面）と左岸（SW斜面）にあわせて21地点の調査区（各2 m×2 m）を設けた。出現した植物の被度，群度，草高を調査した。現地調査は2010年10月下旬に行った。植生の外観と立地環境から，おおまかな植生型の類型を行い，また植生調査データを集計した種組成表をもとに，植物社会学的な植物群落の抽出を行った。さらに刈取りによる地上部バイオマスの直接計測の代わりにV値（種ごとの被度%×草高cmを総和したもの）を求めた。この値は地上部バイオマスの推定に用いられている（Kawada et al. 2005；Arase 2012）。

日常生活での植物利用（家畜飼料，燃料，食生活など）についてはエルタシ

写真5.1　サリチャット・エルタシュ自然保護区とサリタシ村周辺の調査地
（撮影：荒瀬2012年5月）
上左：エルタシ谷，上右：コヨンド谷，下左：サリタシ村周辺の植生ラインN2，下右：「衰退」した植生ラインS2。

谷，コヨンド谷でのベースキャンプでの生活や移動を通じて観察と聞き取りを行った。

2.2　高山草原の衰退とされる事例―サリタシ村周辺

サリタシ村周辺（写真5.1下左）では，斜面方位と標高帯を要因として取り上げ，6つの植生ラインを設けて植生調査を行った。すなわち，斜面方位（S：南斜面，N：北斜面）と標高帯（1：高3,400～3,300 m，2：中3,300～3,200 m，3：低3,200～3,100）の組み合せである。なお植生が衰退したとされる斜面はS2（写真5.1下右）である。

植生ライン内に，おおむね同じ標高間隔になるよう8つの調査区（それぞれ2 m×2 m）を設定した。各調査区で植被率と種ごとの被度と草高を計測し，地上部バイオマスの目安としてV値を算出した。現地調査は2012年7月に行った。

植生ラインや調査区どうしの種組成の類似度として，植物種の在・不在の2元データをもとにJaccardの共通係数（coefficient of community; CC）を用いた。a：地点Aに出現する種数，b：地点Bに出現する種数，c：地点A･Bに共通して出現する種数とすると，CC = c/(a+b-c) で表される。

環境傾度（本調査ではライン内の標高）にともなう変化について半減距離（HC）（Whittaker 1960）を求めた。HCは放射性元素の半減期にならったもので，種組成の類似度が半分に低下する距離である。値が小さいほどその距離が短く，構成種の入れ替わりが激しい（β多様性が高い）ことを意味する。d：二つの調査区間の間隔，M (d)：平均類似度，AとB：定数とすると，M (d) = A･exp (-B･d)，HC = log (2/B) で表される。

また植物群落の現況を把握，解析するため，植物の生育型（沼田 1965）に着目した。現地の生育状況観察を踏まえて生育型を以下の6区分に類別し，生育型ごとにV値を集計して内訳を算出し，比較した。

t：そう生型（イネ科草，スゲ属など）

r-e：ロゼット葉をもつ直立型（キク科*Artemisia*属，*Aster*属など）

p-b：ほふく茎が分枝する型（マメ科*Astragalus*属など）

r：ロゼット葉のみの型（キク科*Taraxacum*属など）

b：分枝型（ムラサキ科*Myosotis*属など）
e：直立型（アカザ科*Chenopodium*属など）

3　結果と考察

3.1　サリチャット・エルタシュ自然保護区

3.1.1　森林限界付近の木本植物の分布

まず現地までの移動における観察記録としてサリチャット・エルタシュ自然保護区のあるイシククル州での幹線道路沿いでは標高1,800 m辺りまでがトウヒ林で，2,500 m辺りからビャクシンが混生し，およそ2,800 m以上で目立った立木は消滅し，高山ステップとなった。

写真 5.2　エルタシ谷の森林限界付近における植生概況と代表的な木本植物
（撮影：荒瀬 2011 年 10 月）
上左：高山ステップ，上右：灌木類の点在する岩屑堆積地，下左：キンロバイ (*Potentilla fruticosa*)，下右：有刺植物の 1 種（*Caragana jubata*）。

森林限界付近の木本植物についてエルタシ谷の現地調査で確認された種は6科6属8種（ヤナギ科1種，バラ科2種，マメ科1種，グミ科1種，スイカズラ科1種，キク科2種）であり，いずれも樹高数0.1〜1.5 m程度の落葉性灌木であった。これらの灌木類が岩屑堆積地に点在している状況（写真5.2上）で，バラ科のキンロバイ（shrubby cinquefoil；*Potentilla fruticosa*）が広範囲に分布し，局所的に有刺植物のマメ科の*Caragana jubata*が目立った（写真5.2下）。

木本種数と標高との間の順位相関係数は有意な正の値となり，標高が高いほど種数が増加していた（図5.2）。その一方で，木本種数と帯状区の長さとの関係は有意でなかったものの，帯状区が長いほど，むしろ種数が減少する傾向がみられ，種数が調査面積を反映したものではないことが確かめられた（図5.2）。

小型の落葉性灌木の疎生と，標高が上がると，むしろ木本類が多様化することは日本の多くの高山の森林限界にみられるハイマツ群落とは大きく異なっている。ヨーロッパでは低山帯と森林限界付近に植物種数のピークがあることが報告されており（Holten 1998），本調査結果は，これに一致している。上流ほど谷幅が狭くなることで，日照時間，土壌水分，岩屑生成に差異が生じると予想され，高山帯では湿潤な北斜面で種多様性が高く森林限界も高い（菊池 2003；Raffl et al. 2006）ことと類似の現象と推測される。こうした植物の分布パターンは草食動物の分布と移動にも影響を及ぼすと考えられる。

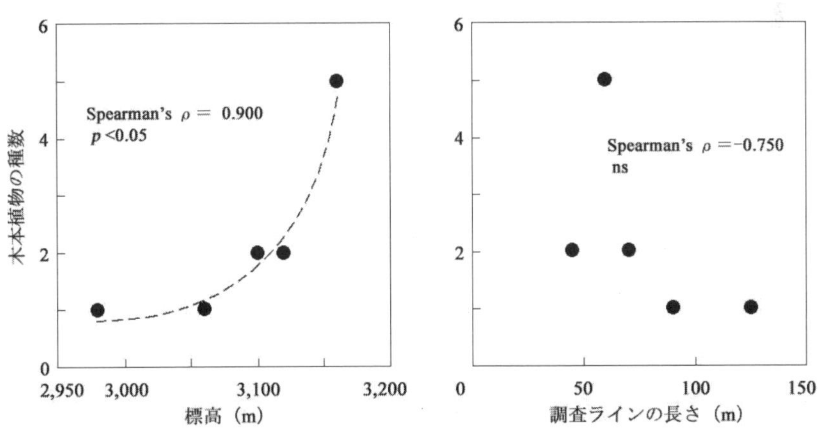

図5.2　エルタシ谷における木本植物の種数

3.1.2　高山草原の分布

次に，コヨンド谷における植生調査では立地環境と植生の外観から21の調査区は，おおまかに下記I〜Vの5つの植生型に分類された。

I：氷食谷の底の平原，草原（7調査区）

II：モレーン斜面下部，疎らな草原（2調査区）

III：モレーン斜面中腹，縞状に裸地化した草原（5調査区）

IV：モレーン斜面中〜上部の岩屑堆積地，草原（5調査区）

V：モレーン斜面尾根，草原（2調査区）

図5.3にそれぞれの植生型の植被率とV値を示す。植被率は植生型IおよびIV（それぞれ平均31.0，37.0%）で，ほかの植生型（7.0〜15.0%）よりも有意に大きかった（p <0.05）。その一方，V値は植生型IV（平均15.9×10^5 cm^3/m^2）において，ほかの植生型（0.6〜5.3）よりも有意に大きかった（p <0.01）。したがって，植生型IVにおいて植被率，V値とも最大であることが判明した。

V値が植生型IVでほかの植生型より圧倒的に大きい（図5.3）ことは注目すべきである。植生型IVは岩屑堆積地に成立していることから草食動物が採食しようとする際に支障となり，また岩屑表面の結露によって土壌水分条件が向上することが考えられる（Kaseke et al. 2012）。これは砂漠における岩石や高山帯における岩屑堆積地が植物にとって安全に遺存できるレフュジアとなっているという報告（増沢 1997；Danin 1999；菊地 2003）と附合する。

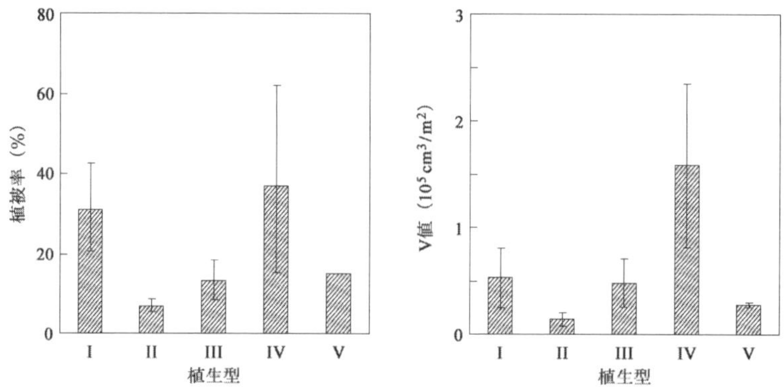

図5.3　コヨンド谷における植生型ごとの植被率とV値

植物種の種組成からは4つの識別種群をもとに7つの植物群落が抽出された。それぞれの概況は下記のとおりである。

種群1：*Artemisia* sp.（キク科ヨモギ属），*Lepidium* sp.（アブラナ科マメグンバイナズナ属）

種群2：*Trisetum sibilicum*（イネ科カニツリグサ属），*Leontospodium* sp.（キク科ウスユキソウ属）

種群3：*Stipa alpina*（イネ科ハネガヤ属），*Oxytropis paniciflora*（マメ科オヤマノエンドウ属），Cladoniaceae sp.（地衣類）

種群4：*Trisetum spicatum*（イネ科カニツリグサ属），*Elymus* sp.（イネ科エゾムギ属），*Sausurea* sp.（キク科トウヒレン属），*Draba* sp.（アブラナ科イヌナズナ属）

A1：種群1のみ；植生型IIに対応

A2：種群1と種群2；植生型Iに対応

A3：種群1と種群3；植生型Iに対応

A4：種群1，種群2，種群4；植生型IIIとIVに対応

B1：種群2と種群3；植生型IV（調査区No. 18のみ）

B2：種群2と種群4；植生型IVとVに対応

B3：種群4のみ；植生型IVとVに対応

抽出された7つの植物群落が，5つの植生型とは必ずしも一致していなかったことは興味深い。植生型IVはもっとも多様な植物群落（A4，B1，B2，B3）を含んでいることから，岩屑堆積地がさまざまな植物種が優占できる環境を提供していることがうかがえる。

7つの植物群落の分布を標高および斜面方位で示すと図5.4のようになる。全体的には群落A1～A4はU字谷の底の平原からモレーン斜面下部に分布していたのに対し，群落B1～B3は斜面中上部に分布していた。左岸（SW斜面）と右岸（NE斜面）とで群落の垂直分布のパターンは，おおむね類似していたが，いくつかの分布の逆転や，群落A1とB1が，それぞれ片側の斜面にしか存在しないなどの例外も認められた。

垂直分布の逆転（図5.4）について標高と植物群落の分布の順位との関係をケンドールの順位相関係数（r_k）を用いて表現すると，左岸（SW斜面），右岸（NE

斜面）で，それぞれr_k = 0.667 (p <0.01)，0.818（p <0.001）となった。いずれも統計的に有意であるが，右岸（NE斜面）側に比べ，左岸（SW斜面）では標高と植物群落の分布がやや崩れた関係にあると判明した。

高山植生に及ぼす標高の影響（Holten 1998；Kuhle 2007）と斜面方位の影響（増沢 1997；菊地 2003；Sekulová & Hájek 2009；Raffl et al. 2006）は，しばしば報告されているが，本調査地域では標高の影響のほうがより卓越しているようである。図5.4の植物群落の垂直分布と一部の逆転から，本調査地においては，まず標高がマクロなスケールでの植物群落の基礎的な分布パターンを決定し，よりミクロなスケールでの分布パターンに斜面方位が影響しているとみることができるからである。斜面方位については乾燥と土壌の凍結・融解の激しい南斜面より，北斜面の方で植物が侵入・定着しやすい（Raffl et al. 2006）ことが報告されており，また施肥による成長量増加が群落内の競争を誘発することが報告されている（荒瀬ほか 2010；Arase & Okano 2015）。日射や温度条件では好適と思われる左岸（SW斜面）での群落の分布が一律ではなく，不規則になっていることには，こうした生育環境や競争などが背景にある可能性がある。

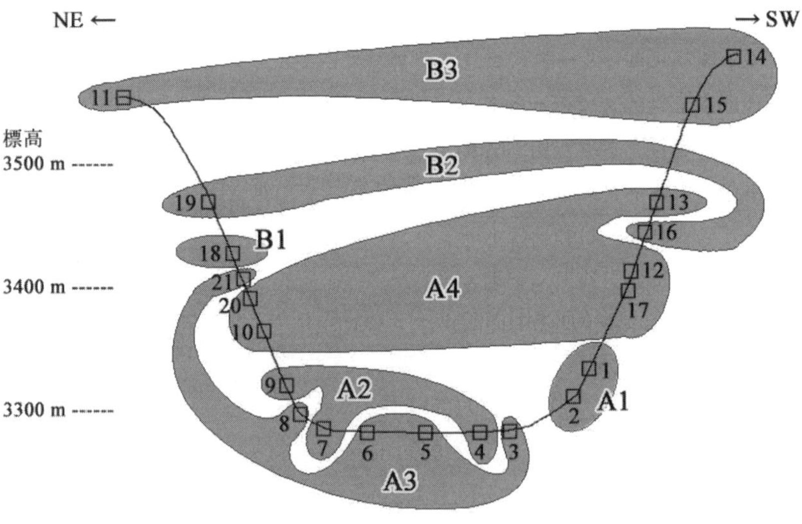

図 5.4　コヨンド谷における調査区と植物群落の垂直分布
A1 ～ A4，B1 ～ B3 は植物群落，数字は調査区 No. を示す。

植生型の相互関係をみるためV値と種数の関係を示したものが図5.5である。全21調査区のうち17調査区は連続的な集団に含まれており，V値または種数の不連続的に大きな5つの調査区が認められた。これら5調査区のうち4調査区（No. 13，15，16，18）は植生型IV（岩屑堆積地の草原）であった。

調査区の大部分が一つの連続的な変化（植生遷移の進行または退行）の範囲に含まれていたことは意外であった。おそらくコヨンド谷の調査地域では，標高にかかわらず，地上部バイオマスと植物種数の関係について，なんらかの共通の法則のもとに植生が成立しているものと推測される。立地条件や植物種の組成の違いにより異なる植生型や植物群落が成立しているのであろう。しかしながら，植生型IV（岩屑堆積地の草原）は例外的で，特異的に豊かな植生が存在していた。岩屑の生産と配分が植物群落の分布を決定する要因の一つであるとの指摘（小泉 1980）のとおり，本調査地域でも岩屑が，さまざまな植物種の生存と生育に役立っていることが考えられる。山岳域の草食動物の季節的移動（泉山・望月 2008）や採食地域の偏在（Jewel et al. 2005）には餌となる植物の分布と生育，つきつめると生育基盤である岩屑堆積地の分布が影響していることがと示唆されよう。

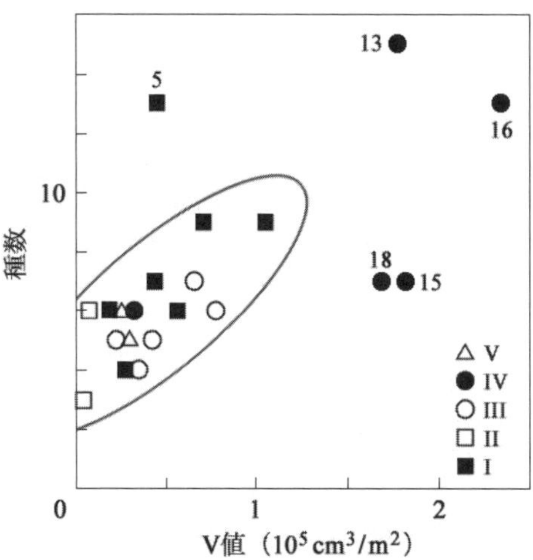

図5.5　植生型別にみたV値と種数との関係
I～Vは植生型，数字は調査区No.を示す。

3.1.3　植物の利用

調査のための移動および滞在中，現地の人びとの生活における植物利用について聞き取り，および目視で確認できたことは以下のとおりである。なお調査が晩秋期であったため野生植物の食用・薬用利用については聞き取れなかった。

ア）家畜の飼料については，ウマは夜間に放牧され，周辺の自然草原で自由に採食している。ときに行方不明になり，翌朝，探しに行くこともある。なお交通手段や放牧管理などでウマは現地の日常生活に欠かせない存在である。

イ）暖房と炊事用の燃料として家畜（ウマとヒツジ）の糞を乾燥したものを用いている。乾燥した糞（未消化の食物繊維の塊と思われる）には，まったく臭いはない。乾燥地という条件を現地の人びとがうまく利用し，限られた植物資源を収奪しないように暮らしている様子がうかがえる。2010年は例年に比べて湿潤で，糞が乾燥しにくくて困ったとの話であった。なおコヨンド小屋の発電機の燃料のみはガソリンであった。

ウ）コイル小屋には周辺に自生していない針葉樹（ビャクシンと思われる）の小枝が入口の梁に飾ってあった。虫除けに小屋の中で火をつけて，いぶす様子をカウンターパートに見せてもらった。山の神や産土神のような信仰の意味もあるのかどうかは不明で，そのような話題は質問しても避けられる雰囲気であった。

3.2　サリタシ村周辺

3.2.1　植生の概況

本調査地域の全域に共通して分布していたのは*Carex* sp.（カヤツリグサ科スゲ属），*Artemisia* sp.（キク科ヨモギ属），*Deschampsia caespitosum*（イネ科ヒロハノコメススキ属）などで，それぞれの植生ラインをイネ科，マメ科，キク科，アブラナ科などの草本類数種が特徴づけるという概況であった。南斜面（S1〜S3）固有の共通種は1種しかなく，それとは対照的に北斜面（N1〜N3）固有の共通種は7種と多かった。なおS2（植生衰退斜面）のみに特異的な種は13種と最多であり，ほかの植生ラインは1〜9種であった。

植生ライン間の類似度（CC）は南斜面において0.309〜0.339であったのに対し，北斜面では0.418〜0.509と有意に高かった（$p<0.01$）。

バイオマスと関連する量（植被率，最大草高，V値）と種数については，斜面方位は植生ライン全体の種数を除くすべての項目に対して有意な影響があり，標高帯は最大草高と調査区あたり種数に有意な影響があった。おおまかには植被率は南斜面＜北斜面，最大草高は南斜面＞北斜面となっており，V値も南斜面＞北斜面となっていたが，植生ライン間の有意差は検出されなかった。調査区あたり種数は南斜面のみ標高が上がると漸減する傾向がみられた。

3.2.2　環境傾度にともなう種組成の変化

調査区間の間隔と平均類似度との関係を図5.6aに示した。間隔が増大すると平均類似度は減少し，6つの植生ラインとも有意な回帰直線が得られた（r = −0.84〜0.99）。図5.6aから，S2とS3の二つの植生ラインの傾き（−0.14と−0.16）が，ほかの4ラインの傾き（−0.057〜−0.027）に比べて明らかに急であった（$p<0.00005$）。半減距離を算出すると，S2とS3でそれぞれ2.1と1.9（ライン内で2調査区離れただけで種組成の類似度が半減する）であったのに対し，ほかの4ラインでは5.3〜11.3となり，前者は後者より有意に小さかった（$p<0.03$）。

図5.6bに，調査区あたり平均種数（α多様性）と，半減距離（β多様性）に

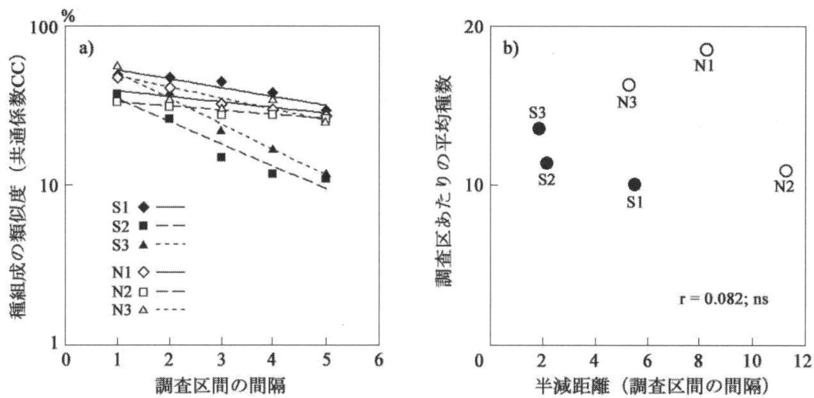

図5.6　サリタシ村周辺の植生ライン上の調査区間における種組成の類似度（a）と，類似度の半減距離と平均種数との関係（b）

よる植生ラインの布置を示した。両者に有意な相関関係は認められず，種数にかかわらずS2とS3の半減距離が小さいことが示された。

この結果は既往研究にほとんどない興味深い情報を示している。S2とS3では，わずかな距離（標高の変化）で種組成の類似度の低下が著しく（図5.6a），種の入れ替わりが激しいことを意味する。このことは北斜面に比べて南斜面（S1～S3）固有の共通種が1種と著しく少ないことや，植生ライン間のCCが低いことにも符合する。一般にHCはサンプルサイズの影響を受け，α多様性が高いと低下することが指摘されているが（Wilson & Mohler 1983），本研究では，すべて同じ調査面積と実験計画的配置になっており，α多様性（調査区あたりの平均種数）とHCとの関連も認められない（図5.6b）。したがって，標高の高いS1を例外として南斜面で環境傾度にともなう種の入れ替わりが激しく，北斜面では緩慢であるといえる。

一般に高山草原では厳しい生育条件のため衰退した植生の回復は困難であり（Erschbamer et al. 2001; 菊地 2003），草食動物の採食エリアは一様でなく，偏在する（Jewel et al. 2005）。さらに南斜面の方が北斜面よりも乾燥や植物間の競争が激しく（Bazzaz 1996），標高より斜面方位が植生分布に強く影響する場合もある（増沢 1997；Raffl et al. 2006；Sekulová & Hájek 2009）。これらが本研究での南斜面でのHCの低さ（種の入れ替わりの激しさ；β多様性の高さ）に起因していると考えられる。したがって，一度，衰退のきっかけが生じると，南斜面では局所的に植生が周囲と異なる方向や衰退に向かう危険があると推測される。

3.2.3　生育型の内訳の比較

6つの植生ライン，各8調査区のすべてにおけるV値の生育型の内訳を図5.7に示した。まず，ほとんどの調査区でもっとも優占しているのはt（そう生型）であり，次いでr-e（ロゼット&直立型），p-b（ほふく&分枝型）が目立った。V値と，それぞれの生育型の内訳との関係について，b（分枝型）のみ$r = -0.29$（$p < 0.05$）と弱いながら有意な負の相関があったが，それ以外では有意ではなかった。生育型%どうしを比較すると，tとr-eとの間のみに$r = -0.79$（$p < 0.000002$）という強い負の相関が認められた。

S2（衰退したとされる植生）と，それ以外の植生ラインを比較すると，t（29〜69%）がN1以外の植生ラインより有意に少なく，r-e（2〜62%）がN2とN3より有意に大きかった（$p<0.05$）。また調査区間のばらつきが大きく有意差は認められないものの，S2のライン上部でbが45%前後に及ぶことは特異的であり，ほかにbが顕著に認められた植生ラインはN1のみであった。同様に有意差は認められないものの，S1とともにS2ではp-bが少なく（それぞれ0.0〜1.9，0.6〜5.4%），r（ロゼット型）がS2にまったく出現しないことも特徴的であった。

一般に放牧への適応として植物の形態は成長点が地際で踏圧に強い生育型（t，p，r）に変化する（沼田 1965；Weisel 1987）。しかしS2ではこれらはむしろ減少している。また過放牧になると裸地化して1年草や越年草が侵入・優占するとされるが，これはS2では顕著には観察されていない。局所的なbの増加は，おもに特定の種（ムラサキ科の1種）であり，本調査では理由は不明である。V値との関係はbのみで有意な負の相関があり，放牧の結果として嗜好性の低い草種が採食を受けずに残存・増加するという現象（Cheng et al. 2008）を示しているかもしれない。しかしbが顕著なのはS2以外ではN1（ただし「衰退」していない）のみであり，過放牧の影響であるという決め手にはならない。

ほとんどの調査区でtとr-eの%が上位で，この二つの生育型の間に強い負の相関があったことから，なんらかの環境条件が引き金となり，これら二つの生育型のいずれかが優占するというのが本調査地域での植生遷移のようである。S2でtよりr-eが優勢となりbが多くなるなど，ほかの植生ラインと異質な生育型組成になっていることは事実であるが，その原因を放牧・過放牧にすべて帰することは難しい。環境傾度にともなう構成種の入れ替わりの激しさを考慮すると，ほかの環境要因（緩い尾根地形ゆえの風，乾燥など）も検討する必要があろう。

以上をふまえると，群落の量と質を特徴づける種組成，バイオマス，種数について，S2も含めて，それぞれの植生ラインが地理的条件の影響下で成立していると考えられる。植物社会学的にみると6つの植生ラインには複数の共通種が分布し，S1〜3，N1〜3ではそれぞれCCが高く種組成は類似していることから，ある程度連続的に種組成が変化したものであると推測できる。また，おお

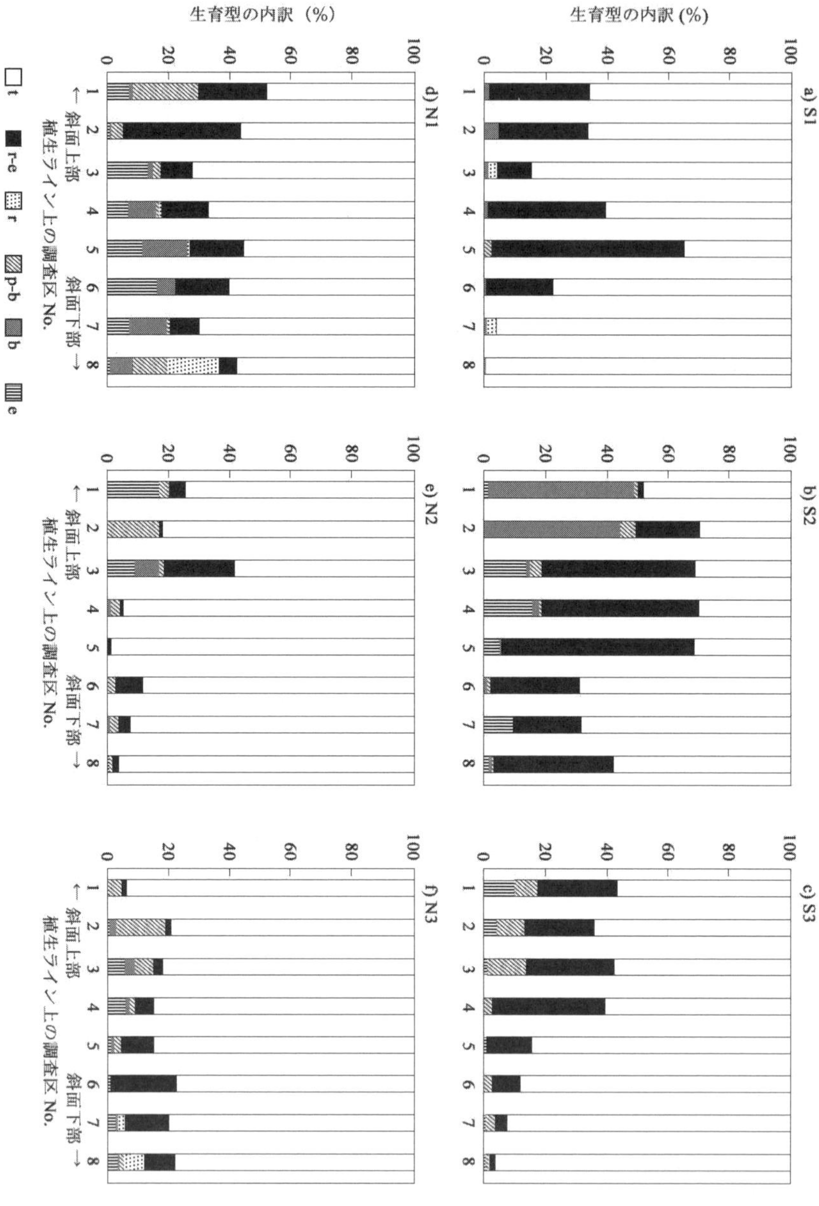

図 5.7　サリタシ村周辺の植生ラインにおける植物の生育型の内訳

まかには南斜面は長草・低密度群落，北斜面は低草・高密度群落となっており，S2におけるV値と種数が顕著に劣っているわけではない。したがって，これらの観点からはS2のみが特異的に衰退しているとは結論できない。

過放牧による植生への影響として草高とバイオマスの低下が報告されているが（Painter et al. 1993；西脇ほか 1999），これはS2では観察されず，裸地が多い（植被率が低い）ことは南斜面全体に共通している。よって，草原植生で一般に観察される過放牧の影響とは一致しない。

4　まとめ

4.1　高山植生の分布と植物利用

サリチャット・エルタシュ自然保護区での調査から森林限界付近の木本植物は，すべて落葉性灌木であり，キンロバイ（バラ科）が調査地全域に分布していた。木本種数は標高が高くなると，むしろ増加する現象が認められた。

植生の外観と立地環境から5つの植生型が認められ，植生型IV（岩屑堆積地の草原）において顕著に植被率とV値が大きかった。また7つの植物群落が抽出され，植生型IVに最も多様な植物群落が成立していた。右岸（NE斜面）と左岸（SW斜面）とで，おおむね植物群落の垂直分布が一致していたが，分布の逆転が左岸側でより多く認められた。V値と種数との関係から植生型によらず，ほとんどの調査区は同じ連続的変化（植生遷移）の範囲にあると考えられた。しかし不連続的に，とびぬけて大きな種数やV値をもつ調査区が存在し，それらの多くが植生型IVであったことから植生の発達における岩屑堆積地の重要性が指摘された。

現地の住民生活では燃料として乾燥した家畜の糞が使われるなど，乾燥地における限られた植物資源をうまく利用した生活が観察された。

4.2　高山草原の衰退とされる事例

サリタシ村周辺での調査では，種組成の特徴としてカヤツリグサ科スゲ属，キク科ヨモギ属，イネ科ヒロハノコメススキ属などが全域に共通して分布し，それぞれの植生ラインをイネ科，マメ科，キク科，アブラナ科などの草本類数種が特徴づけていた。植生ライン間の種組成の類似度は南斜面で北斜面より低かった。おおまかには南斜面では長草・低密度群落，北斜面では低草・高密度群落であることが確かめられたが，V値と種数の差は顕著ではなかった。

類似度の半減距離の解析から「衰退」したとされる植生ライン（S2）を含む南斜面で種の入れ替わりが激しい（β多様性が高い）ことが判明した。また生育型に着目した分析からS2ではt（叢生型）が減少，r-e（ロゼット＆直立型）とb（分枝型）が増加しており，衰退していないN1と類似していた。これらのことから本調査地における植生の衰退が放牧のみによるとは考えにくく，ほかの要因の存在が示唆された。

文　献

アナルバエフ マクサト・渡辺悌二 2008. キルギス南部 パミール・アライ山脈の観光. 地理, 53, 1, 56-59.

荒瀬輝夫・泉山茂之・渡辺悌二・マクサト アナルバエフ 2011. 天山山脈北麓コヨンド谷（キルギスサリチャット・エルタシュ自然保護区）の高山草原における植生概況. 信州大学農学部AFC報告, 9, 75-82.

荒瀬輝夫・岡野哲郎・木村 誇・井上 晋 2010. 御蔵島の台風崩壊地の植生回復における外来牧草播種の影響. 日本緑化工学会誌, 35, 448-461.

泉山茂之・望月敬司 2008. 南アルプス北部の亜高山帯に生息するニホンジカ（*Cervus nippon*）の季節的環境利用. 信州大学農学部AFC報告, 6, 25-32.

川越久史・馬場多久男 1992. 野辺山演習林の植物群落. 信州大学農学部紀要, 29, 2, 47-88.

菊地多賀夫 2003. 周氷河地形と高山植生のかたち. 遺伝, 57, 44-47.

小泉武栄 1980. 高山の寒冷気候下における岩屑の生産・移動と植物群落 IV. 木曾山脈檜尾岳付近の現成および化石周氷河斜面の風衝植生. 日本生態学会誌, 30, 245-249.

下社 学 2008.『中央アジア経済図説』東洋書店.

高槻成紀 2003. 高山植生と家畜の放牧. 遺伝, 7月号, 75-79.

田中哲二 1996. 中央アジアの親日国キルギス：独立後の経済困難と課題. ユーラシア研究, 12, 34-42.

田村憲司・程 云湘 2009. 乾燥地の土壌・植生. 篠田雅人（編）『乾燥地の自然』古今書院, 69-92.

西脇亜也・佐藤衆介・大竹秀男・篠原 久・菅原和夫 1999. 放牧地の草種構成と種多様性に及ぼす異なる放牧管理の影響—北上山系に同時に入植した酪農家2戸の放牧地の植生—. 日本草地学会誌, 45, 1, 52-58.

沼田 真 1965. 草地の状態診断に関する研究I－生活型組成による診断－. 日本草地学会誌, 11, 20-33.

林 俊雄 2009.『遊牧国家の誕生』山川出版社.

増沢武弘 1997.『高山植物の生態学』東京大学出版会.

渡辺悌二 2008. パミールにおけるエコツーリズムの現状と課題. 地理, 53, 1, 47-55.

渡辺悌二・アナルバエフ マクサト・岩田修二 2008. キルギスの自然保護地域と観光開発. 地理学論集, 83, 29-39.

Arase T. 2012. Estimation of seasonal changes in the biomass of forest floor vegetation in a larch forest at the northern foot of Mt. Fuji, Japan. *Journal of Environmental Information Science*, 40, 23-30.

Arase T, Izumiyama S, Anarbaev M & Vereschagin A. 2012. Survey of alpine vegetation near the forest line in the Ertash Valley of the Sarychat-Ertash State Reserve in the northern Tian Shan Mountains, Kyrgyz Republic. *Bulletin Shinshu University Alpine Field Center*, 10, 145-151.

Arase T, Izumiyama S, Anarbaev M & Vereschagin A. 2014. Alpine steppe vegetation patterns in the Koyondu Valley, Kyrgyz Republic. *Geographical Studies*, 88, 2, 60-69.

Arase T, Liu J & Watanabe T. 2014. Degeneration of alpine steppe vegetation around Sary-Tash Village, Kyrgyz Republic. *Geographical Studies*, 88, 2, 51-59.

Arase T & Okano T. 2015. Influence of fertilization on native plants and exotic pasture grasses on the fascined landslide slopes in Mikura-Jima Island, Japan. International *Journal of GEOMATE*, 8, 2, 1316-1322.

Bazzaz FA. 1996. *Plants in changing environment*. Cambridge University Press, Cambridge.

Cheng Y, Tsendeekhuu T, Nakamura N & Nakamura T. 2008. Phytosociological study of steppe vegetation in Mongolia. *Grassland Science*, 54, 107-116

Danin A. 1999. Desert rocks as plant refugia in the Near East. *The Botanical Review*, 65, 93-170

Daubenmire RF & Colwell WE. 1942. Some edaphic changes due to overgrazing in the *Agropyron-Poa* prairie of south-eastern Washington. *Ecology*, 23, 32-40.

Erschbamer B, Kneringer E & Schlag N. 2001. Seed rain, soil seed bank, seedling recruitment, and survival of seedlings on a glacier foreland in the Central Alps. *Flora*, 196, 304-312.

Holten JI. 1998. Vascular plant species richness in relation to altitudinal and slope gradients in mountain landscapes of central Norway. *Lecture Notes in Earth Sciences*, 74, 231-239.

Jewel PL, Güsewell S, Berry NR ほか3名 2005. Vegetation patterns maintained by cattle grazing on a degraded mountain pasture. *Botanica Helvetica*, 115, 109-124.

Kaseke KF, Mills AJ, Henschel J ほか3名 2012. The effects of desert pavements (gravel mulch) on soil micro-hydrology. *Pure and Applied Geophysics*, 169, 873-880.

Kawada K, Vovk AG, Filatova OV ほか3名 2005. Floristic composition and plant biomass production of steppe communities in the vicinity of Kharkiv, Ukraine. *Journal of Grassland Science*, 51, 205-213.

Kawanabe S, Nan Y, Oshida T ほか4名 1998. Degeneration of grassland in Keerqin Sandland, Inner Mongolia, China. *Grassland Science*, 44, 109-114.

Kuhle M. 2007. Altitudinal levels and altitudinal limits in high mountains. *Journal of Mountain Science*, 4, 24-33.

Li XF, Wang J & Huang D. 2011. Allelopathic potential of Artemisia frigida and successional changes of plant communities in the northern China steppe. *Plant and Soil*, 341, 383-398.

Painter EL, Detling JK & Steingraeber DA. 1993. Plant morphology and grazing history: relationship between native grass and herbivores. *Vegetatio*, 106, 37-62.

Raffl C, Mallaun M, Mayer R & Erschbamer B. 2006. Vegetation succession pattern and diversity changes in a glacier valley, Central Alps, *Austria. Arctic, Antarctic, and Alpine Research*, 38, 421-428.

Schmidt M. 2005. Utilization and management changes in south Kyrgyzstan's mountain forests. *Journal of Mountain Science,* 2, 91-104.

Sekulová L & Hájek M. 2009. Diversity of subalpine and alpine vegetation of the eastern part of the Nízke Tatry Mts in Slovakia: major types and environmental gradients. *Biologia*, 64, 908-918.

Solomina O, Barry R & Bodnya M. 2004. The retreat of Tien Shan glaciers (Kyrgyzstan) since the Little Ice Age estimated from aerial photographs, lichenometry and historical data. *Geografiska Annaler,* 86A, 205-215.

Taft JB, Phillippe LR, Dietrich CH & Robertson KR. 2011. Grassland composition, structure, and diversity patterns along major environmental gradients in the central Tien Shan. *Plant Ecology,* 212, 1349-361.

Weisel Y. 1987. Evolution of elect growth forms in domesticated wheats: possible effects of grazing. *Oecologia* (Berlin), 73, 630-632.

Whittaker RH. 1960. Vegetation of the Siskiyou Mountains, Oregon and California. *Ecological Monograph*, 30, 279-338.

Wilson MV & Mohler CL. 1983. Measuring compositional change along gradients. *Vegetatio*, 54, 129-141.

第6章

パミールの自然保護地域と自然資源消費

Natural protected areas and consumption of natural resources in the Pamir

渡辺 悌二・泉山 茂之

1　はじめに

広大なパミールには豊かな自然が残されているといわれるが，実際には多くの問題も認められる。その問題の一部はソ連時代に基礎をおく自然保護の制度に関係しており，また長く続く貧困にも大きく関係している（渡辺 2020）。貧困は自然資源の消費につながり，その消費をとめることができない制度上の問題が存在している。

この章では，まずキルギスの自然保護地域について整理し，野生動物を中心とする自然資源の消費の実態について述べる。次にタジキスタンの自然保護地域，および野生動物を中心とする自然資源消費の実態について述べる。最後に両地域におけるこれらの問題点をまとめる。

2　キルギスの自然保護地域

2.1　自然保護地域の概要

キルギスでは1999年に「観光に関する法律（Law of Tourism)」がつくられ，その頃から，ようやく観光による外貨獲得の議論がさかんになってきた。2007年4月には観光庁（State Agency on Tourism）が独立機関として設置され，いまでは国として観光に注力するようになってきている。最近になって豊富な地下資源が埋蔵されていることも明らかにされ，多くの先進国が注目し始めている。現在のキルギスの地域は旧ソ連時代から「辺境地」としての扱いを受け，基本的に農牧畜業地域として位置づけられてきた。国際援助機関の間で広く認識されているようにキルギスは深刻な貧困に悩んでおり(例えば，森2008)，観光開発および地下資源開発はキルギスの経済発展に欠くことのできない重要な国家戦略として位置づけることができる。しかし，これらの開発は自然環境資源の枯渇や環境悪化をまねく危険性をもっている。

そこで，統計データ，およびアトラスデータの解析，現地での関係者への聞き取りによって，キルギスの自然資源の保護と利用について，それらの現状と問題点を自然保護地域に焦点をあてて明らかにした。まず観光の現状をかんたんに紹介し，次に自然保護地域制度にもとづく自然資源保護の現状と，野生動物を中心にした自然資源の利用の現状について整理を行い，最後に，これらの問題点を議論した。

2.2　キルギスの自然資源の保護への取り組みと利用

2.2.1　自然資源保護への取り組み

キルギスでは観光に関する法的な整備よりも自然資源保護に関する法的な整備が先行して始まった。1991年4月17日に自然保護と自然資源の合理的利用を進める法的な基礎として「自然保護に関する法律（Law on Nature Protection)」が制定された。多くの省庁や国の調査機関が自然資源保護にかかわる政策立案や保護活動に関係しているが（例えば，Hao et al. 2019を参照)，特に環境保護森林庁（State Agency on Environment Protection and Forestry）が，その中心的な役割を果たしている。環境保護森林庁は環境保護全般，生物多様性保全，自然管理，森林管理，植林，狩猟管理などを目的にした環境政策の実行機関である。また国の機関である国立山岳地域開発センター（National Center for Mountain Regions Development）が，さまざまな調査研究を行っている。

キルギス政府は自然環境保護にあてる予算を十分に確保できる状況にはないが，国際機関から財政援助をうけて，さまざまな環境保護政策を打ち出し，現時点で，すでに自然保護地域を90以上（2017年時点で国土面積の約7.4%）指定している（表6.1）。

キルギスの自然保護地域は旧ソ連時代からの制度を引き継いでおり，国立公園，ザポベドニク，ザカツニクに区分される（図6.1，表6.1）。ザポベドニクは国際自然保護連合(IUCN)による自然保護地域のカテゴリーI[1)]に相当する「厳正な自然保護地域」で，自然保護区（State Nature Reserve）と生物圏保護区（Biosphere Reserve）に細分される。ここでは観光は禁止されている。またザカツニクは自然資源保存地域に相当し，森林・植物・複合・地質保存地域と禁漁区の5つに細分され，特定種あるいは複数種の生物や地質（モニュメント）が保護されている。

表6.1　キルギス共和国の自然保護地域（国立公園，ザポベドニク，ザカツニク）

区分	数	総面積（ha）	IUCNカテゴリー
A．ザポベドニク（自然保護区）(State Nature Reserve)	8	335,323	I
B．ザポベドニク（生物圏保護区）(Biosphere Reserve)	2	4,338,268	I
C．国立公園 (Natural National Park)	13	724,670	II
D．ザカツニク（自然資源保存地域）(State Preserve)			
D-1. 森林保存地域	10	22,587	IV
D-2. 植物保存地域	14	286,575	IV
D-3. 禁猟区	23	6,162	IV
D-4. 複合保存地域	2	10,142	IV
D-5. 地質保存地域	19	60	III

キルギス環境保護森林省などの資料により作成。A～Cは2017年時点の数で，Cの数にはハンテグリ国立公園を含む。

1)　自然保護地域に関するIUCNのカテゴリーは以下の通り。I：厳正・原生自然地域（学術研究と原生自然保護），II；国立公園（生態系保護とレクリエーション，人の居住を認めない），III：天然記念物（特別な自然現象の保護），IV：種と生息地管理地域（種と生息地の管理），V：景観保護地域（景観保護とレクリエーション），VI：資源保護地域（資源の持続的利用）。

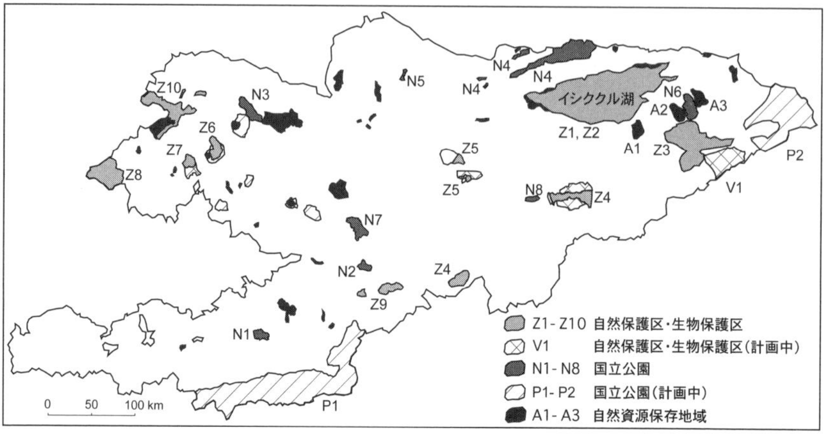

図6.1　キルギス共和国のおもな自然保護地域（2015年）

Z1：イシク・クル自然保護区，Z2：イシク・クル生物圏保護区，Z3：サリチャット・エルタシュ自然保護区，Z4：ナリン自然保護区，Z5：カラタル・ジャピリク自然保護区，Z6：サリ・セレク生物圏保護区，Z7：パディシア・アタ自然保護区，Z8：ベシ・アラル自然保護区，Z9：クルン・アタ自然保護区，Z10：カラ・ブラウ自然保護区，V1: ジャンガート自然保護区予定地，N1：キルギス・アタ国立公園，N2：カラ・ショロ国立公園，N3：ベシ・タシ国立公園，N4：チョン・ケミン国立公園，N5：アラ・アルチャ国立公園，N6：カラコル国立公園，N7：サイマルウ・タシ国立公園，N8：サルキントル国立公園．P1: パミール・アライ国立公園予定地，P2: ハンテグリ国立公園予定地，A1: チョンジャルギルチャク自然資源保存地域，A2: ジェティオグズ 自然資源保存地域，A3: テプロクルチェンカ自然資源保存地域。キルギス環境保護森林省の資料などにより作成。小面積の自然資源保存地域（ザカツニク）は省略してある。

データは古いが1997年時点で，これらの自然保護地域に配置されている職員数は国立公園に208名，自然・生物圏保護地区に241名，自然資源保存地域に87名の合計536名であった（Ministry of Environmental Protection 1998）。自然保護地域の区分が異なる日本と比較するのは容易ではないが，同じカテゴリーである国立公園で比較してみると，キルギスでは8カ所，241,315 haの国立公園に208名の職員が配置されていることから，日本の自然公園（国立公園，国定公園，都道府県立自然公園）よりも手厚い職員配置となっている。

キルギスでは自国で自然資源保護を進めることが困難であったため国際協力による取り組みがさかんである。具体的には図6.1に示したサリ・セレク生物圏保護区（Z6）とベシ・アラル自然保護区（Z8）をウズベキスタンおよびカザフスタンの自然保護区に連結させて，包括的に生物多様性の保全を進めようという「中央アジア・トランスバウンダリー生物多様性保護地域プロジェクト（中央アジアTBPAプロジェクト；Central Asia Transboundary Biodiversity Protected Area Project)」が地球環境ファシリティー（GEF）の支援で進められてきた(Brylski 2008)。またキルギスとタジキスタンとの間では，国境をまたいだ国際公園の設立（キルギス側で新設するパミール・アライ国際自然保護地域とタジク側に現存するタジク国立公園）に向けた準備（PATCAプロジェクト）が国際援助で進められてきたが（AGRECO Consortium 2007; 渡辺 2008），これら二つの自然保護地域の進展をその後みることはできない。現在は最東端にカン・テグリ国立公園の設立が計画されている（UNDP Kyrgyzstan Country Office 2017)。

現在，環境保護森林庁は，2012年に政府令によって取り組みの強化を図った「2013〜2023年キルギス共和国におけるユキヒョウ保護の全国戦略」に関する活動に注力している。キルギスに生息するユキヒョウの個体数は，よくわかっていないが，環境保護森林庁によると1980年代には600〜1,400頭いたと推定されていたのに対して，現在では300頭に減少していると考えられている。この国家戦略ではユキヒョウの個体数の調査や，生息地の保存・修復を初めとして，ユキヒョウの餌資源である大型草食動物の密猟の防止，高所の放牧地の使用の規制，鉱山開発による影響の軽減，国際的なネットワークの構築などを進めている。

また環境保護森林庁は違法なトロフィー・ハンティング[2)]の取り締まりを強化している。インターネット上に投稿された写真（ハンターと殺された野生動物）の背後の景色から撮影地点を割り出し，その狩猟会社や個人を特定する作業や，マスコミの提供による需要法などをもとに密猟者の行動を明らかにしている。環境保護森林庁のウェブサイトに掲載されている「2017年活動報告」によれば2013〜2017年の5年間に，この作業によって11人を逮捕したという。

2)　トロフィー・ハンティング (Валюта (Valuta) hunting) は，欧米や途上国で一般的に行われている，趣味としての野生動物の狩猟のことで，皮や角などを「記念品」（トロフィー）として持ち帰る。途上国では外貨獲得のために行われていることが多い。

2.2.2　キルギスにおける自然資源消費

キルギスの狩猟ライセンス制度は1940年にはじまり，外国人ハンターを対象としたトロフィー・ハンティングのライセンス制度は1989年に始まった。キルギス政府が狩猟を公認しているのは一定の経済効果があるからである。政府はライセンス制度によって野生動物の生息数が減少しないように資源管理を行っていることになっている。したがって，キルギスには狩猟ライセンス制度にもとづく合法的狩猟と違法狩猟が共存していることになる。

キルギスでは，狩猟は商業狩猟（肉や皮の販売目的の狩猟），スポーツ・ハンティング，およびトロフィー・ハンティングに区分されている。商業狩猟ではマーモット，キツネ，オオカミなどが主対象となっている。Ministry of Environmental Protection (1998)によればマーモットの生息数減少の原因としては毛皮の販売目的による乱獲だけではなく，1950〜1960年代に実施された病気の撲滅キャンペーンによって100万頭以上が殺されたことがあげられている。その結果，マーモットを餌にしているクマ，オオカミ，ユキヒョウ，猛禽類の生息数の減少にもつながったという。

狩猟ライセンスは環境保護森林庁の下部にある狩猟監督狩猟資源利用局（Department of Hunting Supervision and Regulation of Hunting Resource Use，ロシア語の通称“Главохота”）が発行している。キルギスで実際に発行されたトロフィー・ハンティング用の狩猟ライセンスの数は表6.2に示したとおりである。

トロフィー・ハンティングの主対象はアルガリ，アイベックス，ユキヒョウ，テンシャン・ヒグマである。キルギスでは公式には20種を超えるほ乳類と30種ほどの鳥類が狩猟の対象となっているが（Ministry of Environmental Protection 1998），サリチャット・エルタシュ自然保全地域の管理官によれば実際には100種を超える野生動物が狩猟されている。

トロフィー・ハンティング用のライセンスを購入するハンターは，従来，フランス人，アメリカ人，オーストリア人，ドイツ人，メキシコ人が多かったが，最近はロシア人が増加しているという。狩猟が特にさかんに行われている地域はチュイ州，イシク・クル州，ナリン州，およびオシ州で，狩猟監督狩猟資源利用局は，これらの4つの州に狩猟区をもっている。狩猟監督狩猟資源利用局が所有する狩猟区とは別に，私有地の狩猟地域（ハンティング・キャンプ）も多数存在している。最新のデータではないが狩猟活動は国土面積の75%（14.9万㎢）の地域で許可されている（World Bank 1995）。

トロフィー・ハンティング用のライセンス料金は1995年に定められ，ユキヒョウ1頭あたり約8,400円，アルガリ1頭あるいはテンシャン・ヒグマ1頭あたり約2,800円，アイベックス1頭あたり約1,400円であった。周辺国のウズベキスタン，カザフスタン，パキスタンでは，この金額は1頭あたり数千米ドルであり，資源保護の点からも保全に使用する収入をある程度確保する点からも明らかに安すぎた（渡辺ほか2008）。キルギス政府は2015年にこれらの料金を値上げした（表6.3）。この値上げによってアルガリ1頭のライセンス料金は約2,800円から約72,000円になり，アイベックス1頭あたり約1,400円が約112,000円（外国人の場合）になった。

表6.2　キルギスで発行されたトロフィー・ハンティング用の狩猟ライセンス数

		2002年	2003年	2004年	2004年秋～2005年春	2005年秋～2006年春
アルガリ	年間（シーズン）ライセンス発行上限数	75	70	70	70	60
	実発行数	不明	54	16	57	54
アイベックス	年間（シーズン）ライセンス発行上限数	不明	不明	450	450	350
	実発行数	150	154	47	201	165

FAO (2006) により作成。

サリチャット・エルタシュ自然保護区の管理事務所副所長によれば徴収されたライセンス料金がどのように使われているのか，まったくわかっていないという。さらに，ライセンスを与えるにあたって政府のライセンス発行者が申請者に二倍以上の金額を要求することもしばしばあるとのことで，ライセンス発行者らがこうした現金を不正に受け取っていると推察される。このため野生動物保護の国際会議などで，すでにパキスタンなどが導入しているように，ライセンス料金の一定割合を地元コミュニティーに還元する法律を制定すべきだという声があがった。2015年10月に政府はライセンス料金の25%を狩猟地の自治体に，35%を環境保護森林庁（環境保護のため）に，残りの40%をハンティング会社に配分することを決めた。今後は，その実行が期待される。

表6.3　キルギスのトロフィー・ハンティング用の狩猟ライセンス料金（2015年）

対象種	キルギス人用（円）	外国人用（円）
アルガリ（マルコポーロ・シープ）	72,000	72,000
アイベックス	16,000	112,000
ノロジカ	36,800	96,000
イノシシ	11,200	48,000
アナグマ	800	4,000
キツネ	320	1,000
マーモット	100	400
ウサギ	80	160
オオカミ	無料	24,000
ジャッカル	無料	8,000

およその金額（1ソム=1.6円で換算）。Anarbaev 提供。

さらに政府はライセンスに関して表6.4に示した反則金を大幅にあげることを決めた。Ministry of Environmental Protection (1998)，および聞き取り調査によれば，これまでにハンティング会社が顧客に対して一つのライセンスで複数の個体を撃つことを認めたり，ライセンスなしで狩猟するケースが多かった。反則金の大幅な増額はこのためである。反則金値上げ幅はライセンス料金と同様に大きく，キルギス政府が野生動物保護への取り組みに力を注いでいることを国際的にアピールするようになってきている。

表6.4　キルギスのトロフィー・ハンティングにかかわる反則金
（2015年の新金額とそれ以前の金額との比較）

対象種	反則金（円）	
	旧金額	新金額
ユキヒョウ	320,000	800,000
アルガリ	23,000	640,000
クマ	19,000	640,000
アイベックス	11,000	88,000
アカシカ	6,700	640,000

およその金額（1ソム=1.6円で換算）。Anarbaev 提供。

3　タジキスタンの保護地域

3.1　保護地域の概要

タジキスタンに最初のザポベドニクの設置が提案されたのは1933年で（Cunha 2016），その5年後の1938年に最初のザポベドニクがつくられた。2009年時点で4つのザポベドニク，13のザカツニク，一つの国立公園ができ，その後，ザカツニクが18に，国立公園が二つに増えた（表6.5）。また，2001年時点で，カラクル，ショルクル，ランクル，およびゾルクルの4つの湖がラムサール条約登録地となっている。

表6.5　タジキスタンの自然保護区

区分	数	IUCNカテゴリー
A．ザポベドニク	4	I
B．国立公園	2	II
C．ザカツニク	18	IV

United Nations (2012) および Cunha (2016) による。

タジキスタンでは1993年に条例On Nature Conservationができたものの，内戦のため，その実効性はとても低かった。ザポベドニクとザカツニクはForestry Enterpriseによって，国立公園は2004年までは自然保全省（Ministry for Nature Conservation）によって，その後，二度の改組を経て，2008年以降は環境保護国家委員会（State Committee for Environmental Protection）によって管理されている。

タジキスタンの自然保護地域のうち国立公園の名称を冠した唯一の公園であるタジク国立公園（図6.2）は国土の18%に相当する26万haという広大な面積を占めている。タジク国立公園の最大の価値の一つはユキヒョウ，アイベックス，オオカミ，トゥルケスタン・リンクスなどの大型野生動物の存在にある。特にキーストーン種であるアルガリの生息数が多い。

タジク・パミールのほとんどの地域は，もともとタジキスタンが1991年に独立する前の1989年にパミール国立公園の名称で国立公園に指定されるよう科学アカデミーから推薦を受けていた。しかし1992年には内戦でパミール国立公園の計画は中止となった。その後すぐにパミール国立公園の構想を基礎としてタジク国立公園の設立が計画された。国立公園内で最も標高が高いのはタジク・パミールの西部で，この地域にはイスモイル・ソモニ峰を含む6,000～7,000 m級の山やまが連なっている。公園の北東部はザアライ山脈で，キルギス共和国との国境にレーニン峰が聳えている。タジク国立公園のなかには国立公園指定前から存在していたムズコル・ザカツニクとパミール・ザカツニク（Haslinger 2003），サングヴォル・ザカツニクの三つのザカツニクが包括されている（渡辺 2005）。

またタジク国立公園は2010年にユネスコの世界遺産の暫定リストに記載され（SANPA & ASRT 2012），2013年に世界遺産に登録された。これによってタジク国立公園ではエコツーリズム開発を推進するとしているが，そもそもタジク国立公園をエコツーリズムの拠点にしようというアイディアはかなり昔からあった（Kasirov 2004）。さらにタジク政府は国立公園をコアゾーン，限定経済利用地区（バッファーゾーンのような利用を想定してるものと考えれる），レクリエーション地区，および伝統的利用地区の4つのゾーンに区分しようとした（図6.2）。

ここで特筆すべき点はコアゾーンを含めた8地域をトロフィー・ハンティングの開発可能地域として認定したことであろう。国立公園内には，すでにアクジルガ・トロフィー・ハンティング・キャンプ（AHC）が存在している。このトロフィー・ハンティング・キャンプはロシア人ガイドらが経営しており，大統領令で国立公園内でのアルガリのトロフィー・ハンティングが一時期，中断されたが，数年でキャンプは再開した。

このゾーニングの導入は一見すると，すばらしく思われるが，タジク国立公園は，いわゆる「ペーパー国立公園」であり（渡辺・カシロフ 2006），実際には自然保護は，ほとんど無視されている。にもかかわらず，ここが世界遺産に登録されたのは驚きといっても過言ではない。

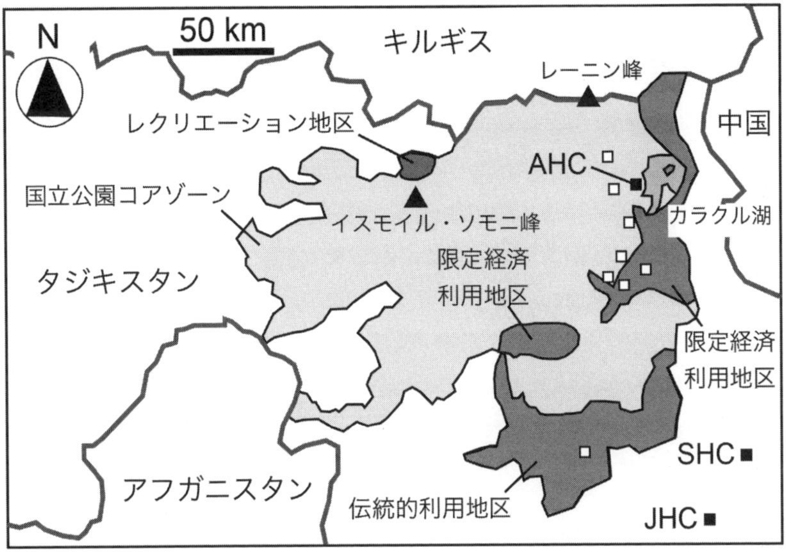

図 6.2　タジク国立公園のゾーニング（タジキスタン政府資料から作成）
白抜き四角形（□）は，トロフィー・ハンティングの開発可能地域。AHC: アクジルガ・トロフィー・ハンティング・キャンプ，SHC: ジョルブラク・トロフィー・ハンティング・キャンプ，JHC: ジャルティ・グンベッツ・トロフィー・ハンティング・キャンプ。

3.2　タジキスタンにおける自然資源消費

タジキスタンにおいてもトロフィー・ハンティングには狩猟ライセンスの取得が必要とされている。表6.6は2017年時点でのライセンス料金で，タジキスタン政府は年間で最大87件（87頭分）のライセンスをアルガリ（マルコポーロ・シープ）用に発行できることとしており，実際には2016～2017年の冬季シーズンに66件のライセンスを発行したという（アナルバエフの私信）。このライセンス発行による収入は3,700万円を超えることになる。タジキスタンにとってはトロフィー・ハンティングによる収入は無視できるものではない。1シーズンでタジキスタン政府が得るライセンス料金はおよそ100万ドル（1億1,000万円）にも達するという。このため政府は国際的にはライセンス付与を通した野生動物保護・保全の取り組みをアピールしながらも，その一方で収入源としてライセンス発行数を増やすことも想定される。

表6.6　タジキスタンのトロフィー・ハンティング用の狩猟ライセンス料金（2017年）

対象種	(円)
マーコール	2,900,000
アルガリ（マルコポーロ・シープ）	560,000
ムフロン	150,000
アカシカ	126,000
オオカミ	63,000
リンクス	63,000
クマ	63,000
アイベックス	4,000

およその金額（1ソモニ=13円で換算）。Anarbaev提供。
タジキスタンではキルギスとは異なり国民用の低額料金を設定していない。

タジキスタンには三つのハンティング・キャンプがあって，そこでは海外から集客をした商業的目的のトロフィー・ハンティングが行われている。このうちすでに述べたタジク国立公園内のアクジルガ・トロフィー・ハンティング・キャンプ（図6.2のAHC）では主としてアクジルガ谷でアルガリのトロフィー・ハンティングを実施している（写真6.1）。また国立公園の外では，ジョルブラク（SHC）とジャルティ・グムベツ（JHC）の二カ所にハンティング・キャンプがある。これらのハンティング・キャンプには宿泊施設があり，ヨーロッパ諸国などからやって来た客は宿泊施設に泊まりながら，ガイドに連れられて野生動物を狩猟に出かける。写真6.2はジャルティ・グムベツのハンティング・キャンプで殺されたアルガリの角で，おそらく1～2シーズンで殺された個体数を示しているものと思われる。

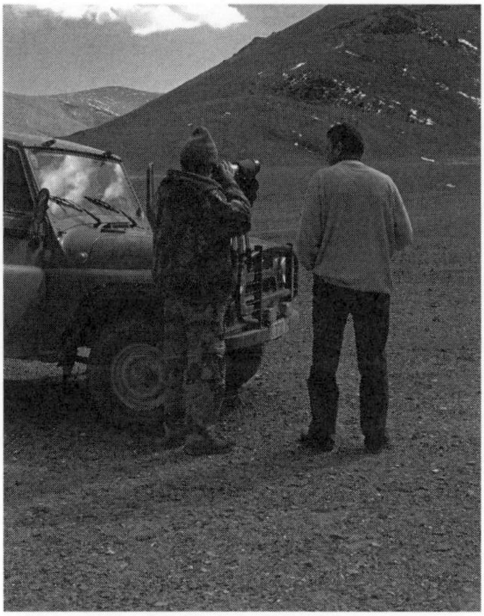

写真6.1　タジク国立公園内で実施されているアルガリのトロフィー・ハンティングのガイド（左側）と国立公園局職員（右側）（撮影：渡辺2007年8月）

ここで三つのハンティング・キャンプのうち一つが国立公園内にあることについて述べてみたい。ここでは国立公園内に生息しているアルガリが狩猟の対象となっていて（写真6.1），国立公園を管理する政府の国立公園局も長い間，狩猟を黙認してきた。しかし国際的な圧力が高まり，2000年代に入って大統領令で国立公園内の一切の野生動物の狩猟を禁止した。すでに述べたように，この大統領令の効果は数年間あり，アクジルガ谷にあったハンティング・キャンプの宿泊施設も閉鎖された。ところが，その間も地元住民は，あいかわらず自分たちの食用として国立公園内でアルガリを殺し続けていた。例えば，2015年のジャランジャイロ（Jalang Jailoo）での聞き取りでは，カラクル村の住民のうち，およそ30家族が銃を所持していて，銃所有者は全員，アルガリを食用に狩猟していて，聞き取りをした相手は毎年5〜10頭の狩猟をしているという。彼は9月6日16時頃に1頭を撃ち，ジャイロ内の家族で分けて食べた。その一部が写真6.3の肉である。さらに最近になって，アクジルガ谷のハンティング・キャンプが再開されることになった。

写真 6.2　ジャルティ・グムベツでトロフィー・ハンティングの対象となったアルガリ（マルコポーロ・シープ）の角（撮影：渡辺 2007 年 8 月）

写真 6.3　タジク国立公園内で地元住民が狩猟したアルガリ（マルコポーロ・シープ）の肉（撮影：渡辺 2015 年 9 月）

一方で，この地域のエコツーリズムは，ほとんど未開拓の状態にある。すでに述べたように，世界遺産登録をきっかけとしてタジキスタン政府は国立公園内にエコツーリズムを導入しようとしており，2009年に政府が打ち出した観光開発プログラムでは地域の持続可能な開発の一部としてエコツーリズム開発を国立公園内で推進しようとした。しかし，その具体的な取り組みは，いまだに今後の課題である。

4　自然資源の保護と利用の問題点

キルギスおよびタジキスタンにおける行為者にもとづくと野生動物の違法狩猟は二つに分けられ，一つ目は基本的には外国人が引き起こす問題ではなく，自国民が引き起こす問題であり（写真6.3），もう一つは外国人がビジネスで行っている問題である（写真6.1，6.2）。肉，角，毛皮などを販売するために違法狩猟を行っているのは主としてクルグス人である。また，先述のように，外国人への狩猟ライセンスの違法な販売や，本来，1頭分しかライセンスをもっていない外国人に対して現場で複数頭の狩猟を黙認することなどが行われている。違法狩猟への罰則や取り締まりを強化するプログラムの導入も議論されているが，狩猟に関連した国内業界から反対されている。このためキルギス・タジク両政府は強力な国際協力体制を構築して，違法狩猟に対する罰則・取り締まりプログラムを実施したいと考えている。

表6.1に示したようにキルギスには91カ所もの自然保護地域ができており，さらに拡大・追加が進んでいる (図6.1)，重要な点は，こうした計画が野生動物をはじめとする自然資源の保護・保全に，ほんとうにつながるのかどうかである。これらの保護地域は特にすぐれた山岳景観や自然資源（野生動物や植生など）を有しており，そこは観光開発のターゲットとなりうる。ザポベドニクでは観光利用が禁止されているが，ほかの自然保護地域では観光利用が許されている。国立公園やザカツニクへの指定は，むしろ観光をその地域に呼び込むことになりうる。キルギスで行われている国際プロジェクトは，たとえ自然保護を目的としていても地域社会の経済向上への貢献が問われることが多い。したがって，どのように観光と保護の両者のバランスをとるのかが問われることになる。パミール・アライ山脈地域では観光開発が，ほとんど進んでいないが，ジオエコツーリズム開発のポテンシャルは高い（第14〜17章）。

一方，すでに述べたように，タジキスタン政府はEUなどの支援を受けて，キルギスとの間でタジク国立公園を国際公園（transboundary park）に拡大させる準備を進めていた。この国際公園化は，これら二つの国に限定されず，アフガニスタン，中国，パキスタンまでをも含めて議論されてきた（Ives & Ives 1987)。タジキスタンの国土の北・東・南側を国際公園化することはタジク国立公園が拡大されることを意味する。国際公園化でタジク国立公園が拡大化される際には国境を越えて移動する野生動物に関する基礎データを収集する必要があることはもちろん，季節的な移動をともなう家畜やハンターの扱いを議論しなければならず，これまで手をつけられずにいたゾーニング（図6.2）にもとづく管理が最大の問題となる。

多数のアルガリが生息しているにもかかわらず，現在は国立公園の指定を受けていない地域があり，こうした地域でも園地の拡大指定によってアルガリを保護すべきである。しかしトロフィー・ハンティングに依存するセクターからは抵抗が大きく，また国立公園化をしてもトロフィー・ハンティングが「観光の一形態」として見なしうることから，その排除は容易ではない。

また表6.5に示したようにタジク国立公園はIUCNによるカテゴリーIIに相当している。すなわち，本来，国立公園内での居住は認められず，家畜の放牧（第10章）も違法で，これらの違法な住民の活動が国立公園の荒廃の一因となっている（United Nations 2012）とされている。

このようにタジク国立公園は現在までのところ名前だけの国立公園にすぎない。このことは大雪山国立公園よりも広大な面積の公園を管理する職員の数が，長いこと，わずか4名にすぎなかったことからも理解できるだろう。タジク国立公園では公園を機能させる努力が急務の課題であるが，同時に，その努力は園地拡大化をともなう国際公園化のグランドデザインのなかに位置づけられねばならない。

5　終わりに

キルギスの国際観光は10数年前に，ようやく始まったといってよく，それ以降，政府機関の整備が行われてきた。しかし外国人観光客の多くは隣国のカザフスタン人で，ウズベキスタン，ロシアからの観光客を加えると外国人観光客全体の8割を大きく超えている。このようにキルギスの観光は周辺諸国に大きく依存しているといえる（第14章）。

一方，タジキスタンではアルガリをはじめとするキーストーン種の保護・保全にとってタジク国立公園の果たすべき役割が大きく，タジク国立公園は世界遺産に登録されてはいるものの，その実態は，いぜんとして管理のない「ペーパー国立公園」にすぎない。そこでは世界遺産のブランド名を使って，今後，エコツーリズム開発をもくろんでいるが，その具体化は，これからである。

こうした状況のなかで世界的にみても多くの大型野生動物が生息している両国はヨーロッパ諸国を中心としたハンターを惹きつけている。現在ではトロフィー・ハンティングは貧困に苦しむ両国にとって重要な収入源となっている。

キルギスおよびタジキスタン両国には自然保護地域が多数あり，保護・保全の目的に対応して国立公園，ザポベドニク，ザカツニクに区分されている。しかし自然保護地域には大きな問題が存在している。特に違法狩猟が大きな社会問題となっており，アルガリ，アイベックス，ユキヒョウなどが犠牲になっている。すなわち，自然保護地域の制度に改善は認められるものの，きちんと機能しているとはいえない状況にある。

キルギスおよびタジキスタン両国では自然保護地域を拡大・追加の方向にある。また管理計画を策定している自然保護区もある。しかし現存する自然保護地域を拡大・追加する際には，本来は，どこで，どのような問題が発生しているのかをきちんと調査したうえで研究成果にもとづいた拡大・追加地域の決定を下すべきである。すでに述べた国際プロジェクト（例えばPATCAプロジェクト）の一部は，十分なデータなしに拡大する地域を先に決めて「ここを指定するためにこれだけの予算を使う」という進め方を採用している。こうした点から国際機関ならびに関係省庁の間で意思疎通をうながす国際援助プロジェクトが必要だといえる。

文　献

森 彰夫 2008. キルギスの重債務貧困国(HIPC)イニシャティブ申請問題. 今井正幸・和田正武・大田英明・森 彰夫（編）『市場経済下の苦悩と希望―21世紀における課題―』彩流社,130-150.

渡辺悌二 2005. タジキスタン共和国, タジク国立公園における野生動物資源の保全と持続的利用. 北海道地理, No. 80, 53-59.

渡辺悌二 2008. パミールにおけるエコツーリズムの現状と課題. 地理, 53, 1, 47-55.

渡辺悌二 2020. 中央アジアの環境問題. 矢ケ﨑典隆・加賀美雅弘・牛垣雄矢（編）『地理学基礎シリーズ3　地誌学概論　第2版』朝倉書店, 137-138..

渡辺悌二・アナルバエフ マクサト・岩田修二 2008. キルギス共和国の自然保護と観光開発. 地理学論集, 83, 29-39.

渡辺悌二・カシロフ コクール 2006. キルギス共和国の自然保護と観光. 国立公園, No. 651, 26-28.

AGRECO Consortium. 2007. *Support to the Establishment of the Pamir-Alai Transboundary Conservation Area (PATCA) between Kyrgyzstan and Tajikistan Inception Report.*

Brylski P. 2008. *Central Asia Transboundary Biodiversity Project: Kyrgyz Republic, Kazakhstan, and Uzbekistan.* IUCN and World Bank.

Cunha S. 2016. Perestroika to parkland: The evolution of land protection in the Pamir Mountains of Tajikistan. *Annals of the American Association of Geographers,* 107, 2, 465-479.

Hao Y, Yang D, Yin J ほか4名 2019. The effects of ecological policy of Kyrgyzstan based on data envelope analysis. *Sustainability*, 11, 1922.

Haslinger A. 2003. The challenges of the Tajik National Par: How can Tajik National Park (TNP) contribute to the conservation of natural resources in the Pamir Mountains? Diploma thesis at the University of Berne.

Ives J & Ives P. 1987. *The Himalaya -Ganges problem: Proceedings of a Conference.* United Nations University.

Kasirov K. 2004. *The protected areas of Tajikistan*. Pamphlet, Central Asia Mountains Partnership (CAMP), Tajik Association for Forests & Wildlife Protection, and Swiss Agency for Development and Cooperation (SDC).

Ministry of Environmental Protection. 1998. *Kyrgyz Republic Biodiversity Strategy and Action Plan.* Ministry of Environmental Protection of the Kyrgyz Republic.

SANPA & ASRT. 2012. *Saritchat-Ertash State Reserve 2008. The Saritchat-Ertash State Reserve Management Plan 2007-2015*. Draft Plan Version.

United Nations. 2012. *Tajikistan Environmental Performance Reviews, 2nd Review*. UN Economic Commission for Europe.

UNDP Kyrgyzstan Country Office. 2017. *Improving the coverage and management effectiveness of PAs in the Central Tian Shan Mountains.* Terminal Evaluation Report, Kyrgyzstan.

World Bank 1995. *Kyrgyz Republic National Environmental Action Plan*. Report No. 3990-KG, World Bank.

第７章

サリチャット・エルタシュ自然保護区の大型哺乳類の生息状況と保護管理の課題

Habitat of large mammals and issues of protection and management in the Sarychat-Ertash State Nature Reserve

泉山 茂之・アナルバエフ マクサトベク・渡辺 悌二

1　はじめに：クルグス族と野生動物

キルギスは1991年に独立した当初は大統領制をとっていた。しかしクーデターによる政変などを経て現在の大統領は象徴的地位となり，大統領制から議院内閣制に移行して，中央アジアでもっとも民主主義的な国へと変貌した。クルグス族は古くからヒツジやヤギの牧畜で生計を立ててきた。独立後，政権が安定しなかった理由の一つがキルギスの国家を支える財源が金鉱山などに限られ，貧困の解消が遅々として進まなかったことにある。しかし独立後のキルギス政府は自然保全地域を設定し，自然環境保全のためさまざまな努力を進めてきた。

イスラム教の伝来前からクルグス族は山のなかには神が住むと考えてきた。山のなかに住む神はカイベレン（Kaiberen）とよばれ，有蹄類の姿をしていて，現在の小学生の教科書にもしばしば登場する。カイベレンの主（ぬし）はヒツジの原種とされるアルガリ (*Ovis ammon*)やアイベックス (*Capra ibex*)である。アルガリはマルコポーロ・シープともよばれ，13世紀にマルコポーロがヨーロッパに知らせたとされる。またIUCN (International Union for Conservation of Nature) のレッドデータブックにより絶滅危惧種に指定されている。しかし人びとが神として大切にしてきたアルガリは，政府の厳しい財政により現在もトロフィー・ハンティングの対象となっている。海外の富裕者によるトロフィー・

ハンティングで得られた収入によって自然保護区の運営が進められている。多くの住民はこの矛盾を認識し，アルガリを捕殺しなくてはならないことを残念に思っている。山の神様であると学校で子どもたちが教わる大切な動物によって大人たちが収入を得て，捕殺にもかかわっていることを大人たち自身は心苦しく思っている。

以前に比べ大型の個体が激減していることや，トロフィー・ハンティング実施区域でのアルガリの生息個体数減少について，筆者らはトロフィー・ハンティングにかかわる人たちから聞き取った。当事者である彼らもアルガリの減少を心配している。しかし，もっとも重要な問題は，どの地域に，どれだけのアルガリの生息数があり，その個体群動態がまったくわかっていないなかで，やみくもにトロフィー・ハンティングを継続していることにある。アルガリの生息数や分布などの生態学的な基礎情報を収集することは必須である。仮にじゅうぶんな個体数が生息するのであれば科学的根拠にもとづいたトロフィー・ハンティングの継続も可能であると考えられるが，科学的な情報があまりに少なく，判断することが困難なのである。

調査地とした天山（テンシャン）山脈の核心部に位置するサリチャット・エルタシュ自然保護区（Sarychat-Ertash State Nature Reserve）は一般市民の立ち入りが厳しく制限される自然保護区に指定されている。キルギスのシンボルとされるアルガリや，ユキヒョウなどの稀少な野生動物が生息しており，国による保護管理が実施されている。こうした地域であることから本章の第3節では現地調査の様子の一部を記録として残すこととした。また第4節ではサリチャット・エルタシュ自然保護区における管理上の問題点について外圧を中心に議論した。最後に，第5節でパミールにける自然保護地域の存在の意義についてサリチャット・エルタシュ自然保護区での現状をもとにかんたんに整理を行った。

2　サリチャット・エルタシュ自然保護区の概要

サリチャット・エルタシュ自然保護区（図7.1）はキルギス東部のイシククル州にあり，天山山脈内部の標高2,000〜5,500 mに位置している。低所は砂漠とステップ，高所は高山帯と雪氷帯からなる。この保護区は北部のコアゾーン(核心地域，面積7.2万 ha)と南部のバッファーゾーン(緩衝地域，6.2万 ha)に区分されており，1995年に設立された。

1997年時点でサリチャット・エルタシュ自然保護区には25人の職員が配置され（Ministry of Environmental Protection 1998），2008年3月時点では17人の職員が配置されていた。この自然保護区では2007〜2015年の期間の管理計画が策定されている（Sarychat-Ertash State Reserve 2008）。この計画には生物多様性保全，学術研究の推進と管理への最新の情報技術の適用，地元コミュニティーとの関係強化（啓発活動，アウトリーチ活動などを含む），環境教育の推進などが盛り込まれている。先進国の自然保護地域にも劣らない管理計画が存在しているものの，予算不足で，それぞれの計画が，どれだけ実行に移されてきたのかはわからない。管理官や地元コミュニティーの間にはエコツーリズム導入による経済効果への期待があるというが，前述のように自然保護区では観光利用は許されていない。

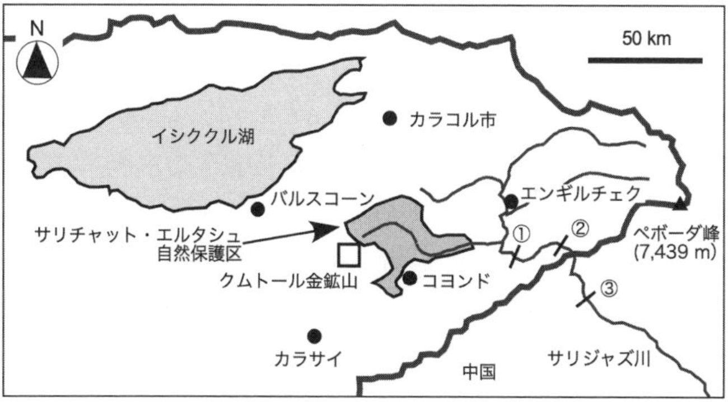

図 7.1　調査地域

①〜③：中国によるダム開発予定場所。アルガリ等の保護目的のため，本文中に頻出するエッシュガルトの位置は示していない。

同様に自然保護区内には許可なく人の立ち入りが規制され，家畜の飼養，狩猟なども禁止されている。1989年の旧ソ連邦崩壊時から1996年までコルホーズは継続され，サリチャット・エルタシュ自然保護区内では冬期間に約4,000頭のヒツジやヤギが飼育されていた。

また，最近は野生動物の個体数が急激に減少しているという。この最大の理由は違法狩猟である。サリチャット・エルタシュ自然保護区ではキルギス国内のほかの自然保護地域全般と同様に違法狩猟が最大の問題として認識されている。違法狩猟は古くから存在していたが，特に1991年の独立以降に増加したという。この自然保護区で違法狩猟の対象となっているのはアルガリ，アイベックス，ユキヒョウで，予算不足が違法狩猟の取り締まりを困難にしている（Sarychat-Ertash State Reserve 2008）。

3　現地調査記録

3.1　2009年春の調査

筆者らが初めてサリチャット・エルタシュ自然保護区を訪れたのは2009年の早春であった。この現地調査には筆者らのうち泉山とアナルバエフが参加した。当初の計画ではイシククル湖南東のサリチャット・エルタシュ自然保護区の本部がおかれているバルスコーン（Barscoon）から4,024 mのスーク峠（Sook pass）を越える南回りのルートを予定していた。カラサイ（Kara-sai）を経由し，サリチャット・エルタシュ自然保護区の南西に位置する調査基地のコヨンド（Koyondu）から約半日をかけ，ウマでサリチャット・エルタシュ自然保護区の核心部に位置するエッシュガルト（Eshek-Art）に向かう予定であった。しかし，この年は雪が多く，北回りのカラコル市からの峠越えのルートに変更した。

3月27日の早朝にビシュケクを出発し，筆者らはカラコル市でサリチャット・エルタシュ自然保護区のアレキサンダー研究員と合流し，ソ連製ジープに乗り換え，3,800 mの雪の壁の峠道をようやっと越えた。カラコルから約5時間，30名が暮らすエンギルチェク（Engilchek）の集落に着いたのは翌3月28日の朝2時で，地元のレンジャーと合流した。エンギルチェクはソ連邦時代の最盛期には1,000人以上が暮らす金鉱山の町として栄えていたが，ソ連邦の崩壊後，ほとんどの人がここを去ったため，いまでは10数軒が暮らすだけの村になった。

朝，筆者らはジープで出発し，30分ほど乗った後，ウチコル川（Üch-Köl）をルルカ（ruruka）とよばれるワイヤーの川渡しで左岸に渡った。川岸にはまだ氷があるが，羊飼いの若者たちはウマで徒渉して筆者らの荷物を運んだ。牧場にはヒツジとヤギが120頭ほどいて，ちょうど出産時期にあたり，彼らはとても忙しそうだった。

クルグス族は子どもの頃からウマやロバに乗るのがごく普通である。筆者の一人アナルバエフは幼少期からウマに乗り慣れていたが，筆者の泉山は，これまでウマに乗ったことがなかった。このためウマの乗り方を教えてもらうことから始まった。ウマのお腹をかかとで蹴り，「チョッ」というのが進め，「タキッ」というのが静かに，そして鞭の代わりに渡されたのはヤナギの枝だった。アナルバエフを含む地元の研究者・管理者（Vereshogin Alexxander, Aitkul Kurmanov, Iskender Akshakov）と泉山の5名は牧場を朝7時53分に出発した。ほぼ西から東に流れるウチコル川沿いに上流に向かうルートであるが，ウチコル川の蛇行によりアップダウンが続く。ウマの進むスピードは，きわめて快適で，エンジンの騒音もなく，ウマに乗るのが初めてで必死だった割に泉山にも周囲を眺める余裕があり，ヒゲワシや，さまざまな野鳥を観察することができた。地図上で確認できるエッシュガルト（Eshugalt）まで直線で約40 kmの距離を筆者らは4日かけて往復することとした。

一日目の前半はヒツジやヤギの姿も見かけないが，野生動物の姿も見つけられなかった。はじめ渓谷の地形は広く穏やかであったが，しばしば川の流れが断崖を洗う場所ではウチコル川の渡渉を余儀なくされた。朝穏やかだった川の流れは氷河の融け水を大量に含むようになり，午後には濁流になった。ここではウマがないと調査ができない。陽も傾いてきた頃，はじめてアルガリの群れを見た。メス6頭の群れが筆者らを認めて，斜面を登って遠ざかって行く。アルガリは筆者らがじっとしていると逃げないが，少し動くと遠ざかってゆく。この日は3群を目撃した（写真7.1）。宿泊地に着いたとき，すでに周囲は真っ暗だった。ヤナギの枯れ木を集め，焚き火をしてショルポ（羊肉のスープ）をつくった。アナルバエフと私は持参したテントで寝たが，残りの3名は野宿だった。

3月29日，朝，快晴，7時の気温−14℃。河原の砂の上にはオオカミの足跡があった。足跡は大小さまざまでたくさんあり，その足跡からオオカミたちが群れをなしていて，群れが数頭だけではないことが，すぐにわかった。ヤナギは

写真 7.1　サリチャット・エルタシュ自然保護区に生息するアルガリの群れ
（撮影：泉山 2011 年 5 月）

河原周辺にしかないが，ネコヤナギの芽が膨らんでいた。ここからウチコル川を上流に向かうと，アルガリだけではなくアイベックスの群れも目撃した。川の蛇行や両岸への沢からの合流など複雑な地形のなかを進むため一行は河床に下りたり，斜面を登ったりを繰り返すことになる。そしてときおり，死角にいて採食しているアルガリの群れに遭遇し，そのたびに驚いた彼らが逃走して行くのである。アルガリたちは私たちのことを警戒していて，不意の遭遇以外に至近距離で接近することはない。そういう彼らの性別，個体数，観察場所をレンジャーといっしょに記録した。陽が傾き，やがてこの日も暗くなってからウマでの行進が続いた。木の枝にぶつからないように頭をかがめて，不安のなか，筆者らは，ようやく祖末な小屋が一軒だけあるエッシュガルトに辿り着いた。この間に筆者らが確認したアルガリは22群で，メスが264頭，オスが23頭の合計287頭であった。アイベックスは2群，66頭であった。ウチコル川の下流部に比べ，核心部のエッシュガルトに近づくにつれ，アルガリを目撃する機会が増えた。

　エッシュガルトの小屋の燃料は山積みしたウシの乾燥した糞であった。ここにも15年前まではヒツジなどの家畜がいたのである。朝，レンジャーたちは夜間に放してあったウマを連れ返してきて，帰路についた。泉山は慣れぬ乗馬で臀部の痛みに悩まされながら，ようやく出発した牧場に辿り着いた。短い休憩の後，筆者らは再びウマで出発した。エッシュガルトから流れてくるウチコル川はエンギルチェクの下流で，標高7,439 mのポベーダ峰から流れ下るサリジャズ（Sary-jaz）川の本流と合流して大河になる。対岸の崖の上に筆者らを待つジープが見えた。サリジャズ川の本流を渡ったときのこと，その中ほどで泉山は水の渦がしばし止まったように見えた。ウマは少しの間泳いだのだろう。泉山は必死でウマにしがみついていた。

3.2　アルガリの捕獲とGPS首輪の装着

次の調査ではサリチャット・エルタシュ自然保護区の生態系を支えるキーストーン種としてのアルガリの行動圏，季節的環境利用や移動経路などの生態を明らかにするためにアルガリを生体捕獲して，GPS首輪を装着した。今回の調査基地はコヨンド（Koyondu）で，筆者らは，ここでレンジャーたちと合流した。メンバーは地元の研究者・管理者・レンジャーら5人（Omurbek Kurmanaliev, Joldebek, Ulan，アクルベック，アレキサンダー）と筆者らの8名である。この周辺でもアルガリやアイベックスが観察できた。コヨンドからサリチャット・エルタシュ自然保護区の核心部のエッシュガルトまでは峠を越えてウマで半日の距離である。ウマにはスリップ防止の蹄鉄を打つなど，降雪や氷への対策をして，エッシュガルトへ向けて出発した。

GPS首輪は近年になって技術革新が進んだ。アルガリに装着すると個体の位置データは衛星と交信して取得され，データは衛星通信で送られてくる。データは日本でもみることができる。ただし個体を生体捕獲して首輪を装着しなくてはならない。このため捕獲作業は調査が成功するための大きなカギを握ることになる。春にアルガリを観察した経験にもとづいて捕獲方法を考え，日本から麻酔銃を持参した。捕獲作業は試行錯誤の繰り返しだったが，容易な作業ではなかった。GPS首輪はハイテクが結集した技術だが地道な作業の繰り返しが必要である。

アルガリは群れ生活をしている。通常，メスはメスのみの群れで生活している。はるか遠くの真っ白の斜面に雪を掘り，枯れ草を採食するアルガリの群れを発見することができた。アルガリにとってもっとも重要な採食物はグラミノイド（イネ科草本）である。アルガリが食べる枯れ草が彼らの血や肉になるのだ。筆者らは，ゆっくり群れに近づこうとするが，彼らが筆者らを見つけるとすぐに驚いて逃走してしまう。このため彼らが逃げる方向や移動して行く方向を見極め，岩陰で隠れていて至近距離から麻酔銃で捕える方法をとった。

アルガリの捕獲作業がうまくいかないなかでも，筆者らは，いろいろな場面に出会った。11月5日の朝，エッシュガルトの小屋から見上げる斜面の中腹を一糸乱れず進む10数頭のオオカミの群れを目撃した。その移動は下流から上流へ向かい，はっきりと目的を共有している行動であることは明らかだった。この日，筆者らが向かおうとしていた場所はオオカミたちが向かった方向と同じであった。筆者らはエッシュガルトの小屋を出発して上流へ向け斜面を上って行った。ウマが苦手な，ざらざらの急斜面の下りではウマから下りて，登りになると再びウマに乗ることを繰り返す。そして筆者らは前方に200頭以上のアルガリの大群を見つけた。その群れには，母子も，大きな角のオスもいっしょにいることがわかった。11月上旬になって交尾期が始まったのである。ここはアルガリにとって重要な場所なのだ。筆者らはウマを下りて，300 mほど手前まで近づき身を隠した。そして，ふと深い河原の中にオオカミの群れを発見した。オオカミはアルガリのオスを捕らえ，まさにいま，食べているところであった。筆者らがオオカミを観察している間，レンジャーの二人が麻酔銃をもってアルガリの群れに近づいた。残念ながら至近距離まで近づくことができず，アルガリの群れは走り去ってしまった。

アルガリを襲ったオオカミの群れは，今朝，筆者らが見た群れに違いない。アルガリの角からは10歳くらいのオスの成獣と推定できた。歯は多少摩耗していたが老齢ではなく，健康な個体と思われた。大きな個体で80 kgはあっただろう。目はまだ澄んでいて，ついさっきまで生きていたことがわかった。メスや幼獣のほうが体格も小さく捕殺が容易のように思えるのだが，オオカミはアルガリのオス老齢個体を選択的に捕獲するという。10数頭のオオカミたちが満足する食事にありつくためには大きな個体を捕らえる必要があることを彼らは理解しているのであろうか。

筆者らはアルガリの捕獲作業を続けたが，失敗を繰り返した。しかし，ようやく11月8日にメス成獣個体を捕獲した。体重は65 kg, 角からは推定8歳のメスの成獣で，衛星通信式のGPS首輪を装着した。あわせて体格の計測や採血，体毛を採取するなどの作業を行った。年齢の割に歯の磨耗がかなり進んでいて，生息条件が厳しいことの表れと思われた。筆者らは，この個体にベルメット（Bermet）という名前をつけた。ベルメットは麻酔からの覚醒も順調で，足を縛っていたロープを外し，目隠しタオルをとると，すっくと立って走り去った。対岸の断崖ではベルメットの帰りを待っている8頭の仲間たちが見えた。

エッシュガルトの小屋までの道のりでも筆者らはアルガリやアイベックスの頭骨など新旧さまざまな死骸をたびたび見かけた。アルガリのオスの立派な頭骨がほとんどであったが，メスの死骸は一度も発見できなかった。エッシュガルトの小屋には頭骨が集められていたが，角輪からは10歳前後の個体ばかりであった。これらの死因は多くがオオカミに捕食された結果と思われるが，密猟もあるということであった。いずれにしても，ここがアルガリにとって10歳以上生きることの難しい，過酷な生息環境であることの裏返しであると考えられた。

11月14日，筆者らはエッシュガルトからウマで峠を越えてコヨンドに戻った。この年は冬の訪れが早かった。筆者らはコヨンドからの帰路，何度も吹き溜まりに車をスタックさせ，ようやっとの思いでバルスコーンまで帰り着いた。

GPS首輪からは衛星通信を通じて位置データが送信され集積することができた。2時間ごとの定位位置データをもとにしたアルガリの位置と移動経路を図7.2に示した。しかし3カ月の後，残念な「Mortality mode」というデータを受け取った。これはベルメットの動きが止まったことを意味する。レンジャーが現地に行き，ベルメットがオオカミにより捕食され死亡したことを確認した。

「越冬期」のわずか3カ月の期間においてメス成獣と亜成獣により構成される9頭の群れは，渓谷の上流から下流まで約20 kmにわたり移動を繰り返し，河床を中心とした112 ㎢のきわめて広い行動圏をもつことがわかった（図7.2）。行動圏が狭まるとされる越冬期において100 ㎢を超える行動圏をもつということは，夏期間にははるかに広い範囲を移動することを示唆している。

図 7.2　GPS 首輪によって明らかになったアルガリの冬季の行動範囲

3.3　センサーカメラによる調査

本調査に合わせて筆者らはセンサーカメラも持参し，ケモノ道に設置した。センサーカメラ調査による詳細の結果報告は，ほかに譲ることとするが，調査結果はサリチャット・エルタシュ自然保護区のすぐれた保全状況を示していた(写真7.2～7.4)。また表7.1にはサリチャット・エルタシュ自然保護区の各種の確認状況を取りまとめた。これまで確認されたことのなかったキンイロジャッカルやイノシシの生息が近年になって確認されるようになった。また，これまでアルガリの生息があまり確認できなかったサリチャット・エルタシュ自然保護区の東部でもアルガリの生息確認ができるようになった。アルガリの生息域が拡大していることは生息個体数の増加を示唆している。これはレンジャーたちの保全活動の成果ということができる。

すでに述べたように，サリチャット・エルタシュ自然保護区は一般の人の立ち入りが禁止された保護区であるが，それだけにユキヒョウを代表とする多く

写真 7.2　センサーカメラによって撮影されたオオヤマネコ（撮影：2016 年 8 月）

の野生動物が残された，地球上に，わずかに残る重要な地域である。このため筆者らの後を追うように国際機関が調査を始めることになった。具体的には，筆者らの成果をみて，国際NGOであるSnow Leopard TrustやWWFロシア，NABU（ドイツのNGO）もセンサーカメラを数台づつ設置し始めた。現在この地域をはじめ，キルギスの多くの地域で実施されているユキヒョウにGPS首輪を装着した国際プロジェクトは，じつは本研究の手法を取り入れている。このなかでPanthera CorporationがGPS首輪装着をしたいという申し出をしてきたため関係する5者で協定を結びプロジェクトを始めた。5者とはPanthera Corporation，Wildlife Conservation Society，キルギス国立科学アカデミー，National Center for Mountain Regions Developmentと，信州大学である。

写真 7.3　センサーカメラによって撮影されたユキヒョウ（撮影：2016 年 10 月）

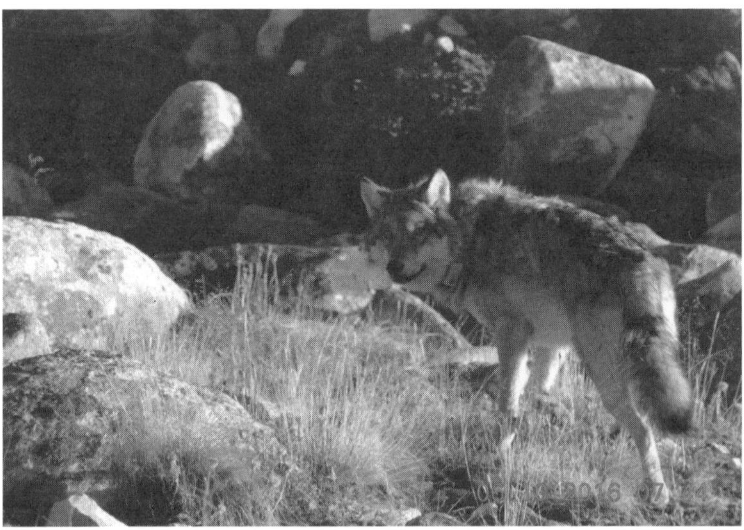

写真 7.4　GPS 首輪を装着したオオカミ（撮影：2016 年 10 月）

表 7.1　サリチャット・エルタシュ自然保護区に生息する中大型哺乳類の確認状況

目	学名	英名	和名	文献	聞き取り	生息痕跡	SC	直接観察
Lagomorpha	*Lepus tolai*	Tolai Hare	トライウサギ	●	●	●	●	●
Rodentia	*Marmota caudata*	Long-taild Marmot	オナガマーモット	●	●	●	●	●
Carnivora	*Canis lupus*	Wolf	オオカミ	●	●	●	●	●
	Canis aureus	Golden Jackal	キンイロジャッカル		●			
	Vulpes vulpes	Red fox	アカギツネ	●	●	●	●	●
	Ursus arctos	Brown bear	ヒグマ	●	●	●	●	●
	Mustela erminea	Weasel	オコジョ	●	●	●	●	●
	Martes foina	Beech Marten	ムナジロテン	●	●	●	●	●
	Meles meles	Badger	アナグマ	●	●			
	Lynx lynx	Lynx	オオヤマネコ	●	●	●	●	
	Felis manul	Manul	マヌルネコ	●	●	●	●	●
	Panthera uncia	Snow leopard	ユキヒョウ	●	●	●	●	●
Artiodactyla	*Sus scrofa*	Wild boar	イノシシ	●	●			
	Capra ibex	Ibex	アイベックス	●	●	●	●	●
	Ovis ammon	Argali	アルガリ	●	●	●	●	●

SC: センサーカメラ。

ユキヒョウの行動範囲を示すGPSデータはバルスコンの管理事務所にも残してあり，今後の野生動物管理にいかすことができる。彼らからはアルガリのGPS追跡調査を実施して欲しいという要請を受けている。

ここで国際NGOの活動について，ひと言だけ触れておきたい。例えば，Snow Leopard TrustとPanthera Corporationは兄弟のような関係にあるが，じつは協力関係にはなく，ほかのNGOとの関係も複雑になっている。筆者らのチームでさえSnow Leopard Trustからは敵視されていたようで，GPS装着したアルガリが死んだ際には非難を受けた。このことは政府の担当部署にも伝わり，その結果，

2年ほど捕獲の許可を得ることができなくなってしまった。

4　サリチャット・エルタシュ自然保護区の保護管理上の問題点

レンジャーたちは決められた区域の監視を続け，密猟者の激減にも寄与している。サリチャット・エルタシュ自然保護区での保全活動は成果をあげてきていると考えられるが，今後もパトロールの強化を進め，密猟者の監視を継続することが重要である。

これまでに得られた調査結果からサリチャット・エルタシュ自然保護区の保護管理上の問題点として以下の三点が明らかになった。

一点目はサリチャット・エルタシュ自然保護区の面積があまりに狭いことである。GPS首輪による冬季間の行動範囲（図7.2）から夏季の行動範囲は現在のサリチャット・エルタシュ自然保護区の範囲を越えてアルガリが行動していると考えられる。保全区域の面積が狭く，生息個体が保全区域と保全区域に接するハンティング実施区域との境界を行き来して生息している個体が多数生息していることは明らかである。図7.3に示した矢印からもアルガリやアイベックスの行動圏が現在の自然保護区よりも，はるかに広域であることがわかる。サリチャット・エルタシュ自然保護区はトロフィー・ハンティングなどが行われている地域に取り囲まれている（図7.3）。すでに述べたように，アルガリはIUCNの絶滅危惧種であるが，アルガリはさらに個体数が少ないユキヒョウの最大の餌資源となっている（Jumbay-Uulu et al. 2013）。サリチャット・エルタシュ自然保護区はユキヒョウの生息域として世界のなかでももっとも重要なスポットの一つである。トロフィー・ハンティングの主たる対象であるアルガリはユキヒョウを保存する点においても守らねばならない種である。

二点目はサリジャズ川下流の中国国境にかけて三つの大規模ダム建設の計画が進められており（図7.1），ダムの湛水域が保全区域に及び，河床周辺が水没し，アルガリの採食場所や越冬地を消失する可能性があることである。河床周辺の平坦地にはヤナギ類などの低木類が生育し，多種の植物が，さまざまな群落を構成している。低木類は河床周辺にしか生育せず，野生動物が身を隠す場所を提供し，重要な採食場所になっている。結果として，この地域の生態系を支えている重要な地域になっている。現在，建設のための環境調査が実施されていて，仮に中国が構想する大規模ダムが建設されると湛水域が上流の自然保護区まで拡大するおそれがある（図7.1）。

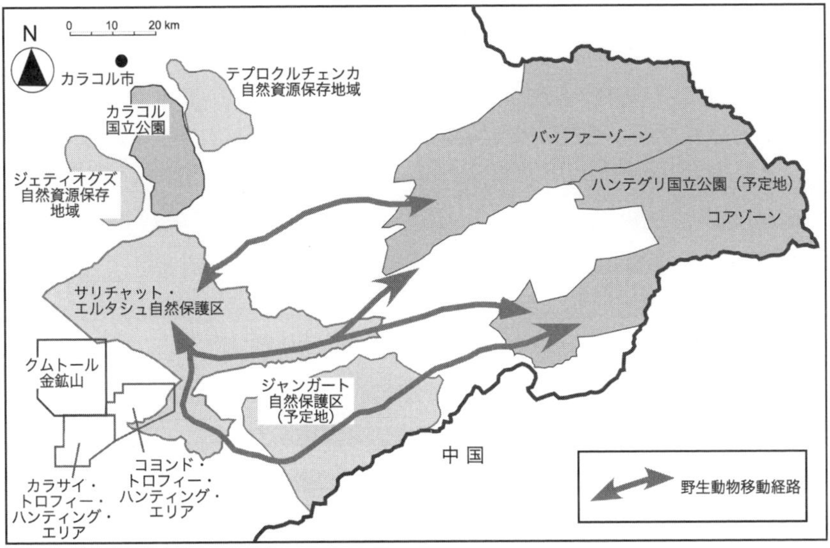

図7.3　サリチャット･エルタシュ自然保護区周辺の既存の自然保護地域（ジュティオグズ自然資源保存地域，カラコク国立公園，テプロクルチェンカ自然資源保存地域）と設立準備中の自然保護地域（ジャンガート自然保護区およびハンテグリ国立公園），クムトール金鉱山，およびトロフィー・ハンティング地域の位置関係（Balbakova et al. 2017 などにより作成）
サリチャット・エルタシュ自然保護区の北西側のトロフィー・ハンティング地域については，正確な場所が特定できていないので記入していない。

三点目はサリチャット・エルタシュ自然保護区の隣接地域で金鉱山の開発が進められていることである。標高3,800～4,200 m（北緯41度52分，東経78度11分）にあるクムトール金鉱山（Kumtor）はキルギスのイシククル湖の南東部にある世界屈指の露天掘り金鉱山である。ダビドフ，リジィー，サリトーおよびペトロフ氷河を中心に複数の氷河を破壊しながら（写真7.5）採掘を行っている（Kronenburg 2013）。旧ソ連邦管理下の1980年代から試掘が行われ，1997年から本格的な商業生産が始まった。2003年の鉱石採掘量は560万 t，金生産量は21 tだった。推定埋蔵量は2,452万 tであり，金換算で105 tといわれている。キルギス経済を支える重要な鉱山である。2004年からキルギス政府とカナダのカメコ（Cameco）社が合弁で設立したセンテラ・ゴールド（Centerra Gold）社が金鉱を所有している。

写真 7.5　クムトール金鉱山（撮影：泉山 2018 年 12 月）

クムトール金鉱山による氷河の破壊には凄まじいものがある。2011年までにクムトール金鉱山は少なくとも3,900万 ㎥の氷河を破壊した（Kroneberg 2013）。氷河の破壊と露天掘りは写真7.6以外の地点でも行われている。大量の氷河の破壊によって北方の下流域の住民は水質汚染の脅威にさらされることに加えて，ペトロフ氷河からの氷河湖決壊洪水の危険にもさらされることになった（Bruce et al. 2008; Janský et al. 2009）。水質汚染はシルダリヤ川最上流部にも影響を与えているものと考えられる（Kroneberg 2013）。金の採掘によるダビドフ氷河の消失の過程はトルゴエフが報告している（写真7.6）。クムトール金鉱山は鉱石の採掘のための障害としてのみ氷河を認識していて，クムトール金鉱山は前例のない大規模な氷河の破壊を行っている。その残渣は豊かな放牧地であった周辺の草原に堆く積まれ，周辺の環境は一変した。クムトール金鉱山による氷河や周辺環境の破壊は敷地の外からは確認できないが，空中写真と衛星画像からは，その変化は一目瞭然である。数十万年もの歳月をかけてつくりあげられた地球の造型が，わずか10数年で消し去られているのである。

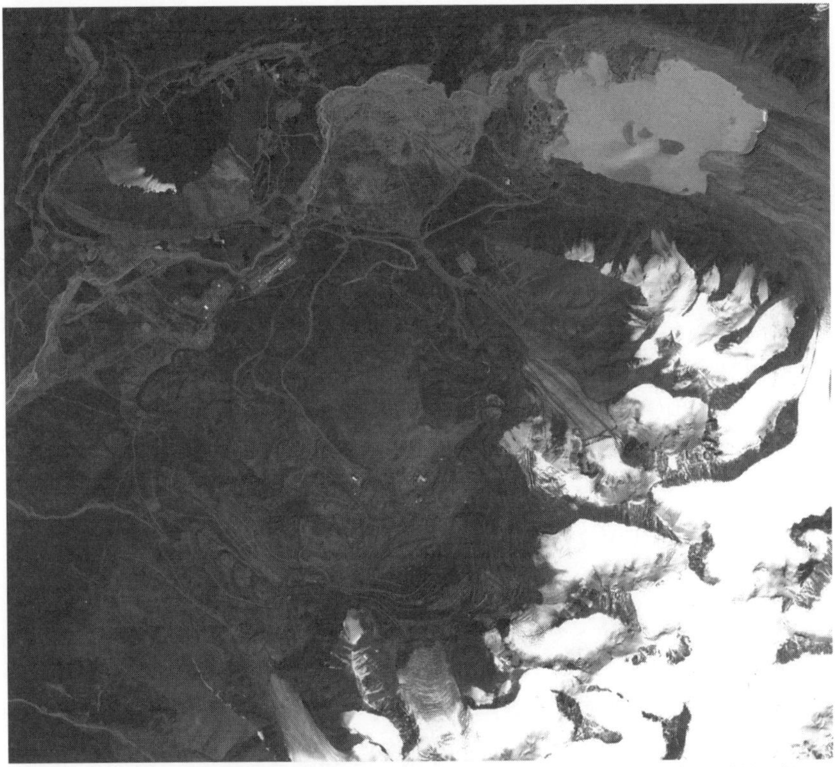

写真 7.6　クムトール金鉱山による 2016 年時点のダビドフ氷河（中央下）の破壊の様子
画像中央で露天掘りが行われている。その周辺には氷河の表面に残渣（掘られた土砂）が堆積していることがわかる（画像：グーグルアース）。

一方で，クムトール金鉱山は雇用を2,900人以上に提供していると地域への貢献を強調している。しかし1998年に発生した金の精錬に使用するシアン化ナトリウム（1.7 tともいわれる）を積載したトラックが川に転落した事故がもとで，地域住民が鉱山による環境問題を深く認識するようになった。国際的な専門家による調査委員会による安全宣言も出されたが，地元の不安はおさまらなかった。以後，長い抗議行動や政治的な過程を経てクムトール金鉱山はキルギス側に約4億円の補償を行った。

2010年4月，バキエフ大統領の追放によりキルギスは議会制となったが，キルギス側のクムトール金鉱山への不信はいまも続いている。追放される前に独裁者はサリチャット・エルタシュ自然保護区西側の一部についてクムトール金鉱山への，さらなる採掘権譲渡を約束していたが，新しい議会はこれを認めなかった。議員たちはサリチャット・エルタシュ自然保護区へも足を運び，私たちが調査をしているGPS首輪が装着してあるアルガリも観察したということだった。2012年ごろから国有化を求めるデモや，政治的緊張が生じているが，議会は国有化を議決せず，政権は国有化を否定している。

クムトール金鉱山は自社のホームページ（www.kumtor.kg）のなかで「大きな露天掘りの鉱山として，クムトール鉱山が地域の自然環境に影響を及ぼすことは回避不能だ」と自然環境への影響を認めている。またホームページでは「クムトール金鉱山は環境保全のための活動を行っており，サリチャット・エルタシュ自然保護区への支援を行っている」と主張している。さらに鉱山の採掘開始後もアルガリの個体数は750頭から2,500頭まで増加したことや，研究成果として生息するユキヒョウの個体数も18頭まで増加したことなどが記述されている。カナダから来たクムトール金鉱山の幹部の一人は10年後にはクムトール金鉱山は撤退して，すべてをキルギス側に返還すると筆者らに話した。

現在，サリチャット・エルタシュ自然保護区の南側と南東側に計画されているジャンガート自然保護区（図7.3）とハンテグリ国立公園の設立はサリチャット・エルタシュ自然保護区の野生動物の将来にとってきわめて大きな意味をもつ。これらの自然保護地域が設立されれば，野生動物にとっては生息域が大きく拡大することになる（図7.3）。

一方で，オーストラリアの鉱山会社ケントール社はサリチャット・エルタシュ自然保護区の周辺の広大な範囲（バシコル金鉱山プラントを含む）で金鉱山の探査権をキルギス政府から取得しており（Kentor Gold 2005），ジャンガート自然保護区の一部，およびその南西にアクシラク地熱発電プラントの採掘権を有している。さらに図7.3が示すように，サリチャット・エルタシュ自然保護区の南西にはトロフィー・ハンティングを可能とする地域が二カ所設けられている。こうした点からサリチャット・エルタシュ自然保護区の将来は予断を許さない状況にある。

5　パミール中核地域（パミール・アライ山脈，タジク・パミール）が学ぶべきこと

サリチャット・エルタッシュ自然保護区は，このように，さまざまな問題を抱えてはいるものの，アライ谷のように保護制度が適用されていない地域とは異なり，豊かな自然が残されている。またタジク国立公園のように法的には自然が守られているはずの地域であっても実態をまったくともなわない状況におかれているわけでもない。すなわち，サリチャット・エルタシュ自然保護区はパミール核心地域（パミール・アライ山脈のアライ谷およびタジク・パミール）が多くのことを学ぶべき場所として位置づけられる。

まず法的な自然保護の枠組みを一切もたないアライ谷では，すでにアルガリをはじめとする多くの野生動物が絶滅，あるいはほぼ絶滅に近い状況にある。また，そこでは中国やオーストラリアの鉱山会社を中心とした鉱山開発も進みつつある。第6章で述べたようにアライ谷とタジク国立公園を結合するPATCAプロジェクトには進展がないが，サリチャット・エルタシュ自然保護区の実質的な拡大に繋がる南側と南東側に計画された保護地域（図7.3）のように，やはりアライ谷側にも，なんらかの保護地域を設立して，地下資源開発を止めることと，これ以上の野生動物の減少を食い止める必要があるだろう。もちろん，保護地域への指定があればよいということではなく，タジク国立公園のように適切な野生動物の保護が行われないのであれば意味はない。

文　献

Balbakova F, Alamanov A, Lipka O & Pereladova O. 2017. *Climate change vulnerability assessment in snow leopard habitat, Central Tien Shan region of the Kyrgyz Republic*. USAID and WWF.

Bruce I, Redmond D & Thalenhorst H. 2008. Technical Report on the 2007 Year-End Mineral Reserves and Resources Kumtor Gold Mine. Strathcona Mineral Services: Toronto.

Janský B, Engel Z, Šobr M ほか3名 2009. The evolution of Petrov lake and moraine dam rupture risk (Tien-Shan, Kyrgyzstan). *Natural Hazards* 50, 83-96.

Jumbay-Uulu K, Wegge P, Mishra C & Sharma K. 2013. Large carnivores and low diversity of optimal prey: a comparison of the diets of snow leopards *Panthera unica* and wolves *Canis lupus* in Sarychat-Ertash Reserve in Kyrgyzstan. *Oryx*, 47, 1-7.

Kentor Gold Ltd. 2005. *Annual Report 2005*, Kentor Gold Ltd., Melborne, Australia.

Kronenberg J. 2013. Linking ecological economics and political ecology to study mining, glaciers and global warming. *Environmental Policy and Governance*, 23, 75-90.

Saritchat-Ertash State Reserve. 2008. *The Saritchat-Ertash State Reserve Management Plan 2007-2015*. Draft Plan Version.

第二部

人と牧畜

アライ谷の夏の放牧地（ジャイロ）のなかを移動するヤクの群れ（撮影：渡辺 2015 年 9 月）

第8章

乳文化からみたパミールの位置 ―周辺文化との重層性―

Characteristics of milk culture in the Pamir: Cultural multilayer with surrounding areas

平田 昌弘

1　ユーラシア大陸における乳文化の一元二極化論

搾乳は1万年ほど前に西アジアに一元的に起源し，生乳を保存する乳工技術まで発達した段階で，乳文化（搾乳・乳加工技術・乳利用）が周辺へと伝播し，北方域と南方域に特徴的に発達していった（平田 2013）。これが著者が主張するユーラシア大陸における乳文化の一元二極化論仮説である。搾乳することにより食（乳）を継続的に得ることも可能となった。乳利用の生産効率は肉利用に比べて3.7倍ほども向上した（亀高ほか 1979）。搾乳するために，より多くの雌畜を残すように家畜群管理構造も変化していった。搾乳の開始により動物の屠殺から動物との共存へと食料獲得戦略が大きく転換していった。搾乳こそユーラシア大陸乾燥地帯に適応した生活様式である牧畜を成立させた大きな要因であり，乳を利用することでヒトは家畜に生活の多くを依存して生活できるようになった（梅棹 1976）。ここに乳文化研究の面白さと学術的意義とがある。乳文化の視点からは搾乳や乳文化をともなった牧畜も多元的に起源したのではなく，あくまで西アジアに起源したということがいえる。

乳文化の一元二極化論を具体的に述べると，南方域の西アジア地域でバターオイルやチーズを加工する発酵乳系列群の保存技術が発達した段階で，西アジア地域から北方域に伝播し，北方域で冷涼性ゆえにクリームの分離や酸乳酒つくりの乳加工技術が二次的に変遷・発達したと考えられる。凝固剤としての酸乳やレンネット，酸乳酒の蒸留，加熱濃縮などの乳加工技術が，それぞれの地域で開発され，南方乳文化圏と北方乳文化圏が発達していった（図8.1）。南方乳文化圏とは，おもに西アジア地域や南アジア地域を，北方乳文化圏とは，おもに中央アジア地域や北アジア地域を指す。南方乳文化圏と北方乳文化圏の中間地帯には両地域の乳文化が影響し合い，南方・北方乳文化重層圏が展開することになる。

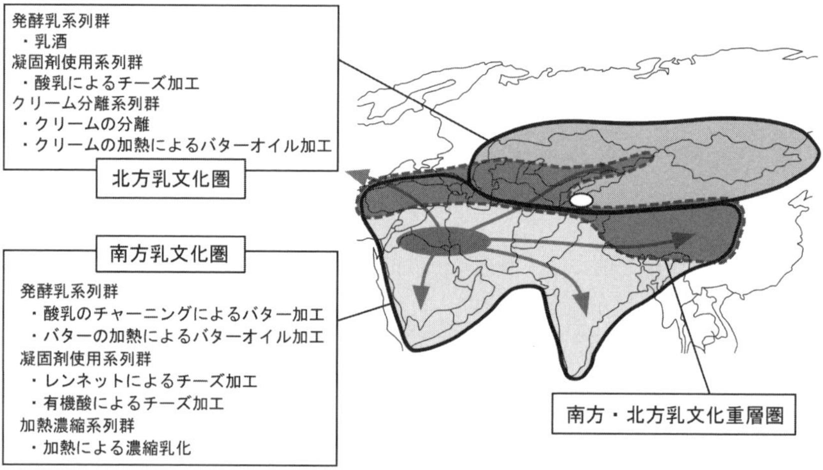

図 8.1　ユーラシア大陸における乳文化の一元二極化論とパミールの位置（白抜き楕円）
（平田 2013 より改変）

発酵乳系列群というのは中尾（1972）が提案した乳加工技術を整理するための概念である。梅棹（1955）が内モンゴルでの乳文化調査の結果，複雑なモンゴル牧畜民の乳加工技術について「乳加工のつながりぐあいをしらなければ，モンゴル乳製品のことはよく理解できない」として，乳加工の全体像を体系として把握すべきであると提唱した。この梅棹が提案した乳加工体系の概念を，アフロ・ユーラシア大陸全体における比較分析ツールとしたのが中尾（1972）であった。中尾は生乳を，まず酸乳にしてからバター・バターオイルやチーズへと加工が展開する発酵乳系列群,[1] 生乳から，まずクリームを分離してから加工が展開するクリーム分離系列群，生乳に凝固剤を添加してチーズを得る凝固剤使用系列群，生乳を加熱し，濃縮することを基本とする加熱濃縮系列群という4つの概念的な乳加工体系・系列群分析法を提案した。本章でも，この中尾の類型分類モデルにもとづき，考察を進めることにしたい。

本章では，まずユーラシア大陸におけるパミール地域の乳文化の位置を検討してから，パミール地域内部での乳文化の特徴を検討する。パミール地域の乳文化は北方域や南方域と重層的に関連しながら発達してきたことが浮かびあがってくることになる。

2　ユーラシア大陸におけるパミール

パミールは，ちょうど南方乳文化圏と北方乳文化圏の中間地点に位置している（図8.1)。クリームを分離する技術は，おもに中央アジア地域から北アジア地域にかけて採用され，酸乳の攪拌・振盪（チャーニング）によるバター加工は西アジア地域・南アジア地域から中央アジア地域南部におもに採用されている。酸乳のチャーニング技術は西アジア地域から伝播し，中央アジアのオアシス地帯低地を伝わって北方域にひろがっていったと類推されている。つまり，パミールから北方域と南方域とでは乳脂肪の分画方法が基本的に異なっている。乳脂肪の分画は，暑熱環境にある南方域では酸乳のチャーニングにより，冷涼環境（図8.2の気温を参照）にある北方域では，おもにクリーム分離によっているのである。さらに中央アジア高山地域から北アジア地域においてはクリームを分離するとともに，クリームをチャーニングすることなく，直接，加熱してバターオイルへと加工している。中央アジアからアナトリアへ移住したトルコ系ユルックにおいてもクリームのチャーニングは行わず，クリームを加熱処理してバターオイルを得ている（松原 1992)。つまり，北方域の冷涼地帯ではクリ

1)　中尾は酸乳系列群とした。しかし中尾が提示した酸乳系列群にはアルコール発酵の乳加工も含まれる。畜産学では乳酸発酵を主体とした酸乳と，アルコール発酵を主体としたアルコール発酵乳を合わせて発酵乳と総称している。そこで筆者は酸乳系列群を発酵乳系列群とよび改めて使用することにしている。

ームをチャーニングするよりも，クリームを加熱処理する技術が発達している。

一方，西アジア地域・南アジア地域は暑熱環境にあるため，酸乳をチャーニングすることによって得られたバターは加熱して，バターオイルにし，乳脂肪の最終的な保存形態としている。乳脂肪の分画法についてまとめると，酸乳のチャーニング法とクリーム分離法とは対立しており，酸乳のチャーニング法（酸乳のチャーニングによるバター加工と，バターの加熱によるバターオイル加工）が南方域で，クリーム分離法（生乳からのクリーム分離と，クリームの加熱によるバターオイル加工）が北方域で，それぞれに発達していることが理解される。このようにパミール地域を境に南方域と北方域で生乳からの乳脂肪の分画法が異なっているのである。

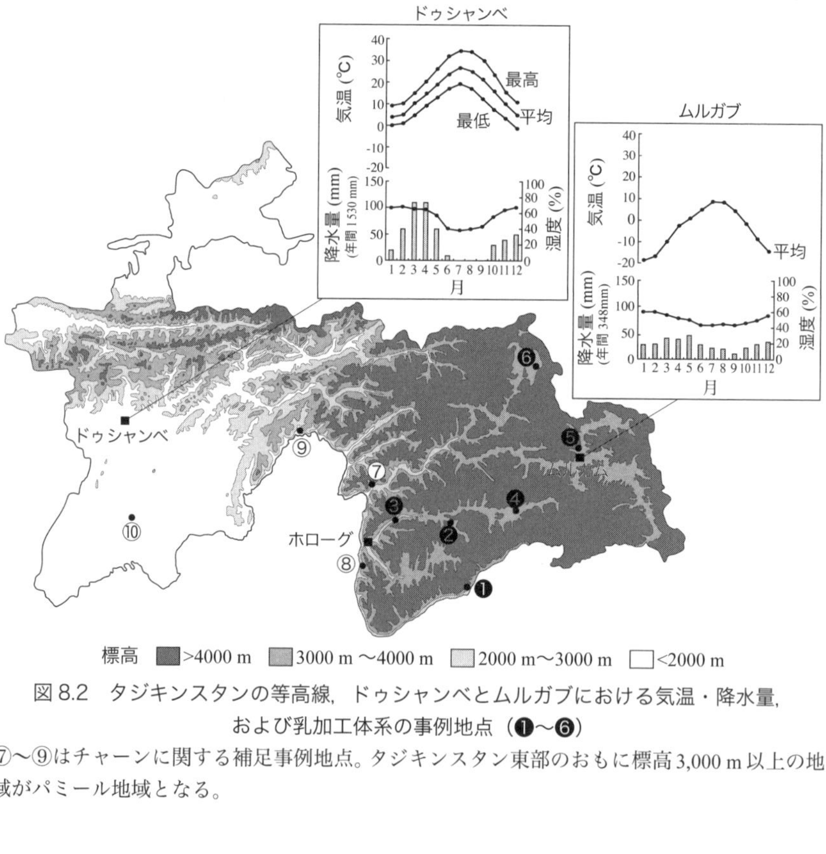

図 8.2　タジキンスタンの等高線，ドゥシャンベとムルガブにおける気温・降水量，および乳加工体系の事例地点（❶〜❻）

⑦〜⑨はチャーンに関する補足事例地点。タジキンスタン東部のおもに標高 3,000 m 以上の地域がパミール地域となる。

攪拌・振盪する器具（チャーン）についても地域的な特徴を形成している。西アジア地域では，おもに革袋を用い，酸乳を左右に振盪して，バターを加工している（図8.3）。トルクメニスタンからカザフスタンにかけての中央アジア地域では木製の桶と攪拌棒とを用い，酸乳を上下に攪拌することによりバターを加工している。このように西アジア地域と中央アジア地域とではバター加工のためのチャーニング技術が異なっている。バター加工のための酸乳のチャーニング技術は西アジア地域で誕生した（平田 2013）。そしてチャーニング技術が西アジア地域から北方アジア大陸に伝播し，中央アジア地域において変遷していったことになる。つまり，革袋を利用して左右に振盪するチャーニング技術が北方域で木製の桶と攪拌棒による上下の攪拌法へと置き換わっていった。さらに北アジア地域ではチャーニング技術が酸乳酒つくりに応用もされ，皮革と攪拌棒とが用いられている。パミール地域を中心に，南方域の西アジア，北方域の中央アジアと北アジアとではチャーニングに用いる器具・チャーンの形態とその用途においても変化がみられる。

凝固剤を用いたチーズ加工においてもパミール地域を境とした南方域と北方域とでは大きな相違を示している。南方域では反芻家畜の第四胃を凝固剤に用いてチーズ加工を行っている。反芻動物は胃を4つもっている。第四番目の胃では，胃表面の膜で生乳を分解・凝固させる酵素が生合成されている。この凝乳酵素をレンネットとよぶ。このレンネットを用いてチーズ加工を行っているのが西アジア地域の特徴である。

一方，中央アジアから北アジアにかけての北方域ではレンネットを凝固剤として基本的には用いず，酸乳を用いてチーズをつくっている。酸乳は乳酸発酵により酸度が高くなっている。生乳は酸度が高くなると容易に凝固する。この酸度を高めた生乳凝固技術を利用しているのが，北方域でのチーズ加工の特徴である。凝固剤に酸乳を用いる乳加工技術では酸乳の添加後に長時間の加熱濃縮の加工をともなっていることが多い。酸乳の添加だけでは凝固が不十分で，加熱によるタンパク質の熱変性を起こして凝固を促すのである。中央アジア南部のオアシス低地域には西アジアから伝わったレンネット技術がひろがっている。このレンネット技術にも長時間の加熱処理が施されている。レンネットは添加して静置するだけで乳タンパク質が凝固し，チーズを得ることができる。

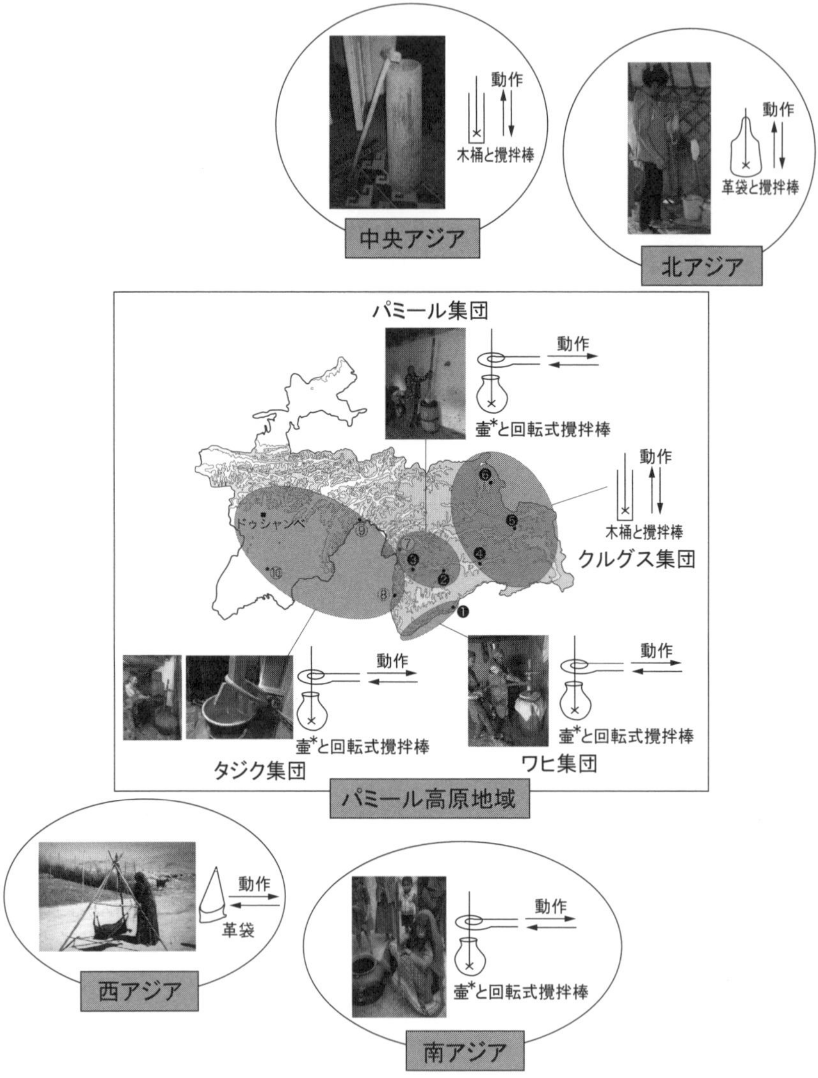

図 8.3　パミールとその周辺域におけるチャーン比較

*素焼きの壺を用いてきたが，近年ではアルミ缶やプラスチック容器で代用されていることが多い。

しかし中央アジア南部のオアシス低地域ではレンネットを加えてから，さらに長時間加熱している。これは酸乳を凝固剤として添加してチーズを加工する乳加工技術に類似している。つまり，中央アジア南部のオアシス地域低地ではレンネット文化が南方より伝播し，北方域で発達した凝固剤（酸乳）添加後の長時間加熱技術と融合し，レンネット添加後にも長時間加熱がともなうように変遷していったと推測される。このように凝固剤による乳タンパク質の分画においてもレンネット法と酸乳法は対立しており，パミール地域を中心に南方域にレンネット法が，北方域では酸乳法が，それぞれに発達している。

このようにユーラシア大陸における乳加工技術の類型分類からみると，パミール地域から南方域と北方域では乳文化の特徴が大きく異なっていることが理解される。南方域ではチャーンに革袋を用い，凝固剤にレンネットを用いている。北方域ではチャーンに桶・攪拌棒もしくは革袋・攪拌棒を用い，クリームを積極的に分離し，生乳から酸乳酒をつくり，凝固剤に酸乳を用いている。パミール地域は，まさに南方乳文化圏と北方乳文化圏とが影響し合うような地域にある。パミール地域は，そんな文化・文明が，さかんに行き交う場に位置している。パミール地域での諸技術や生業の把握はユーラシア大陸における文化・文明論考にとって不可欠であるともいえる。

それでは次に，そのパミール地域内部における乳文化について具体的にみていくことにしよう。南方乳文化圏と北方乳文化圏とに影響されながら，パミールとしてどのような地域の特徴を形成しているのだろうか（写真8.1）。

写真 8.1　標高 5,000 m 台の山岳をいだく標高 3,000 m 台のワハン渓谷（左）と標高 4,000 m 台で牧畜を営むクルグス集団の宿営テント（右）（撮影：平田 2015 年 9 月）
このようなパミールの自然環境で，どのような乳文化が育まれているのだろうか。

3　パミールの乳文化

すでに検討してきたようにパミール地域の乳文化は周辺と影響し合ってきわめて多様な文化が重層していることが想定される。ここで検討する乳加工体系はタジキスタン東部のおもに標高3,000 m以上のパミールに居住している人びとを対象とする。つまり，ワヒ集団（事例❶），パミール集団（事例❷・❸），そしてクルグス集団（事例❹・❺・❻）である（図8.2）。

2000年頃からロシア製のクリームセパレーターがパミール地域に広く普及し始めた。クリームセパレーターとは乳脂肪の比重の低さを利用し，遠心力により生乳をクリームとスキムミルクとに人工的に分離する器具のことである（西谷 1998）（写真8.2）。クリームセパレーターによって生乳から乳脂肪を，より短い時間で，より効率的に分離することが可能となるためクリームセパレーターは急速に普及していった。クリームセパレーターが普及すると，それまで長きにわたって地域に育まれた乳加工体系は大きく変化することとなる。ここでの事例はクリームセパレーターが導入する以前の乳加工体系を取りあげることにする。本章の終わりにクリームセパレーターという近代の新しい文化伝播により，どのように乳文化が変貌したかについて言及してみたい。

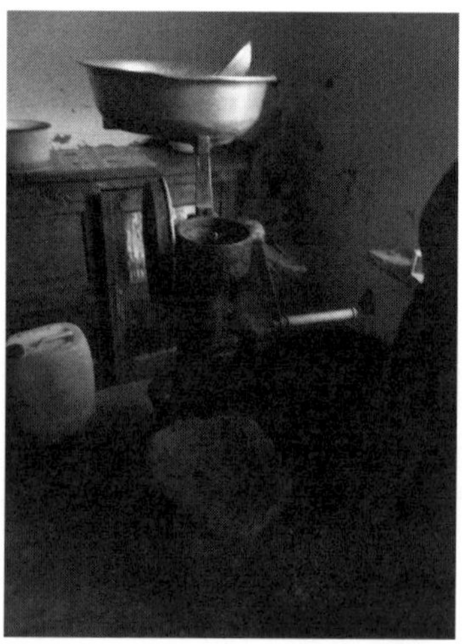

写真 8.2　クリームセパレーター（撮影：平田 2015 年 9 月）

3.1　ワヒ集団の乳加工体系

ワヒ集団はタジキスタン南東部のパンジ川が流れるワハン渓谷からカラコラム山脈のフンザ渓谷にかけて居住する。ちょうどパミールの南縁に位置する（水嶋 2008）。2006年時点でタジキスタンのワハン渓谷に居住するワヒ集団の人口は26集落で合計約19,000人である。山麓に集落をもちながら洪積台地で農耕を，山岳地帯も利用しながらヒツジ，ヤギ，ウシを飼養する。ワヒ集団はインド・ヨーロッパ語族東イラン語群南東語群パミール諸語ワヒ語を話す人びとである。ワヒ集団では発酵乳系列群と，クリーム分離系列群の乳加工技術が利用されている（図8.4）。

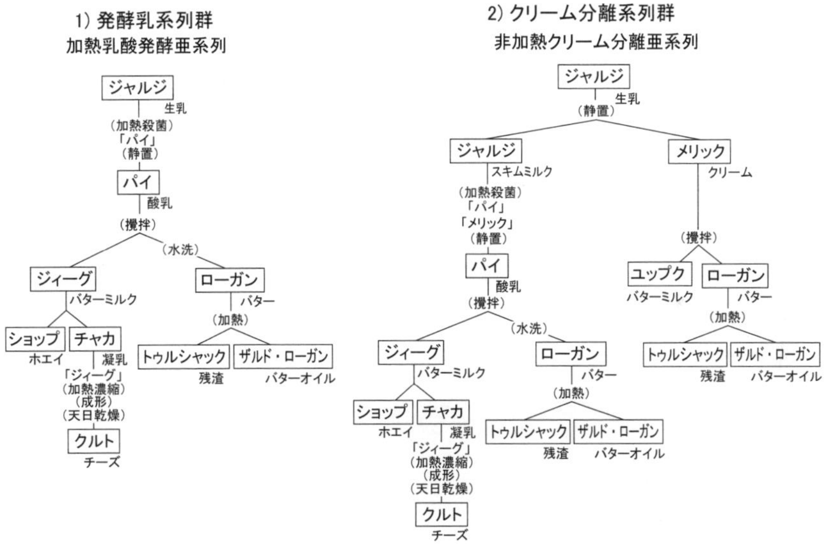

図 8.4　ワヒ集団の乳加工体系（事例❶）

3.1.1　発酵乳系列群

生乳をジャルジ（*žarž*）とよぶ。生乳を加熱殺菌し，人肌くらいまで冷ます。前日の酸乳を少量添加し，温かいところで12時間ほど静置しておくと，酸乳のパイ（*paj*）ができる。乳酸発酵スターターとしては酸乳のほか，チーズのクルト（*qryt*）（後述），自生する植物であるマオウ（*Ephedra* spp.），指輪でも可能で，乳酸発酵を進めることができるという。生乳をまず加熱殺菌してから乳酸発酵させ，乳加工が展開させることから，この乳加工系列を加熱乳酸発酵亜系列とよぶ。

次に酸乳のパイをポルノッツ（*pjurnjuts*）という素焼きの壷とパダール（*pjaar*）とよばれる回転式攪拌棒で攪拌する。パダールを紐で柱に繋ぎ，パダールに革紐をまきつけ，一人もしくは二人で革紐を前後に引き，攪拌棒を回転させる（図8.3）。2〜3時間ほどするとバターができあがる。バターは水洗して，乳タンパク質などの不純物を洗い出す。バターをローガン（*rugn̄*），バターミルクをジィーグ（*zijḡ*）とよぶ。バターは加熱して，バターオイルのザルド・ローガン（*zart rugn̄*）へと加工する。バターオイルは数年の保存が可能という。バターを加熱してバターオイルを加工した際，副産物として茶色の残渣が生じる。この残渣をトゥルシャック（*turušak*）とよぶ。トゥルシャックはパンにつけて食べるという。

バターミルクのジィーグは布袋に入れ，土地に窪みをつくり，この土の窪みの中に静置させ，乳清のホエイを排出させる。袋の中に残った凝乳をチャカ（*čaka*）とよぶ。チャカにバターミルクのジィーグを少量加え，全体をねって柔らかくのばし，弱火で1日かけて加熱濃縮する。6 cm前後に楕円形に成形し，天日に1週間ほど当てて乾燥させ，クルトとよばれるチーズを加工する（写真8.3）。加熱濃縮するのはチーズをより濃厚にするためであるという。ホエイは

写真 8.3　ワヒ集団がつくるチーズのクルト（撮影：平田 2015 年 9 月）

ショップ（*šop*）とよばれる。ショップは飲用せず，ウシなどの家畜に与えるという。

3.1.2　クリーム分離系列群

生乳を非加熱のまま一晩静置する。翌朝，表面に浮上したクリームを掬い取る（写真8.4）。このクリームをメリック（*myrik*），スキムミルクをジャルジ（*žarž*）とよぶ。クリームを取るために生乳は非加熱のまま涼しい所に静置する。このクリーム分離のための静置をスルモッド（*syrmod*）という。スルは冷たい，モッドは方法を意味する。生乳を加熱殺菌せずに，そのまま静置してクリームをまず分離し，乳加工を展開させることから，この乳加工系列を非加熱クリーム分離亜系列とよぶ。クリームはパンにつけて食べたり，お茶に加えたりと，食生活において重要な食材になっている。さらにクリームのメリックは手で掻き混ぜてチャーニングし，バターのローガンへと加工する。クリームからバターを加工した際，少量のバターミルクが生成する。このバターミルクをユップク（*jupk*）[2]とよぶ。ユップクは家畜に与えるか，利用することなく捨てるという。バターのローガンは加熱してバターオイルのザルド・ローガンへと加工する。

写真 8.4　掬い取ったばかりのクリーム（撮影：平田 2015 年 9 月）

2)　「水」の意味。

スキムミルクのジャルジは加熱殺菌し，人肌くらいまで冷まし，乳酸発酵スターターとして酸乳を少量加える。そして分画したクリームのメリックを加え合わせる。温かいところで2〜3時間静置して酸乳のパイを生成させる。生乳からクリームを分画し，再び加え合わせるのは表面にクリームが浮いてしまった生乳を加熱するとクリームがバターオイルになってしまい，酸乳つくりが，うまくできないからだという。

酸乳のパイは攪拌してバターのローガンを加工する。バターからのバターオイル加工，バターミルクからのチーズへの加工は加熱乳酸発酵亜系列の乳加工系列と同じ工程を経る。

3.2　パミール集団の乳加工体系の特徴

パミール集団はパミールに広く居住する農牧複合民で，インド・ヨーロッパ語族東イラン語群南東語群パミール諸語を話す人びとである。家畜はウシ，ヒツジ，ヤギを飼養する。パミール集団では発酵乳系列群，クリーム分離系列群，および凝固剤使用系列群の乳加工技術が利用されている（図8.5）。ここではパミール集団の下位集団であるショグナン（*Šüugnon*）とよばれる人びとの事例を紹介する。

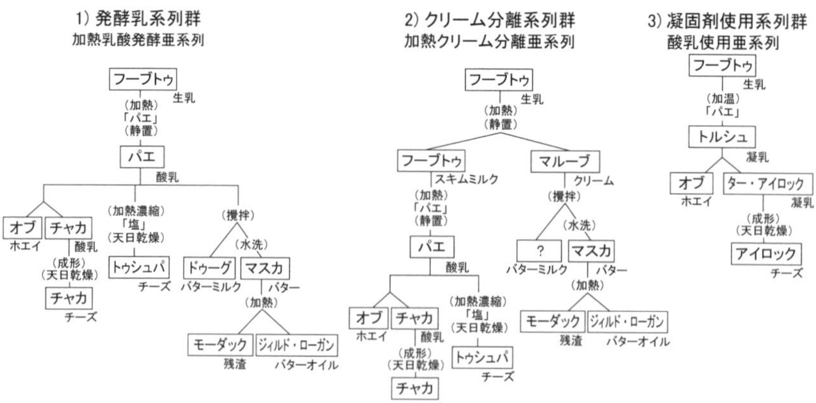

図 8.5　パミール集団ショグナンの乳加工体系（事例❷・❸）

3.2.1　発酵乳系列群

生乳をフーブトゥ（*xŭvd*）とよぶ。パミール集団も加熱乳酸発酵亜系列の乳加工技術を採用している。つまり，フーブトゥを加熱殺菌した後，放置して冷却する。フーブトゥの温度が人肌になると，前回の酸乳の残りを少量加える。この乳酸発酵のためのスターターをハウメーズ（*khŭmjed*）とよぶ。フーブトゥの入った容器を布などで覆い，暖かい場所に数時間静置すれば酸乳のパエ（*paje*）ができる。もしくは一晩静置すれば翌朝にはパエができあがっている。

酸乳のパエからは三つの系列が展開する。一つ目は，酸乳パエを回転式攪拌棒と壷とで1時間ほど攪拌し，バターのマスカ（*maska*）を加工する。回転式攪拌棒はニムドルク（*nimdork*），壷をナヤン（*nayan*）とよぶ（図8.3）。バターのマスクは加熱してバターオイルのジィルド・ローガン（*zijrd rŭgan*）へと加工する。バターを加工した際にできるバターミルクはドゥーグ（*dūg*）とよぶ。バターミルクをさらに加工することはなく，そのまま飲用する。昔は清涼飲料水もなく，労働の渇きを癒すためにバターミルクをよく飲んだという。二つ目は，酸乳パエを布袋に入れて脱水し，凝乳をつくる。凝乳はチャカ（*ćaka*），ホエイはオブ（*ob*）とよぶ。凝乳のチャカは小さく成形してから，天日に3日ほど晒して乾燥させて長期保存用のチーズとする。このチーズもチャカとよぶ。三つ目は，酸乳パエに加塩し，3時間ほど加熱して濃縮する。ここにできた加熱濃縮チーズをトゥシュパ（*tŭšp*）とよぶ。

3.2.2　クリーム分離系列群

生乳からゴミを取り，加熱沸騰して，そのまま2〜3日間，静置する。静置する間に表面に浮上してきたクリームを手で掬い取る。クリームをマルーブ（*marŭub*）とよぶ。生乳を，まず加熱殺菌してから静置してクリームを分離し，乳加工を展開させることから，この乳加工系列を加熱クリーム分離亜系列とよぶ。クリームのマルーブを手で1時間ほど攪拌し，バターのマスカを加工する。マスカは加熱して，バターオイルのジィルド・ローガンへと加工する。

クリームのマルーブを掬い取った後に残るスキムミルクもフーブトゥとよぶ。フーブトゥは乳酸発酵させて酸乳にし，酸乳を攪拌してバターへ，バターを加熱してバターオイルへと加工する。バターミルクは脱水して凝乳にし，凝乳を加熱濃縮してチーズへと加工する。このようにスキムミルクからバターオイルやチーズへの加工は加熱乳酸発酵亜系列と同様な工程を経ている。

3.2.3　凝固剤使用系列群

パミール地域ではパミール集団が唯一，凝固剤使用系列群の乳加工技術を採用している。生乳を加熱しながら凝固剤として酸乳パエを加える。加えるパエの量は生乳10 ℓ に対し茶碗1杯くらいである。乳酸発酵が十分に進んでいるほうが，加えるパエの量は，より少なくてすむという。凝乳をトルシュ（*tŭurš*）とよぶ。凝乳を布袋に入れて，ホエイを排出させる。この布袋に残った凝乳をター・アイロック（*tar ajlok*）[3)]とよぶ。ター・アイロックを平べったく成形し，天日に3日ほど晒して乾燥させてチーズへと加工する。このチーズをアイロック（*ajlok*）とよぶ。このアイロックは長期保存することなく，2～3週間で消費してしまうという。このようにパミール集団は酸乳を凝固剤に利用してチーズを加工している。

3.3　クルグス集団の乳加工体系

クルグス集団はアルタイ語族チュルク諸語キルギス・キプチャク語群キルギス語を話す人びとである。パミール東部の標高3,000～4,000 mの高地に居住し，標高が高く冷涼であるため農耕には携わっていない。ヤク，ヤギ，ヒツジの家畜を飼養することで生業を成りたたせている牧畜民である。クルグス集団では発酵乳系列群とクリーム分離系列群の乳加工技術が利用されている（図8.6）。ウマは飼養していないためウマからの搾乳は行っていない。したがって，キルギス共和国で，さかんにつくられている馬乳酒はタジク・パミールでは加工されていない。

3)　直訳は，「生のアイロック」の意味。

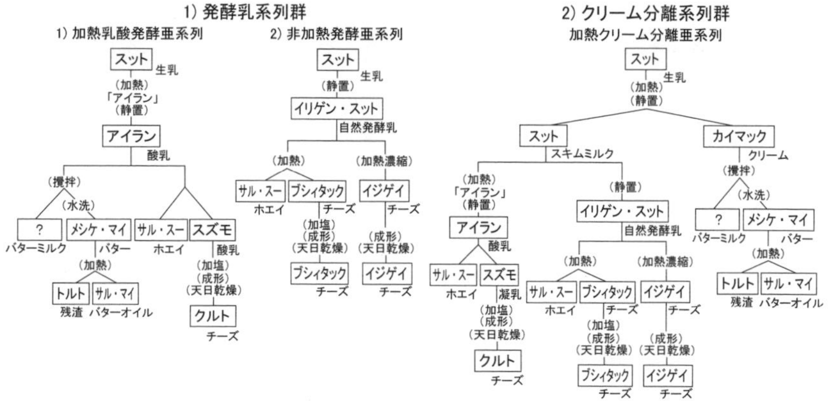

図 8.6　クルグス集団の乳加工体系（事例❹・❺・❻）

3.3.1　発酵乳系列群

発酵乳系列群では加熱乳酸発酵亜系列と非加熱発酵亜系列の両方の乳加工技術が採用されている。加熱乳酸発酵亜系列では布やガーゼでゴミを濾し取った生乳のスット（*sūt*）を加熱殺菌し，放置して冷却する。スットの温度が人肌になると，前回の酸乳の残りを少量加える。スットの入った容器を布などで覆い，暖かい場所に3〜4時間ほど静置すれば，酸乳のアイラン（*ajran*）ができる。もしくは一晩静置すれば翌朝にはアイランができあがっている。アイランは食事や空腹時など，好きなときに頻繁に摂取され，クルグス牧畜民の重要な食材となっている（写真8.5）。

酸乳のアイランからはチーズづくりとバターオイルへの加工が展開する。アイランからバターオイルを加工するには，酸乳のアイランを攪拌しバターのメシケ・マイ（*meške maj*）[4]とバターミルクとに加工する。攪拌はピシケック（*pyškjek*）とよばれる上下式攪拌棒と桶とを利用して行う（図8.3）。クルグス集団が上下式攪拌棒を使うところが，回転式攪拌棒を利用するワヒ集団とパミール集団とで異なっている点である。バターのメシケ・マイは加熱して，バター

4)　直訳は，「桶で加工された油」の意味。

オイルのサル・マイ（*sar maj*）[5]へと加工する。サル・マイは長期保存が可能である。アイランからチーズへと加工する場合，アイランを布に1〜2日ほど入れて脱水する。袋の中に残った酸乳をスズモ（*sūzmū*），排出されたホエイをサル・スー（*sary sŭu*）[6]とよぶ。スズモは，そのままパンといっしょに食べたり，水と塩とでよく混ぜ合わせて飲み物にしたりして用いる。スズモは手で捏ねて滑らかにし，加塩し，小さく丸めて成形し，天日に5〜7日ほど曝して乾燥させ，非熟成のチーズであるクルト（*qŭurŭut*）へと加工する。クルトの形態は直径2 cmほどの球形，もしくは直径7 cm，厚さ約2 cmの平板側をしている。クルトにすると数年の保存が可能となる。クルトは食べたいときに，そのまま食べるか，冬に湯で溶いてスープにしたりして供する。多くのサル・スーは捨ててしまう。場合によっては，家畜に与えたり，内蔵の調子のわるいときに人が飲んだりすることもある。

一方，非加熱発酵亜系列では搾乳した生乳のスットを，そのまま放置して自然発酵させる。自然発酵乳をイリゲン・スット（*ij'r ij'gjen sūt*）[7]とよぶ。多忙な牧畜の作業のために搾乳した生乳をそのままにしてしまい，2日ほど経って自然発酵してしまった乳をイリゲン・スットとよんで利用している感がある。自然発酵乳のイリゲン・スットをそのまま食べることはない。加熱して凝固させ，布に入れて脱水し，成形，天日乾燥させてチーズのプシタック（*byštaq*）

写真 8.5　パミール地域で頻繁に摂取されている酸乳（撮影：平田 2015 年 9 月）

5)　直訳は，「黄色い油」の意味。
6)　直訳は，「黄色い水」の意味。
7)　直訳は，「自然発酵した乳」の意味。

へと加工する。もしくは加熱を5時間ほど続け，水分を蒸発させてイジゲイ（*eçgej*）とよばれるチーズへと加工する。イジゲイはホエイ中の乳糖が，そのまま残存するチーズである。

3.3.2　クリーム分離系列群

生乳を加熱殺菌し，涼しいところで一晩静置する。翌朝には表面にクリームが浮上している。この表面を掬い取って，カイマック（*kaij'mak*）とよばれるクリームを分離する。カイマックを手やスプーンで30分ほど攪拌してバターへと加工する。バターをメシケ・マイとよぶ。メシケ・マイを鍋で1時間ほど弱火で加熱し，バターオイルのサル・マイへと加工する。サル・マイはパンにつけて食べたり，料理油の代わりに利用したりする。おもに冬に利用するという。メシケ・マイを加熱した際，鍋の底にトルト（*tolto*）とよばれる茶色の乳製品が残る。このトルトには小麦粉や砂糖を加えて，パンとともに食べたり，子どもたちのおやつなどにする。

クリームを掬い取った残りのスキムミルクも生乳と同様にスットとよばれる。スキムミルクのスットからは酸乳のアイランを加工する系列と，自然発酵乳のイリゲン・スットへ加工する系列が展開する。アイランからはチーズのクルトが，イリゲン・スットからは加熱・加塩・脱水・天日乾燥してチーズのプシタックが，加熱濃縮・天日乾燥させてチーズのイジゲイが，それぞれつくられる。これらの工程は加熱乳酸発酵亜系列と非加熱発酵亜系列それぞれの乳加工技術と同一である。

4　パミールの乳文化と周辺地域との関連性

4.1　乳加工技術における関連性

ワヒ集団の乳加工体系として特徴的なことは発酵乳系列群とクリーム分離系列群の乳加工技術が共存していることであった。発酵乳系列群は南方域に，クリーム分離系列群は北方域に発達する乳加工技術である（図8.1）。生乳から乳脂肪を分画・保存するならば発酵乳系列群か，クリーム分離系列群のどちらかを採用していれば要を成すが，ワヒ集団では両方の乳加工技術を採用している。生乳から乳脂肪を分画・保存するのに発酵乳系列群とクリーム分離系列群の両方の乳加工技術を採用しているのはパミール集団とクルグス集団においても同様であった。つまり，パミールでは民族集団の枠組みを超えてパミールという地域に共有して生乳からの乳脂肪の分画・保存に発酵乳系列群とクリーム分離系列群の両方の乳加工技術を採用していることになる。パミールで採用されている乳脂肪の分画・保存には南方系と北方系とが影響し合いながら，双方が混在して重層的に乳加工が実践されているといえよう。

バターミルクのジィーグからチーズのクルトへの加工で，凝乳チィカを，そのまま天日乾燥すればチーズが生成するところを，ワヒ集団は加熱濃縮してからチーズへと加工していた。加熱濃縮してチーズをつくる技術はパミール集団が酸乳パエから，クルグス集団が自然発酵乳イリゲン・スットから同様に行っており，民族集団を超えて共有されている。凝乳，もしくは脱水した酸乳を加熱濃縮してチーズを加工する技術は，南方域のイランから北方域の新疆ウイグルにかけてトルコ系牧畜民に採用されている技術である（平田・原 2004；平田・Aibibula 2008）。パミールで実践される加熱濃縮によるチーズ加工技術は，周辺域のトルコ系牧畜民と関連しながらパミール地域で発展していることが指摘できる。

パミール地域では唯一パミール集団が凝固剤に酸乳を用いた凝固剤使用系列群の乳加工技術を利用していた。凝固剤として酸乳を用いているのは中央アジア地域・北アジア地域のみである（平田 1999, 2002a, 2002b, 2010；平田・原 2004）。南方域には凝固剤に酸乳が使われることはなく，レンネットが利用されている。パミール集団の酸乳を用いた凝固剤使用系列群の乳加工技術には北方系の人びととの強い関連性が認められる。

クルグス集団の乳加工技術は隣国のキルギス共和国で実践されている乳加工技術とは多くの点で異なっている（Hirata et al. 2016）。まずパミール地域のクルグス集団はウマを飼養していないため，キルギス共和国で実践されている馬乳酒の乳加工技術が欠落している。キルギス共和国では発酵乳系列群の乳加工技術ではバターを加工していない。バターはクリームをチャーニングして行われている。発酵乳系列群の乳加工技術では酸乳のアイランを脱水してチーズのクルト（*kŭuurŭut*）に加工するのみである。また自然発酵乳のイリゲン・スットを加熱濃縮して加工したチーズのイジゲイもキルギス共和国ではみられない。パミール地域のクルグス集団における発酵乳系列群の乳加工技術でバターを加工する点や，加熱濃縮してチーズを加工する点は，キルギス共和国のトルコ系集団よりも，むしろパミール地域の諸集団と技術を共有しているといえる。

これらのことからパミール地域における乳加工技術は南方系と北方系と影響し合いながら，民族集団の枠組みを超えてパミールという地域に共有した重層的な乳加工技術を発達させてきたといえる。

4.2　チャーンにおける関連性

攪拌・振盪してバターを加工するチャーンについて民族集団毎に整理し，パミール周辺域と比較検討してみたい。チャーンを比較するにあたり，パミール集団のルシャン（*Rushan*）の事例（事例⑦），タジク集団の事例（事例⑧・⑨・⑩）を補足調査した（図8.2）。

ワヒ集団はチャーンにポルノッツ（*pjurnjuts*）という素焼きの壷とパダール（*pjaar*）とよばれる回転式攪拌棒，パミール集団は壷・ナヤン（*nayan*）と回転式攪拌棒・ニムドルク（*nimdork*）とを利用していた。またタジク集団もチャーンにはホンブック（*khŭmbŭq*）とよばれる素焼きの壷と，ホンバック（*khŭumbak*）とよばれる回転式攪拌棒を，パミール集団のルシャンも同様に素焼きの壷と回転式攪拌棒を利用していることが補足調査で明らかになっている。つまり，ワヒ集団，パミール集団，およびタジク集団は素焼きの壷と回転式攪拌棒を用いて，回転させて，バターを加工していることになる。この素焼きの壷と回転式攪拌棒はパミール地域以外ではインド低地のヒンドゥーの人びとのみが採用している（図8.3）。南アジア地域ではインド・ヨーロッパ語族のヒンディー語で素焼きの壷はゴディ（*ghodi*），ゴーレー（*goolee*），チャーダ（*chaada*），アラーイー（*araaee*），回転式攪拌棒はラリ（*rari*），ジェルナー（*jernaa*）と，それぞれよばれる（平田2005）。ワヒ集団もパミール集団もインド・ヨーロッパ語族東イラン語群南東語群パミール諸語を話す人びとであり，コーカソイド系と同一系統であるとされる。タジク集団もインド・ヨーロッパ語族イラン語族を話す人びとである。チャーンにおけるパミール地域と南アジアとの関連性は，かつてアーリアの人びとが南下移動した痕跡を示しており，きわめて興味深い。チャーンの細部の形態や語彙を詳細に調べれば，より明確な関連性が明らかにされる可能性は高い。

クルグス集団のチャーンはピシケック（*pyškjek*）とよばれる上下式攪拌棒と木桶を利用していた。事例❺世帯の証言では，アフガニスタン地域に居住するクルグス集団も同様な上下式攪拌棒と桶を使ってバターを加工していたという。つまり，上下式攪拌棒と木桶によるチャーニング技法はパミール地域のクルグス集団に広く共有された文化ということになる。上下式攪拌棒と木桶は中央アジアのトルコ系の人びとがピスペック（*pispjec*）とよばれる上下式攪拌棒と，クブ（*kuubi*）とよばれる桶を利用しているチャーンと名称も形態も一致している（平田 2002a）。パミール地域のクルグス集団の人びとは中央アジアのトルコ系の人びとのチャーニング技術と共有していることが指摘できる。

このようにチャーンという物質文化に着目して比較分析すると，かつてのアーリアの人びとの南下やトルコ系諸集団による広域にわたる文化伝播を指摘でき，貴重な学術的資料を提供してくれている。

4.3　乳製品の語彙における関連性

ワヒ集団のバターのローガン（*rug̃n*），パミール集団のバターオイルであるジィルド・ローガン（*zijrd rūgan*）のローガンは，南方域のイラン系牧畜民がバターオイルを指すローガン（*roo<u>gh</u>anv*）と同一の語彙が用いられている（平田・原 2004）。ワヒ集団のバターミルクのジィーグ（*zijg̃*），パミール集団のバターミルクのドゥーグ（*dūg*）もイランで用いられているドゥーグ（*duug*）と類似する語彙である。クルト（*qryt*, *qŭurŭut*）は中央アジアのトルコ系の人びとにチーズとして広く用いられている語彙である（平田 2002a）。ワヒ集団やパミール集団の発酵したバターミルクを脱水して加工した凝乳・チャカ（*čaka*）は南アジアのヒンドゥーの人びとが酸乳を脱水して得られた凝乳のチャカに対する語彙と同一である（Aneja 1996）。

クルグス集団の生乳のスット（*sūt*），酸乳のアイラン（*ajran*），自然発酵乳のイリゲン・スット（*ij'r ij'gjen sūt*），チーズのクルト（*qŭurŭut*），加熱濃縮して加工したチーズのイジゲイ（*eçgej*），ホエイのサル・スー（*sary sŭu*）と多くの乳製品の語彙群は中央アジアのトルコ系牧畜民の諸集団と同一である。中央アジア地域とパミール地域に居住するクルグス集団との深い関連性が指摘できる。

このように乳製品の語彙比較によって明らかなことは，パミール地域で採用されている乳製品は北方域や南方域と重層的に関連しながら発達してきたことである。パミールは，まさに乳文化が行き交う十字路に位置しているといえよう。

5　パミールの乳文化の変貌

2000年頃からロシア製のクリームセパレーターがタジキスタンに広く普及し始め，それまで長きにわたってパミール地域に育まれてきた乳加工体系は大きく変化していった。

ワヒ集団の非加熱クリーム分離亜系列の乳加工技術ではクリームをいったん分離し，スキムミルを加熱殺菌してから再びクリームを加え直していた（図8.4）。これは生乳を直接に加熱すると，表面に浮上しがちなクリームがバターオイルになってしまい，酸乳やバターをうまく生成できないためであった。あくまで生乳の乳酸発酵，酸乳のチャーニングによるバター加工，バターミルクからのチーズ加工という一連の発酵乳系列群の乳加工技術を遂行するために，いったんクリームを分離しているのである。このワヒ集団の事例はクリーム分離系列群の成立における萌芽的な乳加工技術の一つといえる。北方域で発酵乳系列群からクリーム分離系列群へと乳加工技術が展開する乳文化史の発展過程を示しているものとも考えられ，極めて貴重な情報をこんにちに伝えている。しかしワヒ集団ではクリームセパレーターの導入によってクリームを効率よく大量に収集できるようになり，スキムミルクからわざわざチャーニングしてバターを加工しなくなってしまった。クリームセパレーターの導入によりワヒ集団の萌芽的なクリーム分離系列群の乳加工技術が消滅しつつある。

また，いずれの民族集団においてもクリームセパレーターを使い始めると，クリームの分離は一晩静置してクリームを自然に浮上させる方法から，クリームセパレーターによる人工的な分離へと置き換わってしまった。酸乳よりもクリームをチャーニングした方が短時間でバター加工が終了するため，クリームセパレーター導入後は発酵乳系列群の乳加工技術でバター加工を行わないようにもなった。つまり，クリームは手で攪拌してもバターを生成できるため素焼きの壷・回転式攪拌棒や木桶・上下式攪拌棒も使わないようになってきたのである。素焼きの壷と回転式攪拌棒の組み合わせのチャーンは，かつてアーリアの人びとが南下移動した痕跡を示す貴重な資料であることは既に指摘した。その貴重な記録を残す物質文化が消滅しようとしている。

このようにクリームセパレーターの導入という技術革新によって乳文化は変貌しつつある。また近年の経済発展により乳加工は酸乳やクリームを加工することだけに留まる，もしくは搾乳するだけの世帯も現れ始め，何千年もかけて培われてきた乳文化が急速に失われつつある。近年の変化は特に激しく，急速に進む。パミールの乳文化はユーラシア大陸における十字路的な位置にあり，ユーラシア大陸における乳文化の伝播と変遷の論考においては不可欠な情報を提供する地域である。パミール地域における多くの乳文化や牧畜という生業が失われる前に，ぜひとも記録に留めておくべき必要がある。これは人類の文化遺産の保全であもり，人類史の記録の保存でもある。

文　献

梅棹忠夫 1976.『狩猟と遊牧の世界』講談社.

亀高正夫・堀口雅昭・石橋 晃・古谷 修 1979.エネルギー利用効率.亀高正夫・堀口雅昭・石橋 晃・古谷 修(編)『基礎家畜飼養学』養賢堂,133-139.

中尾佐助 1972.『料理の起源』日本放送出版協会.

西谷紹明 1998.乳製品の製造 ―クリーム―.伊藤敞敏・渡邊乾二・伊藤 良（編）『動物資源利用学』文永堂, 105-108.

平田昌弘 1999.西南アジアにおける乳加工体系.エコソフィア, 3, 118-135.

平田昌弘 2002a.中央アジアの乳加工体系－カザフ系牧畜民の事例を通して－.民族學研究,67, 2, 158-182.

平田昌弘 2002b.モンゴル国ドンドゴビ県サインツァガーン郡・デレン郡における乳加工体系.沙漠研究, 12, 1, 1-11.

平田昌弘 2005.インド西部の乳加工体系と乳製品流通.沙漠研究,15, 2, 65-77.

平田昌弘 2010.北アジアにおける乳加工体系の地域多様性分析と発達史論.文化人類学,75, 3, 395-416.

平田昌弘 2013.『ユーラシア乳文化論』岩波書店.

平田昌弘・原 隆一 2004.イラン南部における乳加工体系の多様性.沙漠研究,14, 2, 115-120.

平田昌弘・Yimamu A. 2008.中国新疆ウイグル自治区南西部における乳加工体系.北海道民族学, 4, 31-43.

松原正毅 1992.トルコ系遊牧民ユルックの乳製品.雪印乳業健康生活研究所（編）『乳利用の民族誌』中央法規出版, 25-43.

水嶋一雄 2008.タジキスタン南東部ワハン地域に居住するワヒ民族.地理学論集, 83, 12-21.

Hirata M, Yamada I, Uchida K & Motoshima H. 2016. The characteristics of milk processing system in Kyrgyz Republic and its historical development. *Milk Science*, 65, 1, 11-23.

第9章

パミール北部アライ谷における牧畜

Pastoralism in the Alai Valley, northern Pamir

白坂 蕃・渡辺 悌二

1　はじめに

本章でとりあげるパミールを含む中央アジアでは有史以前から牧畜を主要な生業としてきた。いわゆる，遊牧はオアシスに成立した集落の間における物資の移動やコミュニケーションに重要な役割を果たしていた。つまり，キャラバンによる交易の安全や通行のコントロールにも関与していた。砂漠，ステップ，山岳を含む広大な地域を繋いでいたシルクロードは長大ではあったが，その通路上では牧畜民が家畜と貴重な荷物を運搬するのを可能にしていた。また中央アジアの通行において山岳における峠は通路としての機能を果たした。活発な通行がみられた，このような重要な通路は畜産や家畜飼養を含む牧畜を生業とする人びとの共同体によって統制されていた。そして彼らは通行の困難な地域を越える輸送に従事し，商業目的のキャラバンのための道案内や警備の機能をも果たした（Kreutzmann 2011）。

中央アジアは上述のような歴史的環境におかれてきたが，中央アジアを読み解く一つの方法は牧畜への視点である。世界のかなりの地域では厳しい気候条件の結果として家畜飼養が，たった一つの合理的土地利用としてあらわれる地域がある。その牧畜には，さまざまの形態があり，ある所では定住した家畜飼養であり，ある所では遊牧である（Rinschede 1988）。

この章ではキルギス南部のアライ谷における牧畜（農業については第17章参照）をとりあげ，その地域的特色を分析することを通して厳しい環境下におかれた人びとの牧畜形態の変遷を明らかにし，高地における人間と自然環境とのかかわりを考えたい。具体的には，この地域における遊牧から定住した牧畜への変容プロセスに加えて，現在の牧畜のシステムを明らかにすることによって人間の山地利用の意義を考えたい。

ところで，定住して，牧畜を生業としている人びとには，さまざまなタイプがある。いわゆるトランスヒューマンス[1)]は低地と高地との気候の差異を利用した牧畜の代表である。福井（1987）は次のように述べている。「移牧の概念は，もともとピレネーやアルプスなどのヨーロッパの山岳地域の特殊な牧畜をさしたものであり，他地域の牧畜を検討するときには，あまり適切な概念と思えない。垂直移動か平地移動かは，生態的な変異にすぎないからである」。またKreutzmann（私信）によれば近年のヨーロッパの学界ではtranshumanceという用語は地形の高低差を利用するだけではなく「家畜所有者，またはその家族以外のものが家畜をケアーする場合に限定して用いられる」傾向にあり，「おもにヨーロッパ（アルプス）内での牧畜にのみ使用する専門用語」となっている。

後述するように，アライ谷東部では冬季には定住集落内や，その周辺で家畜を飼育し，春から秋まで空間を水平的に，そして広く利用して放牧する。特に夏季にはキシュトー（キルギス語で定住集落を指す）から離れてジャイロ（夏営地）に居住して牧畜を営むが，この地域のキシュトーとジャイロには地形的な高低差がほとんどない。前述の移牧の定義にてらして，「標高差のない二つの放牧地の間における家畜の季節的移動」という形態に着目してアライ谷東部の特色ある牧畜（後述）を水平移牧とすることは可能である（Shirasaka et al. 2013）。

一方で，牧畜に関する研究を精緻化するために，いわゆる移牧という用語を用いないで，定住して，その空間を水平的に広く利用しながらヒツジ・ヤギ，ウシ・ヤク，ウマなどを飼養するアライ谷東部の牧畜を簡潔に，かつ適切に表現したいと筆者らは考えた。このアライ谷東部の牧畜を「移動する牧畜」と表現したいが，これでは，従来からの「移牧」と混同され，混乱する恐れがある。そこで筆者らはアライ谷東部の特色ある牧畜形態を「定住集落をもち，農耕もするが，一方では春から秋まで空間を水平的に，広く利用する牧畜」のように記載することにして，梅棹（1976）を参考に，それを「遊牧的牧畜」と表現す

1）　transhumance，日本語で「移牧」。

ることとした。

2　キルギスの環境と牧畜

2.1　研究対象地域とその自然環境

東西にのびるアライ山脈とザアライ山脈とにはさまれた広い谷間がアライ谷である（図9.1）。

現在，アライ谷東部ではキジルスー川沿いに幹線道路があり，集落の多くは，この幹線道路沿いに立地している。その各集落は整然とした区画をもち，計画的につくられたことが明瞭である（第17章）。これらの集落では現在でも地表水を飲料水にしている。

パミールの中ではアライ谷は比較的に豊かな草地がひろがっている（第5章；岩田2008; Liu & Watanabe 2013, 2016）。特にアライ谷の北側にあるアライ山脈の南斜面は相対的に降水量が多いので夏には豊かな草地景観になる。つまり，アライ谷東部では樹木は山頂部にごくわずかに点在するが，谷底は乾燥しすぎて樹木はない。

アライ谷西部ではダロートコルゴン（2,470 m）だけが古くからの定住集落であり，ジャイルマから東側のサリタシまでの，すべての集落はソビエト時代に新たに成立した集落である。

パミール北部地域では，例えば，アライ谷東部のように3,000 mを超える山地に平坦部があったとしても一部は耕作限界を超えている。筆者らの観察によればアライ谷における耕作限界は標高3,100 mであるが，耕作限界内に居住しても河川や山麓からの湧水が利用できる灌漑用水が確保できなければ耕作はできない。多くの場合，この地域では水を得る手立ての困難さが農耕を限定していることもある。

アライ谷の西端に位置するダロートコルゴンにおける年降水量は311.3 mm，年平均気温は3.1℃である（いずれも1934〜2000年の平均値）。また，この谷の東端に位置するサリタシのそれぞれは366.2 mm，−2.7℃である（Williams & Konovalov 2008）。このように，この地域の年降水量は350 mm前後しかなく，すべての耕地には灌漑用水が必要である。また涼しい夏と寒い冬により特徴づけられる。

ダロートコルゴンでは10℃を超える月が，ほぼ5カ月あり，筆者らの観察によれば，ジャガイモ，小麦，牧草などの農耕がみられる。

サリタシでは最も暖かな7〜8月でも月平均気温が10℃を超えることはなく，温度条件からも耕作限界を超えている。サリタシなどではライムギ（アルパ）でも確実に実が入らないので青刈りして乾燥し，冬季の飼料にする。これをトイトというが，餌という意味である。したがって，この地域の耕作限界はタルディスとサリタシの間，標高ほぼ3,100 mに比定できる。

図 9.1　研究地域

アライ谷東部の人びとは季節を4つに区分している。3〜4月が春（ジャズ，またはタジク語のバール），6月〜8月が夏（ジャイ），9月〜11月が秋（クズ），そして12月〜2月が冬（キシュ）である。

アライ谷東部では早ければ9月に降雪がみられることもある。しかし，それはすぐに消える。根雪となるのは早くても11月末で，一般には12月上旬または中旬である。最大積雪深は例年50〜60 cm程度であるが，100 cm程度になることもある。ヒツジ・ヤギは積雪深が20〜30 cmまでは放牧できるが，ウシは10 cm程度でも放牧しない。ウマは冬季でも放牧する。ヒツジ・ヤギ，ウシ，ウマは冬季には舎飼いするが，ヤクを舎飼いすることはなく，年中，放牧している。

積雪は3月中旬に融け始め，4月末には消える。近年，積雪量が少なくなってきていると地元民はいうが，冬季に積雪が多いと次の春には草がよく生え，草丈が大きくのびるという。

2.2　遊牧から定住して営む牧畜へ

2.2.1　遊牧民期（図9.2A）

中央アジアの歴史と文化はオアシスにおける農耕民と草原の遊牧民という二種類のまったく異なった人びとの間の関係によって成立したといえる（例えば，岩村 1967; Kreutzmann 2016）。したがって，中央アジアを知るためには，オアシスとは，どのようなものかということと同時に，草原の民である遊牧民の生活を知らなければならない（岩村 1967）。

野生動物の馴養は，はじめはオアシスの定着社会において行われ，家畜の数が増えたときに，オアシス住民の一部がオアシスから分離して牧畜を専業とするようになったと考えられる。つまり，遊牧は分業化の結果であり，したがって，当初から遊牧民とオアシスの定着農耕民とは相互依存関係にあったものと考えられる。このように遊牧経済は自給自足ができないもので，オアシスの定着社会に，ある程度は必ず依存しなければならなかった。

一方で，オアシスの定着民も遊牧民の生産物を必要とした。オアシスの住民は遊牧民から羊毛，毛皮などを求めることで彼らの生活は成り立った。オアシスの定着民も，ある程度の家畜は飼養していたと考えられるが，それだけではまかないきれなかったであろう。このように遊牧民とオアシス住民とは相互依存の関係にあった（岩村 1967; Kreutzmann 2011）。

ところで，家畜飼養は有史以前からのキルギスの乾燥地域における生業であったが，それは遊牧（ゲチメン）という形態であった。彼らは夏季の放牧場であるジャイロにいる。秋になるとキシュトーへ移動した。冬季に居住するところを意味するキシュトーは周辺の放牧地なども含む概念である。

重要なことは，この遊牧時代にアライ谷の外側の低いところをキシュトーとした農牧民がアライ谷をジャイロ（夏の放牧地）として利用していたことである。

遊牧というと闇雲に移動しているような印象を与えるが，一般的にいえば上記のように冬季に居住するキシュトーと，夏季の山地にあるジャイロは，ほぼ毎年，同じ所が利用された。これとは別に彼らには春と秋に一時的に居住して放牧する場所もあり，それも毎年ほぼ同じ場所であった。しかし春と秋の放牧地での居住期間はキシュトーやジャイロよりも短期間であった。

つまり，図9.2Aの遊牧民期に示したように，遊牧民は，おもに4カ所の放牧地を順次利用して，毎年，ほぼ同じルートを移動していたのである。

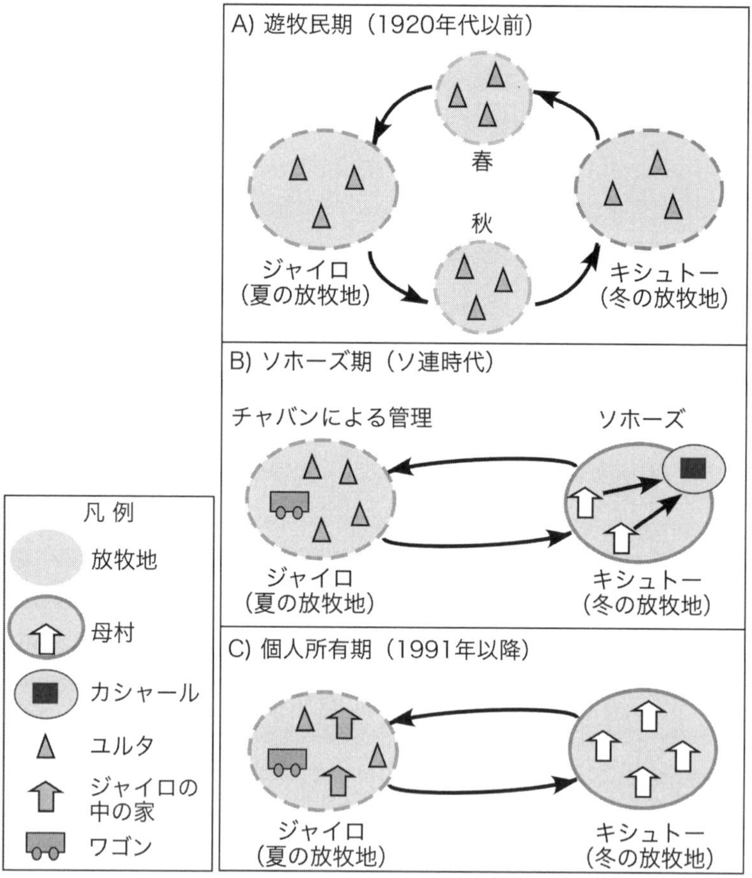

図9.2　アライ谷東部の牧畜形態の変遷の概念図 (Shirasaka et al. 2013 を改変)

こうした時代にアライ谷東部には定住集落がなく，そこはジャイロとしてのみ利用されていた。アライ谷の住民からの聞き取りによれば，時代を遡ってシルクロード時代にはアライ谷を西に下ったドゥシャンベ（タジキスタン）方面や，東に下ったカシガル（カシュガル）（中国）方面からも移牧にきていたものと推測される。こんにちでは中国領になっている地域からきていたクルグス族の放牧は新中国成立とともに国境警備が強化されて，消滅した（図9.3）。

またアライ山脈の北麓で，こんにちではウズベキスタンになっている地域からも夏季の放牧にアライ谷東部にきていた。ウズベキスタンのフェルガナやアンディジャンの人びとのジャイロとしてのアライ谷東部の利用は次のソホーズ時代になってからも継続した。

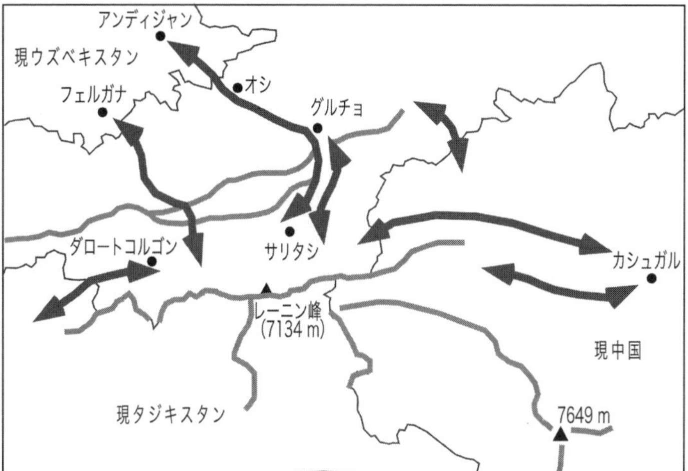

図 9.3 「遊牧時代」のアライ谷における家畜の移動（筆者らの聞き取り調査により作成）
国境線は現在のもの。

遊牧民期にアライ谷東部をジャイロとして利用していた農牧民の多くはアライ山脈の北側に居住していた同じキルギス国内の人びとであった。その多くはアライ山脈北麓の集落に加えて，平野部に近いグルチョ（グルチャ）周辺の集落からの利用も多かった。これらアライ山脈北麓の農牧民がアライ谷東部をジャイロとして利用する慣行は，こんにちでも継続している。

2.2.2　ソホーズ時代（図9.2B）

中央アジアの地域がソビエト連邦に組み込まれるのは1920年代である。旧ソ連時代の中央アジアの国ぐにの産業と社会は市場経済的な要素を徹底的に排除した中央集権的計画経済システムに深く組み込まれ，牧畜地帯は食肉の生産基地としての役割を与えられた。

遊牧の時代にアライ谷東部を夏季のジャイロとして利用していた牧畜民のすべてが旧ソ連時代の当初にコルホーズに組み込まれ，そこに定住し，牧畜を営むことになった。設立当初のコルホーズは，すべての構成員が直接に経営に参加する形でスタートし，当初は小さな組織だった。それは住民の自己消費のための生産に主眼があった。しかし時間が経つにつれて，その規模と組織は徐々に大きくなっていき，コルホーズは経営上のさまざまな問題を解決できなくなった。このために国家が介入して組織を整える必要が生じ，ソホーズに組織替えした。一般的にいえば，アライ谷東部では1970年代初頭にはコルホーズからソホーズへの組織替えがあった。

前述のように遊牧民期にはアライ谷東部は遊牧民のジャイロであり，定住集落はなかった。聞き取りによればアライ谷東部ではダロートコルゴンのみが遊牧民期からの定住集落であった。こんにち存在する各集落はソ連時代にソホーズを形成して，定住を余儀なくされて成立したものである。例えばサリモゴル村（人口3,822；2011年）は1946/47年に成立した。

ソホーズ時代にはキジルスー川の水を利用して灌漑用水路が建設された。特にサリモゴルと中国国境に近いヌラ（行政的にはサリタシ村の一部）には，この灌漑用水建設を契機として集落ができた。

ソホーズにはブリガーダとよばれる班（支部）が設置された。その目的は，ゴルノバダフシャン自治州の北部地域に比べれば，はるかに豊かな牧草のある放牧地をもつアライ谷で採草と家畜の肥育をするためであった。牧草を栽培してタジク側のソホーズにトラックを連ねて輸送した。

アライ山脈を越えた北側に位置するウズベキスタンのフェルガナ側にあった12のコルホーズがキルギスの土地を租借し，1956年に，まずジャイルマ1（キチ・ジャイルマ；標高2,768 m）を建設した。その後，ジャイルマ2（チョン・ジャイルマ）もできた。ここでは，おもにヒツジとウマを飼養し，アライ谷東部一帯をジャイロとして利用していた。

本部がフェルガナにあったシャリフ・コルホーズは上述の12のコルホーズの中の一つであり，1960年代末にジャイルマに夏季に32家族をおいていた。聞き取りによれば，この32家族はジャイルマでヒツジ約1,500頭，ヤク300頭，そしてウマ70〜80頭を飼育していた。後に，このシャリフ・コルホーズを含む4つのソホーズが合併して1964年にスターリン・ソホーズを形成し，最大でヒツジの数は3万頭に増加した。

ウズベキスタン側からアライ谷東部に来て，ジャイロを利用していた12のコルホーズは冬季には大部分の家畜をフェルガナ側（現在のウズベキスタン）の本拠地に連れ帰ったが，一部はジャイルマに残すことを通例とした。それぞれのコルホーズは一つの大型のコロ（畜舎：カシャールともいう）をつくり，もちろんウズベキスタン人が滞在して400〜500頭のヒツジをジャイルマで飼育した。草の量が多い年の冬季にはコロが二つになることがあったが，多くの年は一つのコロであった。

ジャイルマにあった4つのコルホーズをまとめて，一つのクワサイ・ソホーズに組織替えされたのは1973年である。1973〜1990年の期間，ジャイルマには25のカシャールがあった。一般に一つのカシャールには450頭のヒツジを収容したので，ジャイルマには約1万頭以上のヒツジが飼育されていたとみられる。

コルホーズやソホーズには放牧を専門とする牧人がおり，放牧業務を担当した。ヤクを除く家畜は冬季のみはカシャールで舎飼いした。カシャールは集落から離れた位置に計画的に設置された。

一方，現在ではタルディス村（人口2,437；2011年）に含まれるアルチャブラクは1957年にアライ山脈北麓にあるテレクからの移住者がサリモゴルのブリガーダに属して集落を形成した。移住者はチャバン（雇われ牧夫）としてブリガーダに帰属した。チョン・アルチャブラク（人口530；2011年）も1978年にサリモゴルのブリガーダに属して村落を形成した。

一方，サリタシの集落は特異な起源をもつ集落である。これまで述べてきたようにアライ谷の各集落は旧ソ連時代に定住を余儀なくされた歴史をもつ。そのなかにあってサリタシの集落としての成立は興味深い。

サリタシに住む女性（1933年生まれ）によればソビエト支配のもとで遊牧から定住牧畜へと急速に展開したらしい。サリタシには30〜40家族が冬季に居住していた。つまり，彼女が結婚したときは，すでに定住生活であったが，それ以前，つまり義理の両親の時代は遊牧生活だったという。その遊牧民期，夏季はサリタシから東に移動して，現在の中国との国境近くのジャイロに行った。サリタシからは約100 kmの距離にある。移動するときには，まず父親が家畜とともに先行した。その後，家族がユルトをもち移動する。そのジャイロまで3日かかった。数家族がいっしょになって移動した。家畜とともに移動するこのプロセス全体を「クチュ」といった。

彼女の記憶によれば，いわゆる遊牧は1940年ころまで継続したらしい。この辺りの多くの村落は第二次世界大戦前後に定住したと彼女はいう。彼女の話や，そのほかのインフォーマントからの聞き取り結果から考えるとサリタシには1930年頃から定住した人びとがいた。

こうした状況にあったサリタシには，アライ谷から南のザアライ山脈を越えてタジク側のムルガブまでのインフラを整備するために，1950年に道路工事・電気工事などに従事する技術者集団（*DEU*：ロシア語表記の頭文字）が居住した。当時はアスファルトの工場もあり，気象局もあった。住民の中にはロシア人も少しはいたが，ほとんどはクルグス族であった。1970年からはモスクワの直轄地となった。この地域ではサリタシのみに共産党地区委員会があった。中国との国境に近いので現在でもパスポート局があり，入国管理官がいる。このようにソビエト時代のサリタシの居住者の多くは牧畜とは関係のない仕事に従事していた。

一方，聞き取りによれば，ソビエト時代からサリタシの家族のほとんどは家畜を飼育していた。つまり，彼らはインフラ整備に従事しながらも自給のために乳牛，ヒツジの飼育を兼業していた。乳牛は各家族で飼育したが，ヒツジ・ヤギは近隣のソホーズのチャバンに委託して飼育していた。ソホーズのチャバンはサリタシのヒツジをソホーズのヒツジといっしょに飼育していた。これは密かに行われていたことだという。

このようにサリタシに定住した技術者集団はジャイロとして，この地を利用していた牧畜民を取り込み，集落を形成した。

アライ谷における筆者らの聞き取りによれば，ジャイロとしてアライ谷東部を利用していたソホーズは，それぞれに約5万頭のヒツジを飼養していた。一つのソホーズには100人くらいのチャバンがいたと地元民は語っている。ヒツジやヤギの放牧の場合，一人のチャバンは300〜500頭の面倒をみていた。したがって，アライ谷における一つのソホーズ のヒツジ・ヤギの飼育数は約3〜5万頭であったとみられる。ソホーズ時代にアライ谷東部をジャイロにしていたヒツジ・ヤギの総数は40万頭と推定される（こんにち，カシカス村から東，サリタシ村までの4カ村におけるヒツジ・ヤギの総数は多く見積もっても5〜6万頭である）。

サリタシなどにおける聞き取りによれば，ソ連時代には各ソホーズの家畜数は定められており，その数だけ飼育していた。「飼育数は増やさない方針だった」と地元の人びとは述べている。定住化した住民は，すべてソホーズに組み込まれて，給料をもらう生活だった。

2.2.3　1991年独立以降の市場経済化時代（図9.2C）

ソビエト連邦の崩壊後，牧畜業もすべて個人経営となった。個人経営者はフェルメル（ロシア語）とよばれる。アライ谷東部では定住して，空間を水平的に広く利用して牧畜（後述）を営むようになった。こうして水平的に移動して営む牧畜を，こんにちでは「クチュ」といっている。

アライ谷東部地域は農耕の視点からみると，いわゆる耕境にあり，おもに牧畜にしか生業を見いだせない地域である。1991年以降，ソホーズが所有していた家畜は，このアライ谷東部の地域でも家族ごとに分配され，放牧地を除き耕地は私有化された。

その結果，牧畜は完全に家族単位の生業となり，それぞれの家族が戦略をたてざるを得なくなった。ロシアに出稼ぎに行き，資金を貯め，それで家畜を殖やすという家族もみられる。このような市場経済化した現在の牧畜飼養の形態は図9.2Cのように概念化できる。

ところで，1991年以降の家畜飼養数の変化（表9.1）にキルギスの牧畜民の貧困を読み取ることができる。1991年以降，国家レベルでみればキルギスの家畜飼養数は大きく減少した。ブタとニワトリは特に減少し，こんにちに至るも，その数を回復していない。牧畜民の重要な現金収入源であるヒツジ・ヤギも1991年のレベルには回復していない。2019年現在，乳牛とウマは，国家レベルでは1991年の水準を上回っている。

表9.1　キルギス共和国における家畜数（単位：1,000頭）

家畜種	1991年	1995年	2000年	2005年	2010年	2019年
ウシ（乳牛）	518.6	470.8	523.8	565.1	666.5	812.6
ヤク	671.4	398.2	423.2	509.7	632.3	不明
ヒツジ・ヤギ	9,524.9	4,274.9	3,799.2	3,876.0	5,037.7	6,167.9
ブタ	357.8	113.9	101.1	77.8	59.8	51.3
ウマ	320.2	308.2	353.9	345.2	378.4	498.7
家禽	13,571.2	2,031.8	3,063.7	4,279.0	4,747.9	6,009.7

キルギス共和国 統計局のデータにより作成。

3　アライ谷東部における牧畜形態

3.1　アライ谷の現在の牧畜移動パターンと自然環境の関係

すでに述べたように，元来，アライ谷東部は遊牧民のジャイロ（夏の放牧地）であった（図9.2A）。ソ連時代に標高が3,000 m前後の高地に彼らの定住集落は形成された（図9.2B）。その結果として現在でも定住集落に近接する河谷の広大な草地空間を彼らは通年で放牧地として利用するようになった（図9.2C）。彼らはキシュトーの周辺に冬季の放牧地を設定し，キシュトーから遠い場所にジャイロをつくり，キシュトーの周辺に春秋の放牧地を設定した。村落の近くにある春秋の放牧地や，ウシを毎日放牧する放牧地などキシュトー周辺の放牧地を総称してアドゥルという。キルギスでは全国的にアドゥルという概念があり，アライ谷東部に隣接するタジキスタン北部（第10章）でも同じ概念がある。

すべに述べた冬季の居住地キシュトーという言葉は，孤立して存在する1戸に対しても，あるいは集落に対しても使われる。それは「冬をすごす（越冬）」という意味で，「春まで元気にしている」というような意味でもある。定住して牧畜を営むようになった段階ではキシュトーを「母村」と表現してもよい。

また，すでに述べたように，この辺りの積雪は例年50〜60 cm程度であり，この地域では4月末になると放牧地に緑が戻ってくる。そして家畜は5月末頃までは集落の，ごく近くの春の放牧地（ジャジィ・ジャイート）で放牧される。この春の放牧地をバルーということもある（図9.4）。6月になると家畜はジャイロに導かれ，そこで9月末くらいまで放牧する。その後は集落近くに移動して秋の放牧地（クズグ・ジャイート；クズドウともいう）に移動し，冬季に備える。しかし積雪がみられるまではジャイロに留まるという家族もある。これは可能な限りキシュトー周辺の草の消費量を抑えようとする牧民としての意志の現れである。

放牧地は総称してジャイートとよばれる。

このような彼らの定住集落，その周辺の耕地，集落周辺の放牧地の概念を整理すれば図9.4のようになる。キシュトーに対する夏の放牧地ジャイロは，夏の放牧地における生活空間を表す概念である。筆者らの聞き取りによれば，ジャイロとは夏の放牧地のみを指すのではなく，ユルタなどの居住空間や，それに付随する搾乳の場所，家畜を係留する場所（ジェレ），夜間にヒツジ・ヤギを入

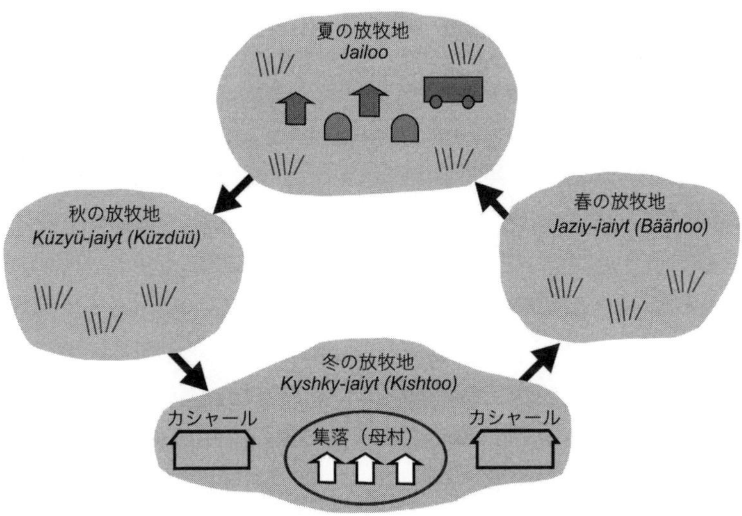

図9.4　アライ谷東部おける家畜の年間移動の概念図

れるための囲い（コロ），チーズを干す台（スル），そしてトイレ（トゥアレ）なども包含する（写真9.1）。通常，ジャイロは大きな地名でよばれるが，各ジャイロには小さな区分（地名）がある。一般的にいえば，一つの小ジャイロは数家族によって利用される。

このように春夏秋冬の放牧地の呼称が，こんにちでも用いられている。筆者らが，この地域の牧畜を「遊牧的」とする根拠の一つでもある。

パミール北部としてタジキスタン北東部からアライ谷東部について概念的に南北断面を示したのが図9.5である。この図からアライ谷東部に標高差のない遊牧的牧畜が存在していることがわかる。その成立には次の二つの条件があると筆者らは考える。すなわち，標高3,000 mを越えるところに新たにできた集落の周辺には広大な草地があることと，集落周辺の高山には草地がなく，そこは岩石と氷河の卓越する高地であることである。

この地にできた定住集落のほとんどはキジルスー川に沿う右岸の段丘上に立地した。そこは背後のアライ山脈からの湧水を生活に利用できるからである。こんにちでも，この状況は変わっていない。

各集落の背後のアライ山脈の南麓にもジャイロの一部はあるが，多くの場合，キジルスー川を挟んで，それぞれの集落の対岸から，さらに南側に位置するザ

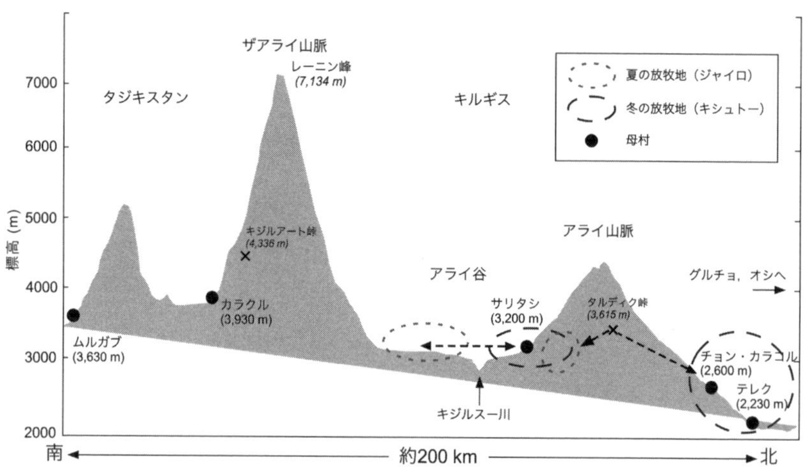

図 9.5　アライ谷からタジク・パミール北東部の南北断面 (Shirasaka et al. 2013 を改変)

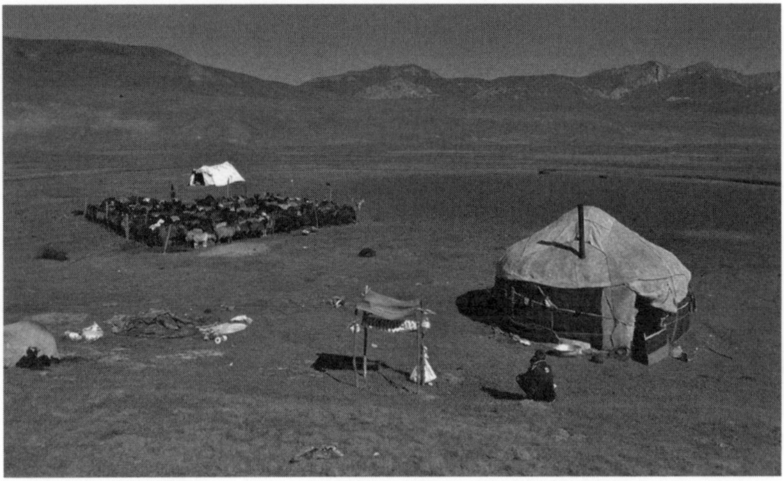

写真 9.1　ジャイロの景観（撮影：白坂 2012 年 7 月）

アライ山脈の北麓までの範囲にジャイロがある（Shirasaka et al. 2016）。したがって，各集落と，それに附属するジャイロの標高は，ほぼ同じである。

このようにソホーズ時代にアライ谷に定住させられた人びとは限られた空間を水平的に広く，合理的に利用した牧畜，つまり，遊牧的牧畜を営むようになった。この形態はソ連の崩壊による国家の独立以降も維持された。しかしアライ谷の西にあるドゥシャンベ方面からアライ谷東部への家畜の移動はソホーズ時代にはすでにみられなかったらしい。また新中国が成立すると中国側のクルグス族とキルギス共和国側のクルグス族との間の交流は途絶えた。

サリタシの背後のアライ山脈の北向き斜面に位置するチョン・カラコル（標高2,600 m）やテレク（標高2,230 m）などの村落の人びとも，ソホーズ時代から，こんにちに至るまでアライ谷東部をジャイロにしている（図9.5）。彼らの家畜移動はアライ山脈の鞍部を徒歩で昼間に移動しているが，途中の山中で野宿することもある。このときにはチャバンはヒツジの皮でつくったトンを着て，路傍で寝る。これらの道はジャイロ・ジュルとよばれる。遠回りにはなるが，ヒツジ・ヤギのごく一部は家畜の移動にトラックを利用している。

中国との国境に最も近いヌラ（標高2974 m；約150家族：800人）の人びとも農耕と牧畜を生業としており，ジャイロとしてアライ山脈南麓を利用している。

これらの人びとは母村で農耕をしているので形態的には，いわゆる正移牧を行っている。

つまり，こんにちのアライ谷東部をジャイロとして利用している人びとは以下の二つの形態に分けられる（Shirasaka et al. 2016）。(1)アライ谷東部に居住して遊牧的牧畜を営む人びとの利用，および(2)アライ谷以外（北方）で集落の標高が低く，農耕が可能である地域からの人びとが牧畜を営むためのジャイロとしての利用である。

アライ谷東部でみられる水平的に移動する牧畜はパミール北部だけにみられる形態である。しかしアライ谷は西に向かって標高が低くなるので，ダロートコルゴン（標高2,470 m）あたりになると冬営地と夏営地の間の標高差が大きくなる。つまり，ダロートコルゴンのチャクやジャステレクなどの集落では農耕もでき，その牧畜形態は，いわゆる正移牧といってもよい（Shirasaka et al. 2016; Watanabe & Shirasaka 2016）。

アライ谷では夏の放牧地の中に採草地がある。これは牧畜社会としてきわめてめずらしい事例である。つまり，通常，一般の牧畜社会では採草地（英語の meadow）と放牧地（pasture）とを明瞭に分離して管理する。

3.2　ヒツジ・ヤギ以外の家畜とその飼育

アライ谷一帯で飼育される家畜はヒツジ・ヤギに加えてウシ（乳牛），ヤク，ウマなどであるが，若干ロバも飼育されている。

ヒツジ・ヤギと同様に，ウシ（乳牛）もジャイロに行くが，年間を通して集落内で飼育する家族もある。その場合は基本的には舎飼いで，春から夏は集落の周辺の草地で毎日放牧し，冬季は干し草を与えて舎飼いする。ヤクは年間を通して放牧して飼育し，舎飼いすることはない。

筆者らの，これまでの世界各地における観察の経験では乾燥地域であっても乾燥が，それほど激しくはない所や，河川の近くではウシが飼育され，より乾燥した所ではヒツジやヤギが飼われる傾向にある。乾燥がもっとも激しい所ではヤギばかりが飼われるようになる。しかしアライ谷東部や，南に国境を越えたタジキスタンのカラクル地域における筆者らの聞き取りではヤギのみを飼育する人びとはみられない。アライ谷東部ではヤギを飼育するおもな目的はヒツジ群の先導役であるからヒツジに対してヤギの比率は5〜20%程度，最大でも25%以下である。アライ谷東部に比べて乾燥度の高いカラクル村では，それが25〜35%である。

3.3　家畜の年齢別呼称

「ことば」と環境には密接な関係がある。例えば，ルーマニアにおけるヒツジの呼び方は詳細をきわめる。ヒツジは年齢によって呼称が変わる。家畜の管理や売買をしやすくするために年齢別に呼称が必要であるのは魚でも家畜でも同じことである（Shirasaka 2007）。

アライ谷で牧畜を営む人びとは当然のことながら家畜について深い知識体系をもち，家畜の呼称は年齢によって変わる。そこには家畜の管理や売買のときの利便性が読み取れる。英語でいうlambは厳密には1歳未満のオスの仔を指す。キルギス南部では，それをコズ（*kozu*）という（表9.2）。ヤギやヤク，ウマにも年齢別の呼称がある。

表9.2　キルギス南部におけるヒツジ（koi）の年齢別呼称

年齢	呼称			備考
	♀	♂		
		去勢した♂	去勢しない♂	
6カ月未満	コズ *kozu*	コズ *kozu*		♂♀同称
1歳未満	トクトウ *toktu*	トクトウ *toktu*		♂♀同称
2歳未満	ジュサック *jusak*	シシェク *shishek*	コズ コチコル *kozu kochkor*	
3歳未満	ジュサック *jusak*	シシェク *shishek*	シシェク コチコル *shishek kochkor*	
3歳以上	スールック *sooluk*	チャール *chaary*	チャール コチコル *chaary kochkor*	

筆者らの聞き取りにより作成。

4　パミール北部における牧畜の形態―結びにかえて―

世界には厳しい自然環境の結果として牧畜にしか生業を見いだせない，かなりの地域がある。ここに取り上げたパミール北部も，そうした地域の一つである。この章では，パミール北部，アライ谷の人びとの牧畜がどのような形で営まれているのかを把握することにした。その結果，以下のようなことが明らかになった。

1900年代に入って，この地域はソ連の経済システムに完全に組み込まれた。ソ連時代，この地域はでは遊牧民を定着させ，牧畜のソホーズが設立され，完全にソビエトの経済システムに組み込まれていた。牧畜ソホーズには食糧や燃料が国家から支給されていたので人びとの生活は現在より恵まれていた。

しかしながら，1991年の独立によって牧畜も個人経営（フェルメル）となった。その結果，生産性の低い牧畜地域は農耕地域に比べて相対的に貧困が助長された。

アライ谷東部における，こんにちの牧畜をみていると，春は定住集落の近くの春の放牧地，夏はジャイロへ，秋には秋の放牧地へという自然の周期に合わせた移動をしている。そして彼らの家畜飼養は春から秋にかけては完全に自然の飼料のみに依存している。晩秋から冬季，そして早春にかけても基本的には放牧して家畜を飼育するが，ある程度は貯蔵飼料（干し草）も利用できる。ヒツジ・ヤギは冬季には舎飼いするが，冬季のための干し草は十分ではないので可能なかぎり集落の周辺で放牧する。ウシは冬季には基本的には舎飼いで，干し草を与える。ヤクは年間を通して放牧して飼育し，飼料を与えることはない。

アライ谷東部における牧畜形態は従来の移牧の類型には馴染まない。つまり，彼らの定住集落である冬営地の標高は夏季のジャイロの標高とほとんど変わらない。このような牧畜について地形の高度差を利用した牧畜，いわゆる移牧(transhumance)の視点からみれば水平方向に空間を広く利用する「水平移牧」といってもよいが，この地域の牧畜形態には，いくつかのタイプがあり，より精密な議論のために筆者らは「遊牧的牧畜」とよぶことにした。

アライ谷東部で牧畜を営む彼らは本来は遊牧民であった。つまり，1920年代から1930年代に定住を強制される以前は，いわゆる遊牧であり，一定の地域に冬営地と夏営地を定め，水平方向に東西南北を，あるいは高低差のある地域を，きわめて広く利用していたものと考えられる。それが定住させられたことにより，冬季は舎飼い，夏季はジャイロでの放牧になった。

一見するとアライ谷東部の牧畜は冬営地と夏営地との間での空間的には水平に移動する。しかし春の放牧地（ジャジィ・ジャイート）と秋の放牧地（クズグ・ジャイート）の呼称が残存している。こんにちでは，遊牧時代と比べると春と秋の放牧地における放牧の期間は短くなり，多くの牧民は，このジャジィ・ジャイートとクズグ・ジャイートを忘却している。

また，このアライ谷の東部一帯はアライ山脈の北麓に居住する人びとや，中国国境に近いヌラの人びとによってジャイロとして利用されている。これらの人びとは農耕と牧畜を組み合わせた生業を営み，牧畜は地形の高低差を利用しているので，いわゆる移牧であるともいえる。つまり，こんにち，アライ谷東部一帯は「遊牧的牧畜」と，従来の移牧(transhumance)という季節的移動をともなう二つのタイプの牧畜がこの谷で共存しており，さらに，アライ谷の西部でも地形の高低差を利用した移牧が行われている（もう一つのタイプについては第11章参照)。

パミール北部に居住するクルグス族は，その厳しい自然環境のもとで現在のところは牧畜にしか，おもな生業を見いだしえない。旧ソ連時代とは異なり1991年の独立後は，こうした牧畜民もいわゆる市場経済のもとで自立を余儀なくされている。したがって，彼らは家畜のための草地に加えて，自然環境資源を消費する危険性もはらんでいる。この地域の牧畜民が自立できるような方策が緊急に求められている。

文　献

岩田修二 2008. パミールとは どんなところか？—範囲・地形・環境—. 地理, 53, 1, 18-29.

岩村　忍 1967.『遊牧の運命 —歴史と現代—』人物往来社.

梅棹忠夫 1976.『狩猟と遊牧の世界』講談社.

福井勝義 1987. 牧畜社会へのアプローチと課題, 福井勝義・谷 泰（編）『牧畜文化の原像』日本放送出版協会, 15-16.

Kreutzmann H. 2011. Pastoralism in Central Asian mountain regions. In: Kreutzmann H, Abdullalishoev K, Zhaohui L & Richter J. Eds.: *Pastoralism and Rangeland Management in Mountain Areas in the Context of Climate and Global Change*. Deutsche Gesellschaft für Internationale Zusammenarbeit (GIZ) GmbH, 38-63.

Kreutzmann H. 2015. *Pamirian crossroads: Kirgyz and Wakhi of High Asia*. Harrassowitz Verlag, 559.

Liu J & Watanabe T. 2013. Assessment of the current grazing intensity and slope status of pastures in the Alai Valley, Kyrgyzstan. *Geographical Studies*, 88, 2, 70-79.

Liu J & Watanabe T. 2016. Seasonal pasture use and vegetation cover changes in the Alai Valley, Kyrgyzstan. In: Kreutzman H & Watanabe T. Eds.: *Mapping Transition in the Pamirs,* Springer, 113-126.

Rinschede G. 1988. Transhumance in European and American mountains. In: Allan, NJR, Knapp GW & Stadel C. Eds.: *Human Impact on Mountains*. Roman & Littelfield, 96-108.

Shirasaka S. 2007.Transhumance of sheep in the southern Carpathians Mts., Romania. *Geographical Review of Japan, The Association of Japanese Geographers*, 80, 5, 94-115.

Shirasaka S, Watanabe T, Song F ほか2名 2013. Transhumance in the Kyrgyz Pamir, Central Asia. *Geographical Studies*, 88, 2, 80-101.

Shirasaka S, Song F & Watanabe T. 2016. Diversity of seasonal migration of livestock in the eastern Alai Valley, southern Kyrgyzstan. In: Kreutzmann H & Watanabe T. Eds.: *Mapping Transition in the Pamirs,* Springer, 127-143.

Watanabe T & Shirasaka S. 2016. *Kezüü* and *novad*: A form of pastoralism in the eastern Alai Valley, southern Kyrgyzstan. In: Kreutzman H & Watanabe T. Eds.: *Mapping Transition in the Pamirs*, Springer, 145-179.

Williams MW & Konovalov VG. 2008. Central Asia temperature data, 1879-2003. USA National Snow and Ice Data Center. Digital media, Boulder, Nevada, USA.

第10章

タジキスタン北東部カラクル村における牧畜

Pastoralism in the Karakul Village, northeastern Tajikistan

白坂 蕃・渡辺 悌二

1　はじめに

第1章で述べたように，一般的にパミールは東経73度の西側の「山岳パミール」と，東側の「高原パミール」に分けられる（岩田 2008）。高原パミールの北部には塩湖であるカラクル湖（標高 3,915 m）があり，その東岸に本章の研究対象であるカラクル村（標高 3,930 m）がある。この村は一つの孤立した定住集落で，その周辺半径80 kmの範囲に村落はない（図10.1）。ここでは低温と灌漑用水不足のために農耕は不可能で，家畜飼育のみが生業である。冬季は−40℃以下にもなるが，積雪が少ないのでヤクや小家畜は，一年中，放牧される。

いわゆる，タジク・パミールは行政的にはゴルノバダフシャン自治州Gorno-Badahshan Autonomous Oblast（以下GBAO）に属する。GBAOの総面積は641万ha（日本の東北地方とほぼ同じ）だが，耕地面積は77.1万ha（全国比 16%）しかなく，そのほとんどはパミール西部に偏在する。またタジキスタンにおける放牧地（385.5万ha）のうちGBAOの占める面積は75.1万ha（全国比 19%）しかない（Strong & Squires 2012）。GBAOには放牧にさえも利用できない広大な空間がある。

GBAOの牧畜についてはRobinson (2010), Robinson & Whitton (2010), Karaudzun (2012), Vanselow et al. (2012), Kreutzmann (2011, 2015) などの研究がある。しかしGBAOの北東部の牧畜についての研究はなかった（Watanabe & Shirasaka 2018; Shirasaka & Watanabe 2019）。このため筆者らはカラクル村を選んで，ソ連崩壊後の牧畜の状況と，孤立した集落の牧畜を把握することを通して

図 10.1　タジキスタン，カラクル村の位置と 2015 年におけるキシュトーとジャイロの分布

乾燥地域における牧畜と人間との一側面を考えることにした。

なおカラクル村の聞き取りにおける金銭に関する質問に彼らはつねにキルギスの貨幣単位のソムで答える。それだけ日常生活におけるキルギスとの関係の深さが知られる。そこで本章ではタジキスタンの貨幣単位のソモニを使わずに，ソムで記載する。筆者らの調査時点（2012〜2015年）における1ソムは約2円であった。

2　調査地域の自然環境と集落

2.1　カラクル周辺の自然環境

第4章で示したように，パミールの降水量は東に行くほど減少する。東経73度より東側（カラクルも含まれる）では地形の影響を受けて極端に乾燥し，年降水量は70〜80 mmになる（Komatsu 2016）。

図10.2はWilliam & Konovalov (2008)のデータから作成したカラクル村の月平均気温と降水量である。年平均気温は−3.6℃で，年降水量は80.6 mmである。筆者らの2014〜2015年の観測ではカラクルの最暖月は7月（14.2℃），最寒月は1月（−14.1℃），年平均気温は−0.1℃で，この年はかなり暖かな年であったと考えられる。

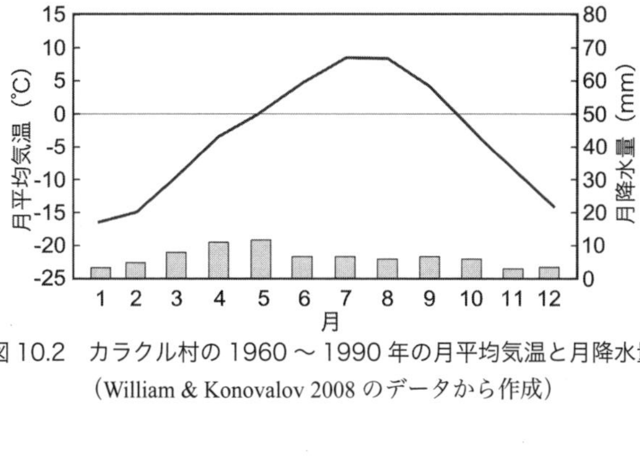

図10.2　カラクル村の1960〜1990年の月平均気温と月降水量
（William & Konovalov 2008のデータから作成）

2.2　ソ連時代の土地利用

タジキスタンは1920年代にはソ連に組み込まれたが，筆者らの聞き取りによればソ連時代以前に湖周辺には定住集落はなかった。カラクル村の嚆矢は湖の南岸に形成されたコルホーズである。

ソ連時代にムルガブ郡には5つのコルホーズがあった。ムルガブ，レーニン・ゾル，キーロフ，バシュ・グンベズの4つのコルホーズに加えて，カラクル湖の南岸を本拠としたプラウダ・コルホーズである。

プラウダ・コルホーズは1918年に設立され，ジャンギ・ジェール（「新しい集落」という意味）の集落ができた（図10.1のWJJ：標高4,021 m）。プラウダ・コルホーズでは湖の東岸一帯に冬季にヒツジ・ヤギなどを収容するカシャール（ヒツジ・ヤギ400〜500頭を収容できる大型の畜舎）を15カ所にわたり設置した（図10.1のWK）。そしてカシャールを管理する事務所などをWK1（図10.1）においた。

1930年代にザアライ山脈を縦断して湖の東側にキルギスとタジキスタンとを結ぶ道路ができ，1949年には南北方向に自動車道路となった。この道路は南のパキスタン，および東の中国からカラクル，そしてキルギス南部のオシを結ぶ道路で，こんにちではパミールハイウェイとよばれる。この道路ができたので集落はジャンギ・ジェールから幹線道路沿い（図10.1のWK1）に移動し，カラクルと称し，こんにちに至っている。

当初，コルホーズの家畜は自然の草本のみで飼育された。しかしながら湖の北の国境を越えるとキルギス側には相対的に豊かな草本を生産するアライ谷がある（第9章）。上記の5つのコルホーズはアライ谷の一部を租借（6.1万ha：50年間の租借）して，飼料（タビギー・チョップ *tabigyi chöp*）の生産基地とした。それがアライ谷のサリモゴルの集落（p. 182，図9.1参照）である。サリモゴルは，もちろんキルギスに属していたが，前述の5つのソホーズは一部の住民を1947年からサリモゴルに移住させ，ブリガーダ（ソホーズの班；支部）をつくり，飼料を生産した。

したがって，サリモゴルは行政的にはGBAOのムルガブ郡に属し，2003年までタジキスタン共和国の飛び地であった。各ブリガーダは牧草を栽培して，「毎年の秋にはタジク側にトラックを連ねて輸送した」という。ソ連崩壊後も2003年までタジキスタンはサリモゴルを租借していた。サリモゴルの住民の多くは2004年までにキルギスの市民権を取得した。

プラウダ・コルホーズは1940年頃に改組され，キジル・チャカラチ・コルホーズになった。このコルホーズは1976年まで維持されたが，1977年からソホーズ[1)]になり，ソ連崩壊まで継続した。ソホーズには，すべての生産資材などが政府から提供されたのでカラクルの生活は「楽になった」と住民は振り返る。カラクルのソホーズ は1999年まで存在した。旧ソ連時代には政府から食糧，燃料の灯油や石炭の配給があったが，独立後はそれがなくなった。この地域にはソ連崩壊により食糧問題が存在した。

2.3　ソ連崩壊にともなう家畜の「私有」

タジキスタン共和国の独立によりカラクルでもソホーズが解体され（1998年），ソホーズが所有していた家畜は住民に分配された。またソホーズの所有だったカシャールは個人に売却された。機械類・自動車なども個人に売却された。

本格的にフェルメル（個人経営）に移行したのはカラクル村では2000年である。2005年にはフェルメルに関する法律が改定され，放牧地も含めて個人所有が合法化された。いわゆるリガリザティアである。

現在，GBAOの農耕や牧畜経営には，(1) 個人経営（individual *dekhan* farm），(2) 共同経営（collective *dekhan* farm），数家族が集まっての協同経営，(3) 国営企業（state enterprise）の三つの経営体が併存している。国有企業は牧畜経営にも依然として残存している。

こんにち，フェルメルやディカン・チャルバ（collective *dekhan* farm）の育成が進んでいる。カラクル村にはフェルメルしか存在せず，そのすべてがフェル

1)　一般的にいえば，コルホーズは当初は小さな組織だった。設立当初のコルホーズは，すべての構成員が直接に経営に参加する形でスタートし，おもに自己消費のための生産に主眼があった。しかし時間が経つにつれて，その規模と組織は徐々に大きくなっていき，コルホーズは経営上のさまざまな問題を解決できなくなった。このために国家が介入して組織を整える必要が生じ，ソホーズに組織替えした。

メル協会（農牧民の政府系全国組織）[2]に加盟している。

2.4　カラクル村の人口

ソ連時代にはカラクル村にサリモゴル（第9章, p. 186を参照）が含まれており，その人口は4,000～5,000人だった。

ソ連崩壊後，カラクルのかなりの家族が村外へ移住した。またカラクルの約20の家族がアライ谷のサリモゴルなどに引っ越した。ソ連崩壊後にカラクルを離れたのは約160家族である。ソホーズのブリガーダがあったサリモゴルに，そのまま定住し，キルギス国籍となったカラクルの人びともいた。

2010年のカラクル村の人口は804人（163家族）であったが，2013年8月現在，人口は 約750人（家族数は約160）に減少した。2010年時点では1家族のみがタジク族で，ほかはすべてクルグス族であった。住民の80%（約130家族）は牧畜のみで生活し，約20%が公務員（役場の職員，教員など）である。公務員もヒツジ・ヤギなどを飼育している場合が多い。

カラクルでは肉・乳製品以外のすべての食料は移入される。ジャイロには毎週金曜日にオシから行商が来るのでジャガイモ，ニンジン，タマネギ，トマト，ブドウ，スイカなどを入手できる。この行商は冬季にはカラクル村にも来ない。したがって，冬季は保存の利くジャガイモとニンジンのみの生活である。

3　カラクルの牧畜とその形態

3.1　飼育家畜種と家畜数

こんにち，カラクルで飼養されている家畜はヤク（*topoz*），ヒツジ（*koi*），ヤ

2)　タジキスタンでは1999年に各地方自治体ごとにフェルメル協会が設立され，これに入会しないと住民は放牧地を使えない。つまり，キルギスで各行政体に設置され，放牧地を管理運営している放牧地委員会*Jaiyt Komitet*の役割をタジキスタンではフェルメル協会が担っている。フェルメル協会は村の病院や,学校の運営にも関係している。さらに結婚のときのドキュメント（*zaks*）を発行するのもフェルメル協会である。

ギ（*echike*），乳牛（*uy*），そしてロバ（*eshek*）[3)]である。ソホーズ時代のカラクルではヤクの飼育者にのみウマが支給された。ヤクは歩行が速いからである。またソ連崩壊の時点まではラクダが重要な移動手段として飼育されていた。しかしウマもラクダも，こんにちではみられない。

図10.3は1941〜2008年におけるタジク・パミール東部の家畜数の変遷を示したものである。一般的にいえばソビエト時代の中央アジアにおける集団農場には移入・輸入された飼料が配分され，また獣医サービスが充実し，それが家畜の急速な増加につながった。ところが，ソ連崩壊後，タジキスタンでは経済が崩壊し，失業率が上がったので私有となった家畜の多くが売られたり，直接消費されたりして家畜数が大幅に減少した。ソ連崩壊後の激烈な家畜数の減少は中央アジア各国に共通してみられた（例えば，Shirasaka et al. 2013）。

しかしながら，現在では中央アジア各国の家畜頭数はのびている。GBAOでも1990年代後半からフェルメル成長の結果として家畜数は回復し，1998〜2007年からは過去の82%までに回復した（Sedik 2009）。

一方，タジク・パミール東部の家畜数は1990年代初頭，つまりソ連崩壊時における家畜数を回復していない（Robinson 2010）。図10.3はGBAOにおいては小家畜の数が深刻な減少を示し，まだ回復していないことを示している。

カラクル村の副村長からの聞き取り（2013年8月）によれば，ソホーズ時代

3)　農耕社会で育った筆者らからみるとパミール北部におけるクルグス族のロバの扱いは，きわめて興味深い。タジキスタンでもキルギスでも公式統計にロバは出てこない。しかしキルギス南部やタジキスタン北部のGBAOのクルグス族はロバをさまざまな場面で利用している。「ロバを何頭飼っているか」という質問をすると，例外なくほほえんで，まともにその数を答えない。彼らは「ロバの数をきいてどうするのだ」という。カラクルではヒツジの値段は4,000ソム以上/頭だが，ロバ1頭の値段は500〜1,500ソムと極めて安価である。ロバは粗食にも重労働にも耐える家畜であるが，大切にはされない。つまり，ロバは家畜の範疇には入っていない。カラクル村では冬季でもロバの面倒をみる住民はいない。クルグス族を含むパミール北部に居住する人びとはロバを乗用や荷物運びに利用してはいる。しかしクルグス族の世界におけるロバは，一般的に「忌むべき動物」である。なぜならクルグス族の住む地域は高原パミールであり，彼らは低地の人びとに対して古くから差別意識をもっていたといわれている。ロバはその低地に居住する人びとの家畜であるためにクルグス族の間にはロバに対しても軽蔑の意識があるという。このために，この地域にロバの統計はなく，その繁殖も自然にまかせている。所有者不明のロバも多数いる。しかしパキスタンやインドではロバは家畜として重要で，軽蔑の対象にはなっていない。

のカラクルでは約1万4千頭のヒツジ・ヤギが飼育されていた。ソ連崩壊後は、それが急激に減少した。2013年におけるカラクルの家畜数（推計）はヒツジ・ヤギ1万頭，ウシ100頭，ヤク2,500〜3,000頭，ロバ90頭である。

2013年の時点で，2016年には家畜飼育数はソホーズ時代の水準に戻るものと役場はみていた。ソ連崩壊後のカラクルの家畜数変遷はGBAO東部の全体の傾向と，よく一致している。

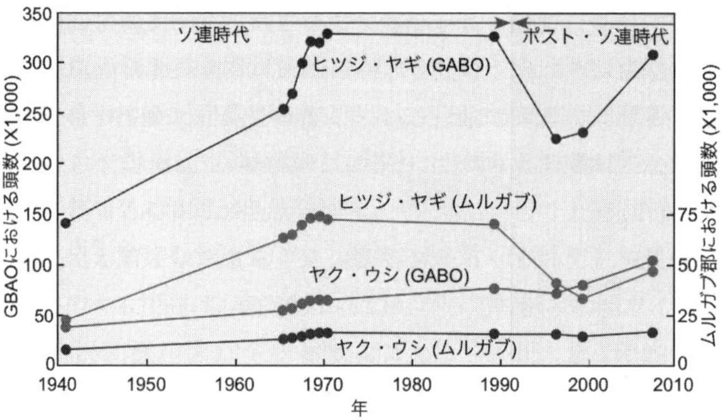

図 10.3　タジク・パミール東部における 1941 〜 2008 年の家畜数の変遷
（タジキスタン政府の資料などにより作成）

3.1.1　ヒツジ・ヤギ

カラクル村のほとんどの家族がヒツジ・ヤギを飼育しており，換金する家畜として重要な家畜はヒツジである。ヒツジはジャイダル種で，尾骨の周辺に大きな脂肪の塊がついている。これは品種改良の結果である（加茂 1973）。ヒツジの尻の脂肪の多寡は販売価格に反映する。ヒツジの年齢や性別は販売価格にあまり関係がないが，販売価格には体重が指標となる。

カラクル村におけるヒツジ・ヤギの種オスは次のように扱われる。例年，2月になると各家族はヒツジ・ヤギのオスをジャンギ・ジェールにいる，一人のチャバンに預ける。その数は約350頭で，預託費用は50ソム/頭/月である。彼はカラクル村のヒツジ・ヤギのオスのすべてを一人で受託・飼育している。彼はオスを5月にコシ・ジルガ・ジャイロ（Ak1）に上げる。そこで9月末まで飼育する。10月に入ると各家族はジャイロでオスを受け取る。その後，各家族はジャイロでヒツジ・ヤギのオスとメスを合わせる。つまり，秋に一斉に種オスをメス群に入れて，出産期の集中が図られている（Shirasaka & Watanabe 2019）。

一般に牧畜社会では，この交尾期の調節は来たるべき搾乳のための均質的な集中処理を可能ならしめるための方策である（谷 2010: 156）。ヒツジの妊娠期間は152日くらいなので10月にメイティングすれば3月上旬には新生の仔畜がとれる。カラクルにおけるヒツジ・ヤギの出産は3月にピークがある。

3.1.2　ヤクとウシ

カラクルの全160家族の中で約80家族は，多かれ少なかれ，ヤクを飼っている。そのうち20〜30家族は100〜150頭のヤクを所有している。ヤクを多く所有する家族はヒツジ・ヤギも多くもっている傾向にある。

ヤクはキシュトー（冬季の居住地；詳細は後述）でも，ジャイロでも，オス・メスを年中いっしょに放牧するので人間はメイティングに関与しない。種付け用のヤク（*buka*）は各家族が選択・飼育する。4歳以上のメスヤク（*tuar-iynek*）の多くは，ほぼ毎年，仔を生む。一般的にみてヤクの搾乳期間は5〜9月，つまり，ジャイロにいるときのみである。ヤクは，ほぼ3月（遅くとも5月まで）に野外で出産して，新生の仔畜は成メスが育てる。パミール東部では一年を通してヤクには飼料を何も与えない。

3.2　カラクルにおける放牧形態

3.2.1　定住地と各種の放牧地

カラクルでは放牧地はジャイート *jaiyt* とよばれ，集落の周囲にひろがる放牧地も，ジャイロの放牧地もジャイートである。また彼らは冬季の居住地をキシュトー *kyshtoo* といい，カラクル集落や，カシャールのあるところもキシュトーとなる。

カラクルにおける家畜は，おもに夏季には山地にある放牧地（ジャイロ：図10.1の記号AkやKo）で放牧され，冬季には定住地であるカラクルの周辺で放牧される。カラクルの人びとの多くは夏季には標高4,700 mあたりまでをジャイロにしている（図10.1）。このようにカラクル村の住民の一部は，一見すると地形の高低差を利用して牧畜をしているようにみえる。しかしながら，MuやKaなどのジャイロはキシュトーとの標高差が，ほとんどない。さらにはカラクルの人びとには春と秋の放牧地（くわしくは後述）もあり，移動性の高い牧畜を営んでいる。つまり，カラクルでは定住集落とジャイロとの間の標高差には大きな意味がなく，春夏秋冬にわたり家畜を「移動させる」ことが重要である。このような移動性の高い牧畜は厳しい気候環境下における少ない草本の生産が要因である。もちろん，パミールでも集落の標高の低い地域ではジャイロとの標高差が意味をもつ地域もある。

このような移動性の高い牧畜を表現する用語はカラクルのクルグス族にはないが，「家畜の移動プロセス全体」を指して彼らは*küch*（発音はゴチュ）という。*küch*は「移動」を意味するので彼らの感覚からみると，文字通り「移動する牧畜」である。カラクルの牧畜のように定住集落をもってはいるが，農耕がなく，また移動性の高い牧畜を筆者らは「遊牧的牧畜」（nomadic pastoralism）と表現することにした（第9章参照）。カラクル周辺の，このような高い移動性をもった牧畜がみられる理由は砂漠的環境下における「草本の少ない生産量」につきる。カラクルでは貧弱な草本（特に冬季の餌資源）が家畜飼養の制限因子である。

図10.1は夏季の放牧地であるジャイロ（Ak, Ko, Mu, Kaなど）や，カシャールのある冬季の放牧地（記号：W）の位置は示しているが，春の放牧地であるバルー（*bäärlöö*）や，秋の放牧地であるクズドゥ（*küzdöö*）の分布は示していない。住民からの聞き取りによれば，カラクル村の中のジャイロ，バルー，クズドゥには，それぞれに名称があり，その数は約60だという。バルーとクズドゥはカラクル集落から少なくとも4〜5 kmは離れている。遠いものは10〜20 kmも離れている。また，それらは中国との国境の広大な緩衝地帯の中にも存在する。

3.2.2　キシュトーと冬季の放牧

家畜の移動に関与する牧童チャバン（*chaban*）が一人で扱えるヒツジ・ヤギの数は草本の多い平地では1,000頭は可能で，山地斜面では500頭が限界である。チャバンへのヒツジ・ヤギの委託料（2015年9月）は，夏は25ソム/頭/月で，冬は30ソム/頭/月，ヤクの委託料は通年60ソム/頭/月であった。

一般的にみれば，ジャイロからキシュトーに戻ってきたヒツジ・ヤギはチャバンに預けられる。しかしヒツジ・ヤギの1年未満の仔畜のみは，常時，各家族で飼育し，放牧もする。

コルホーズ時代につくったカシャールはソ連の崩壊後にフェルメルに譲渡され，冬季に居住して，家畜を飼っている家族もある。ヒツジ・ヤギの飼育頭数が200頭以上の大規模所有者は，このような孤立したカシャールで独自に飼育することが多い。つまり，上述のようにカシャールもキシュトーであるが，地元の人びとは単にカシャールとよび，孤立して存在する。

カラクルの集落から離れて，孤立しているカシャールでもチャバンが雇われる。こうしたキシュトーも含めてカラクルには冬季の放牧に対応するチャバンが少なくとも25人はいる。冬季にヒツジ・ヤギの飼育をチャバンに委託するようになったのは2010年頃からである。冬季における毎日のヒツジ・ヤギの放牧は少なくとも3〜4家族のヒツジ・ヤギをまとめて，チャバンに預ける。毎朝，チャバンに預け，それを夕方に受け取る。チャバンのすべては地元民であるが，それを専業にしている者もいるし，サバシカ（ロシア語で*sabashka*：季節によって，さまざまな仕事をして生計を維持する人）もいる。

上述のような孤立したカシャールをキシュトーにしている家族は，1年中，カラクルの集落から離れて生きている。これらの家族はカラクルにも住居をもち，学齢期の子どもたちはカラクルで生活する。これはカラクル村だけではなく東パミールにおける村落に共通する事象である。

ヤクは冬季でも放牧し，干し草を与えることはなく，1週に一回ほど所有者が見回り，群れの状況を把握する。しかし10月から翌年の4月まで冬季のヤクの管理をチャバンに委託する家族もある。ヤクは，年中，オスメスをいっしょに放牧する。しかし冬季にオスはメスと仔畜の群れから離れている。4〜9月のメイティングの時期になるとオスはメスの群れに合流する。

ウシはカラクルの集落内にも各カシャールにもいて舎飼いする。冬季でも，毎日，キシュトーにある放牧地に誘導して放牧する。仔畜もいっしょに放牧する。キシュトーでもジャイロでも乳牛は通年で各家族により飼育され，その飼育がチャバンに委託されることはない。

3.2.3　ジャイロと放牧

i）ジャイロの立地と選択

GBAOの夏の大部分の放牧地は利用者・住民の集落より標高の高いところ，つまり，谷の最上部にある。住民は時期を定めてジャイロに家畜を移動させる。いくつもの集落によって利用され，その移動に2週間もかかる遠方にあるジャイロもタジク・パミールには数多く存在する。

カラクル村の人びとがジャイロにしているのは湖の西にあるアクジルガ谷（図10.1のAk：写真10.1）とコクイベル谷（図10.1のKo）である。カラクルから，これらのジャイロまでの行程は徒歩で，ほぼ1〜2日である。

カラクル村において利用されているジャイロは全28カ所であった（図10.1）。2012年に筆者らが，再度，調査した時点では，この28カ所のうちKa1〜4とMu1の5カ所は利用されていなかった。その年によっては利用されないジャイロがある。

ソホーズ時代にはジャイロへの引っ越しはソホーズが費用を負担し，トラックも利用した。ジャイロには石炭も運んだので，こんにち，その消費が問題になっているテレスケン[4)]を使う必要がなかった。こんにち，カラクルを含むパミール東部では家畜移動の基本は家族単位で行われる。パミール東部では西部のように家畜移動のすべてが専門のチャバンに委託されるわけではない。カラクルでは夏季には子どもたちや年金受給者も含めて，ほとんどの人びとがジャイロに移動するので集落は閑散としている。

カラクルの村民は村内の，どのジャイロも利用できる。またジャイロ利用は

---

4)　タジク・パミールの人びとは，従来からウシの糞を乾燥させたテゼックや ヒツジの糞を乾燥したクック（この方が珍重される）を調理や暖房の燃料として利用してきた。しかし燃料としての糞がパミールでは不足しており，こんにち，熱源のための石油の欠乏が大きな問題となっている。タジク・パミールでは住民が調理や暖房の燃料として地元でテレスケンとよばれる灌木を採取・利用している（渡辺 2008)。テレスケンは糞以外の唯一の燃料源である。太いものは20年生以上で，樹高30〜40 cmに成長するのに40〜60年を要する。

無料である（タジキスタン国内では放牧地への放牧は無料である）。カラクル村も含めてGBAO内の多くの村は放牧地への村外からアクセスを認めているが，独立後，より遠いジャイロと若干の冬の放牧地への移動は減少した（Robinson & Whitton 2010）。

写真10.1　ジャラン・ジャイロ（Ko6：標高4,153 m）の景観（撮影：白坂　2015年9月）

ⅱ）往路：キシュトーからジャイロへ

一般的にカラクルの人びとが家畜をジャイロに追い上げるのは5月中旬から下旬である（図10.4）。しかし学校に通っている子どもたちは学年末の試験が6月初旬にあるのでジャイロに来るのが6月中旬という家族もある。数家族が一つのグループをつくり，いっしょにジャイロに来る。所有するヒツジ・ヤギに加え, ヤクもいっしょにジャイロに来る家族もある。このヒツジ・ヤギの移動にジャイロまでチャバンを雇用することもある。こうしたチャバンを務めるのはサバシカである。

ジャイロでの生活のための荷物輸送はトラックを頼み，カラクルから2時間かけて運搬する。家畜移動の費用は現在では自前で，それに対する助成金などはなく，道路やジャイロにおける家屋などのインフラも自前で建築・修理する必要がある。

ヤクも所有者がジャイロへ導くのが一般的ではあるが，次のようなこともある。新生の仔畜も含めてヤクだけでジャイロへ上って来ることがある。ヤクのみだとキシュトーからジャイロまでは3日ほどかかる。またヤクはジャイロの雪が多くなってくると，放っておいても来た道を忘れずに自分のキシュトーまで帰っていく。人びとは「ヤクは地図をもっている」という。

一つのジャイロの利用家族数は1家族ということもあるが，多くは3〜5家族程度である。6家族が利用していれば利用家族の多いジャイロである。これらの家族は，毎日，順番に各ジャイロにいるすべての家族のヒツジ・ヤジを飼育する。しかし家族の都合により飼育がチャバンに委託されることもある。

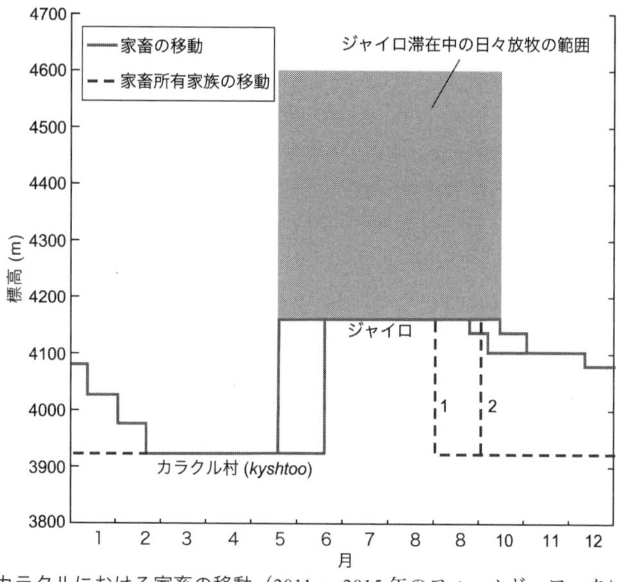

図 10.4　カラクルにおける家畜の移動（2011 〜 2015 年のフィールド・ワークにより作成）

iii）帰路：ジャイロからキシュトーへ

学校は9月に新学期を迎えるので子どものいる家族は家畜をジャイロで誰かに預け，家族のみが8月末にカラクルに帰る（図10.4の破線1）。また多くの場合，家畜の面倒をみてくれるチャバンに家畜の管理を任せて，9月末ころに家族はカラクルにおりる（図10.4の破線2）。

家畜がキシュトーに下る時期はジャイロにおける降雪の状況による。積雪深が5 cm位になればヒツジ・ヤギはジャイロを離れる時期で，その時期は，例年10月中旬であるが，雪が少ないと12月，または1月初旬になる。そうしたことは10年で一回程度ある。ヒツジ・ヤギは積雪深が約20 cmまでは足で雪をはらって，枯れ草を探して食べるが，それ以上になると採餌できないのでチャバンに導かれて徐々に下山する。チャバンはジャイロに点在する小屋を使いながらキシュトーに向かう。この頃になるとジャイロの小屋は空いている。この小屋にはカギをかけないという不文律があり，緊急時には利用することができる。チャバンはほかのジャイロのヤクも引き受ける。

ヤクは寒さには極めて強く，ジャイロでの寒さを凌ぐことができる。しかしヤクは足で積雪を払えないのでヤクも積雪深20 cmになると下山を余儀なくされる。放っておいてもヤクは徐々にキシュトーに下りる。また積雪が少ないとヤクがジャイロに居座ることもある。つまり，ジャイロで越冬する。それは10年間で一～二回程度の頻度でおこる。

ジャイロでもヤクや乳牛，そしてヒツジ・ヤギの糞を乾燥し燃料のテゼック（*tezek*）をつくる。ヒツジ・ヤギのそれはクック（*kyk*）とよばれ，燃焼温度が高いので燃料としての価値が高い。大部分はキシュトーに持ち帰る。こんにち，燃料にはテレスケンも大量に利用される。

ジャイロにおける生活のおもな行動は放牧と搾乳，そして乳の加工である。例えば，ジャラン・ジャイロ（Ko6; Shirasaka & Watanabe 2019）では薄暗い早朝の6時にはヤク（88頭：2015年9月）の搾乳がはじまり，30分で終了する。搾乳の終了したヤクは背後の山に追い上げて，放牧する。ヤクの仔畜（61頭）は親とは反対の集落の前方の平坦地へ放牧する。この仔畜の放牧地はテントからみえる範囲にある。また約20頭のウシもジャイロの周辺に自由に放牧されるが，ヤクの仔畜の放牧とは距離がとられる。

ヤクにも乳牛にも春に仔を生まなかった成メスのスアイ（*suai*）が相当数いる。ジャラン・ジャイロでは，例年，スアイをコクイベル谷の一番奥，Ko5より上方の峠寄りに放牧している。ここはカラスー・ジャイロであるが，この20年間は，だれも利用していない（したがって，図10.1には表示していない）。ここにはジャラン・ジャイロだけではなく，クル・アイリック・ジャイロ（Ko8）やトゥーラブラク・ジャイロ（Ko7）のスアイも放牧する。例年，オスを加えて200頭近くのスアイが放牧される。ジャラン・ジャイロではヒツジ・ヤギのノバドのチャバンが放牧しながら週に一回程度，カラスー・ジャイロを見回ることにしている。

通常，ヒツジ・ヤギは3〜4歳の成畜を年に一回，夏季に出荷する。北に国境を越えたキルギスのサリモゴルまで徒歩で移動し，そこの家畜バザールで販売することもある。

3.2.4　共同放牧：ノバド *novad*

数家族があつまって共同で放牧することをカラクル村ではノバド（*novad*）という（第11章参照）。ノバドはタジク語で，本来は「次々に交代する」「順番にやる」という意味である。冬季にカラクルの集落内で家畜を飼育する家族はヒツジ・ヤギのノバドを組んで集落の周りに放牧する。毎冬にカラクルの集落には12〜13のヒツジ・ヤギのノバドが存在する。カラクルでは冬季に放牧できない日は5〜6年に1日程度しかない。

ジャイロではヒツジ・ヤギ，および成畜のヤクのみがノバドを組む。カラクルではヤクは冬季でも放し飼いであり，ウシは各家族が飼育するので冬季にノバドを組むのはヒツジ・ヤギのみである。一つのノバドのヒツジ・ヤギの数は200〜500頭である。

例えば，7家族が利用し，ヤク46頭，ヒツジ・ヤギ457頭（2011年）がいたジャラン・ジャイロ（Ko6）ではヤクとヒツジ・ヤギのノバドに別々に毎日二人のチャバンを必要とした。ヒツジ・ヤギに関しては担当が不公平にならないようにジャラン・ジャイロでは50頭単位で担当の1日と換算するから2011年夏に各家族は9日に一回の割合でヒツジ・ヤギのチャバンを担当した。ヤクは所有頭数の多少に関係なく7日に一回であった。ジャイロにおけるノバドは，一般には，上記のようなやり方である。

しかしながら，ジャイロでヤクやヒツジ・ヤギの放牧に必ずノバドが組まれるとは限らない。ヤクやヒツジ・ヤギの少ない家族は親戚や, 親しくしている家族から，そのジャイロにおける飼育を委託されることもある。もちろん，ヒツジ・ヤギ，そしてヤクの，いずれかの飼育を委託したり，受託したりする。こういう家族はジャイロでのノバドには参加しない。

一方，冬季のカラクル集落のノバドの数は，その年により異なり，2013〜2014年の冬には15，2014〜2015年の冬は11のノバドがあった。夏季に同じジャイロを利用する家族が冬季にも同じにノバドを組むとは限らず，集落では「通り」に沿ってノバドを組む。

カラクル集落では，一般的にノバドは少なくとも5〜6家族が集まり，ヒツジ・ヤギは300頭程度以上にする。原則として，チャバンは，毎日，各家族からの一人が務めるが，多くの場合，チャバンは雇用される。

3.3　家畜飼育の態様

3.3.1　ヒツジ・ヤギの混牧と誘導ヤギ

筆者らの世界各地における観察と経験によれば，乾燥地域であっても乾燥が激しくはないところではウシが飼育される。乾燥がそれほどでもなく，草本の豊かな地域ではヒツジのみの移牧をして，搾乳もする（Shirasaka 2007）。より乾燥した所ではヒツジやヤギが飼われる傾向にある。乾燥がもっとも激しい所ではヤギばかりが飼われるようになる（松井 2001）。このようにヤギのみを放牧する地域は乾燥した，ひじょうに厳しい環境にある。パミールではヤギのみを飼育する牧民はいないが，ヒツジ・ヤギを同一の群れとして飼育する。パミール北部の混牧の群れにおけるヤギの比率は5〜35%とばらつきがある。

ヒツジ・ヤギを混牧する牧畜社会では，数頭のヤギを群れの先導役[5]として利用する。クルグス族は先導ヤギをセルケ（*serke*）という。カラクル村ではセルケは去勢したオスヤギである。彼らは先導ヤギに特別の訓練をしない。

5)　誘導ヤギについて谷（2010: 181〜183）は次のように述べている。「山羊は，羊に比べて，ときに気まま，活発で，外部刺激に対して速やかに反応する。そのために移動をする群れから逸れだすこともしばしばなのだが，追い立てに迅速に反応して，群れの先頭を切ることも少なくない。そのため，こういう自然的行動属性に目をつけて，群れの誘導のために山羊を混入する技法があることはよく知られている」。

3.3.2　搾乳と乳製品

コルホーズ・ソホーズ時代にはヤクの搾乳をしなかった。ヤクは肉の生産が目的だった。現在，カラクルの人びとが搾乳するのは，おもにヤクと乳牛である。ヤクも乳牛もジャイロにいるときしか搾乳しない。搾乳は朝夕の二回である。ヤクは朝夕の二回の搾乳で約1～3ℓ/日（平均では2ℓ）とれる。搾乳は女性の仕事で，男性や子どもは催乳のために仔畜を成メス近づけるなどの力仕事をする。

ジャイロでは夕方になると住居の周辺に放牧しているメス乳牛と，その仔畜が搾乳のために集められる。またヤクがノバドから帰る時刻（18:00頃）には新生の仔畜を搾乳場所であるジェレに適当な間隔をあけて繋いでおく。ヤクは放牧から帰ると搾乳場所に自ら近づく。それは，すでに仔畜をジェレに繋いでおくからで，いわゆる催乳である（催乳はタジク語でイエット*iyet*で「ミルクをとる」という意味である）。

ヤクも乳牛も夜間は乳メスと仔畜は少し離して，別々にジェレに繋いでおく。

朝の搾乳は07:30頃に開始し，ジャラン・ジャイロ（Ko6）では104頭（8家族；2015年9月）の搾乳を終えるのは8:30くらいだった。搾乳の終了後，すぐに放牧に出発する。

ヤクのミルク10ℓから約1.5ℓのバターがとれる。チーズは乾燥して，いわゆるクルトにする（第8章参照）。バターやチーズは「ほとんど販売しないで自家消費や，遠くの親戚や子どもに送る。消費者が近くにいないから売れない」と住民はいう。

一方，筆者らの聞き取りによれば，カラクルのジャイロでは全家族の半数がヒツジ・ヤギから，わずかでも搾乳をしている。しかし実際には1頭からバケツの底にへばりつくような量しかとれない。一般的にはヒツジ・ヤギの乳とヤク・ウシの乳（いずれも*süt*という）は混合して利用する。本格的にヤギの搾乳をする家族はカラクル村で3家族のみ（ドン・ジベル・ジャイロ：Mu4）である。彼らはヒツジ・ヤギの乳からチーズ（*pyshtock*）とヨーグルト（*airan*）をつくるが，3カ月のジャイロ期間に20～30 kg/家族のチーズをとる。この3家族は正午頃にヒツジ・ヤギを一旦はコロに戻して，休息させ，搾乳する。ヒツジ・

ヤギの搾乳も仔畜を使って催乳する。

バターとチーズ作りの作業全体をスット・タルトウ *süt tartuu*（*süt*・ミルク；*tartuu*・分ける）という。現在では，このスット・タルトウにはセパレーター（遠心分離装置）が使われている（第8章，写真8.2）。ミルクからのバターの分離に，かつては太い木をくり抜いたグップ（*güp*）を使った。1965〜1970年にかけて「一般人」としてロシア人が入ってきてからセパレーターを使うようになった。カイマク（バター）やクルト（乾燥チーズ）は市場価値があり，カラクルでも一部は販売もされるが，そのほとんどは自家消費である。

3.3.3　干し草生産と冬季の飼料

カラクルも含めてタジク・パミール東部では農耕が不可能なので冬の飼料は天然の干し草のみである。現在，カラクル村の人びとは家畜飼料を購入することはない。

この地域は乾燥に加えて凍結融解に起因する土壌へのダメージにより草本の密度と草丈は採取に適していない。しかし湖の北東岸の限られた範囲1カ所（集落の北6〜7 km）に夏季に禾本科の草原が出現する。飼料によいとする草本は地元でノコテク *Nokotek*（ツメクサの仲間）やチ *Chi* とよばれるマメ科の草本で，8月の草丈は20〜30 cm程度になる。この採草地をチャブンドウ *Chabindi*（地名：草刈りの意）とよぶ。ヒツジ・ヤギの飼育頭数で各家族に採草地が割り当てられる。これは国有地の共同利用であるが，見方によってはコモンズともいえる。このシステムになったのは1999年である。採草地もジャイロも利用の費用は発生しないが，毎年，住民は家畜頭数に応じて草地利用料金ブズノス（*vznos*）を国家に納めている。2015年のブズノスは，ヒツジ・ヤギが1.5ソム/頭/年，ウシ・ヤクが2.5ソム/頭/年で，ロバは摘要外であった。

採草の口開けはフェルメル協会が決める。例年は8月15日くらいである。採草作業は家族ごとに実施される。住民のほとんどは夏季にはジャイロにいるので下りてきて採草作業に従事する。テントを張って採草する家族も多い。トラクター所有者に刈り取り作業を依頼する家族もある。刈りとった草は2〜3日乾してからチョメルー（*chömörö*）とよばれる小さなマウンドにしておく。その後，トラックを頼み，これをカラクルやカシャールまで運んでもらう。例年，

9月10日頃までに採草作業は終了する。

原則として干し草は出産したヒツジ・ヤギ，ウシ，そして新生の仔畜（ヒツジ・ヤギ，ウシ）のみに与える。もちろん，病気や，歩けないヒツジ・ヤギにも与える。カラクルでは冬季に家畜の命をつなぐ最低限の干し草しか生産できない。カラクルでは飼料は天然の牧草（チャビック *chabik*）のみに頼っており，また放牧地における貧弱な植生は家畜飼養に最も大きな制約要因となっている。

この地域に存在したコルホーズ・ソホーズは干し草をほかの所から移入・輸入することよって成立した。それはコストを無視した行為であった。しかし現在では購入飼料は高価であるために冬季の飼料を購入するコストをカバーできる畜産物生産を考えることはできない。しかし筆者らの経験ではカシミアの材料を提供するカシミアヤギに唯一の可能性がある。今後，家畜数の増加が，現在の傾向で推移するならば，早晩，カラクル村では放牧地の不足が問題となるであろう。その場合，一つの選択肢はカシミア生産であろう。

4　パミール北部における移牧の形態―むすびにかえて―

厳しい自然環境の結果としてパミール北部地域では牧畜にしか生業を見いだせない。1900年代に入って，この地域はソ連の経済システムに組み込まれた。ソ連時代，この地域では遊牧民を定着させ，牧畜のコルホーズ・ソホーズが設立された。ソホーズには基本的な食糧や燃料が国家から支給されていたので，現在よりははるかに恵まれていた。

しかしながら，1991年の独立によって牧畜も個人経営（フェルメル）となった。その結果，生産性の低いこの地域は農耕地域に比べて相対的に貧困が助長された。

タジク・パミールのカラクル村周辺では，以下のようなことが明らかになった。

1. パミール北東部に住むクルグス族は，本来，遊牧民であった。1930年代に定住させられたことにより，冬季はキシュトーでの放牧，夏季はジャイロでの放牧という牧畜形態になった。
2. パミール東北部のカラクル村における牧畜は春夏秋冬にわたり家畜を移動させる牧畜である。彼らの牧畜は夏にはジャイロで，また冬季は母村の周辺の

3,920〜3,940 m の地域で家畜を飼育する。多くの移動は, 形態上は「移牧タイプの垂直移動」であるが, その標高差に意味はない。またカラクル地域では乾燥のために農耕は不可能で，牧草の生産はできない。彼らには春季放牧地や秋季放牧地の概念もあり，完全に自然環境に依存した移動性の高い「遊牧的牧畜」を営んでいる。

3. こんにち，カラクル村でもGBAOでもヒツジ・ヤギを中心とする家畜数がソビエト時代の数に達しようとしており，近い将来には，それを超えることが予測される。そのような事態に至った場合，カラクル集落から遠くに位置し，現在は利用されていない放牧地の価値が高まり，また生業を維持するために孤立したキシュトーの増加と，その範囲がさらに拡大する可能性がある。
4. カラクルに限らずタジキスタンにおける家族当たりの所有家畜数は一般的には少ない。したがって，季節移動だけではなく日々の放牧においても，規模の経済，つまり，スケール・メリットをつくりだす家畜群の共同管理は彼らの牧畜には重要な機能を果たしている。
5. ソ連時代でも, 現在でも, タジキスタンのすべての土地は国家の所有である。しかし，こんにち，タジキスタンでは農耕地も放牧地も個人経営，協同経営，そして国営企業に利用権を与える民営化・私有化が法的に可能になっている。この結果，GBAOでも放牧地の民営化・私有化が実施されている。しかしながら, 多くの村落では放牧地をカラクル村のように従来からの共同利用，つまり，コモンズとして管理している（Watanabe & Shirasaka 2018）。これまでの多くの研究者が指摘するように乾燥地域における放牧地の民営化・私有化は，その荒廃を招きかねない。

ところが，こんにちのGBAOでは放牧地の民営化・私有化に対して多くの村落ではほとんど抵抗がなく，また放牧地として未利用の国有地が存在するので民営化は今後も進展するものと予測される。しかし放牧地の民営化・私有化は好ましい方向ではなく，カラクルのように利用者の共有地としての維持が望ましい方向である。こんにちのタジキスタンでは法律による民営化・私有化により放牧地の共有が脅かされている。そこで放牧地を共有地とし，共同利用を含む放牧地に関する新しい法整備が必要であると筆者らは考える。この地域の牧畜が持続可能で，また牧畜民の自立に資する方策が求められている。

文　献

岩田修二 2008. パミールとは どんなところか？ —範囲・地形・環境—. 地理, 53, 1, 18-29.

加茂儀一 1973.『家畜文化史』法政大学出版会.

谷　泰 2010.『牧夫の誕生—羊・山羊の家畜化の開始とその展開—』岩波書店.

松井　健 2001.『遊牧という文化 —移動の生活戦略 —』吉川弘文館.

渡辺悌二 2008. パミールにおけるエコツーリズムの現状と課題. 地理, 53, 1, 47-55.

Kreutzmann H. 2011. Pastoralism in Central Asian Mountain Regions. In: Kreutzmann H, Abdullalishoev K, Zhaohui L & Richter J. Eds.: *Pastoralism and Rangeland Management in Mountain Areas in the Context of Climate and Global Change.* Deutsche Gesellschaft für Internationale Zusammenarbeit (GIZ) GmbH, 38-63.

Kreutzmann H. 2015. *Pamirian Crossroads: Kirghiz and Wakhi of High Asia.* Harrassowitz Verlag.

Kraudzun T. 2012. Livelihood of the ‘new livestock breeders’ in the eastern Pamirs of Tajikistan. In: Kreutzmann H. Ed.: *Pastoral Practices in High Asia: Agency of Ddevelopment Effected by Modernization, Resettlement and Transformation*, Springer, 89-107.

Komatsu T. 2016. Geomorphic features of the eastern Pamirs, with a focus on the occurrence of intermontain basins. In: Kreutzmann H & Watanabe T. Eds: *Mapping Transition in the Pamirs*, Springer, 55-68.

Ostrom E, Brger J, Field CB, Norgaard RB & Policansy D. 1999. Revisiting the commons: local Lessons, global challenges. *Science*, 284, 278-282.

Robinson S. 2010. *Carrying capacity of pasture and fodder resources in the Tajik Pamirs: A report for the FAO, Dushanbe*, FAO.

Robinson S & Whitton M. 2010. Pasture in Gorno-Badakhshan, Tajikistan: common resource or private property? P*astoralism,* 1, 2, 198-217.

Robinson S, Wiedemann C, Michel Sほか2名 2012. Pastoral tenure in Central Asia: theme and variation in the five former Soviet Republics. In: Squires V. Ed.: *Rangeland Stewardship in Central Asia: Balancing Improved Livelihood, Biodiversity Conservation and Land Protection*, Springer, 239-274.

Sedik D. 2009. The feed-livestock nexus in Tajikistan: Livestock development policy in transition. FAO Regional Office for Europe and Central Asia, Policy Studies on Rural Transition No. 2009-2, 11-12.

Sedik D. 2012. The feed-livestock nexus: Livestock development policy in Tajikistan. In: Squires V. Ed.: *Rangeland Stewardship in Central Asia: Balancing Improved Livelihood, Biodiversity Conservation and Land Protection*, Springer, 189-212.

Shirasaka S. 2007. Transhumance of sheep in the Southern Carpathians Mts., Romania. *Geographical Review of Japan, The Association of Japanese Geographers*, 80, 5, 94-115.

Shirasaka S & Watanabe T. 2019. Characteristics of pastoralism in Karakul, Tajik Pamirs in the northeastern part of Tajikistan. *Geographical Space*, 12, 2, 97-115.

Shirasaka S, Watanabe T, Song F, Liu J & Miyahara I. 2013. Transhumance in the Kyrgyz Pamir, Central Asia. *Geographical Studies*, 88, 2, 80-101.

Strong PJH & Squires V. 2012. Rangeland-based livestock: A vital subsector under threat in Tajikistan. In: Squires V. Ed.: *Rangeland Stewardship in Central Asia: Balancing Improved Livelihood, Biodiversity Conservation and Land Protection*, Springer, 213-235.

Vanselow KA, Kraudzum T & Samini C. 2012. Land stewardship in practice: an example from the eastern Pamirs of Tajikistan. In: Squires V. Ed.: *Rangeland Stewardship in Central Asia: Balancing Improved Livelihood, Biodiversity Conservation and Land Protection*, Springer, 71-90.

Watanabe T & Shirasaka S. 2018. Pastoral practices and common use of pastureland: The case of Karakul, northeastern Tajik Pamirs. *International Journal of Env. Research and Public Health*, 15, 12.

第11章

協働型日々放牧ゲズーとノバド―その分布と地域の持続可能性におけるその意義―

Kezüü and *Novad*: Its distribution and significance in the community sustainability

渡辺 悌二・宋 鳳・白坂 蕃

1　はじめに

パミールの家畜の放牧形態には垂直ならびに水平方向の季節的移動に加えて，興味深い放牧形態が存在している。それが地元でゲズー[1]（*kezüü*）あるいはノバド（*novad*）とよばれる放牧形態である。これは限られた餌（草）資源の生育状況に合わせて家畜を季節的に移動させるのではなく，基本的に村を基点として，毎朝，村の周辺の放牧地に家畜を連れていく放牧制度である。

この制度はキルギス国内のほかの地域で，冬期間にだけ実施されていることがSteinmann (2011)およびRobinson et al. (2012)によって簡単に報告されていた。Vanselow et al. (2012)も，類似の制度の存在をパミール東部で簡単に報告している。しかし，これらの報告では単に「複数世帯が交代で家畜の世話をしている」という記述があるにすぎず，どのようにしてゲズーやノバドを運営しているのか，どれくらいの距離を移動しているのかなど，くわしいことはまったくわかっていなかった。

1)　ゲズーの表記には*kezüü*のほかに，*kesüü*や*kezu*があり，地域によってはゲズーの前に「家畜」の意味を表す*mal*をつけて*mal kesüü*とよぶこともある。また後述のようにアライ谷のなかでも，ゲズーとよぶ地域とノバドとよぶ地域が東西で大きくわかれている（図11.1参照）。

一方，ゲズーやノバドは一般に世界各地でよく知られている季節的移動をともなう牧畜とは大きく異なる制度であることから，季節的移動をともなう牧畜が同時に行われている地域にとっては牧畜形態に多様性を与えることになる。多様な牧畜形態の出現は自然環境変化・社会環境変化への適応の結果であり（Kreutzmann 2013），それ自身が牧畜民の生き残り戦略であると同時に，地域にとって重要なジオエコツーリズム資源となりうる。しかし地域の持続可能性に対して多様性がもつ意義についての議論もまったく行われていない。

この章では，アライ谷を例にゲズーやノバドという制度がどのように行われているのか，また，なぜそのようなことを日々行うのかについて紹介し，ゲズーおよびノバドがもつ地域の持続可能性への貢献について議論する。

2　協働型日々放牧ゲズー・ノバドとは

ゲズーは，一般に家畜の所有頭数が少ない世帯で，複数世帯が協力し合うことで成立する点を大きな特徴としている。例えば，5頭しかヒツジ・ヤギを所有していなくても，100頭所有していても，毎日，家畜の放牧をしなければならないことに違いはない。多頭所有をしている世帯と比べて，わずかな頭数しか所有していない世帯では，それだけのために家族の一員が毎日，朝から夕方まで家畜の放牧をしなければならないので，効率がわるい。そこで少数しか家畜を所有していない複数の世帯が集まって，それらすべての世帯の家畜を一つのグループに集めて，参加する世帯で順番に日中の放牧をしようというのである。実に合理的な制度で，仮に10世帯が一つのゲズー・グループに参加しているとすれば，それぞれの世帯は10日に一回だけ放牧に行けばよいことになる。

毎朝，それぞれのグループは村の中の決まった場所に参加グループのヒツジ・ヤギを集め（写真11.1），その後そのグループの放牧地に移動する。グループごとに利用する放牧地は決まっていて，アライ谷の中では使用する放牧地をめぐって争いが生じるようなことはない。夕方に村に戻り，各世帯に自分の家畜を連れ戻し，住居に併設した飼育小屋で夜間を過ごさせる（写真11.2）。多くの家畜所有者が餌資源を求めて村を離れて季節的な移動を行うのに対して，ゲズーは季節移動をともなわない，いわば，協働型日々放牧制度である。ただし，拠

写真 11.1　サリタシ，カムチャツカ・ゲズーの朝の出発の様子（撮影：渡辺 2012 年 7 月）

写真 11.2　タルディス集落の家屋（白や灰色の屋根）とそれに付属する家畜の飼育小屋（濃い色の小さな建物）（撮影：渡辺 2013 年 9 月）

点となるのは後述のように必ずしも村とは限らない。

ゲズーとノバドは地域によって異なる名称でよばれるが，まったく同じ放牧制度を指している。アライ谷の場合は，谷の東側でゲズーとよぶのに対して，谷の西側ではノバドとよぶ（図11.1）。アライ谷から北に向かいオシまでの間ではゲズーが用いられ，第10章で述べたようにタジキスタン側の人たちはノバドとよんでいる。以下では特に両者を区別する必要がない場合は，この放牧制度をゲズーとよぶことにする。

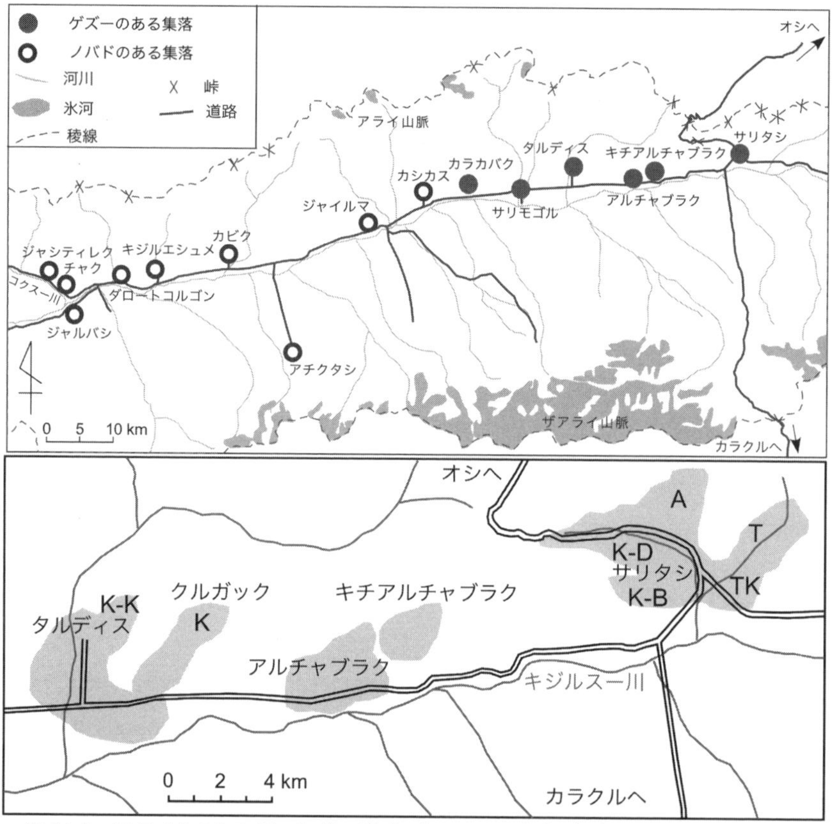

図11.1　アライ谷のヒツジ・ヤギのゲズーとノバドの分布（上）およびサリタシ村とタルディス村でゲズーに使用されている放牧地（下）
（ジャイロ名）A: アトジョル，K-D: カラドボ，KB: コクブラク，T: トゥマンチ，T-K: テミールコルゴン，K-K: キチ・カチカス，k: クルガック。

聞き取り調査によればゲズーはキルギスやタジキスタンの独立以降に成立した制度ではない。村がソ連時代に，すでに設立していた場合は，ゲズーは当時からつくられていて，1950年代から1960年代に存在していた村もあるという。当時，個人所有できる家畜の頭数は，ごくわずかしか許されておらず，そのため各世帯の限られた人的資源を有効に利用するために複数の世帯が協働で日々の放牧を行っていたようである。例えば，サリタシ村では少なくとも1982〜1983年の間に二つのゲズー・グループができ，1984年に三つ目のグループができた。

1991年の国家独立後には少頭数の家畜所有を放棄する世帯が現れ，ほかの世帯がそれらを買い取り，飼育頭数を増やして，第9章で述べた季節的な垂直・水平移動をともなう牧畜が行われるようになった。その一方で，少頭数の飼育を継続する世帯も残り，それらが現在でもゲズーを維持していることになる。したがって，ゲズー制度の設立はソ連時代に遡るものの，その数はソ連邦崩壊後に著しく増加したと考えられる。

写真11.3　ゲズー放牧のため早朝に集められたヒツジ・ヤギの群れ（サリタシ村）
黒ヤギに小型のGPS首輪がぶら下げられている（撮影：渡辺2012年7月）。

この章では，図11.1に示したアライ谷でゲズー制度を行っている家族に聞き取りを行い，ヒツジ・ヤギのゲズーの分布と規模を明らかにした。また谷東部のサリタシ村（サリタシ集落）とタルディス村（タルディス，アルチャブラク，チョン・アルチャブラクの三つの集落とクルガック・ジャイロ）では，ゲズー飼育されているヒツジ・ヤギに小型のGPS（HOLUX社製M-241）首輪をとりつけて（写真11.3），日々の移動経路を明らかにした。また谷の広域でゲズー制度の存在，規模，実施場所などの聞き取り調査を行った。

3　サリタシ村とタルディス村のゲズー

3.1　サリタシ村のゲズー

2012年時点でサリタシ村には5,550頭のヒツジ・ヤギが登録されていた。そのうち1,918頭（2013年には1,966頭）が冬季を除く期間にゲズーに参加していた。以下では，このタイプのゲズーを「3季・村起点型ゲズー」（図11.2a）とよぶ。また338頭は春と秋だけにゲズーに参加していた。このタイプを「2季・村起点型ゲズー」（図11.2b）とよぶ。2012年時点での二つのタイプへのヒツジ・ヤギのゲズー参加率は77.0%に達する。

サリタシ村で「3季・村起点型ゲズー」に参加していた1,918頭のヒツジ・ヤギは4つのグループに分かれており，それぞれ，(1)カムチャツカ・ゲズー（15家族，347頭），(2)カラドボ・ゲズー（21家族，609頭），(3)オドング・マーラー・ゲズー（13家族，300頭），(4)エルケシュタム・ゲズー（14家族，710頭）とよばれている（表11.1）。

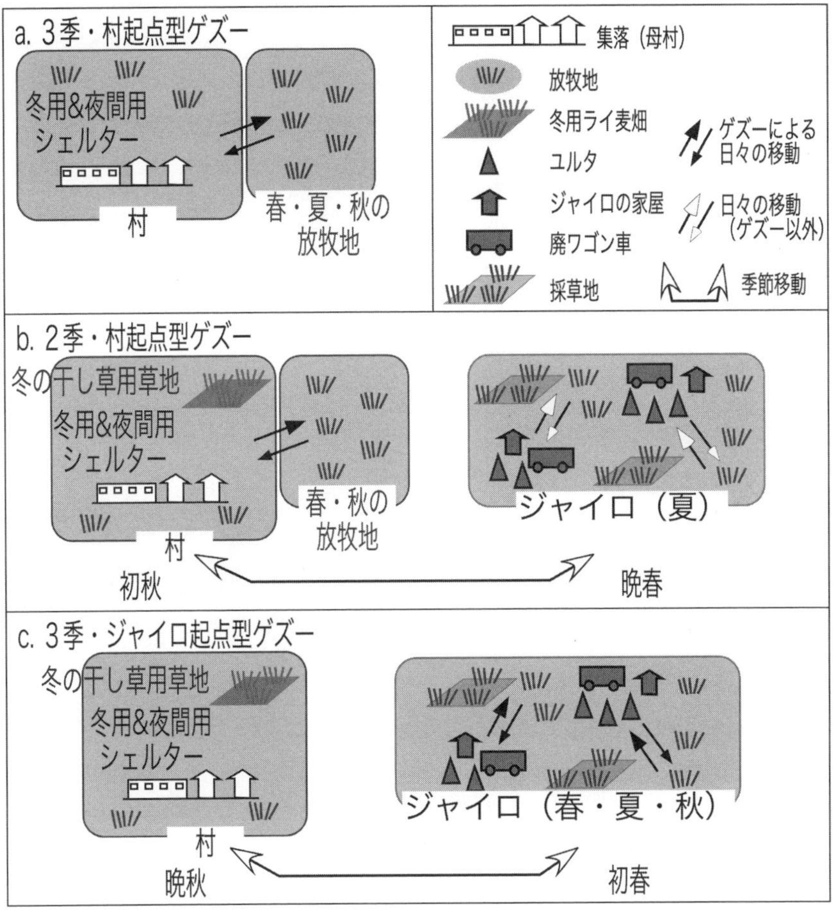

図 11.2　サリタシ村とタルディス村でみられる３タイプのゲズー

表 11.1　サリタシ村でみられる４つの３季・村起点型ゲズーと一つの２季・村起点型ゲズーの規模（2013 年および 2014 年の聞き取り調査による）

ゲズーのタイプ	グループ名	使用放牧地名	参加家族数	ヒツジ・ヤギ総数	一家庭当たりの平均頭数（最小〜最大）
3季・村起点型	カムチャツカ	コクブラク	15	347	23 (10〜45)
	カラドボ	カラドボ	21	609	29 (10〜60)
	オドンク・マーラー	アトジョル	13	300	23 (8〜35)
	エルケシュタム	トゥマンチ	14	710	51 (15〜100)
2季・村起点型	ピヨンカ	トゥマンチ＆テミールコルゴン	15	388	26

2013年の夏時点で，これら4グループの「3季・村起点型ゲズー」に参加していた家族（合計63）の職業を調べた結果，18家族は年金生活をしており，ほかの家族は，教師，国境警備員，学校などの清掃員，トラック運転手，道路工事関係者などをしていた。エルケシュタム・ゲズーに参加していた80頭を所有する1家族だけが，主たる収入を牧畜で得ていた。

これら4グループについて，29頭のヒツジ・ヤギに小型のGPS首輪をとりつけて，放牧経路を明らかにした。調査は2012年8月に実施した（図11.3）。図11.3に示した7月の例のように，カムチャツカ・ゲズー（K）はコクブラク・ジャイロを利用しており，調査日では，ほぼ同じ経路を利用していた。カラドボ・ゲズー（K-D）はカラドボ・ジャイロを使用しているが，遠方のカラドボ・ジャイロまで行く日と（図11.3上），ジャイロへの途中で一日を過ごす日（図11.3下）があった。オドング・マーラー・ゲズー（Ö-M）はアトジョル・ジャイロを使っているが，日によってアトジョル・ジャイロの北東（図11.3上）を使用するか，南側（図11.3下）を使用していた。エルケシュタム・ゲズー（E）はトゥマンチ谷（トゥマンチ・ジャイロ）の北側（図11.3上）と南側（図11.3下）を使いわけていた。

それぞれのグループが一日に歩く平均距離は11.1 km（8.3〜15.3 km），9.5 km（7.7〜15.3 km），11.4 km（8.8〜16.4 km），11.2 km（8.2〜13.0 km）であった（表

11.2)。これらのゲズー・グループの行動圏はサリタシ村からの直線距離で1.8～4.1 kmとなり（表11.2），村からきわめて近距離で放牧をしていることになる。

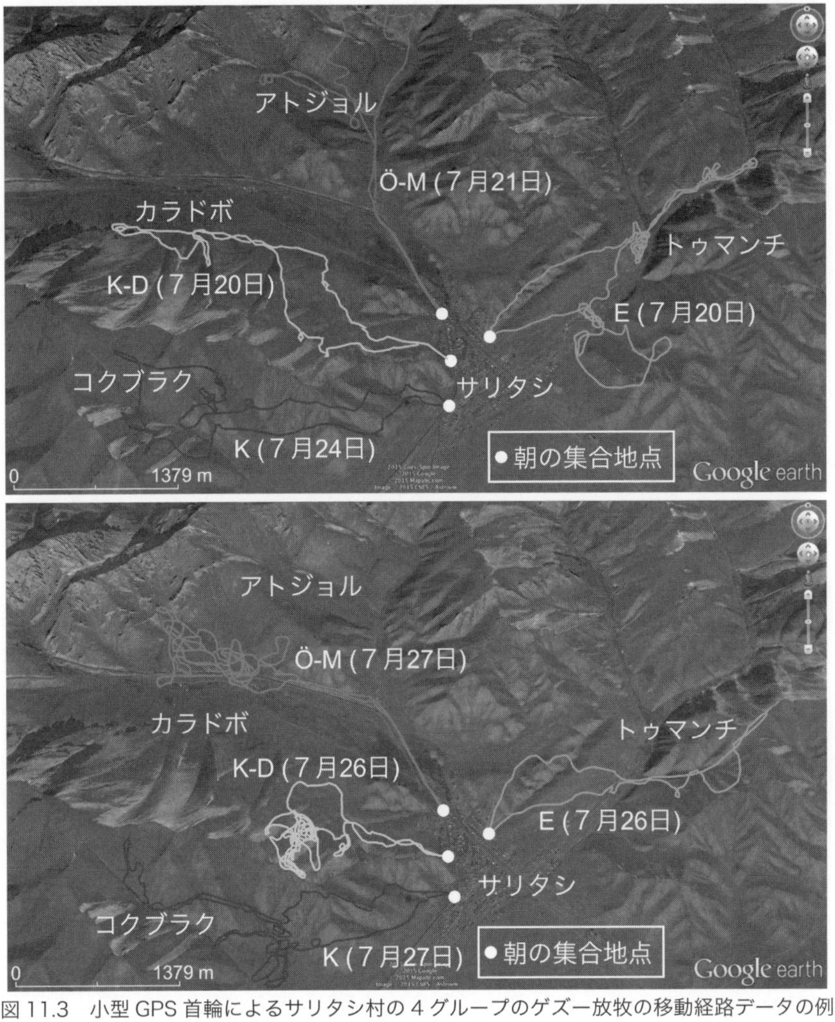

図 11.3　小型 GPS 首輪によるサリタシ村の 4 グループのゲズー放牧の移動経路データの例（2012 年 7 月）

（グループ名）K: カムチャツカ，K-D: カラドボ，Ö-M: オドンク・マーラー , E: エルケシュタム（ベース画像：グーグルアース）。

表11.2　2012～2013年にサリタシ村とタルディス村で行われていたゲズーの放牧経路の特徴（小型GPS首輪でデータを取得）

村	グループ名	サンプル数	平均水平移動距離(km)＊	村からの移動半径(km)*	放牧経路の標高(m) 最低所の平均	最高所の平均	平均標高差
サリタシ	カムチャツカ	9	11.1 (8.3～15.3)	3.4 (3.2～3.7)	3152	3669	518
	カラドボ	7	9.5 (7.7～15.3)	2.5 (1.8～4.1)	3161	3456	295
	オドンク・マーラー	7	11.4 (8.8～16.4)	3.6 (3.5～3.8)	3170	3389	219
	エルケシュタム	6	11.2 (8.2～13.0)	3.2 (2.1～3.7)	3175	3392	217
タルディス	Eグループ	4	8.6 (8.3～10.8)	3.3 (3.2～3.3)	2994	3057	63
	Wグループ	2	12.7 (12.3～13.1)	5.3 (5.3～5.4)	2959	3048	89
アルチャブラク	NNEグループ	2	16.6 (16.0～17.3)	3.0 (2.9～3.0)	3050	3290	240
	NEグループ	4	8.2 (8.1～8.5)	2.0 (1.9～2.0)	3049	3105	56
	NWグループ	5	7.7 (6.8～8.2)	1.3 (1.3～1.3)	3050	3278	228
	Wグループ	8	8.7 (8.0～9.3)	2.7 (2.4～2.8)	3032	3049	17
	Sグループ	7	8.2 (7.6～9.3)	2.7 (2.5～3.0)	3033	3051	18
	SWグループ	4	9.3 (8.3～10.8)	1.7 (1.6～1.8)	3029	3087	59
KU	クルガック	1	13.6	2.6	2998	3127	129
全グループ		66	9.9 (6.8～17.3)		-	-	165.2

KU: クルガック，＊括弧内は最小値～最大値 (km)。

サリタシ村には「2季・村起点型ゲズー」（図11.2B ）に参加するグループが一つだけ存在している。このゲズーはピヨンカ・ゲズーとよばれている（表11.1)。「2季・村起点型ゲズー」の最大の特徴は，夏季にはゲズーを行わずに，牧夫（チャバン）を雇用して，ジャイロ（夏の放牧地）でヒツジ・ヤギを放牧依託する点にある。ピヨンカ・ゲズーに参加する家族数は9～15家族と年によって変動が大きい（表11.1に示したように2013年9月末時点では15家族，388頭のヒツジ・ヤギが参加していた)。

ピヨンカ・ゲズーに参加している家族も「3季・村起点型ゲズー」に参加する家族同様，放牧の当番の日に，その家族の都合がわるくなった場合，ほかの家族に一日あたり100ソム（約55円）を支払って，その日の放牧の当番を交代してもらう。

3.2　タルディス村のゲズー

タルディス村に登録されたヒツジ・ヤギの頭数は2012年時点で5,271頭であった。このうち3,825頭がゲズーに参加していた。したがって，タルディス村の72.6%のヒツジ・ヤギがゲズーに参加していたことになる。タルディス村では「2季・村起点型ゲズー」（図11.2b）がタルディスとアルチャブラックの2集落で行われており，村（集落）ではなくジャイロ（夏の放牧地）を起点とする「3季・ジャイロ起点型ゲズー」がクルガック・ジャイロで行われていた（図11.2c）。

タルディス集落の「2季・村起点型ゲズー」は10〜15グループからなる。グループ数が変動するのは，夏の初めに集落からジャイロに行く日と，夏の終わりにジャイロから集落に戻る日が，グループによってバラバラであり，そのタイミングでゲズーの数が変わるためである。タルディス集落のゲズーが，このようにフレキシブルであるためか，それぞれのゲズー・グループに名前はついていない。

これらタルディス集落のゲズー・グループのうち二つのグループのヒツジ・ヤギ6頭に小型GPS首輪をつけて，移動経路を調べた。調査は2013年10月に実施した（表11.2）。表11.2のEグループは集落の北東部の放牧地を利用しており，Wグループはキジル・スー川沿いの低所を利用していた。

アルチャブラク集落には6つの「2季・村起点型ゲズー」グループがあり，やはり，それぞれのグループには名前がない。それぞれのグループには合計200〜250頭のヒツジ・ヤギがいて，5〜8家族で構成されている。この6つのゲズー・グループのうち30頭のヒツジ・ヤギに小型GPSをつけて，2013年5月および9〜10月に移動経路を明らかにした（表11.2）。また図11.4には6つのゲズー・グループのうち4つの移動経路の例を示した。

アルチャブラク周辺の放牧地は平坦な地形の上にあるため日々の放牧経路上の標高差は，わずか17〜240 mしかない（表11.2）。これらのゲズー・グループの行動圏はアルチャブラク集落からの直線距離では1.3〜3.0 km で（表11.2），集落付近の放牧地を利用していることがわかる。図11.4からSグループとSWグループは日中のかなりの時間をキジルスー川沿いで過ごしており，一部で放牧地が重複していることがわかる。またNEグループは扇状地上に設けられた冬草用の採草地の周辺を利用しているが，ここでは草が育つ前の春と刈り取った後の秋にゲズー放牧を行っている。

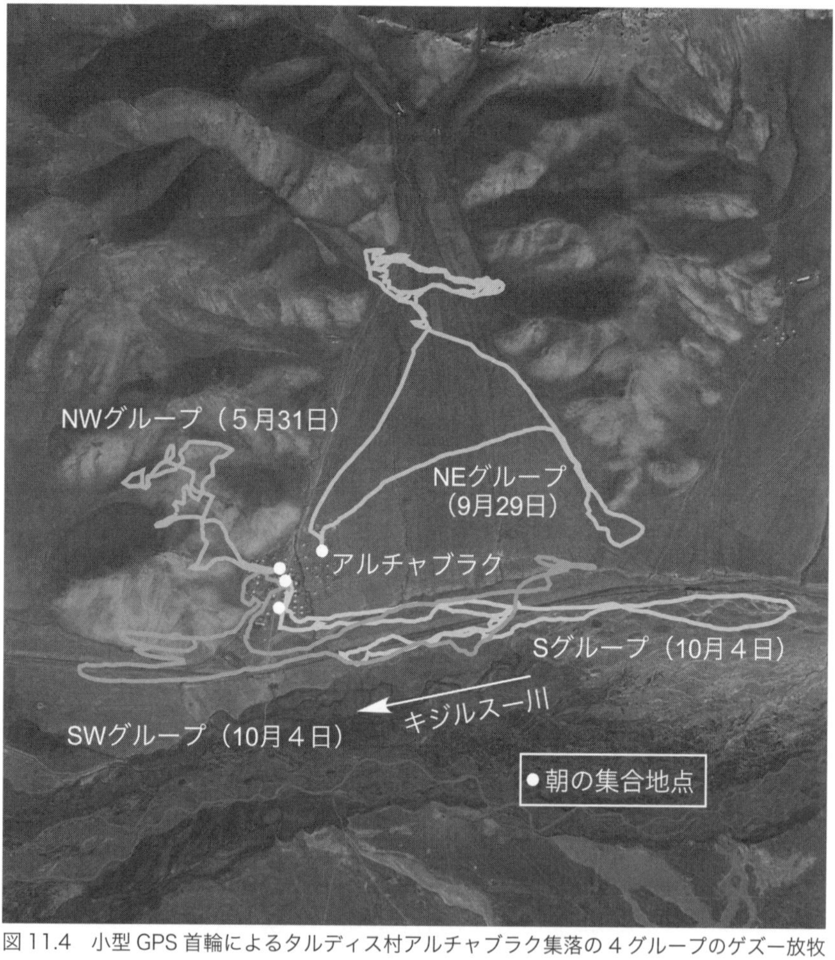

図 11.4　小型 GPS 首輪によるタルディス村アルチャブラク集落の 4 グループのゲズー放牧の移動経路データの例（2013 年 5, 9, 10 月）（ベース画像：グーグルアース）

もう一つのタイプのゲズーが「3季・ジャイロ起点型ゲズー」（図11.2c）である。このタイプは村・集落ではなくジャイロを起点としており，このゲズー・グループには7家族が参加している。このうち2家族は通年クルガック・ジャイロに居住していて，5家族は春から秋にはクルガック・ジャイロに，残りの冬季にはタルディス集落に住んでいる。これら7家族の所有頭数は225で，さらに240頭のヒツジ・ヤギをタルディス集落に住むほかの家族から預かって，ゲズーを行っている。

クルガック・ジャイロでは2013年10月に6頭のヒツジ・ヤギに小型GPS首輪をとりつけた。しかし放牧中に5台が紛失し，1台分のみデータを回収できた。その結果，クルガック・ジャイロから直線距離にして2.6 km以内の放牧地を利用していることがわかった（表11.2）。

4　アライ谷全域のゲズーの多様性

アライ谷東部のサリタシ村とタルディス村では「3季・村起点型ゲズー」と「2季・村起点型ゲズー」の二つのタイプのゲズーに加えて，村から離れてジャイロで行う「3季・ジャイロ起点型ゲズー」の三つのタイプが存在していることがわかった。単純に考えると，積雪のある冬季を除く「3季・村起点型ゲズー」によって複数家族がローテーションで放牧を行うのが理解しやすい。しかし，なぜ「2季・村起点型ゲズー」や「3季・ジャイロ起点型ゲズー」が発達したのであろうか。

まずクルガック・ジャイロを起点とする「3季・ジャイロ起点型ゲズー」の発達要因について考えてみよう。クルガック・ジャイロは母村であるタルディス集落からおよそ10 km離れた場所にあり，そこで合計465頭のヒツジ・ヤギがゲズーの制度で放牧されていることになる。これらの家族がタルディス集落の自分の家を起点にゲズーを実施しない理由は，彼らの家屋の近くに冬用の採草地および畑地があって，草や作物をヒツジ・ヤギが夏季に食べないようにするためにタルディスから10 kmほど離れたジャイロを起点にしたゲズーを選択しているのである。すでに述べたようにクルガック・ジャイロの「2季・村起点型ゲズー」グループに参加している7家族のうち2家族は通年クルガック・ジャイロに居住していて，5家族は通年居住者たちと親しい関係にある。こうした背景から彼らはクルガック・ジャイロを起点としてゲズーを発達させたのであろう。したがって，第10章で述べたタジキスタンのカラクルで行われているジャイロ起点型ノバド（ゲズー）とは異なる理由で発達したことになる。

一方，「2季・村起点型ゲズー」も同様の理由で，冬用の草が育つ夏季には彼らのヒツジ・ヤギを母村であるタルディス集落やアルチャブラク集落から遠方に連れて行かざるをえない。その際，彼らはクルガック・ジャイロとは違って，夏季の間だけは，ジャイロで自らがゲズーを行うのではなく，雇用した牧夫に家畜を依託している。

サリタシでは，夏季に母村から離れてゲズーを行うタイプ（図11.2c）が存在していない。サリタシ村の標高は気温が低すぎて耕作限界を超えているため農業ができない。最近は村の東端にわずかな冬用の採草地があるものの，採草地の面積が小さいため周囲に柵を設置することができる。このため夏季に村を起点とするゲズーが行われても，問題は生じない。

アライ谷全域を観察してみるとゲズーはさらに多様化する（表11.3）。カラカバク村では8〜9グループが合計約200頭のヒツジ・ヤギをゲズー制度で放牧しているが，なんとゲズーを行うのは1年のうち秋季のみである（「1季・村起点型ゲズー」）。表11.3には1-Vとして示した。ジャイルマ村には6〜7グループが春と秋にゲズー（ジャイルマではノバドとよばれる）を行っているが，興味深いことに彼らは積雪が少ないときには冬季にもノバドを行う（「2季・村起点型ノバド（2-V型）」）。

アチクスー村ではソ連邦時代にはノバドがさかんであったが，現在では減少して約300頭のヒツジ・ヤギがノバドに参加している。そこでは春から秋までの3季にわたってノバドが行われているが，春と秋には村を起点とし，夏にはジャイロを起点として行っている（「3季・村ジャイロ起点型ノバド（3-VJ型）」）。同じタイプのノバドはカビィク村とそのジャイロでも行われており，そこでは約1,200頭のヒツジ・ヤギが参加している。さらに西のチャク村とジャシティレク村でも「3季・村ジャイロ起点型ノバド（3-VJ型）」が認められる。ただし標高が低いこれら二つの村では冬季にも積雪が少なければノバドは継続される。ジャシティレク村には「3季・村ジャイロ起点型ノバド（3-VJ型）」に加えて，

表 11.3　アライ谷でみられる 5 タイプのゲズー・ノバド（2012 ～ 2013 年の現地調査による）

集落名	標高（m）	放牧制度名	ゲズー・ノバドのタイプ
サリタシ	3150	ゲズー	3V, 2V
アルチャブラク	3050	ゲズー	3V, 2V
タルディス	3040	ゲズー	3V, 2V, 3J
サリモゴル	2930	ゲズー	n/a
カラカバク	2855	ゲズー	1V
カシカス	2810	ノバド	2V
ジャイルマ	2765	ノバド	2V*
アチクスー	3050	ノバド	3VJ
カビィク	2695	ノバド	3VJ, 2V
キジルエシュメ	2595	ノバド	n/a
ダロートコルゴン	2480	ノバド	n/a
チャク	2435	ノバド	3VJ*
ジャシティレク	2450	ノバド	3VJ*, 1V
ジャルバシ	2460	ノバド	2V

3V: 3 季・村起点型，2V: 2 季・村起点型，3J: 3 季・ジャイロ起点型 ,1V: 1 季（春あるいは秋）・村起点型，3VJ: 3 季・村ジャイロ起点型，n/a: 名称未調査。＊ : 積雪が少ない冬には厳冬期にも実施する。

春季のみに16家族が参加する「1季・村起点型ノバド（1-VJ型）」も存在している。一般的に谷の西部の村では夏にヒツジ・ヤギをジャイロに連れて行くタイプが多いが，これは村に畑地と採草地があるためである。

5　持続可能性への多様なゲズーの意味

アライ谷の14の村では少なくとも合計5つのタイプのゲズー・ノバドが存在していることになる（表11.3）。これらの多様なゲズー・ノバドの存在は，この地域の将来の持続可能性を高めることにも，低下させることにもなりうる。

村あるいはジャイロを起点として毎日実施される放牧は，1日で移動可能な距離が1.3～5.4 km（サリタシ村とタルディス村の場合）と，きわめて小さく（表11.2），そのため過放牧を生じやすく，その結果，村・ジャイロの周辺の放牧地の荒廃につながりうる。写真11.4はサリタシ村のカラドボ・ゲズー・グループが，朝晩，毎日二回通る斜面で，ここでは放牧階段[2)]が発達し，土壌侵食が生じている様子を示している。

アライ谷には，放棄されているジャイロがあることから（第12章），持続可能な放牧地利用を考えるのであれば，「村起点型ゲズー」をできるだけ「放棄ジャイロ起点型ゲズー」とでもよぶべき新しいパターンに移行させるような戦略的な放牧地利用が必要[3)]だといえる。サリタシ村とタルディス村では詳細な現地調査を行ったものの，この研究では，そのほかの村では概要を調べたにすぎない。もしもゲズーに参加する家族のヒツジ・ヤギの所有頭数が著しく増加すると考えると，その家族はゲズー・グループから離れて，季節的移動をともなう放牧（第9〜10章）に転換することになるだろう。しかし現実にはゲズーに参

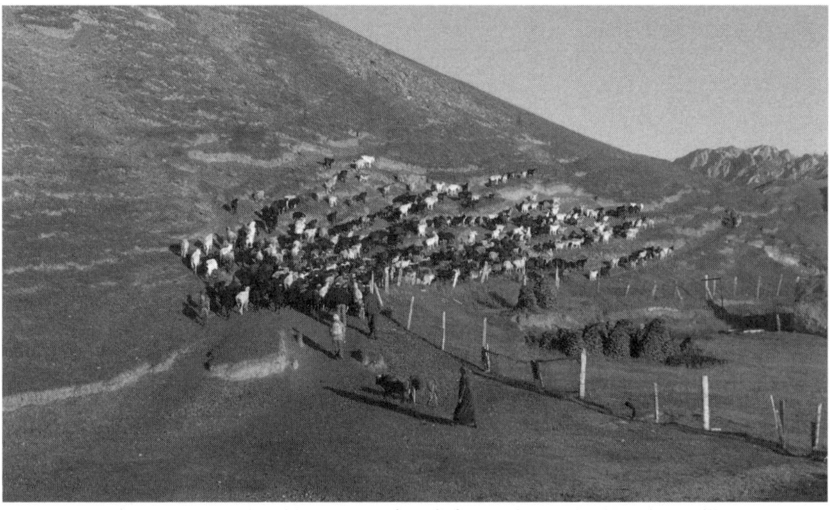

写真 11.4　サリタシ村，カラドボ・ゲズー・グループの朝の出発の様子
（撮影：渡辺 2012 年 7 月）
毎日，繰り返して斜面が放牧に使われるため，斜面で土壌侵食が生じている。

2)　第13章参照。

3)　一般には，ゲズーに参加している家族は経済的に裕福ではない。放棄放牧地でのゲズーを可能にするには牧夫を雇う必要があるためなんらかの補助制度を設ける必要が生じるであろう。

加する家族が家畜の所有頭数を増やして，ゲズーをやめるとは考えにくく，ゲズーに新規参加する少頭数の家畜の所有者が増えることも考えにくい。したがって，ゲズー制度を使ったヒツジ・ヤギの放牧が著しく増加するとは考えられない。将来の放牧地の持続可能性にゲズー制度が与える負の影響については，今後，さらにくわしい調査が必要である。

一方，ゲズー制度が与えるプラスの影響については，まずその発達の歴史が示すように飼育頭数のきわめて少ない家族がヒツジ・ヤギの所有を維持できる点にある。パミールの住民にとっては家畜の飼育は「アイデンティティー」ということができ，ゲズーは彼らの文化の一部と見なすことができる。周辺の家族と協働することで，収入が少ない家族でも少数の家畜を維持できるのがゲズー制度である。

ゲズー制度はパミールで多様化した家畜の季節的移動形態（第9〜10章）をさらに多様化させるものである。多様な家畜の飼育は，この地域を訪問する観光客にとって大きな魅力となる。表11.2からサリタシの4つのゲズー・グループの毎日の移動経路沿いの標高差が，ほかの集落で行われているゲズーの経路沿いの標高差よりも大きいことがわかる。したがって，観光客がサリタシのゲズー・グループといっしょに歩くのは厳しいかもしれない。しかしゲズーに参加する家畜は，毎日ほぼ同じ経路で放牧されていることがわかっているため（図11.3），ヒツジ・ヤギの滞在時間・場所にあわせて，2時間から半日のツアーを開発すればよい。またサリタシ村のオドング・マーラーやエルケシュタムの2グループや，アルチャブラクのNEグループ，あるいはクルガック・ジャイロでは，一泊二日程度のツアーを開発することが可能であろう。

このようにゲズー制度によるヒツジ・ヤギの放牧はジオエコツーリズム資源として有効であり（写真11.5），ゲズーを利用した今後のジオエコツアー開発が期待される（第15, 16章）。

写真 11.5　カラドボ・ゲズー・グループのヒツジ・ヤギ（撮影：渡辺 2012 年 7 月）
サリタシ村を朝早くに出たヒツジ・ヤギの群れは一日かけてゆっくりと村北西部のジャイロで時間を過ごす。この群れといっしょにハイキングを行い，地元産のヨーグルトやチーズ，パンなどのランチを食べ，高山植物，マーモットなどの動物，地形などを観察し，地名を学ぶジオエコツアーの開発（第 16 章参照）は容易である。

文　献

Kreutzmann H. 2013. The tragedy of responsibility in high Asia: modernizing traditional pastoral practices and preserving modernist worldviews. *Pastoralism: Research, Policy and Practice*, 3, 7.

Robinson S, Wiedemann C, Michel Sほか2名 2012. Pastoral tenure in Central Asia: theme and variation in the five former Soviet Republics. In: Squires V. Ed.: *Rangeland Stewardship in Central Asia*, Springer, 239-274.

Steinmann B. 2011. Making a living in uncertainty: Agro-pastoral livelihoods and institutional transformations in post-socialist rural Kyrgyzstan. University of Zurich, Zurich Open Repository and Archive.

Vanselow KA, Kraudzun T & Saimi C. 2012. Grazing practices and pasture tenure in the eastern Pamirs. The nexus of pasture use, pasture potential, and property rights. *Mt Res Dev*, 32, 3, 324-336.

第12章

アライ谷の家畜の過放牧と放牧地放棄問題

Overgrazing and pastureland abandonment in the Alai Valley

渡辺 悌二・宋 鳳・劉 潔・白坂 蕃

1　はじめに

利用形態の変化にともなう放牧地への影響については世界のいろいろな地域で研究がある。例えば，中国の内モンゴルでは，遊牧の停止と，人口増加と食料需要の増大による家畜頭数の増加が放牧地の荒廃に繋がる危険性をもっていることが指摘されている（Naran 2003）。

大規模なソホーズによって管理されていたソ連時代のキルギスの畜産業では高い生産性が問われていた。このため当時は過放牧状態の放牧地が，たくさん存在していたものと考えられる。1991 年にキルギスがソ連から独立した後に，自由な放牧が可能になったことは飼育家畜の頭数にも大きな変化をもたらし，利用する放牧地に変化が生じたことを意味する。しかし，こうした変化についてはくわしい調査が行われていない。

本章では，アライ谷を事例に以下の三つの点について議論を行う。(1) ジャイロ（夏の放牧地）の分布と，その利用の状況を明らかにすること，(2) 放牧の問題点を指摘すること，および (3) 持続可能な放牧地の利用について考察することである。そのため第 9 章および第 11 章で扱ったアライ谷のなかで隣接する二つの村（タルディス村とサリタシ村）に焦点をあてて調査を行った。

2　調査方法

2012 年 7〜8 月と 2013 年 9〜10 月にかけてタルディスおよびサリタシで，ヒツジ・ヤギの放牧を行っている家族のメンバーに対して対面形式のアンケート調査を行った。全部で194家族から回答を得た。また村の役場とジャイロ委員会（放牧地委員会）それぞれ2カ所で聞き取り調査をした。これらの結果からジャイロの境界線をソ連製の5万分の1地形図に記入して，GISを使って，それぞれのジャイロの面積を計算した。その際，放牧できない裸地，岩壁，水面，および冬餌用の採草地を計算から除外した。この面積と家畜の放牧頭数を用いて家畜の放牧密度[1)]を計算した。また現地では小型GPSデバイスを使ってユルタの位置を明らかにし，そこから母村までの距離を家畜の移動距離として考え，同時に移動時の標高差を明らかにした。計算にはグーグルアースを用いた。

3　タルディス村とサリタシ村の夏の放牧地

パミールで夏季に家畜の放牧がジャイロで行われていることは広く知られている。しかしアライ谷では，誰が，どの期間に，どこで，何頭の家畜を放牧しているのかについては，まったく情報がなかった。「ジャイロ」といっても，この研究を始めたころには個々の名称，位置，範囲さえわからなかった。それはジャイロの分布図が存在していなかったためである。そこで，ここではまずタルディス村とサリタシ村のジャイロの分布を明らかにした。

3.1　タルディス村の夏の放牧地

聞き取り調査の結果，タルディス村には13のジャイロがあることが明らかになった。それを地形図上にプロットし，簡略化したものが図12.1である。また現地調査でユルタの分布も明らかにした。タルディスでは村内だけでなく外部の人もジャイロを利用しており（写真12.1，第9章），図12.1の凡例に四角で示した村はタルディス村内の利用者が冬に住む母村（タルディス村内の三つの集落）を，丸は村外の利用者が冬に住む母村を示している。図中には，これら出身母村がわかるように，それぞれのユルタの位置を示した。

1)　ここでは，放牧密度＝放牧頭数/面積で計算した。

図12.1からタルディス村の放牧地の利用者は村内の三つの集落に定住する家族と，村外の5つの村に住む家族で構成されていることがわかる。村外利用者はチョン・カラコル村，キチ・カラコル村，テレク村，コクブラク村（カラスー），およびバシュブラク村から家畜を連れてきて（図12.2上），夏の間，タルディス村のジャイロで放牧を行っている[2)]。聞き取り調査の結果，村外からタルディス村のジャイロに垂直移動してやって来るヒツジ・ヤギは，2013年には6,247頭であることがわかった。

一方，タルディス村に住む家族が村内のジャイロで夏季に水平移動して放牧するヒツジ・ヤギは10,467頭で，さらに465頭がゲズーの形態でジャイロを利用していた（第11章）。表12.1に示したように，これらの家畜は，それぞれのジャイロで最低2家族（カラベルよびクルガック・ジャイロ）から最高7家族（キチ・カシカス・ジャイロ）のメンバーによって世話されている。クルガック（T5）では村内の2家族が水平移動をともなう放牧を行っているが，ゲズーによる放牧も行われている。

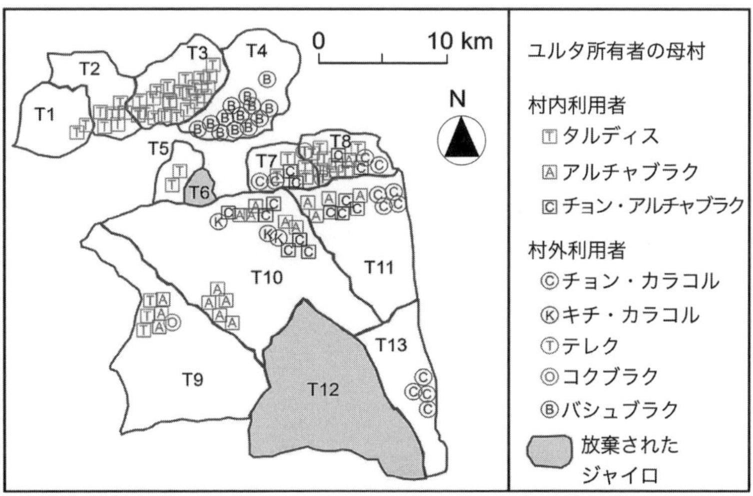

図12.1　タルディス村のジャイロ（夏の放牧地）の分布
（2012～2013年の現地調査によって作成）

2)　ジャイロは私有地ではなく公有地（村当局の管理地）である。

写真 12.1　村外からアライ谷のジャイロ（夏の放牧地）にやってきた牧夫とヒツジ・ヤギが秋になって村外の母村に帰る様子（撮影：渡辺 2015 年 9 月）

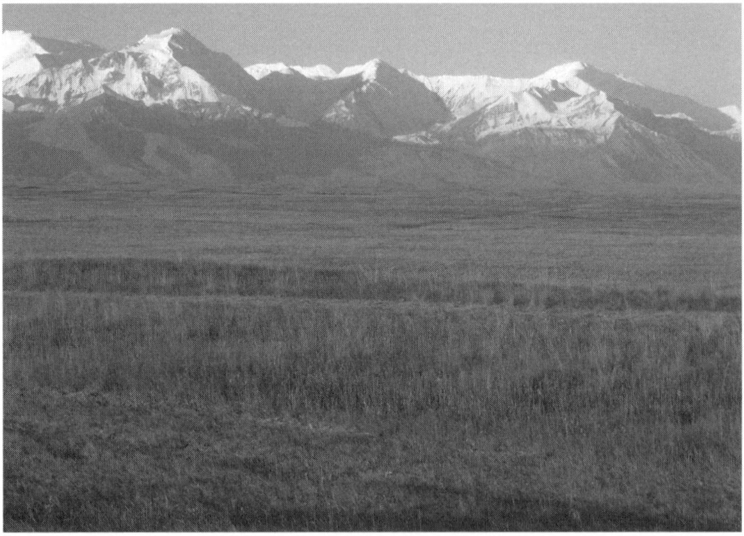

写真 12.2　広大なアライ谷の放牧地（撮影：渡辺 2015 年 9 月）
現在では道路から遠いジャイロは利用されておらず，そこでは草が「余っている」。

図12.1は，もう一つ興味深いことを示している。13のジャイロのうち二つのジャイロ（T6，T12）は現在では利用されていないのである（写真12.2）。これら二つのジャイロの位置をみると，T6（クイコタシ）は，ひじょうに狭いことと，T12（トシブラク）はアクセスがわるいことがわかる。こうした理由で，これらのジャイロが夏の放牧に利用されていないのであろう。逆にタルディス村のジャイロを利用している家族は，そのユルタの位置から，幹線道路の近くとキジルスー（川）沿いに集中している（図12.1）。

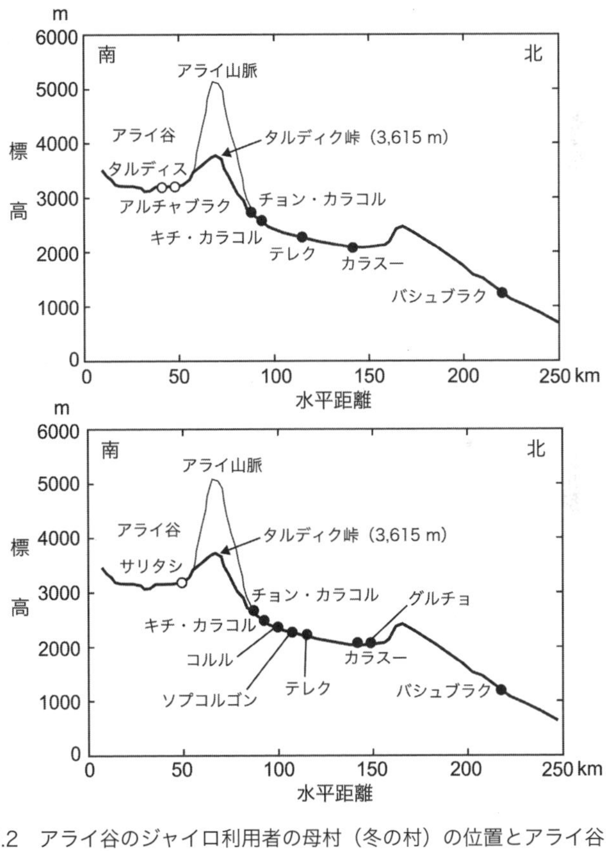

図12.2　アライ谷のジャイロ利用者の母村（冬の村）の位置とアライ谷の関係
上：タルディス村のジャイロ利用者，下：サリタシ村のジャイロ利用者，白丸：アライ谷で水平移動をともなう放牧をする家族の母村の位置，黒丸：アライ谷で垂直移動をともなう放牧をする家族の母村の位置。

次に，このユルタの分布位置をグーグルアースにプロットし，タルディス村の住民が放牧するヒツジ・ヤギの垂直移動距離と水平移動距離を計測した（表12.1)。季節的な移動を行う放牧は，水平移動をともなう放牧（水平放牧）と垂直移動をともなう放牧（垂直放牧）の二つの形態に区分でき，村内の利用者は水平放牧を，村外の利用者は垂直放牧を行っている。当然，村外からの利用者の移動距離は大きく，平均水平移動距離は102.1 km（最小43.3 km，最大165.7 km）で，家畜はアライ谷の北にある母村（アライ山脈北麓の村むら）とアライ谷間のこの距離を徒歩で移動する。アライ谷のなかで行われている水平放牧は谷の地形の規模に規制され，平均でわずか16.2 km（最小2.4 km，最大38.2 km）しかない。水平放牧では垂直方向の移動も小さく，平均で90 mにさえ達しない。

表 12.1　タルディス村におけるジャイロ（夏の放牧地）での放牧移動距離と移動標高差（2012 ～ 2013 年の現地調査によって作成）

番号	ジャイロの名前	ジャイロ利用家族数（ゲズー利用家族を除く）			放牧中の平均垂直移動距離（m）		放牧中の平均水平移動距離（km）	
		村内	村外	合計	村内	村外	村内	村外
T1	カラベル	2	0	2	33.0	—	2.4	—
T2	カルトオズ	6	0	6	74.2	—	7.3	—
T3	キチ・カシカス	27	0	27	151.1	—	10.3	—
T4	チョン・カシカス	0	13	13	—	2127.7	—	165.7
T5	クルガック	2	0	2	11.5	—	5.5	—
T6	クイコタシ	放牧利用なし						
T7	タルブルン	5	2	7	62.0	482.5	9.0	49.2
T8	トゥーラブラク	14	4	18	91.4	724.3	19.2	59.1
T9	キジルアグニン	7	0	7	126.7	—	38.2	—
T10	グドゥルー	16	3	19	35.6	731.3	15.6	51.8
T11	アライ	8	4	12	30.4	496.0	15.9	43.3
T12	トシブラク	放牧利用なし						
T13	ボルドボ	0	4	4	—	794.0	—	61.2
タルディス合計		87	30	117	89.9	1295.9	16.2	102.1

3.2　サリタシ村の夏の放牧地

サリタシ村でもタルディス村と同じ調査を行った（写真12.3)。その結果，サ

写真12.3　サリタシ村とその南側のジャイロ（撮影：渡辺2012年7月）
ここではサリタシ村の家畜が，水平移動をともなう季節的移動を行っている。背後はザアライ山脈。

リタシ村でも，村内の住民は水平移動をともなう放牧を，外部の住民は垂直移動をともなう放牧を行っていることがわかった（図12.2下）。具体的には村内のヒツジ・ヤギはS1, S2, S3よびS5のジャイロで夏季に放牧されている。村外から少なくとも8つの村（一部不明の村がある）を母村とする人たちのヒツジ・ヤギが夏季にサリタシ村の放牧地を使っている（図12.3）。サリタシ村には14のジャイロがあるが，表12.2に示したジャイロのうちアトジョル（S1），カラドボ（S2），コクブラク（S3），トゥマンチ（S4）の4つのジャイロではゲズーが行われている（第11章）。

図12.3からはタルディス村と同じ分布傾向が読み取れる。村や道路の近くで利用が集中しており，一方でアクセスのわるいS10〜S13の4つのジャイロは放牧利用されていない。

次に，このユルタの分布位置をグーグルアースにプロットし，サリタシ村の住民が放牧するヒツジ・ヤギの垂直移動距離と水平移動距離を計測した（表12.2）。ここでもタルディス村と同様の傾向が認められた。村外からの利用者の

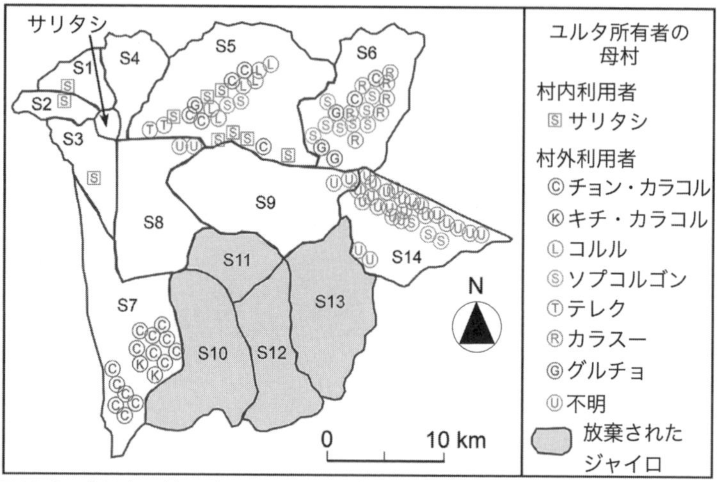

図 12.3　サリタシ村のジャイロの分布（2012 ～ 2013 年の現地調査によって作成）

表 12.2　サリタシ村におけるジャイロ（夏の放牧地）での放牧移動距離と移動標高差
（2012 ～ 2013 年の現地調査によって作成）

番号	ジャイロの名前	ジャイロ利用家族数（ゲズー利用家族を除く）			放牧中の平均垂直移動距離（m）		放牧中の平均水平移動距離（km）	
		村内	村外	合計	村内	村外	村内	村外
S1	アトジョル	1	0	1	123.0	—	4.1	—
S2	カラドボ	1	0	1	96.0	—	4.2	—
S3	コクブラク	1	0	1	−31.0	—	4.2	—
S4	トゥマンチ	ゲズー利用のみ						
S5	デメイ	7	17	24	49.3	982.5	4.5	38.6
S6	カラキンディック	0	20	20	—	1279.9	—	71.3
S7	ニチケ	0	16	16	—	782.8	—	57.1
S8	カマイドボ	不明な母村があるため計算から除外						
S9	マシャリ	不明な母村があるため計算から除外						
S10	イオイトアシュー	放牧利用なし						
S11	カプシドゥール	放牧利用なし						
S12	クルパク	放牧利用なし						
S13	クグガック	不明な母村があるため計算から除外						
S14	コルムドゥ	0	3	3	—	957.0	—	86.2
サリタシ合計		10	56	66	53.3	1053.8	4.4	58.2

移動距離は大きく，平均水平移動距離は58.2 km（最小38.6 km，最大86.2 km）で，家畜はアライ谷の北にある母村（図12.2）とアライ谷間のこの距離を徒歩で移動する。アライ谷のなかで行われている水平放牧は4.4 km（最小4.1 km，最大4.5 km）しかない。水平放牧では垂直方向の移動も小さく，平均で53.3 mである。

なおタルディスとサリタシの二つの村全体では，村内利用者による水平放牧における水平移動距離は，平均86.2 m（最小31.0 m，最大151.1 m）で，村外利用者による垂直放牧における水平移動距離は平均73.7 km（最小38.6 km，最大165.7 km）であった。

4　ジャイロ（夏の放牧地）利用の特徴

4.1　2村での放牧地利用の特徴の違い

図12.1，12.3，および表12.1，12.2に示したようにタルディス村とサリタシ村では村内外の多くの家族が夏季にヒツジ・ヤギをジャイロで放牧している。このうち一部のジャイロでは村内の家族がゲズーを行っており（第11章），村周辺のジャイロではゲズー放牧されているヒツジ・ヤギと，季節的に水平移動放牧されているヒツジ・ヤギとが，いっしょに放牧されていることになる。これ以外のジャイロでは村外からの利用者がヒツジ・ヤギの放牧を行っている。

これらの関係を図12.4にまとめた。図12.4Aの部分はタルディス，あるいはサリタシの村の土地を示し，Bの分布は外部の村の土地を示している。また点線内は放牧地，三角はユルタ，つまり移動式のテントの位置を示している。

タルディスとサリタシのジャイロでは村内と村外の家族の割合が大きく異なっている。タルディス村のジャイロは，おもに村内の人によって利用されているが，サリタシ村のジャイロは，おもに外部の人が利用している。このようにアライ谷では垂直移動をともなう放牧のほか，水平移牧をともなう放牧と，ゲズーとよばれる日々放牧の三つの放牧形態が存在していることがわかった。こうした多様な放牧形態が一つの地域で報告された研究例は，世界的にみても，これまでにはなかった。

村外の人たちが夏季に家畜をタルディス村やサリタシ村のジャイロで放牧できるのはジャイロの利用に一定の利用料金を支払っているためである。牧夫は家畜頭数に応じて利用料金をタルディス村，あるいはサリタシ村に支払っている。利用料金の支払い義務は2009年の法律にもとづいており，タルディス村では20ソム（約32円）/頭/月，サリタシ村では15ソム（約24円）/頭/月である（2013年時点）。ジャイロの利用料の支払い義務は村内の人たちにも適用されており，タルディス村では12ソム（約19円）/頭/月，サリタシ村で10ソム（約16円）が村に居住する家畜所有者に課されている。

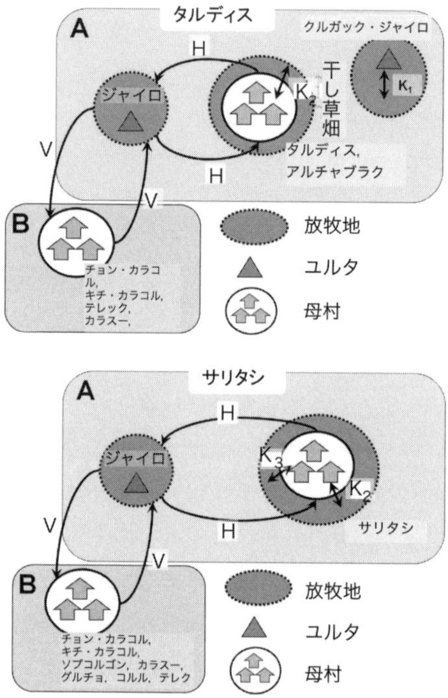

図12.4　アライ谷のタルディスとサリタシの二つの村で行われている家畜の放牧形態の比較

4.2　夏の放牧地の家畜密度

結果で紹介した家畜密度のデータにもとづいて図12.5を作成した。縦軸は家畜密度を示し，横軸は，それぞれのジャイロ（現在，放牧に利用されているもののみ）を示す。横軸の左側にはタルディス村のジャイロを，右側にはサリタシ村のジャイロを示してある。1 haあたり0.26頭のライン（放牧密度のしきい値；threshold）は2009年にキルギス政府が決めた基準となる家畜放牧密度[3]であり，この数字を超えると過放牧であるといえる。図12.5中の濃いバーは村内利用者の割合，薄いバーは外部利用者の割合を表している。またKはゲズーで利用されているジャイロを表している。Vは季節的な垂直移動放牧で使用されているジャイロを表している。これらのジャイロは，すべて村外の人が利用している。Hは季節的な水平移動放牧で使用されているジャイロを表している。

図12.5をみると，現在，タルディス村とサリタシ村のジャイロの多くは過放牧になっていることがわかる。過放牧に至っていないジャイロはタルディス村ではカラベル（T1），タルブルン（T7），キジルアグニン（T9），およびボルドボ（S13）の4つであった。サリタシ村のジャイロでは，カマルドボ（S）のみが過放牧になっていない。したがって，二つの村で放牧に利用されている21のジャイロのうち，じつに16のジャイロで過放牧になっている。

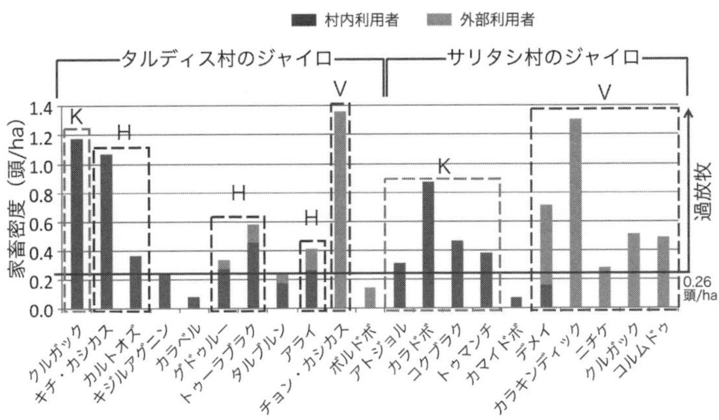

図12.5　ジャイロごとの家畜（ヒツジ・ヤギ）放牧密度 (2013年)
K: ゲズーで利用されているジャイロ，H: 水平移動放牧で利用されているジャイロ，V: 垂直移動放牧で利用されているジャイロ。

3)　現在では，国内をいくつかの地域にわけて，それぞれの地域ごとに異なるしきい値を用いるようになっているが，ここでは2009年のしきい値を用いて計算した。

村単位での家畜の放牧密度をみると，タルディス村では0.50頭/ha，サリタシ村では0.61頭/haとなり，両村全体（図12.6）でも過放牧（0.56頭/ha）となっている（いずれも，現在，利用されていないジャイロを除外した密度）。季節的な垂直移動放牧，つまり外部利用者によって生じている過放牧はタルディス村全体で29.7%であり，サリタシ村全体では81.4%に達している。季節的な水平移動放牧，つまりタルディスの住民による過放牧は50.5%で，村内利用者によるゲズーが引き起こす過放牧はタルディス村全体で2.8%，サリタシ村全体で12.3%であった。したがって，ヒツジ・ヤギの頭数がソ連時代よりも著しく減少したにもかかわらず（表12.3），二つの村全体としては，いまでも過放牧だと考えられる（図12.6）。

表12.3　アライ谷東部（タルディスおよびサリタシ）のジャイロにおけるソ連時代および現在のヒツジ・ヤギの放牧頭数，ジャイロ利用者の母村の比，および放牧形態の比較

	ソ連時代後期（1980年代以降1991年まで）		ソ連崩壊後（1991年以降）	
村	タルディス村	サリタシ村	タルディス村	サリタシ村
ヒツジ・ヤギの頭数	約56万頭		16,714頭*	18,774頭*
ジャイロ利用家族数の割合	村外から8〜9グループ，ウズベキスタンから2グループ		村内：村外＝78：22	村内：村外＝46：54
ジャイロ利用家畜頭数の割合			村内：村外＝63：37	村内：村外＝18：82
放牧形態	ソホーズによる		季節移動：ゲズー＝98：2	季節移動：ゲズー＝90：10

*2013年時点。

ところが，すでに述べたように，これら二つの村では利用されていないジャイロが存在している。タルディス村ではクイコタシ（T6）とトシブラク（T12）の二つのジャイロで，サリタシ村ではイオイトアシュ（S10），カプシドール（S11），クルパク（S12）およびコルムドゥ（S14）の4つのジャイロである（図12.1, 12.3，表12.1, 12.2）。これらの放棄ジャイロはソ連時代には利用されており，現在でもアクセスなどの問題が解消されれば利用が可能なジャイロである。そこで，これら6ジャイロが放牧に利用された場合の村全体での放牧密度を計

算した。その結果，タルディスおよびサリタシの二つの村全体では放牧密度が過放牧には達しないことがわかり，むしろ家畜の放牧頭数を増せる可能性があることが明らかになった（図12.6）。

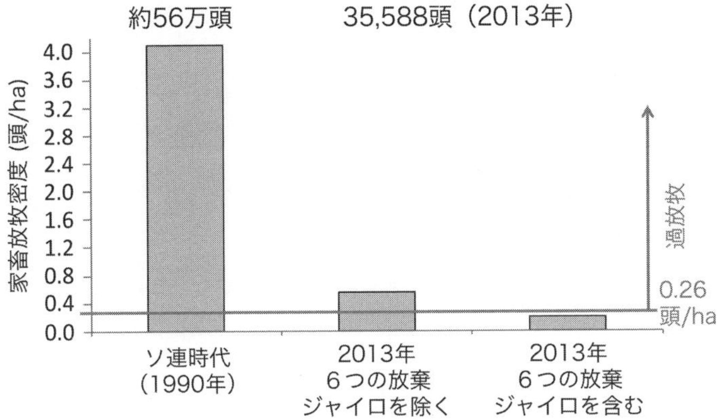

図12.6　アライ谷東部（タルディスおよびサリタシ）のジャイロにおけるソ連時代および現在の放牧頭数および放牧密度の変化

5　過放牧への対応

本章で扱った家族はタルディスとサリタシ両村の近くにある斜面（アライ山脈の南向き斜面）と，広大なアライ谷底の平坦地を利用している。当然，斜面上では過放牧時に土壌侵食を引き起こしやすくなる。同じ放牧密度であっても平坦地で放牧する方が土壌侵食を防ぐ点でははるかに有利になる。

図12.1と図12.3から現在では放牧に利用されていない「放棄ジャイロ」が存在していることがわかったが，一方で，一つのジャイロであっても夏の放牧地として利用されていながら，冬の餌用の草を採っている所も存在している（写真12.4）。きわめて厳しい冬季間を家畜が生き抜くためには十分な量の干し草が必要であることはいうまでもない。これらの冬用の採草地はタルディスの一部を除くと，ほとんどが平坦地にある。村（集落）の周辺ではサリタシのように柵を設けて，家畜が採草地の中に入らないような対策をとっており，あるいは草の生育期には家畜を村から遠く離れた放牧地に連れて行く（第9章）ことで

家畜が採草地の草を食べないように管理している。ジャイロのなかには放牧地と採草地が重複することもあるが，そうしたジャイロでは草の量は比較的多いことから，あまり神経質になる必要はないようである。

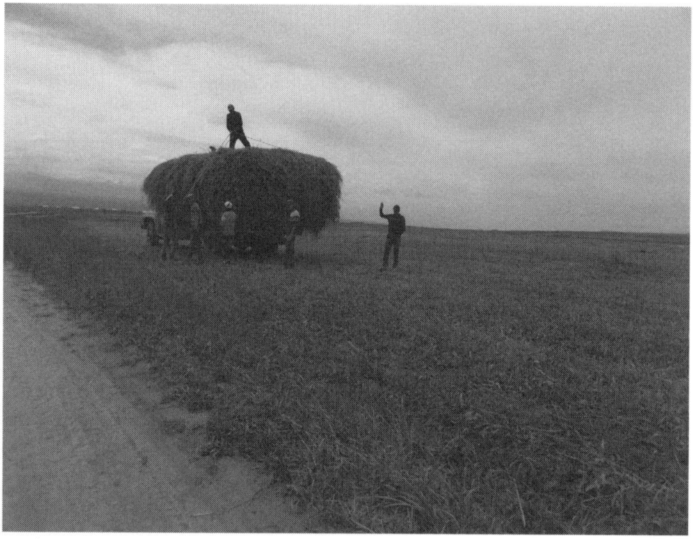

写真 12.4　アライ谷は冬の餌の採草地としても重要な役割を果たしている
（撮影：渡辺，2015 年 9 月）

キルギスでは2009年の法律（On Pastures）によって，それぞれの村にジャイロ委員会（放牧地委員会）が設けられるようになった。タルディスとサリタシの両村でも2009年にジャイロ委員会ができた。設立当時はタルディス村で10人（2010年時点），サリタシ村では2人（2010年時点）の委員で構成されていた。この委員会には，いくつか大きな問題が存在していた（Shirasaka et al. 2016）。例えば，サリタシ村では委員の選出方法が不透明で放牧に関する知識がまったくない人が委員を務めていた。彼らは村内のジャイロの名称も位置も理解していなかった。このため，委員会は，ほとんど機能していなかった。タルディス村では村内のジャイロの名称と場所を理解している委員がいた。しかし彼らはジャイロ委員会の役割などを理解しておらず，何をしたらよいのかわかっていなかった。ジャイロ委員会の機能不全はキルギスのほかの地域でも報告されている（Dörre 2012; Steinmann 2012）。

ジャイロ委員会のメンバーが適切な知識を獲得し，自分たちの手で放牧密度を計算し，家畜の放牧頭数の再配分を6つの放棄ジャイロを含めて行うことができるようになれば，タルディスとサリタシの二つの村全体では過放牧を解消することができるようになるはずである（図12.6）。この際，過放牧を引き起こしている村外利用者には6つの放棄ジャイロに移動してもらうのが合意を得やすいかもしれない。あるいは村外利用者の放牧頭数が多い場合は，同じジャイロを利用している村内利用者が6つの放棄ジャイロの利用を受け入れることで，現在，過放牧になっているジャイロの放牧密度を下げることも想定される。この際，放棄されている遠方の放牧地の利用にはユルタや家財道具の運搬，日常の移動の長距離化によるコスト負担（Ludi 2003）を村外利用者に求める（例えば，現在も徴収している放牧地利用料の値上げによる）ことが必要になるだろう。いずれにしても，ジャイロ委員会のメンバーへのトレーニングは必須で，さらにRobinson et al. (2012)が述べるように委員会にはジャイロ利用者全員が参加すべきである。

なお本章では夏季の放牧のみを扱った。アライ谷では多様な放牧形態が認められることから，異なる季節ごとに異なる場所で放牧密度が大きく変化する。放牧地の持続可能性を高めるためには，季節ごと（春と秋）に，それぞれの放牧地における放牧密度を計算する必要があり，そのうえで，できる限り低放牧密度の平坦な場所に高放牧密度の群れを移動させる必要があるだろう。

6　まとめ

本章では，以下の点について議論した。

1. アライ谷で行われている家畜（ヒツジ・ヤギ）の放牧はきわめて多様である。これは主として社会環境の急激な変化に対する住民たちの環境適応（adaptation）の結果である。ヤク・ウシについても多様な放牧形態が存在していることが推測される。この放牧形態の多様性はジオエコツーリズム資源の多様性を意味しており，現在の放牧形態の多様性は維持されるべきである。
2. 放牧の多様化は管理さえ適切に行えば，放牧地の利用の時空間分布を分散させることに繋がり，一部の放牧地にみられる過度の利用を引き起こさずにすむと考えられる。

3. しかし現実には村や道路，水場などへのアクセスのよい場所に放牧地利用が集中し，逆にアクセスのわるい場所は放棄されている。こうした利用の偏りが一部の放牧地における過度の利用の原因となっている。
4. 過放牧の発生は村に設置されているジャイロ委員会が機能していないために放置されている。委員会メンバーのトレーニングが急務である。
5. 適切な放牧地利用管理ができれば，現在の放牧頭数が維持される限りは，現在利用されていない放棄ジャイロを利用することで，両村ともに全体としては過放牧を解消できる。この際，遠隔地（放棄ジャイロ）を利用することによって生じる移動コストは村外利用者の放牧地利用料の値上げで補填することが考えられ，この点でもジャイロ委員会の強化が重要となる。

文　献

Dörre A. 2012. Legal arrangement and pasture-related socio-ecological challenges in Kyrgyzstan. In: Kreutzmann H. Ed.: *Pastoral Practices in High Asia*, Springer, 127-144.

Ludi E. 2003. Sustainable pasture management in Kyrgyzstan and Tajikistan: development needs and recommendations. *Mountain Research and Development*, 23, 119-123.

Naran T. 2003. Changes in mobile pastoralism and grassland degradation in eastern Inner Mongolia. *Inner Asia*, 15, 1, 33-56.

Robinson S, Wiedemann C, Michel Sほか2名 2012. Pastoral tenure in Central Asia: theme and variation in the five former Soviet Republics. In: Squires V. ed.: *Rangeland Stewardship in Central Asia: Balancing Improved Livelihood, Biodiversity Conservation and Land Protection,* Springer, 239-274.

Shirasaka S, Song F & Watanabe T. 2016. Diversity of seasonal migration of livestock in the eastern Alai Valley, southern Kyrgyzstan. In: Kreutzmann H & Watanabe T. Eds.: *Mapping Transition in the Pamirs*, Springer, 127-143.

Steimann B. 2012. Conflicting strategies for contested resources: Pastoralists' responses to uncertainty in post-socialist rural Kyrgyzstan. In: Kreutzmann H.. Ed.: *Pastoral Practices in High Asia*, Springer, 145-160.

第13章

放牧地の持続可能性—アライ谷東部の事例—

Sustainability of summer pastureland: A case study in the eastern Alai Valley

劉 潔・渡辺 悌二

1　はじめに

ほかの中央アジア諸国と比べて，キルギスは地域や世界の経済発展に貢献しうる資源を十分に有しているとは言いがたい。また気候条件が厳しいため農作物生産も国土の一部の地域でしかできない。こうした背景からキルギスは現在でも牧畜業に著しく依存している（例えば，Crewett 2012）。

キルギスはソ連時代から辺境の地としてみなされ，広大な放牧地で牧畜を行うことで食肉生産および羊毛生産の場として位置づけられてきた。羊毛生産量の増強のためヒツジの飼育頭数はソ連崩壊直前には著しく増え，1989年の家畜総数は1,780万頭（ヒツジ頭数に変換した総数）に達し（Farrington 2005），家畜頭数の増加は過放牧に繋がった。キルギスが独立した1991年以降，政府の支援が減少・消滅して，農業が個人経営に移行し，その結果，物資輸送やインフラの維持が困難になった（Lim 2012）。

独立後は多くの人にとって多数の家畜を所有することができなくなり，また遠方に位置する放牧地に彼らがアクセスするにはコストがかかりすぎるようになった（Ludi 2003; Shigaeva et al. 2007; Lim 2012）。そのため家畜の放牧のための季節的移動が大きな制約を受けるようになり，家畜所有者は比較的標高が低い集落の周辺にある草資源にさらに依存するようになった。なかには年間を通して集落周辺で家畜を飼うようになった家族もいる。こうした放牧分布パターンの変化は集落周辺の放牧地の荒廃という新しい環境問題を生みだすようになっている（Ludi 2003; Dörre 2012）。ポスト・ソ連時代に生じた集落周辺での家畜による放牧地の過剰利用については中央アジアでいくつかの報告があるが，パミールではほとんどない（Lim 2012）。

中央アジアでは社会経済的な影響に加えて気候変化による影響についても議論が行われている。1982〜2009年には干ばつと春季の寒冷化がアジア内陸部で植物生育に影響を与えたと考えられている（Mohammat et al. 2013）。また夏季の干ばつが2000〜2012年に中央アジアで植生の生育に影響を与えたことが報告されている（Xu et al. 2016）。しかし，これらの従来の研究は広域を対象としており，それゆえ，高精度の解析ができていない。

本章ではアライ谷を調査対象として，放牧地植生の被覆変化と気候要因との関係について分析し，放牧活動および気候要因の植生被覆への影響を明らかにする。

2　調査地域

ここではアライ谷のうち東部（東経72度02分以東）を調査対象とした（図13.1）。アライ谷東部は面積64.8 ㎢からなり，谷底の標高は西側で低く（2,240 m），東側で高い（3,536 m）。

調査地域は行政上タルディス村とサリタシ村の放牧地の一部で，調査地域の西部にはアルチャブラクとチョン・アルチャブラクの二つの集落がある。調査地域の東端はサリタシ村（3,150 m）と接している。タルディス村の統計データ

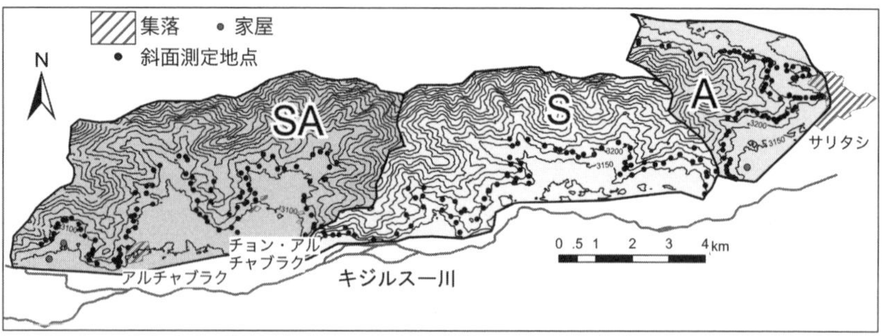

図13.1　調査地域と三つの型の放牧地区分（等高線間隔 : 50 m）

によるとアルチャブラクとチョン・アルチャブラクの世帯数は，それぞれ82，10であった（2013年時点）。

調査地域では主としてヒツジとヤギが放牧されている。このほかにはウシとヤク，ウマが放牧されている。

3　放牧パターン

地元での聞き取り調査の結果，図13.1に示したヒツジ・ヤギの放牧地は同じパターンではなく，三つの異なるパターンで利用されていることがわかった。すなわち，西側の3流域（29.5 ㎢）は春と秋に利用されていて（ここではＳＡ型放牧地とよぶ），中央の5つの流域（23.9 ㎢）は夏（Ｓ型放牧地），そして東部の3流域（11.4 ㎢）は通年（Ａ型放牧地）利用されている。このＳＡ型放牧地はクルガック・ジャイロ（西半分）とタルブルン・ジャイロ（東半分）からなり，Ｓ型放牧地はトゥーラブラク・ジャイロ，Ａ型放牧地はサリタシ村のアトジョル・ジャイロに相当する（第12章参照）。

ＳＡ型放牧地のなかにはアルチャブラクとチョン・アルチャブラクの二つの集落があり，春と秋に5,736頭（2012年時点）のヒツジ・ヤギをＳＡ型放牧地（写真13.1）で放牧している。アルチャブラクとチョン・アルチャブラクでは集落の周辺に冬用の干し草を育てる草地がある（写真13.1）。したがって，この草地の草が生育する夏季に，これら二つの集落とその周辺の放牧地の間を家畜が通過すると冬用の草が食べられてしまうので，それを避けるために夏は村内で放牧を行わずに，家畜を遠方に移動させる。このため集落の周辺に位置するＳＡ型放牧地では夏を避けた春と秋のみに放牧をしている。

二つの集落から離れて位置するＳ型放牧地では夏季のみに家畜が放牧されている。この放牧地には定住者はおらず，夏季の滞在には簡易のユルタ（移動式テント）やトレーラーが使われている（写真13.2）。ここで放牧をする人は上記のＳＡ型放牧地の利用者の一部とタルディス村（集落），および村外（テレク，チョン・カラコル）の人である。2012年には合計24家族が1,750頭のヒツジ・ヤギを放牧していた。

写真 13.1　春季と秋季に使われるＳＡ型放牧地（撮影：劉 2012 年 7 月）
家屋の横には冬季用の畜舎があり，その手前に冬の干し草用の採草地がある。

写真 13.2　夏季に使われるＳ型放牧地（撮影：劉 2012 年 7 月）

A型放牧地（アトジョル・ジャイロ）ではサリタシ村の住民が年間を通して放牧を行っている（写真13.3）。ここでは二つの放牧形態が認められる。一つ目はアトジョル・ジャイロの内外に住む人たちによる放牧で，2，3軒の家族が独立して日々放牧を通年実施している（合計約20頭）。二つ目はゲズーの形態での放牧で，サリタシ村の27家族が1,106頭のヒツジ・ヤギを放牧している（第11章）。「通年」で放牧が行われていると述べたが，実際には冬の積雪期には基本的に家屋に併設してある畜舎に家畜を入れ，天気がよい日の日中には外に出す。

写真13.3　通年使われているA型放牧地（撮影：劉 2012年7月）

4　1990年から2013年の放牧地植生（植被）の変化

1990年と2013年のランドサット画像を使って，1991年の独立以降の放牧地の植生被覆（植被）の変化を明らかにした。植被の割合はNDVI[1]，すなわち，衛

1)　正規化差植生指数(Normalized Difference Vegetation Index)

星データの可視域赤の反射率REDと衛星データの近赤外域の反射率NIRを使って，(NIR-RED)/(NIR+RED)を計算することで推定した。NDVIの値は−1から1の間で，正の数字が大きいほど植生（クロロフィル）が多いことを示す（例えば，Fang et al. 2004）。NDVI値が負の場合は裸地，雪氷，雲，あるいは水面を示す。調査対象地域には雪氷はなく，解析に用いた画像には雲がなかったため，NDVI値が負の場合は裸地・岩壁を示していると考えてよい。

一方，NDVI値が正の場合は地表面が植生に覆われていると考えられるが，ここではSobrino et al. (2011)の方法で地表面を以下の3グループに区分した：(1)裸地・低植被地（$-1 \leq \mathrm{NDVI} < 0.2$），(2)中植被地（$0.2 \leq \mathrm{NDVI} \leq 0.5$），(3)高植被地（$0.5 < \mathrm{NDVI} \leq 1$）。

表13.1と図13.2から調査地域の植被（地表面被覆）について以下のことが明らかになった。A型放牧地は1990年と2013年のいずれの年にも高植被地の割合がもっとも高かった（それぞれ0.9%，39.3%）。これに対してS型放牧地は1990年と2013年のいずれの年にも裸地・低植被地の割合がもっとも高かった（それぞれ17.1%，13.7%）。1990年から2013年までの変化についてみると，いずれの型の放牧地でも裸地・低植被地と中植被地が減少し，高植被地が増加していた(表13.1)。すなわち，1991年のソ連邦からの独立以降，アライ谷東部では植生が被度の点で回復したことになる。高植被地の増加はA型放牧地でもっとも多く（+38.4%），S型放牧地でもっとも少ない（+13.4%)。高植被地の増加は裸地・低植被地と中植被地の減少を意味し，三つの型の放牧地のなかでソ連時代の過放牧状態からもっとも植生回復が進んでいるのはA型放牧地だといえる。

植被変化は2年分の衛星画像データを重ね合わせることで決められる。1990〜2013年までの期間には70%以上の地表面が植生で覆われたままの状態を維持していたことになり，放牧地は全体としては比較的安定した状態にあったといえる。

一方，この23年間で植被が減少したのはわずか1.3%であった。A型放牧地では42.9%で植被が増加した。植被の増加は特にＳＡ型放牧地の平地で著しく，減少はS型放牧地で著しく，またキジルスー川の近くで顕著であった (図13.3)。

表 13.1　3 タイプの放牧地における NDVI 値の変化

	裸地・低植被地 −1≤ NDVI < 0.2 (%)				中植被地 0.2≤ NDIV ≤ 0.5(%)				高植被地 0.5< NDVI ≤ 1(%)			
	SA	S	A	全体	SA	S	A	全体	SA	S	A	全体
1990 年	13.9	17.1	6.1	13.7	85.8	82.4	93.0	85.7	0.6	0.6	0.9	0.6
2013 年	7.5	13.7	1.4	8.7	72.0	72.3	59.3	69.9	20.4	14.0	39.3	21.4
変化	−6.4	−3.4	−4.7	−5.0	−13.8	−10.1	−33.7	−15.8	+19.8	+13.4	+38.4	+20.8

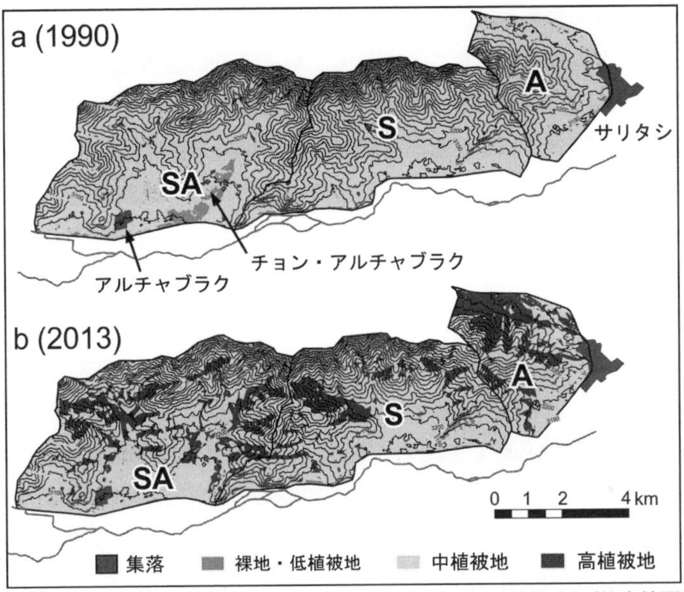

図 13.2　NDVI 値にもとづく 1990 年 (a) および 2013 年 (b) の植被区分（等高線間隔 : 50 m）

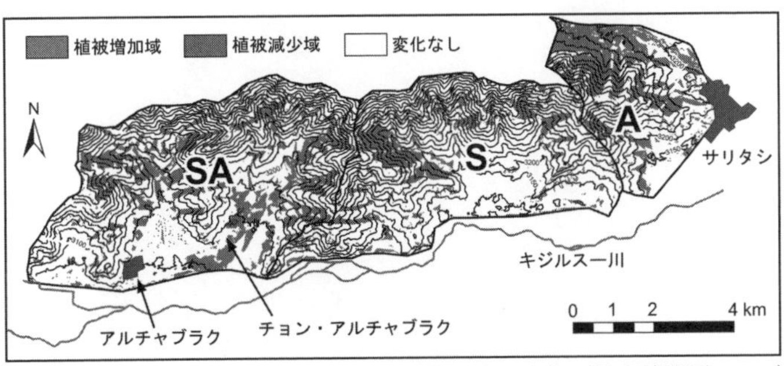

図 13.3　1990 年から 2013 年までの植被分布の変化（等高線間隔 : 50 m）

5　放牧強度

家畜が草地斜面の上で放牧されると，特徴的な微地形をつくる（写真13.4）。この微地形は一般的には高さ20〜100 cmほどの階段状の地形で，これを放牧階段とよぶ。放牧階段の間隔には斜面の傾斜，および家畜の大きさ（肩の高さ）と関係があり，さらに家畜の放牧密度によっても変わる。放牧密度が高くなれば斜面上の植被に大きな影響を与え，最終的には斜面は裸地になる。植被の変化への放牧活動の影響を知るために，現地で，まず放牧階段の有無を地形図上にプロットした。次に放牧階段が発達している斜面の放牧強度を計算した。現地で斜面長10〜30 m分の放牧階段について一段分の間隔SD（斜面と平行に測った斜め方向の間隔）の平均値と斜面傾斜を計測した。現地での測定は携帯型のトータルステーション（TruPulse 360º）を用いて，2011〜2013年にかけて251地点で実施した（図13.1）。その結果をHoward & Higgins (1987)の計算式に入れて，図13.4にプロットし，放牧強度を求めた。

図13.4にはHoward & Higgins (1987)のモデルによって得られた「最適利用曲線」が示されている。曲線は餌となる草を最大限利用した際の放牧階段の間隔を示し，家畜の放牧密度が「最適」である状態を示す。この曲線から右側に離れるほど家畜の放牧密度が低く，餌となる草が余っている状態を示す。曲線の左側にプロットされたデータは過放牧状態を示していると考えてよい（Watanabe 1994）。

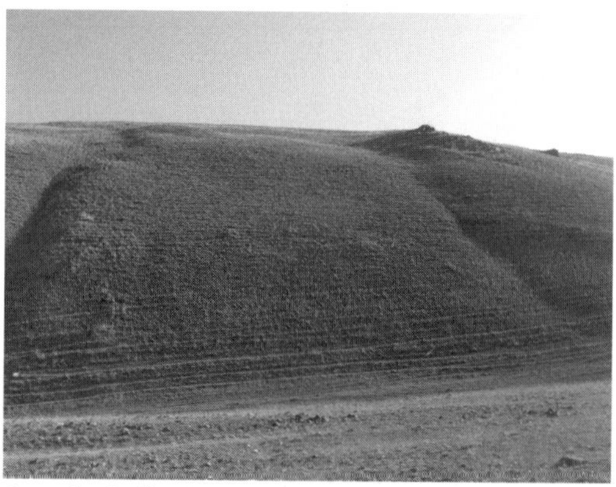

写真13.4　ヒツジ・ヤギによってつくられた放牧階段（撮影：劉 2013年9月）

調査を行った251地点のうち45.4%（114地点）の放牧斜面には放牧階段が認められなかった。残りの53.6%（137地点）では放牧階段が発達しており，そのうち109地点が過放牧と判定された（全体の43.4%）。28地点（全体の11.2%）の斜面では，より多くのヒツジ・ヤギを放牧しても餌資源が不足することはなく（図13.5），したがって，放牧斜面の裸地化に大きな影響を与えることはないだろうと考えられる。

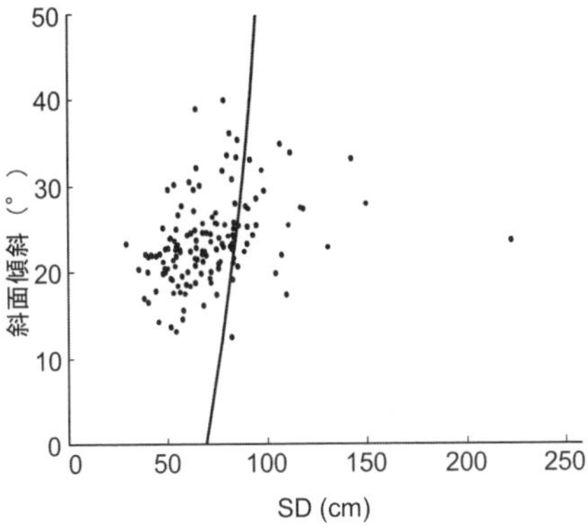

図13.4　放牧階段の平均間隔（SD）と斜面傾斜の関係（N=137）

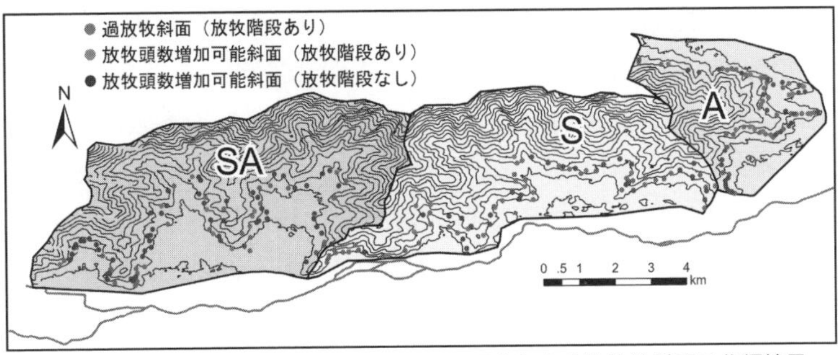

図13.5　Howard & Higgins (1987) のモデルによる放牧地斜面の分類結果

三つのタイプの放牧地（ＳＡ，Ｓ，Ａ型）の間では放牧強度には大きな違いは認められなかった（表13.2）。表13.2が示すように，過放牧はＳ型放牧地でもっとも多く（53.9%），放牧階段の発達していない斜面（ＳＡ型放牧地に多い）でもっとも少なかった（29.5%）。

表 13.2　放牧強度によって分類した放牧斜面の割合と三つの放牧地タイプの関係

放牧地タイプ	放牧階段のない斜面(%)	放牧頭数増加可能斜面(%)	過放牧斜面(%)	面積(ha)	家畜頭数(2012)	家畜密度(head/ha)
SA	60.0	10.5	29.5	3014	5736	1.9
S	34.6	11.5	53.9	2432	1750	0.7
A	38.5	11.5	50.0	1161	1126	1.0
合計	45.4	11.2	43.4	6607	8612	1.3

1990年と2013年の間にNDVI値で分類した高植被地は20.8%増加し（表13.1），植被面積は26.7%増加した（表13.3）。このことはソ連時代に荒廃した放牧地の一部が回復したことを意味している。この植生回復の最大の原因は独立後の家畜頭数の急激な減少に求められるだろう。ソ連時代には放牧地が過放牧状態にあったことはパミール諸国で報告されている（例えば，Zonov 1974）。

図13.3からキジルスー川の近くの平坦地で植被の減少が認められる。この結果はLiu & Watanabe (2013)の結果と同じで，これは一般にほかの地域でも報告されているように，家畜が水場の近くに集まる（Pringle & Landsberg 2004）ことと関係しているものと考えられる。

すでに述べたように，過放牧はS型放牧地でもっとも多く（53.9%），植被の減少が最大で（2.1%），増加が最小（18.7%）であった（図13.3，表13.3）が，その一方で，家畜の放牧密度はS型放牧地において最小である（表13.2）。したがって，放牧密度だけが植被を決める要因ではない（第5章参照）。むしろS型放牧地に特徴的なことは夏季に放牧が行われる点であろう。Brougham (1960)は放牧地の草の成長期に一致する夏季の放牧が草の成長を妨げることを指摘している。結果的に夏の集中的な放牧（S型放牧地利用）がほかの季節における放牧地の利用よりも植被に影響を与えているのかもしれない。

表 13.3　1990 年から 2013 年の植被変化

植被変化	S A型	S型	A型	合計
変化なし	72.3%	79.2%	56.4%	72.0%
増加	26.8%	18.7%	42.9%	26.7%
減少	0.9%	2.1%	0.7%	1.3%

6　気温と降水量

これまで放牧活動と植被変化の関係について述べてきたが，植被変化には気候要因も関係するものと考えられる。そこで気温および降水量の解析を行い，放牧地の植被との関係について調べた。解析にはサリタシ村の気象観測所のデータを用いた。ここでは1935〜2015年までの81年分の気温と降水量の月データを入手した。図13.6にまとめたように，月平均気温は7月と8月にもっとも高く（いずれも10.2℃），1月に最も低い（–17.0℃）。

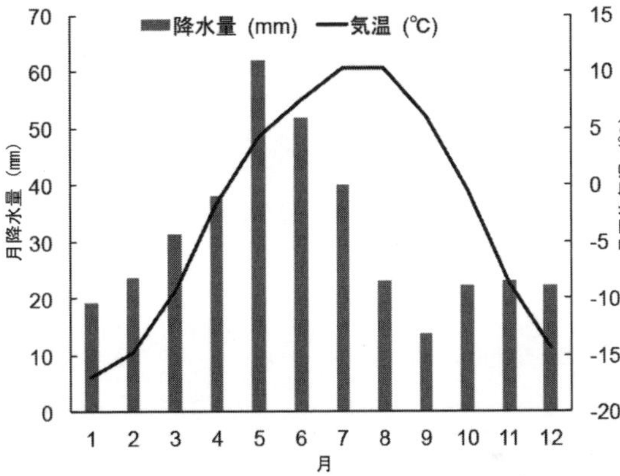

図 13.6　サリタシ村における過去 81 年間の月平均気温と月降水量
（サリタシ測候所のデータより作成）

年平均気温は上昇の傾向にあり，特に2001年以降で高かった（図13.7）。サリタシ村の月平均気温の季節的サブシリーズ・プロットは，2001年以降の冬季間（12〜2月）の月平均気温が過去81年間の平均値よりも低いことを示している。また3〜11月までの月平均気温は過去81年間の平均値よりも高い（図13.8）。中央アジアでの既存研究でも同様の傾向が報告されている（Hu et al. 2014）。

一方，1935〜2015年の期間の降水量に関しては明瞭な傾向は認められない。81年間の月平均降水量は5月に最大（61.8 mm）で，9月に最小（13.7 mm）である（図13.6）。年降水量および1935〜2015年までの月降水量の季節的サブシリーズ・プロットについては明瞭な傾向は認められない（図13.7, 13.9）。

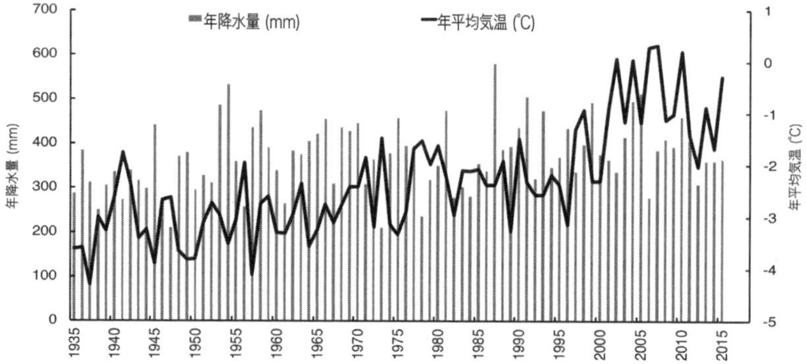

図 13.7　サリタシにおける過去 81 年間（1935 ～ 2015 年）の年平均気温と降水量の経時変化

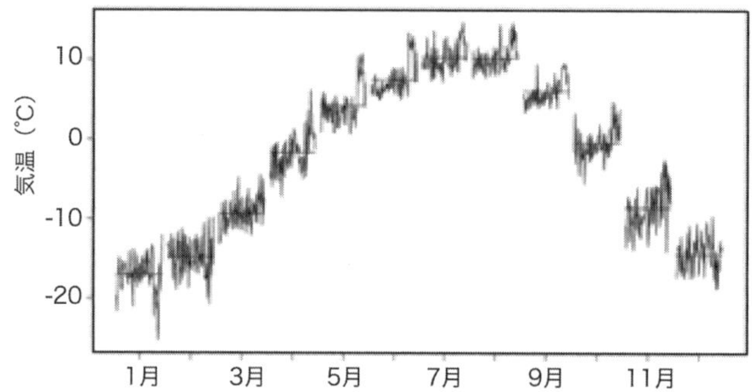

図 13.8　サリタシにおける過去 81 年間（1935 ～ 2015 年）の季節的サブシリーズ・プロット

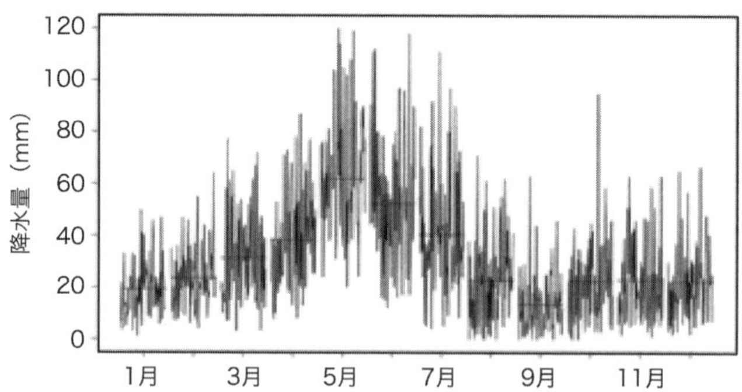

図 13.9　サリタシにおける 1935 ～ 2015 年の月降水量の季節的サブシリーズ・プロット

7　植生のダイナミクスと気候

7.1　植生のダイナミクス

土地利用・土地被覆の長期変化を捉えるには改造型超高分解能反射計AVHRR (Advanced Very High Resolution Radiometer)や，MODIS (Moderate Resolution Imaging Spectroradiometer)で得られたNDVIの時系列データが有効である。MODISデータは2000年2月以降のみ使用が可能なので，ここでは2000〜2015年の16年間のMODIS-NDVIを解析して，植生ダイナミクスを明らかにした。その結果，EVI値とその季節パターンは，すべてのタイプの放牧地で類似していた。すなわち，春に増加し，夏（6〜7月）にピークを迎え，冬の最低値に至るまで徐々に減少する（図13.10)。

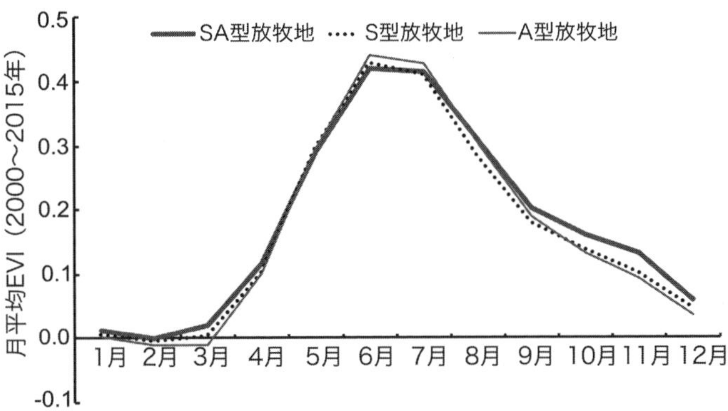

図13.10　三つのタイプの放牧地における16年平均EVI（2000〜2015年）の季節変動

7.2　植生のダイナミクスと気候

次に植生のダイナミクスと気候要因との関係について考えてみよう。事前に白色化（pre-whitening）したMODIS-EVIの月データと気候変数の間の相互相関解析の結果，降水量が1カ月のタイムラグをもって植被に影響を与える（相関係数はＳＡ型放牧地で0.52，Ｓ型放牧地で0.54，Ａ型放牧地で0.55）ことが示唆された（図13.11）。このことから降水量はただちに植被に影響を与えるのではないことがわかる。むしろ降水量は土壌水分や蒸発散のような水循環に影響を与える（Goward & Prince 1995）。またPrasad et al. (2007) は植物成長がただちに降水には反応せずに土壌水分の履歴に反応すると述べている。

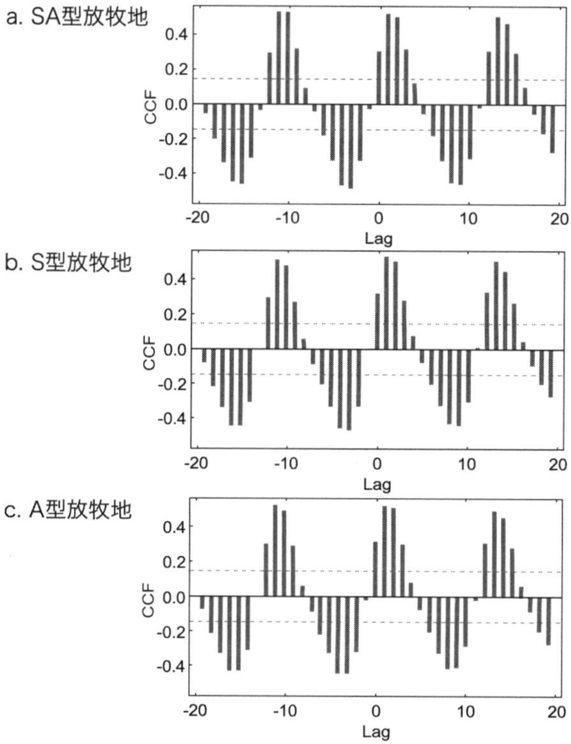

図13.11　3タイプの放牧地における月平均降水量と月EVIの関係

一方，気温はＳＡ型放牧地（相関係数0.86），Ｓ型放牧地（同0.85），およびＡ型放牧地（同0.86）の植被に対してはタイムラグ効果をもっていない（図13.12）。降水量と月EVI値との間の相関係数（0.52〜0.55）は気温と月EVI値との間の相関係数（0.85〜0.86）より小さいが，これは気温の方が降水量よりも月単位でのEVIに対して，より安定した効果をもっているためであろう。Mohammat et al. (2013) は中央アジアにおける研究で春から夏における植物の成長を規定する重要な要因として気温をあげている。

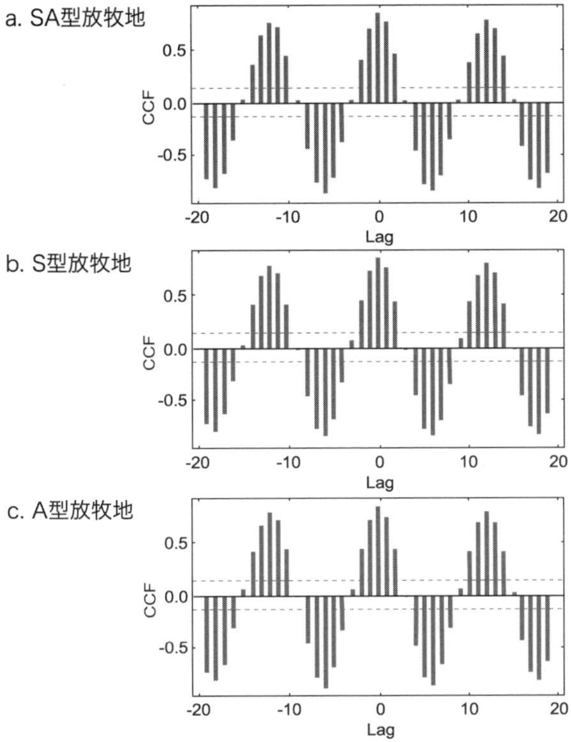

図13.12　3タイプの放牧地における月平均気温と月EVIの関係

7.3　将来の放牧地植被

ここまで放牧活動と気温・降水量の植被への影響について議論をしてきた。ソ連から独立した1991年以降，アライ谷では放牧圧が大きく減少して（第12章），放牧地植生被覆の回復が認められた。もちろん，本章の手法では種の変化についての議論はできないのでソ連時代からの過放牧による種の変化と1991年以降の変化についてはわからない。

アライ谷では2001年頃から気温の上昇が著しくなっているが，その傾向は特に3〜11月の月平均気温に現れている。すでに述べたように，Xu et al. (2016)は中央アジアで2000～2012年に夏の干ばつの影響が出ていることを示している。Xuらの研究では降水量の減少と可能蒸発散量の増加のために夏季に水不足が生じて，広域で植生の荒廃が生じていることを議論している。Lioubimtseva & Henebry (2009)は中央アジアで将来，気温が上昇するだろうと述べていて，中央アジア（パミール）で温暖化に関する研究がさらに進むことが期待される。彼らは温暖化の進行によって，春から秋にかけての降水量が減少し（冬季の降水量は増加する），全体としては乾燥化が進むと考えている。もし冬季の降水量（積雪量）が増加するのであれば，春以降の土壌水分を高めるので放牧地植生にとっては好ましい状況になる。それ以上に春から秋にかけての降水量が減少するのであれば，冬期間の効果はなくなってしまう。夏から秋にかけての気温上昇と降水量の減少は水分ストレスを大きくする。

このように1991年の独立以降に放牧地植生被覆が回復したとはいえ，将来の植生荒廃の可能性について考える必要がある。さらに1991年の独立以降はそれ以前と比べて著しい放牧頭数の減少があったが，2000年以降には徐々に家畜頭数が増加している（第9章）。この増加が将来さらに進んだ場合は，温暖化の影響に加えて放牧地の植生荒廃の可能性は大きくなるだろう。

8　終わりに

本章では，アライ谷東部を事例としてソ連邦からの独立以降に放牧地の植生被覆が，どのように変化したのかを明らかにすることで，放牧地の持続可能性について考えた。対象地域では放牧地の利用パターンが次の三つに区分できた。すなわち，(1) 春と秋に利用されるＳＡ型放牧地，(2) 夏に利用されるＳ型放牧地，そして(3) 通年利用されるＡ型放牧地である。

1990年以降（1991年の独立以降とみなしてよい），アライ谷東部全体としては放牧地植被の回復が認められた。この最大の理由は家畜の放牧頭数の激減であろう。ＳＡ型放牧地における植被回復の一部は冬の餌用の採草地でライムギを育てていることにある。しかし，それ以外の場所（放牧地）では自然の力で植被回復したことになる。

一方，局所的には放牧地植被の減少も認められた。それはキジルスー川近くの平坦なS型放牧地上である。これは水飲み場の近くで家畜の活動時間が長くなるためである（Liu & Watanabe 2013）。さらに放牧強度はS型放牧地でもっとも高かった。これは夏季の放牧地利用が植生により大きな影響を与えるためであると考えられる。

年平均気温は特に2001年以降で高かった。2001～2015年までの冬季間（12～2月）の月平均気温は過去81年間の平均値よりも低かったが，その一方で，3～11月の気温はわずかに高かった。降水量は1カ月のタイムラグをもって三つのすべてのタイプの放牧地の植被に影響を与えている。

このようにアライ谷東部では，国家独立以降，放牧地の植被は全体としては回復している。しかし温暖化が気温上昇と年降水量の減少をもたらすのであれば将来の放牧地の荒廃は無視できなくなるであろう。

文　献

Brougham RW. 1960. The effects of frequent hard grazings at different times of the year on the productivity and species yields of a grass-clover pasture. *New Zealand Journal of Agricultural Research*, 3, 125-136.

Crewett W. 2012. Improving the sustainability of Pasture use in Kyrgyzstan. *Mountain Research and Development*, 32, 3, 267-274.

Dörre A. 2012. *Legal arrangements and pasture-related socio-ecological challenges in Kyrgyzstan*. In: Kreutzmann H. Ed.: *Pastoral Practices in High Asia*, Springer, 127-144.

Fang JY, Piao SL, He JS & Ma WH. 2004. Increasing terrestrial vegetation activity in China, 1982-1999. *Science in China Ser. C Life Science*, 47, 3, 229-240.

Farrington JD. 2005. De-develeopment in eastern Kyrgyzstan and persistence of semi-nomadic livestock herding. *Nomadic Peoples*, 9, 1-2, 171-197.

Goward SN & Prince SD. 1995. Transient effects of climate on vegetation dynamics: satellite observations. *Journal of Biogeography*, 22, 549-563.

Howard JK & Higgins CG. 1987. Dimensions of grazing-step terracettes and their significance. In: Gardiner V. Ed.: *International Geomorphology,* Part II, 545-568.

Hu Z, Zhang C, Hu QS & Tian H. 2014. Temperature changes in Central Asia from 1979 to 2011 based on multiple datasets. *Journal of Climate*, 27, 3, 1143-1167.

Lim M. 2012. Laws, institutions and transboundary pasture management in the High Pamir and Pamir Alai mountain ecosystem of Central Asia. *Law, Environment and Development Journal*, 8, 1, 43-58.

Lioubimtseva E & Henebry GM. 2009. Climate and environmental change in arid Central Asia: Impacts, vulnerability, and adaptations. *Journal of Arid Environments*, 73, 963-977.

Liu J & Watanabe T. 2013. The assessment of the current grazing intensity and slope status of pastures in the Alai Valley, Kyrgyzstan. *Geographical Studies*, 88, 2, 70-79.

Ludi E. 2003. Sustainable pasture management in Kyrgyzstan and Tajikistan: development needs and recommendations. *Mountain Research and Development*, 23, 2, 119-123.

Mohammat A, Wang X, Xu Xほか4名 2013. Drought and spring cooling induced recent decrease in vegetation growth in Inner Asia. *Agricultural and Forest Meteorology*, 178, 21-30.

Prasad VK, Badarinath KVS & Eaturu. 2007. A Spatial patterns of vegetation phenology metrics and related climatic controls of eight contrasting forest types in India - analysis from remote sensing datasets. *Theoretical and Applied Climatology*, 89, 1-2, 95-107.

Pringle HJR & Landsberg J. 2004. Predicting the distribution of livestock grazing pressure in rangelands. *Austral Ecology*, 29, 31-39.

Shigaeva J, Kollmair M, Niederer P & Maselli D. 2007. Livelihoods in transition: changing land use strategies and ecological implications in a Post-soviet setting (Kyrgyzstan). *Central Asian Survey*, 26, 3, 389-406.

Sobrino JA, Raissouni N & Li ZL. 2011. A comparative study of land surface emissivity retrieval from NOAA data. *Remote Sensing and Environment,* 75, 256-266.

Watanabe T. 1994. Soil erosion on yak-grazing steps in the Langtang Himal, Nepal. *Mountain Research and Development*, 14, 2, 171-179.

Xu HJ, Wang XP & Zhang XX. 2016. Decreased vegetation growth in response to summer drought in Central Asia from 2000 to 2012. *International Journal of Applied Earth Observation and Geoinformation*, 52, 390-402.

Zonov AG. 1974. Wind erosion in grazing lands north of Betpak-dala. *Problem of Desert Development*, 3, 38-42.

第三部

観光開発・資源利用と保護・持続可能な利用

タジキスタン，パミールハイウェイを自転車で移動する旅行者（標高 4,200 m で撮影：渡辺 2007 年 8 月）

第14章

パミールの観光開発の特徴とキルギスのコミュニティー・ベイズド・ツーリズム

Characteristics of tourism development in the Pamir and community-based tourism in Kyrgyz

宮原 育子・カチキンバエフ ソベットベク

1　はじめに

パミールの山やまには氷河が多数存在している。特にザアライ山脈のレーニン峰（7,134m）はソ連時代から登山やスキーなどで多くの観光客を惹きつけてきた。しかしパミールは各国の主要都市から離れた山岳地帯にあるため生活条件はわるく，開発も遅れている。西部では河谷や盆地で農業が行われるが，自給自足的な移牧が行われている。キルギスの古都オシからタジキスタン東部，ゴルノバダフシャン自治州（GBAO）のムルガブを経由してホローグを結ぶ全長約530 kmの道路はソ連時代に開削され，「パミールハイウェイ」とよばれ，地元住民の生活道路としても，また世界各国からの観光客の移動ルートとしても利用されている。キルギスとタジキスタン国境付近の山岳地帯では，いまだ舗装整備が遅れているが，キルギス側のオシから約200 km南のザアライ山脈の麓，アライ谷周辺までは中国のODAなどによる道路整備が進み，移動時間の短縮が図られている。パミールの住民にとって観光は現金収入を得て生活を向上させるための重要なビジネスになりうるが，現時点ではゲストハウスとよばれる民宿の経営や小規模なレストランなどが営業しているのみである。観光客への観光プログラムを造成して，計画的な誘客を図っているところはNGOの支援を受けたキルギスとタジキスタンの一部にのみ存在する。

本章では，まずパミール周辺の国ぐにの観光状況を概観し，おもにパミールの観光上主要な国としてキルギスとタジキスタンの観光の特徴を概観しつつ，キルギスのアライ谷におけるNGOの支援によるツーリズムの現状について議論する。

2　パミール周辺諸国の観光の特徴

パミールが位置するキルギスやタジキスタンは国土の90%以上が山岳地帯からなる国家である。1991年のソビエト連邦崩壊後，その地勢や自然環境，地域資源，社会システムなどの違いにより同時期に独立したほかの中央アジアの国ぐにとの発展格差が生じている。

本節では中央アジア諸国のうちパミール地域と国境を接する国としてカザフスタンとウズベキスタンをあげ，その国勢や観光の概要についてキルギスとタジキスタンと比較しながら紹介する。

2.1　パミール諸国の諸相

パミール諸国はソビエト連邦からの独立後，現在までの30年弱の期間で各国独自の発展を図ってきた。しかしながら，その歩みは一様ではなく，国土の自然環境や，社会の安定度，産業の発展など，さまざまな要因から，それぞれの発展には格差が生じている（表14.1）。

パミール諸国のなかで独立後にもっとも安定した発展を続けているのはカザフスタンで，世界第9位の面積を有し，国土のほとんどが広大なカザフ・ステップである。旧ソ連時代は有数の穀倉地域であったが，現在は資源大国として石油，石炭，天然ガス，レアメタルなどを豊富に産出し，世界からも注目を集めている。2014年における一人当たりの国民総所得は1万1千ドルを超え，ODAにおいても支援される国から支援する国への転換を図っている。

ウズベキスタンはキルギスとタジキスタンの西に位置し，砂漠を主体とした乾燥地域が広いことから灌漑用水の建設に力を注いだ。灌漑されたオアシス地域で綿花やブドウなどの栽培がさかんである。鉱産資源も豊富で天然ガスの埋蔵量が多い。ウズベキスタンはタシケントやサマルカンドなどシルクロードにかかわる都市と史跡を擁し，世界中から観光客を惹きつけている。

キルギスとタジキスタンは，ほかの二カ国に比べ独立後の発展のスピードが緩やかで，一人当たり国民総所得は中央アジア諸国のなかで低水準である。その大きな要因としてはキルギスもタジキスタンも国土のほとんどがパミールと天山山脈の一部をなす山岳地帯であり，ヒトやモノの移動が困難な自然環境にある。少ない平地では農業が営まれているが，山岳部では牧畜が主体となっている。キルギスは独立後から政治が混乱し，民族衝突なども発生するなど，社会が安定するのに時間がかかっており，近年では隣国のカザフスタンやロシアへの海外出稼ぎも目立つようになった。タジキスタンにおいては独立直後から内戦が続き，独立後の社会の安定化に遅れが出た。パミールでは南のアフガニスタンからの武器や麻薬の流入が問題となっており，小規模な衝突や国境封鎖などが現在でも発生している。

表14.1　パミール諸国の諸相

国　名	人口（万人）2016年	一人当たりGNI（USドル）2014年	地勢と主要な資源や産業
カザフスタン	1,785	11,850	カザフ・ステップ，農業，石油，天然ガス，レアメタル
ウズベキスタン	3,030	2,090	砂漠，灌漑農業，天然ガス，シルクロードの主要観光地を保有
キルギス	603	1,250	国土の90%が山岳地帯，水力発電，鉱産物，自給的牧畜，出稼ぎ
タジキスタン	867	1,080	高山砂漠，鉱産物，綿花，自給的牧畜
参考：日本	12,589	42,000	—

『データブックオブ・ザ・ワールド2017年版』により作成。

2.2　パミール周辺諸国の観光の概要

独立後の中央アジア諸国では外貨獲得のための外国人観光客の誘致がさかんである。国際観光機関WTOのデータ（表14.2）によると2014年におけるパミール周辺諸国への外国人観光客数はカザフスタンでは456万人ともっとも多く，観光収入も17億ドルである。ホテルなどの宿泊施設数ももっとも多い。国際航空路線も多く，首都のアスタナは地下鉄や大型ショッピングモールの開設など，活気に溢れている。

表14.2　パミール諸国の観光の概要

国　名	外国人観光客数（千人）	観光収入（億ドル）	ホテルなどの宿泊施設数	部屋数	ベッド数
カザフスタン	4,560	17.0	2,056	49,128	109,094
ウズベキスタン	1,969*	1.2	—	21,664**	57,398**
キルギス	2,849	4.7	171	2,684	4,889
タジキスタン	213	2.2	1,566	—	—

World Tourism Organization (2016) により作成。*2013年，**2010年。

ウズベキスタンは2013年時点で約200万人の外国人観光客を受け入れている。観光収入は2014年で1.2億ドルである。宿泊施設数は不明であるが，国内の宿泊施設の部屋数やベッド数はカザフスタンに次いで多い。日本からも首都タシケントまで直行便が就航し，ブハラやサマルカンドなどの「シルクロード」の歴史を全面的に打ち出した観光を進めている。

キルギスは280万人を超える外国人観光客を受け入れて，4.7億ドルの観光収入を得ている。しかしながら，統計上にみえる観光客を受け入れるためのホテルなどの宿泊施設数は171となっており，部屋数，ベッド数ともカザフスタンやウズベキスタンの規模に及ばない。首都ビシュケクに就航している国際線のスケジュールは深夜や早朝が多く，観光客への利便性の考慮が求められている。キルギスの主要な観光地は首都の北東部，カザフスタン国境付近にあるイシククル湖であり，国内外の観光客でにぎわっている。

タジキスタンへの外国人観光客は全体で年間約21万人にとどまり，観光収入は2.2億ドルで，パミール諸国のなかでもっとも国際観光の規模が小さい。ホテルなどの宿泊施設数は1,566施設であるが，その立地は首都のドゥシャンベなど東部地域に集中している。パミールの位置する西部のGBAOは山岳地帯で都市が立地しておらず，道路や交通機関の整備が遅れているため，この地域に入る観光客の数は限られている。

パミール諸国はロシアや中国とも接しているが，ロシアは年間に3,242万人の外国人観光客と195億ドルの観光収入を得ており，中国においては外国人観光客数が5,562万人，観光収入が569億ドルと世界有数の観光国である。パミール諸国はマクロな国際観光データの比較では，これらの国ぐにと比較すると観光インフラの整備や観光客誘致においても発展途上にある。

国際観光においてパミール諸国が周辺国に比べて遅れをとっているのは，受け入れている外国人の国籍からみることができる。WTOのデータをみると4カ国とも主要な外国人観光客は，それぞれの隣国から訪れている（表14.3）。

表14.3　パミール諸国の国籍別外国人観光客の受け入れ状況（単位千人）

国名	キルギス	タジキスタン	カザフスタン	ウズベキスタン
観光客数	2,849	213	6,330*	1,969
1位	カザフスタン 2,000 (70.2)	ウズベキスタン 74 (34.7)	ウズベキスタン 2,110 (33.3)	カザフスタン 1,090 (55.3)
2位	ロシア 448 (15.7)	ロシア 57 (26.7)	ロシア 1,760 (27.8)	タジキスタン 285 (14.5)
3位	ウズベキスタン 126 (4.4)	キルギス 35 (16.4)	キルギス 1,300 (20.5)	キルギス 195 (10.0)
4位	タジキスタン 79 (2.7)	カザフスタン 16 (7.5)	タジキスタン 137 (2.1)	ロシア 115 (5.8)
5位	トルコ 33 (1.2)	アフガニスタン 7.7 (3.6)	トルコ 105 (1.6)	トルクメニスタン 105 (5.3)

World Tourism Organization (2016) により作成。カッコ内は総数に占める割合%。* 日帰り客を含む総数。

カザフスタンは80%がウズベキスタンとロシア，キルギスからの観光客で占められ，ウズベキスタンは80%以上がカザフスタン，タジキスタン，キルギスからの観光客で，キルギスは70%以上がカザフスタンからの観光客で占められ，ロシアを入れると86%にもなる。タジキスタンはウズベキスタンとロシアとキルギスからの観光客で77%を占めている。

このようにパミール諸国の国際観光は隣国同士，または旧ソ連のCIS諸国間での往来が，ほとんどを占めており，ヨーロッパやアメリカ，アジア各国などの遠隔地，または経済的に発展した地域からの観光客の割合は，ひじょうに低い。

今後，パミール諸国が国際観光を国家経済の主軸として，その活性化を図っていくためには近隣諸国に加えて，ヨーロッパやアメリカ合衆国，日本などの経済的先進諸国からの観光客の誘致は不可欠であり，各国，またはパミール諸国全体で積極的な誘客を働きかけていく必要がある。

2.3　パミールにおける観光の現状と課題

2.3.1　キルギスの観光地

キルギスでは観光は地下資源に次ぐ第二の産業として開発戦略に組み込まれており，2008年ごろからビザの簡略化，観光インフラの整備，観光関連のトレーニングに着手しはじめた（Watanabe et al. 2009）。しかし，こうした観光関連の政策は，おもにキルギス北部最大の観光地であるイシククル湖に向けられている（写真14.1）。

WTOのデータによればキルギスへの外国人観光客の80%以上はカザフスタンとロシアからの観光客で占められているが，彼らの多くはキルギス北部のイシククル湖で過ごしている。これはソ連時代にイシククル湖が初期にはソビエト連邦政府高官専用の保養地として，その後は労働者の保養地として発展し，特に団体で保養を楽しむ観光地として定着していった伝統があるためである（アコマトベコワ2021）。データは古いが，2006年には約50万人の外国人観光客が訪れており，その内訳は70%がカザフスタンから，20%がロシアからである

(Palmer 2009)。現在でもカザフスタンからイシククル湖を訪れる観光客は会社や工場単位の団体で申し込み，保養を楽しんでいる者も多く，カザフスタンとの国境に近い湖の北部には旧ソビエト時代に建てられた「サナトリ」とよばれる大規模な宿泊保養施設が立地している。

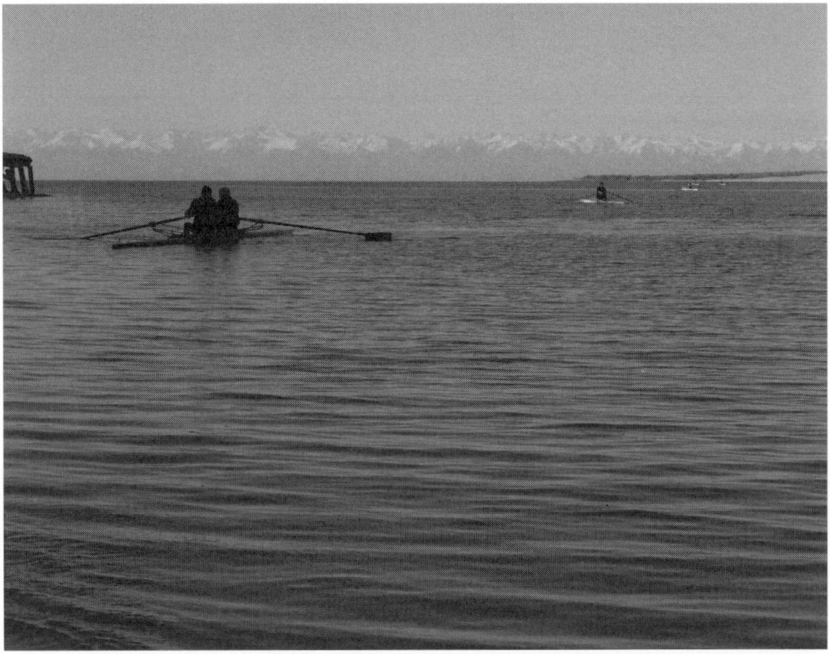

写真 14.1　キルギス最大の観光地イシククル湖（撮影：渡辺 2008 年 3 月）

近隣諸国からの観光客と同様にクルグス人にとっての最大の観光地はイシククル湖である。キルギスの観光関係者に聞き取り調査をしたところ，森林に乏しい乾燥地帯に暮らすクルグス人は水の豊富な場所に，あこがれを抱いているという。イシククル湖で水浴びをし，沿岸のホテルや民宿で過ごすことが彼らにとって非日常的な楽しみとなっている。また山岳地帯でも森林のあるナリンやアルスランボブなども国内観光スポットとなっている。

このように，現在，キルギスの観光に関しては圧倒的な数を占める近隣諸国の外国人観光客と，少数のクルグス人観光客は北部のイシククル湖を中心とした地域に集中して滞在しており（アコマトベコワ2021），南部の森林限界を超えたパミールハイウェイを移動する外国人観光客の中にはカザフスタンやロシアからの観光客をみることはない。クルグス人にとっても南部は発展の遅れた保守的な田舎というイメージが強く，パミールから都会に出ていく人はいても，パミールに関心をもって観光する人は，ほとんどいない。クルグス人のパミールへの来訪は，そこに散在する集落の家族や親戚，友人を訪ねての移動がほとんどであるのが実態である。

したがって，キルギス政府が観光で国の発展を考える場合は，ソ連時代から安定的に近隣の外国人観光客が滞在するイシククル湖が今後も国の観光をけん引する主軸となっていくであろうと考えられる。

2.3.2　パミールを訪れる外国人観光客

キルギスの首都ビシュケクから空路で南に向かい，天山山脈を越えて，シルクロードの古都オシに入り，パミールハイウェイを200 km南下すると，ザアライ山脈のふもと，標高約3,000 mに開けたアライ谷に到着する。谷の中央にはキジルスー川の広大な河床が横たわり，森林限界を超えているため樹木はなく，7,000 m級の氷河を戴く山やまと，ヒツジやヤギ，ヤク，ウマなどの家畜が放たれた丘が連なる。

渡辺ほか（2009）は，キルギス南部，パミール・アライ山脈地域において，観光開発に関する地域住民の意識調査を行った。その結果，90%以上が観光開発を望んでいることが明らかになった。

前述の研究を受けて，筆者らは2011～2013年の毎夏，キルギス南部のサリタシからタジキスタンのGBAOのカラクルとムルガブにかけてパミールハイウェイの道路事情や宿泊施設の状況，周辺の観光インフラとパミールを訪れる外国人の観光行動を観察した。外国人には簡易なインタビュー調査を通じて地域の観光開発のニーズ（ジオエコツーリズム）と旅行者のニーズは合致するのかを検討した。

パミールでは標高3,000～4,600 m以上の地点をパミールハイウェイが通り，毎夏のシーズンには外国人が旅行する。キルギスとタジキスタンの国境付近は標高4,000 mの山岳地帯であるため道路が一部未舗装であり（写真14.2），大型の観光バスの通行は不可能である。また，それぞれの国境越えに時間と国境警備隊へのワイロを要し，ときには麻薬犯の取り締まりなどで国境が封鎖され，旅行者が立ち往生するなど，時間通りの観光プログラムを組むことが難しい。パミールハイウェイ沿いの集落にゲストハウスがあるものの，宿泊施設の収容能力は小さく，トイレやシャワーなどの衛生面での不備が多い。観光インフラの整備は大きく遅れており，観光スポットとして見るべき場所や，案内板などがほとんどないため観光を楽しむというところには程遠い面がある。

写真14.2　パミールハイウェイの最高地点アクバイタル峠（4,655 m）の南，標高およそ4,000 mを自転車で旅する外国人旅行者（撮影：渡辺2009年8月）

外国人の旅行の動向を観察した結果，旅行者は，おもにドイツ，イギリス，フランスなどヨーロッパ人が多く，年齢は20代から50代までさまざまだった。道路の未整備により個人や小グループ旅行が主流で，旅行手段は自転車（写真14.2）や，モーターバイク（写真15.3参照），乗り合いタクシー，徒歩，ヒッチハイクなどであった。インタビューで明らかになったのは，彼らにとってキルギスやタジキスタンは最終目的地ではなく一通過点であることだ。彼らはヨーロッパから陸路で中央アジアに移動し，中国や東南アジアへ抜けるなどユーラシア大陸全体を回ることを目的としている場合が多かった。全体の旅行に数カ月から1年以上を費やす人もおり，ゲストハウスなどへの宿泊は最小限にとどめ，旅費を切り詰めて旅行を続ける傾向があった。

またパミールでは観光地としての魅力よりも，道路の未舗装や無人の山岳のスリルといったアドベンチャー要素を求める旅行者が多かった。パミールを旅行する外国人観光客が情報源として参照していたガイドブックとしてはヨーロッパのロンリープラネット社のガイドブックが多かった。しかしガイドブックのなかのパミールについての記載ページは少なく，パミールを旅行する人びとに十分な情報を提供しているとは言いがたい。こうした観光客はインターネット上の個人のブログからの情報収集や，ゲストハウスで出会った外国人旅行者と情報交換をしているのが現状で，キルギスやタジキスタンのローカルな観光情報は，ほとんどみられない。

パミールでは山岳の地理的特徴や道路や宿泊施設などの観光インフラが未整備であり，現時点では多数の団体旅行客を誘致することは難しい。また地域住民が望んでいる観光の方向性と，外国人観光客の旅行スタイルは必ずしも合致しない。そのなかで継続的に誘客し，観光客から経済的な利益を得るためにはジオエコツーリズムの推進とともに，外国人の通過型の観光スタイルから滞在型への転換を促す政策的な観光誘致や観光客側のニーズに立った観光プログラムの開発と，ビジネスの創出，情報発信を考えていくことが必要であると思われる。

3　パミールの観光支援NGO

3.1　独立後のパミールへの観光支援NGOの参入状況

2004年にUNESCOがパミールの50万分の1のツーリストマップを発行した。この地図は，その後，改訂され，『*The Pamirs*』の名称で市販されるようになった（写真14.3右）。この地図はスイスの地図作成家マルクス ハウザー（M. Hauser）が中心となって作成したもので，ハウザーはタジキスタン全域の80万分の1ツーリストマップ（写真14.3左）をはじめ，50万分の1ツーリストマップ『*Southern Tajikistan*（タジキスタン南部）』および『*Northern Tajikistan*（タジキスタン北部）』を発行している。これらには正確な地図だけではなく，自然や歴史，文化などの情報が網羅されており，パミールの旅行者の重要な情報源となっている。

これらのマップの制作にあたったハウザーは，その論文のなかでパミールの観光開発を以下のように振り返っている。「ソ連時代，パミールへの最初の観光の兆しはモスクワのツーリストクラブの8人のグループが1928年にソビエト＝ドイツ合同アライパミール探検隊とともにパミールの中心部へ入ってきたのが最初である。ドイツ探検隊の隊長がガイドとなり，そのツーリストクラブのメンバーにパミールの雄大な氷河群を紹介した。世界でもっとも長大なフェドチェンコ氷河への旅もすでに存在していた。しかしソ連時代のパミールでは，それ以上の観光は発達しなかった。またアフガニスタンと中国の国境での紛争は外国人の立ち入りを不可能にした。1960年代後半になり，イスモイル・ソモニ

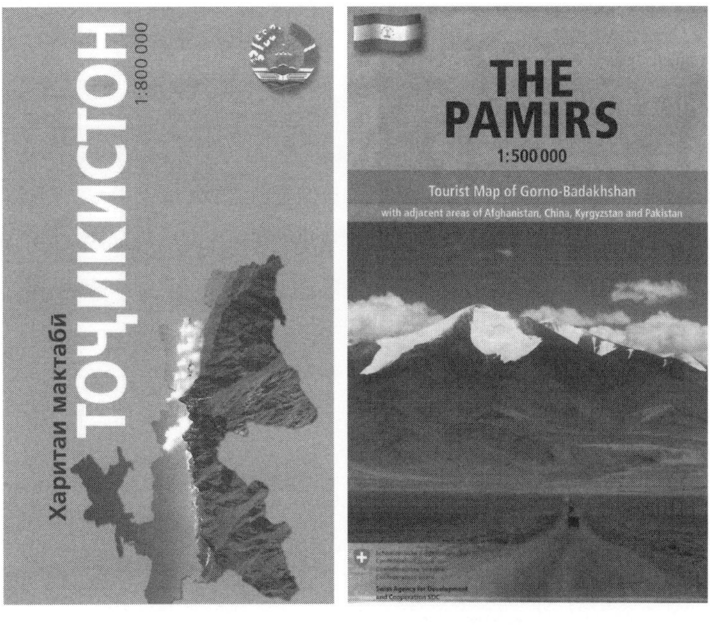

写真14.3　ハウザーが作成した地図
左：『80万分の1タジキスタン』，右：『50万分の1パミール』

峰（旧コミュニズム峰）やレーニン峰への登山隊の探検が観光を復活させた。その後は1988年になってスイスのトレッキングツアー会社がタジキスタンに外国人トレッカーを入国させることを許された。しかし，このツーリズムの芽生えは1990年から1991年のソ連邦の崩壊で終わりを告げ，タジキスタンでは1992年から1997年まで内戦が続いた。この社会不安によってGBAOでは観光活動がほとんどみられなくなった。2002年にアフガニスタンやパミールが安定してきたのを受けて，UNESCOがパミールのなかでもっとも貧しく，遠隔地にあるムルガブを含む東部パミールに彼らの支援プロジェクトを導入した」。

タジク・パミールではUNESCOがフランスのNGOであるACTED（Agency of Cooperative Technology and Development）と協力し，地元民によるツアーガイドの養成や，高品質の手工芸品の指導，ホームステイやB&Bなどの宿泊施設のプロモーションを通して地元で収入が得られる活動支援に着手した。

以上のように，ソ連時代にタジク・パミールでは登山を中心とした観光の芽生えがあったが，独立後は内戦や社会不安によって観光活動がほとんどみられなくなり，2000年代に入ってからUNESCOやNGOが観光産業の創出支援に着手している。

ハウザーの報告のとおり，タジク・パミールの中心集落であるムルガブにはACTEDによりゲストハウスの開設が支援され，ムルガブのマルシェのなかには地元の女性の手による高品質の手工芸品を販売する店，ヤクハウスがオープンしており（写真14.4），地元の大きな収入源になっている。これらの活動はACTEDのもとで組織されたMETA（Murghab Ecotourism Association）が中心に担っている。

このほか，タジキスタンではイスラム教系イスマイリ派のアガ・ハーン財団がパミール西部に入り，山岳社会の発展のためのサポートプログラムMSDSP（Mountain Societies Development Support Programme）という支援プログラムを立ち上げ，PECTA（Pamir Eco-Cultural Tourism Association）を組織し，各地域にツアー運営やゲストハウスの立ち上げ支援，手工芸品の職人養成などを行っている。またパミール西部の中心地ホローグにツーリスト・インフォメーション・センターを設けるなどの支援を行った。

2000年代に入ってからタジキスタンではUNESCOや国際NGO，イスラム教

写真14.4　ムルガブ　ヤクハウスの外観（撮影：白坂2011年8月）

系の財団などが観光開発にかかわる支援を始めたが，2008年以降，国際NGOの活動は資金の終了を受けて中止しており，地元住民が独自でこれらの活動を引き継いで発展させていくうえで課題が多い。

3.2　キルギスでのCBTの活動について

2000年にキルギスではナリン州のコチュコル村で地域住民がCBT (Community Based Tourism) 協会を立ち上げている。この協会は地域住民を主体とした観光開発を行う組織で，地域社会と住民の経済向上を目指すとともに，地域の自然環境や伝統，文化を守ることをも目的としている。現在，キルギス国内に18カ所のCBT協会があり，2003年には，これらのCBTを束ねるKCBTA（Kyrgyz Community Based Tourism Association）"Hospitality Kyrgyzstan" が組織され，キルギス全土の住民主体の観光開発を推進している。

KCBTAでは400人以上の地域住民メンバーによるゲストハウス，エコツアー，レストランなどの経営，開業の支援，教育を行っている。KCBTAの活動は年々拡大し，外国人観光客の利用者も順調に増加している。

KCBTAから入手した2012年の年次報告書をもとに活動の規模などを紹介する。2012年時点でキルギスには16のCBTがあり，そこで活動するメンバーの数は241名となっている（表14.4）。CBTはパミールに2カ所あり，サリモゴルCBTには13名のメンバーが存在している。

KCBTA全体で受け入れた観光客数はスタートの2000年では718名で，翌年から順調に受け入れ数をのばしており，2010年のオシにおける暴動発生後には観光客数が落ち込んだものの，2012年には1万173名の観光客を受け入れた（図14.1）。彼らの受け入れる観光客のほとんどは外国人観光客である。これにともなって観光収入総額も2000年に38万975ソムであったのが，2012年には1,469万3,260ソムに上った。

2000年の発足以来，KCBTAは順調に地域主体の観光開発の担い手を増やしており，ゲストハウスの開設や，地域のさまざまな観光プログラムの開発などによって外国人観光客の受け入れ数をのばして，観光客からの観光収入によって持続的な地域観光の経営がなされている点は高く評価される。

表14.4　2012年におけるCBTグループとメンバー数

CBTグループ名（地域）	2012年のメンバー数
Kochkor	35
Naryn	14
Jalalabat	8
Arstanbap	45
Kara-Suu	22
Karakol	10
Kazaman	8
Talas	12
Osh	7
Shepherd's Life	6
Tamcy	10
Bokonbaevo	13
Kyzyl-Oi	21
Chon-Kemin	11
Alay	6
Sary-Mogol	13

KCBTA (2012) により作成。

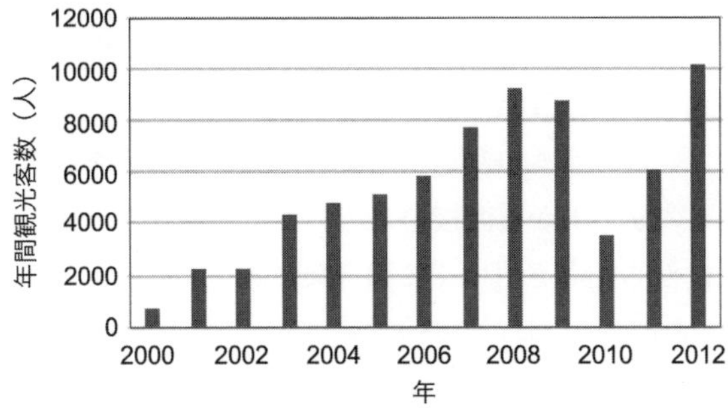

図 14.1　KCBTA が受け入れた観光客数の推移
KCBTA (2012) により作成。

4　パミールのCBT実践：アライ谷のCBTサリモゴルを事例として

KCBTAのなかでパミールに立地するサリモゴルCBTを事例として活動の概要を紹介したい。調査は2012年から2014年にかけてサリモゴルCBTを訪問し，CBTメンバーのリーダーの男性にインタビューや資料収集を行った。

キルギス南部の古都オシから220 km南，アライ谷の東部サリモゴルの村にサリモゴルCBTは立地している。標高は約3,000 mで，そこにおよそ1,000世帯が居住し，おもに牧畜と少しのジャガイモ栽培などで生計を立てている。サリモゴルはアライ谷に聳えるレーニン峰（7,134 m）の登山口の一つでもあり，60 km東にはアライ谷の中心的な村であるサリタシがあり，そこから中国国境のイルケシュタムやオシからタジキスタンに続くパミールハイウェイをたどることができる。

サリモゴルCBTの代表はサリモゴル生まれの20歳代の男性で，オシ国立大学観光学部を卒業後，地元でCBTを開設した。英語を話し，英語のウェブサイトやリーフレットも作成している。

自らもCBTの教育を受けて開業し，その後は地域の観光事業プレーヤーの教育や事業支援などを行っている。彼がマネジメントしているサリモゴルCBTの観光客の流れは図14.2の通りである。CBTのオフィスを自ら経営しているゲストハウスの一角に構え，観光客を案内するドライバーやガイドの養成を行い，地域内に新たなゲストハウスの開業も支援している。また地域資源を活用して乗馬ツアーやトレッキング，レーニン峰ベースキャンプへのツアーを企画し，手工芸品の制作見学や民族芸能の鑑賞など，多様なプログラムを外国人観光客に販売している。プログラムの参加費用や所要時間も明示されている。観光客はインターネットのサイトから直接申し込んでくる場合と，ビシュケクやオシなどの都会のCBTから紹介されてくる場合などあり，夏のシーズンには毎日コンスタントに宿泊客が訪れ，何らかのツアープログラムに参加している。KCBTAの2013年の報告書によるとサリモゴルCBTは2006年の発足の翌年に77名の観光客を受け入れて，39,615ソムの収入を得たが，2013年には観光客が208名に増え，総額で245,007ソムの収入を得ている。

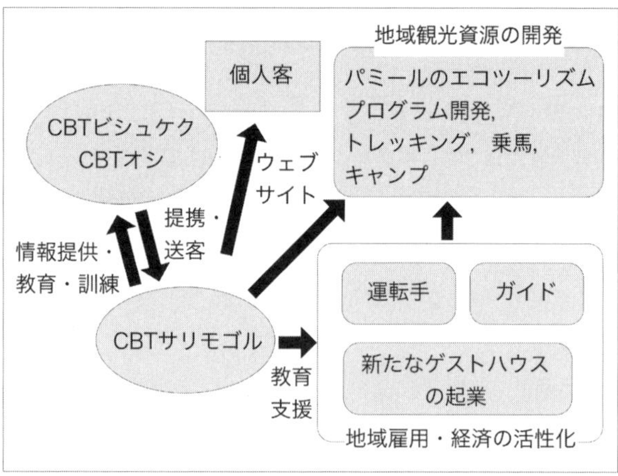

図 14.2　サリモゴル CBT の地域主体の観光スキーム
CBT 資料と聞き取りにより作成。

5　地域の観光教育の重要性：アライ谷の他地域のゲストハウスビジネスとの比較から

キルギスのパミールにおいてサリモゴルCBTの経営は順調に推移しており，地域での観光ビジネスに対する理解も進んでいる。CBT代表は地域住民にCBTの活動にかかわることで，現金収入が得られることと，それに見合うサービスやマナーの重要性を教育することができており，地域全体が観光客を受け入れる環境が整いつつあると述べている。

地域の観光開発においてリーダーの存在と，観光マネジメントの教育が重要であることはサリタシ村におけるゲストハウス乱立と競争の激化の状況をみると，ひじょうによくわかる。

サリタシはパミールハイウェイの交差点ともよべる交通の要所で，近年は人びとの往来が増えている。ソ連時代にはゲストハウスが1軒のみであったが，2002年から次第に増加し，2014年時点で7軒を数える。いずれも20名程度の小規模な施設である。トイレは共同で，風呂はないところが多かったが，近年，シャワーを使えるところも出ている。宿泊料金は統一されておらず，それぞれのゲストハウスで設定し，年々値上がりしている。ほとんどのゲストハウスがロードサイドに立地し，客引きをして宿泊客を確保するため，最近はゲストハウス間の競争が目立つようになった。

サリモゴルCBTによる活動と比較すると（表14.5），サリタシでは自然発生的にゲストハウスが林立してきた。経営者は壮年の女性が中心で，キルギス語以外の言語を理解できない。経営も自己流で，宿帳の管理もされていない。一部のゲストハウスは無許可で営業しているところもあり，ビジネスとしての感覚が未熟である。当然，地域での観光プログラムを企画する誘客競争が激化している。現在のところ，外国人観光客から，さしたる不満の声が上がっていないのは，サリタシに宿泊する観光客のほとんどが1泊で通過していくため宿泊の質を問うところまでいかないためと思われる。

表14.5　アライ谷の二つの村（サリタシ，サリモゴル）における宿泊・観光事業の比較

集落	サリタシ	サリモゴル
立地	ロードサイド	集落内
ゲストハウス（2013年現在）	7軒	2軒
経営者	個人（50代）	個人（50代，20代）
料金表示・宿帳	×	○
提携旅行会社	複数	主としてCBT
周辺観光プログラム	×	○
観光マネジメントの知識	×	○(CBT)
ゲストハウス相互の関係	競争的	強調的，教育的

現地でのヒアリングにより作成。

一方，サリモゴルでは開業から地域観光による雇用の増加を目標に宿泊と観光プログラムが計画的に組まれ，それをコーディネートする人材も存在する。

キルギス側のパミールではアライ谷までの道路整備が進み，近い将来には大型観光バスの通行も可能になる。今後，パミールでの観光発展を考えたときにサリタシは地理的にも重要な地点であり，ゲストハウスの経営者同士の協力体制の構築は観光の質を上げ，地域経済にとってもよい影響を及ぼす。そのためにはCBTのような地域観光への取り組みや，観光人材の育成などを支援する組織の導入が課題となる。

文　献

アコマトベコワ グリザット 2021. 転換する観光経験 –ポスト社会主義国キルギスにおけるソ連時代経験者の観光実践を中心に. 立教大学出版会.

アナルバエフ マクサト・渡辺悌二 2008. キルギス共和国南部パミール・アライ山脈の観光. 地理, 53, 1, 56-59.

JICA　2015. 援助する側からされる側へ–カザフスタンのドナー化を支援.JICAニュース. https://www.jica.go.jp/topics/news/2014/20150123_01.html (accessed on 17 September 2017)

二宮書店 2017.『データブックオブ・ザ・ワールド 2017年版』二宮書店.

宮原育子・白坂 蕃・渡辺悌二 2015. 中央アジア・キルギス南部における観光事業の現状.2015年日本地理学会春季学術大会要旨集.

渡辺悌二 2008. パミールにおけるエコツーリズムの現状と課題.　地理, 53, 1, 47-55.

Hauser M. The UNESCO　Map of the Pamirs and its implications of ecotourism in Tajikistan. The Pamir-Archive. The History of Exploration. http://www.geocities.com. pamirmountains (Accessed on 17 September 2017)

Kachkynbaev S. 2013. *Community based Tourism in the Kyrgyz Republic*. Master's Thesis submitted to Faculty of International Graduate School of Social Sciences, Department of International and Business Law, Law and Public Policy Program, Yokohama National University.

KCBTA(Kyrgyz Community Based Tourism Association). 2012. *Yearly Report 2012*. KCBT.

KCBTA(Kyrgyz Community Based Tourism Association). 2013. *Yearly Report 2013, Annex K: Hospitality & Tourism; Recommendations for tourism development in Alai & Chon Alai regions*. CBT Kyrgyzstan.

Middleton R. & Thomas H. 2008. *Tajikistan and the High Pamir*s. Odyssey Books & Guide.

Palmer NJ. 2009. Kyrgyz Tourism at Lake Issyk-Kul: Legacies of Pre-Communist and Soviet Regimes. In: Singh S. Ed.: *Domestic Tourism in Asia: Diversity and Divergence*, Taylor & Francis.

Watanabe T, Anarbaev M, Ochiai Y, Izumiyama S & Gaunavinaka L. 2009. Tourism in the Pamir-Alai Mountains, Southern Kyrgyz Republic. *Geographical Studies*, No.84, 3-13.

World Tourism Organization. 2016. Compendium of Tourism Statistics 2016 Edition.

第15章

パミールを旅する外国人観光客の動向

Behaviors of international tourists in the Pamir

宮原 育子・劉　泱・澤柿 教伸・渡辺 悌二

1　はじめに：パミールの二つの観光スタイル

現在，パミールへの観光客は大きく二つの地域に集中している。一つはキルギス南部ザアライ山脈の最高峰レーニン峰（7,134 m）であり，もう一つはキルギスの古都オシからタジキスタンにかけてのびるパミールハイウェイである。レーニン峰はソ連時代からさかんであった頂上へのアタック登山隊に始まり，独立後は複数の旅行会社によって中腹のベースキャンプの整備が行われ，海外から多くの登山客を集めている。頂上アタックには少なくとも2週間から3週間は現地に滞在するため特定の目的地による滞在型観光のスタイルが成立している。

一方のパミールハイウェイは標高3,000〜4,000 mの高山を抜けてキルギスとタジキスタンを結んでいるが，道路の整備状況の悪さから大型バスなどでの移動は困難である。このため観光客の大勢は個人や小グループで自動車やモーターバイク，自転車，徒歩などの方法によってパミールハイウェイの高度と広大な無人の風景を楽しんでいる。パミールハイウェイの観光客は特定の旅行会社が企画した旅行を行うことは少なく，沿道のゲストハウスを利用するかどうかは旅行者の，その日のスケジュールや体調によって決められ，滞在も1泊が大半を占めて，パミールハイウェイを移動すること自体を楽しむ通過型の観光形態となっている。

本章では，旅行者へのアンケート調査結果を含めてこの滞在型のレーニン峰登山観光と通過型のパミールハイウェイでの二つの観光形態について，その現状と動向を探り，今後のパミールの観光のあり方について考えてみたい。

2　レーニン峰の登山観光

2.1　レーニン峰登山の歴史背景

レーニン峰（7,134 m）はキルギスとタジキスタンの国境をなすザアライ山脈に位置し（図15.1），ソ連時代には連邦内にある5つの7,000 m級の山やまのうち，もっとも高い山として知られていた。パミールではタジキスタンのイスモイル・ソモニ（旧コミュニズム）峰の7,495 mが最高で，レーニン峰は二番目に高い山となるが，7,000 mを超えた高山のなかでは登頂が比較的容易な山として独立後も多くの登山者を集めている。

図 15.1　ザアライ山脈のレーニン峰とアライ谷の位置（ベース：グーグルアース）

レーニン峰[1)]には1871年から学術研究の調査隊が入っていたが，1928年になって初めてソビエトの探検隊が登頂した。その後，ソビエト連邦成立50年にあたる1967年までは西側の外国人の登山は許されていなかった。この間，ソ連邦

1)　レーニン峰の名前の変遷については第16章を参照のこと。

内の登山者の活動はソ連邦の登山協会を通して続けられたが，同時にヒマラヤ登山を目指すソ連邦の登山者の，かっこうのトレーニングフィールドとなった（澤柿 2008）。

その後，1974〜1991年まで外国人のレーニン峰への自由な登山は制限され，国際パミールキャンプのプログラムへの参加を通してのみ可能となった。写真15.1は1987年当時のレーニン・ベースキャンプの様子である。このときのパミール国際キャンプへの参加者（筆者らのうちの澤柿を含む）は最初にモスクワに集合させられた。モスクワからは主催者が用意した旅客機でオシへ飛び，そこから専用バスに乗り換えて，乾燥した高原を，ほこりまみれになりながら丸一日走って，アチクタシ谷（標高約3,600 m）に設けられたベースキャンプに入った。ベースキャンプには現地スタッフの事務所，簡易医療施設，共同の食堂などがおかれ，参加パーティーごとに宿泊テントがあてがわれ，高所用の燃料や食料の配給も受けることができた。

このような歴史的背景からレーニン峰は1991年の独立以後に外国人にも開放されて以来，世界中の国ぐにから登山者たちが，そのピークを目指すようになった。

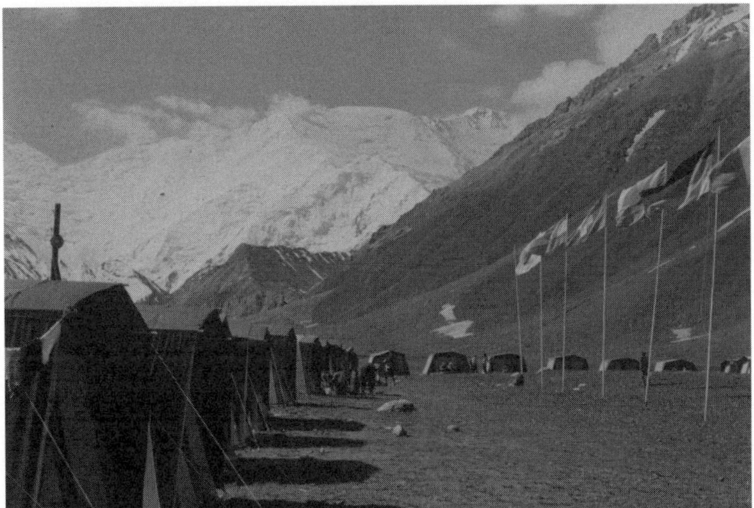

写真15.1　ソ連邦管理下当時のレーニン・ベースキャンプ（撮影：澤柿　1987年8月）

2.2　レーニン峰のベースキャンプ

レーニン峰の登山基地「ベースキャンプ」はアチクタシの谷にへだてられて，大きくは二つのエリアからなっている。いわゆる，レーニン・ベースキャンプ（写真15.1）はアチクタシの左岸にあり，トゥルパルコル湖側のベースキャンプは右岸に位置している。レーニン・ベースキャンプは，ふもとの登山口であるアライ谷のカシカス村から未舗装で，アップダウンの激しい地形を車で3時間かけて上る。

レーニン・ベースキャンプの土地は地元カシカス村の所有で，キャンプサイトを使用する旅行会社（表15.1）は，毎年，村に対して，その占有面積によって借地料を支払っている。例えば，もっとも広いエリアを占めるビシュケクのアクサイ社は3 haを借地し，2012年では約2,200ドルを支払い，7社全体では4.77 haで3,600ドルを支払っている。ベースキャンプにはテントやインフォメーションセンターなどがあり，食事の提供を行いながらレーニン峰の登頂やベースキャンプ周辺のトレッキングなどを扱っている（表15.1）。すべての会社はキルギスの首都ビシュケクや古都オシ，カザフスタンやロシアに本拠をもっている。2011年における各社が扱った登山客は1社あたり50人から最大200人で，年間の利益は2万2千ドルから最大43万ドルに上る。

表15.1　レーニン・ベースキャンプにおける旅行会社と登山客の集客概要

会社名	本社設置都市・国	2011年の利益（単位：千ドル）	2011年の客数
ツアー・アジア	カザフスタン	322.5	150
アクサイ	ビシュケク	430.0	200
テンシャン	ビシュケク	215.0	100
パミール・エクスペディション	ロシア	322.5	150
フォーチュナ・ツアー	ビシュケク	107.5	50
アジア・マウンテン	ロシア	215.0	100
チョン・アライ	オシ	22.5	50

利益と客数は，いずれもレーニン・ベースキャンプを使った登山・トレッキングに関するもの（現地調査により作成）。

一方，トゥルパルコル湖のベースキャンプは，もう一つの登山口であるサリモゴル村から入るが，ここの管理は地元の旅行会社サリモゴルCBTが扱っており（第14章），湖のほとりに観光客用のユルタを設営しているのみで，レーニン・ベースキャンプに比べるとその規模は，はるかに小さい。

旅行会社が提供する標準的なレーニン峰の登頂ツアーは表15.2の通りであるが，オシを起点として，4，5人乗りの自動車や大型のトラックを改造した専用車で二日間かけてレーニン・ベースキャンプへ移動し，さらに数日をかけて4,000〜6,000 mのキャンプまで高度順化をしながら登山を続け，2週間後に7,134 mの頂上に到着するプログラムである。登頂後は3日で下山し，またオシへ自動車で戻るようになっている。

表15.2　レーニン峰登山のスケジュール例 (Union of Asian Alpine Associations)

日	スケジュール
1	オシ到着
2	アチクタシ（レーニン峰）ベースキャンプ3,700 m到着
3	アチクタシ（レーニン峰）ベースキャンプ（高度順化）
4	ベースキャンプからキャンプ1（4,400 m）
5	キャンプ1（4,400 m）（高度順化）
6	キャンプ2（5,300 m）（高度順化）
7	キャンプ1（4,400 m）（高度順化）
8	キャンプ2（5,300 m）（高度順化）
9	キャンプ3（6,100 m）(高度順化）
10	キャンプ1（4,400 m）（高度順化）
11	キャンプ1（4,400 m）（高度順化）
12	キャンプ2（5,300 m）（高度順化）
13	キャンプ3（6,100 m)
14	キャンプ4（6,400 m)
15	レーニン峰登頂（7,134 m），キャンプ3（6,100 m)へ下山
16	キャンプ2（5,300 m)あるいはキャンプ1（4,400 m）へ下山
17	アチクタシ（レーニン峰）ベースキャンプ
18	オシ到着
19	出国

現地調査により作成。

聞き取り調査の結果，レーニン峰への山岳ガイドは旅行会社が契約し，ウズベキスタンや，カザフスタン，ロシア，あるいはオシやビシュケクから同行していることがわかった。登山のアシスタント・ガイドの一部とポーターの多くには地元の村の住民が雇われている。

2.3　レーニン・ベースキャンプの登山者へのアンケートとインタビューから

2012年8月にレーニン・ベースキャンプに滞在していた登山客にアンケート調査とインタビューを行い，レーニン峰や，その周辺のジオエコツーリズム開発の可能性について考察した。

アンケートに協力した滞在者400人のうち，もっとも多い出身地域はEU諸国からで全体の44.5%にあたる178人であった（図15.2）。次いで北アメリカからが53名で13.3%，オーストラリアからは29名（7.3%）で，また東アジア諸国は35名で8.8%を占めた。CIS諸国からは93名で23.3%であった。全体でみると，欧米アジア諸国からの旅行者が約74%を占めており，CIS諸国からの旅行者をはるかに上回っている。

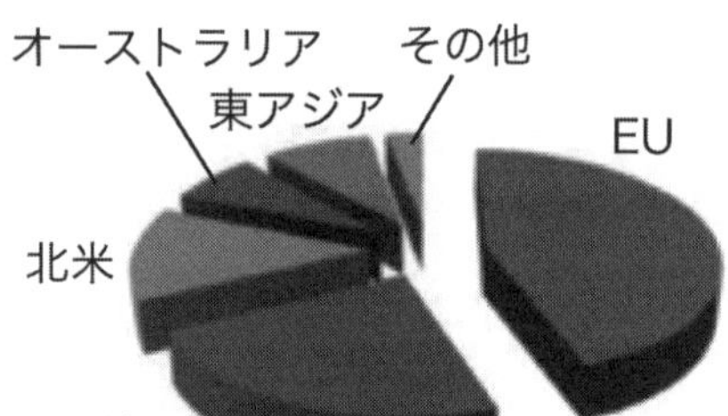

図15.2　アンケート回答者の出身国内訳（回答者数=400人）

旅行者の男女比は男性が68%で，女性が32%であった。滞在者の年齢でもっとも多かったのが20代で37.3%，次いで30代が25.5%，15.5%が40代となり，11.6%が50代，60代以上は7.8%となった。中心は20代から40代の若年層であった。

レーニン・ベースキャンプに来訪した目的については52.3%がレーニン峰登頂であり，47.7%がベースキャンプ周辺のトレッキングと答えた。滞在者のベースキャンプでの滞在期間は3〜4日間で，登山者は登頂のために全体で3週間ほど滞在する。

レーニン峰の登頂は目指す登山者全員にとって可能なわけではなく，途中で高山病にかかったり，悪天候や雪崩などの発生などで中止を余儀なくされるケースも多い。頂上にたどり着けるのは登山者全体の約20%に留まっている。

旅行会社がリードするレーニン峰のトレッキング・ツアーでは客は3日間滞在して300ドルを支払い，一方，山頂をアタックする登山者は3週間で平均4,000ドルを支払っている。

ベースキャンプ滞在者にレーニン峰周辺でもっとも魅力ある観光資源を訪ねたところ，77.5%にあたる310人が「氷河」と答えた（図15.3）。そのほかの選択肢として川や草原，岩，動物，植物，湖があったが，これらを魅力的と答えた滞在者はそれぞれ5%に満たなかった。先の回答結果では約半数がレーニン峰周辺のトレッキングを目的として来ているが，残念ながら彼らには氷河以外，観光的に地域の魅力と思われるほかの資源には気づいていないと思われた。

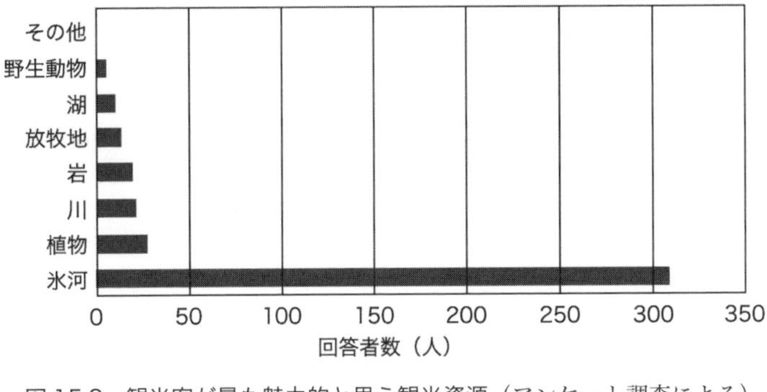

図15.3　観光客が最も魅力的と思う観光資源（アンケート調査による）

アンケートでは，さらにどのような観光に興味があるかを尋ねた（図15.4）。その結果，回答者の50.5%が「ユルタでの滞在」に興味があると答え，次いで「乗馬」という回答が20.5%を占めた。また15%は「地域の伝統文化を学ぶこと」，5%が「自然観察」で，4.3%が「放牧地の訪問」，そして4%が「(トロフィー）ハンティング」であった。レーニン峰地域への来訪者の意向としては，こうした地域らしい観光プログラムへの興味・関心があることが示されている。

アンケートでは，さらに地域の観光発展に必要なものを聞いた（図15.5)。その結果，観光のインフラにかかわる項目すべてで高いスコアとなり，99%の回答者が道路の整備をあげ，90%が地域の空港整備を望んでおり，78.3%がホテルの建設，89.3%が民泊やユルタの宿泊施設の整備，83%がレストランの増設を希望した。実際，レーニン・ベースキャンプ最寄りのカシカス村からの道は未舗装で，自動車で2〜4時間かかる。また周囲にはホテルやレストランもないことから，こうしたレーニン峰までの観光インフラの整備は登山客やトレッキング客に強く望まれていることがわかる。ハードだけでなく地元でガイド養成をすることや，地元の旅行会社の起業を望む声も60%以上にのぼった。また地元の肉や乳製品などを使用することが地域の経済発展に寄与することを意識している人は94.5%もあった。

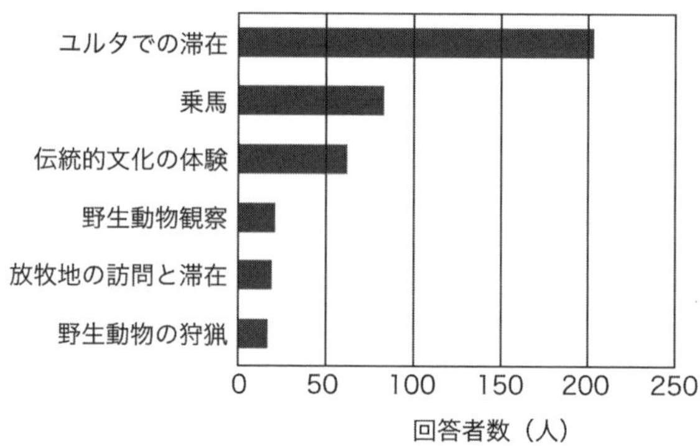

図 15.4　レーニン峰地域の観光で参加してみたいもの（アンケート調査による）

いずれの活動も首都や隣国の旅行会社がプログラムを提供しており，すでに述べたように，その費用はベースキャンプまでの交通手段と宿泊，食事，ガイド，ポーターなどの費用を含めて登頂組が平均4,000ドルで，トレッキングが300ドルと高額である。この費用のうち地元住民に収入として入るのは，ほぼポーター代のみである（第17章で述べるように，ごくわずかな地元ガイドの存在は知られている）。またベースキャンプの土地を所有する村は旅行会社から毎年借地料を受け取っているものの，地元主体のプログラムで旅行者から収入を得る工夫はサリモゴルCBT以外ではみることができない。レーニン峰の登山観光によってもたらされる利益のほとんどは国外に流出してしまっているのが現状である（アナルバエフ・渡辺2008）。

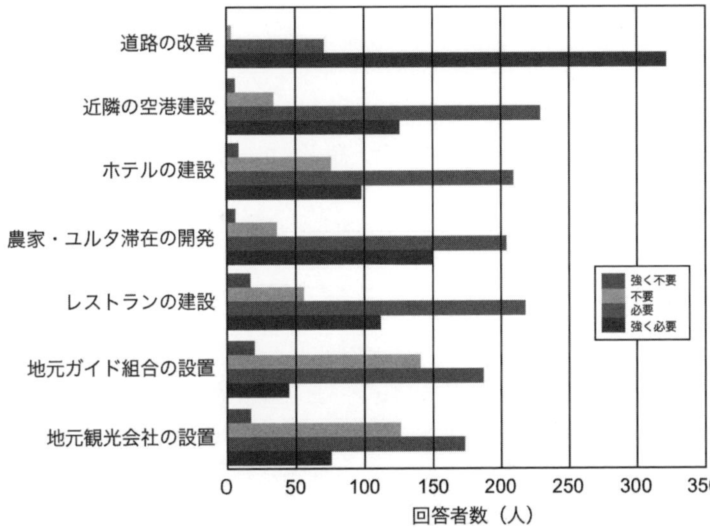

図15.5　これからのレーニン峰観光に必要なもの（アンケート調査による）

冒頭でレーニン峰登山観光は滞在型の観光スタイルだと述べたが，観光客の動向を分析してみると，登山という活動が日数を要することが滞在型になる大きな要因である。観光客の滞在行動が地元外の旅行会社によって管理されているために，そこから，それ以上，地元の経済に資する観光行動には発展することは現状では難しいと考えられる。

滞在者へのアンケートによると外国からキルギスの都市経由でレーニン峰に連れてこられる旅行者がもっとも関心をもっているのは氷河であり，その周辺の観光資源にはまだ関心が低いという結果が出ている一方で，ユルタ滞在や乗馬などの参加意向もあることから，地元でレーニン峰地域の観光資源の「見える化」，すなわち，標識やガイドブック，ホームページの整備，地元ガイドの育成や，地元観光のプログラムの構築を進めて，外国人旅行者を積極的に地元に誘致していくことが重要である。このことに関しては第14章で紹介したKCBTA（キルギス・コミュニティ・ベイズド・ツーリズム・アソシエーション）と，その会員であるサリモゴルCBTのさらなる活躍を期待したい。

今後のパミールの観光発展に向けては外国人観光客が強く望むベースキャンプまでの道路整備や，ホテルやレストランの開業についても地元や旅行会社，政府機関などが協力して進めていく必要がある。

3　パミールハイウェイを旅する外国人観光客の行動

3.1 パミールハイウェイの観光インフラの現状

パミールにおける二つの観光スポットのもう一つはパミールハイウェイである。

パミールハイウェイはタジキスタンのゴルノバダフシャン自治州（GBAO）を通る主要な道路で，首都のドゥシャンベとキルギス南部のオシを結んでいる。近年はカラコラムハイウェイとつながり，陸路での中国やパキスタンへのアプローチが可能になった。オシからホローグまでの約730 kmはルートM41とよばれ，このルートは1931〜1934年にかけてソビエト軍によって整備され，当時，ソビエト連邦のもっとも離れた地域に駐屯するソビエト軍への補給路としての役割を担った。近年まで旅行者は通行ができなかった。

ハイウェイは標高3,000 m前後を通り，標高4,000 m以上のいくつかの峠を通る。もっとも標高の高い峠はムルガブ北方のアクバイタル峠（4,655 m）である。ソ連邦からの独立後は，夏のシーズンにタジキスタンからキルギスまで限られた人数の外国人観光客がパミールハイウェイを使って移動している。キルギスとタジキスタンの国境付近は山岳地帯であるため道路がほとんど未舗装であり，大型の観光バスの通行は不可能である。また国境越えに時間とワイロを要し，ときには国境が封鎖され，旅行者が立ち往生するなど，時間通りの観光プログラムを組むことが難しい。宿泊施設はパミールハイウェイ沿いの集落にゲストハウスがあるものの，収容能力は小さく，トイレやシャワーなどの衛生面での不備が多い。旅行者のなかには沿道での野宿や，一般家庭に一夜の宿を求める者もおり，観光インフラの整備は遅れており，通常のツーリズムを楽しむというところには程遠い面がある。

3.2　パミールを旅行する外国人観光客のアンケート調査の概観

パミールハイウェイを移動する外国人観光客を観察し，簡易なインタビューをすることで，おおよその旅行の傾向は知ることができたが，さらに彼らのパミール旅行に対する意識を知るために，2013年と2014年にアンケート調査を実施した（表15.3）。アンケート調査はパミールハイウェイの「交差点」であるサリタシのゲストハウス7軒のうち5軒に宿泊した旅行者と，サリモゴルCBTのゲストハウスに宿泊した旅行者に対して行った。

表15.3　2013年8月に実施した外国人観光客アンケート結果の一部抜粋
（ファミリー旅と一人旅との比較）

項目	配偶者や家族との旅　7人	ひとり旅　8人
年齢	20代〜70代	30代〜50代
宿泊ゲストハウス	CBT: 5人，AIDA: 2人	CBT: 2人，AIDA: 6人
移動手段	貸切自動車，ヒッチハイク	乗合タクシー，ヒッチハイク，自転車
次に向かう国	中国，日本など	中国
1日あたりの予算	25〜100ドル	10〜15ドル
情報収集源	ガイドブック:4人	ガイドブック:3人
パミールの魅力（複数回答，上位3件）	自然景観:7人，手つかずの自然:5人，地元の人びと:4人，高山:4人	自然景観:7人，地元の人びと:5人，高山:4人
パミールで必要と思われるもの	観光情報センター:4人，清潔なトイレ:4人，地元ガイド:3人，質の良いレストラン:2人，インターネットカフェ:2人，ゲストハウス:2人，道路標識:2人	観光情報センター:5人，外貨両替所:2人，インターネットカフェ:2人，ゲストハウス:2人

アンケート結果を分析するなかで，家族や配偶者との旅（以下ファミリー旅）と一人旅ではパミールへのニーズが異なることがうかがえた（表15.3）。ファミリー旅では旅行者の年齢が20代～70代まで幅広かったのに対し，一人旅では30代と40代が占めた。宿泊したゲストハウスは，ファミリー旅ではサリモゴルのCBTを利用しており，一人旅ではサリタシでもっとも古くから営業し，宿泊代がもっとも安いゲストハウスAIDAを利用していた。移動手段ではファミリー旅が貸し切自動車を使用していたが，ヒッチハイクと答えたカップルもいた。一人旅では自転車（写真15.2）やヒッチハイク，地元の乗合タクシーと答えた。また現地ではモーターバイクで一人旅をする観光客もみられた（写真15.3）。それぞれのキルギスの次の目的地としては中国をあげた。

旅行中の1日当たりの，おおよその支出額を聞いたところ，ファミリー旅では25～40USドルで，80～100ドルと答えたカップルもいた。一人旅では10～15ドルで，移動に必要な食料品や水などを調達し，支出を切り詰めながら旅行していることがうかがえた。旅行中の情報源はファミリー旅がロンリープラネット社のガイドブックを利用していた。一人旅では友人や旅先で会った人からの口コミや，やはりロンリープラネット社のガイドブックを利用していた。またフェイスブックや，インターネットのウェブサイトを利用しているという答えは両者から得られた。

ゲストハウスの利用で，よい面は両者ともホストに満足していることがあげられた。ゲストハウスのオーナーには中年の女性が多く，家族的なもてなしが旅行者によい印象を与えている。またサリモゴルCBTに宿泊したファミリー旅の旅行者はツーリスト・インフォメーションについて評価をしていた。

一方，ゲストハウスで不便や課題と思われるところはハード面の未整備が目立った。特にファミリー旅ではトイレやシャワーに関する不便をあげた者が目立ったが，一人旅では課題の記入が少なく，トイレ，食事，両替がそれぞれ1名だった。旅費を切り詰めながら一人で旅をする旅行者はゲストハウスの環境に，あまりこだわらないようだ。

パミールの魅力については両者とも大きな違いはなく，自然景観や地元の人びと，高山，手つかずの自然という答えが多かった。ユルタでの滞在や地元の村を訪ねることについても魅力と考えていた。またパミールで必要と思われる

写真 15.2　標高およそ 4,100 m を自転車で旅する外国人観光客（撮影：渡辺 2015 年 9 月）

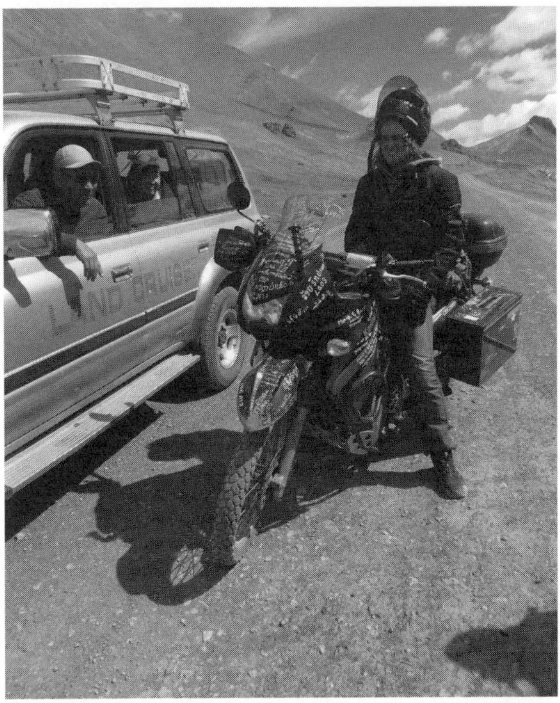

写真 15.3　標高およそ 4,000 m をモーターバイクで旅する外国人観光客
（撮影：渡辺 2015 年 9 月）

観光インフラについての質問には両者とも観光インフォメーション・センターの必要性をあげていた。ファミリー旅ではトイレの整備や地元ガイド，レストランなど旅を，より快適に過ごすためのアメニティの面での整備が必要と感じていた。一人旅の旅行者は両替所やインターネットカフェなど，情報と利便性を大事と考えているようであった。

以上のようにパミールハイウェイを旅する旅行者の意向を概観したが，ファミリーやカップルはシニアから若者まで年齢幅があり，旅行には車を利用し，ゲストハウスに宿泊するため1日当たりの消費額も一人旅に比べて高い。またゲストハウスの清潔さや質にこだわり，旅行中の快適さにも意識が高い傾向がある。

一方，一人旅では旅費を切り詰めて移動しているので比較的安価なゲストハウスに宿泊し，宿泊の環境には，あまりこだわらない傾向があった。

今回の旅行者のアンケート調査からはパミールでのツーリスト・インフォメーション・センターの設置が強く望まれており，特にパミールハイウェイの主要な交差点であり，ゲストハウスが集積しているサリタシには観光客のためのインフォメーション機能の設置が必要である。またキルギス国内の都市部では段階的にインターネットの整備がされてきているが，サリタシではその整備が遅れている。パミールに観光客を誘致するためには，こうした情報インフラの早期の整備が望まれる。

4　外国人観光客の動向から考えられるパミールの観光の展開方向

4.1　パミールのこれからの観光の可能性

これまでパミールにおける二つの観光客の動向をみてきた。これらをふまえながらパミールの将来の観光にどのような可能性があるのか考えてみたい。

まずキルギス・パミールとタジク・パミールでは，今後の観光展開に格差が出てくる可能性がある（図15.6）。

キルギス側では中国のODAなどが入り，オシからサリタシを経由して中国国境，およびチョン・アライ郡までの道路建設と舗装化が完成した。実際に中国からの大型トラックがパミールハイウェイを往来している姿が年々目立っている。こうした道路整備によってオシからアライ谷まで大型観光バスの乗り入れが可能になってくる。従来の乗合タクシーや貸切自動車による1台あたりの輸送量は最大でも10名前後であったが，中型バスでは一度に20人，30人の輸送も可能になっていく。

アライ谷はタジキスタン側に比べて草原と氷河を戴く山やまの景観が美しい。今後もビュースポットの開拓や，地域の暮らしを見せる工夫，そしてゲストハウスの整備や食料品店やレストランの充実，バザールの展開などの観光インフラ整備をしていくことでレーニン峰の登山ツアーの前後に周辺地域での滞在が可能になると思われる。

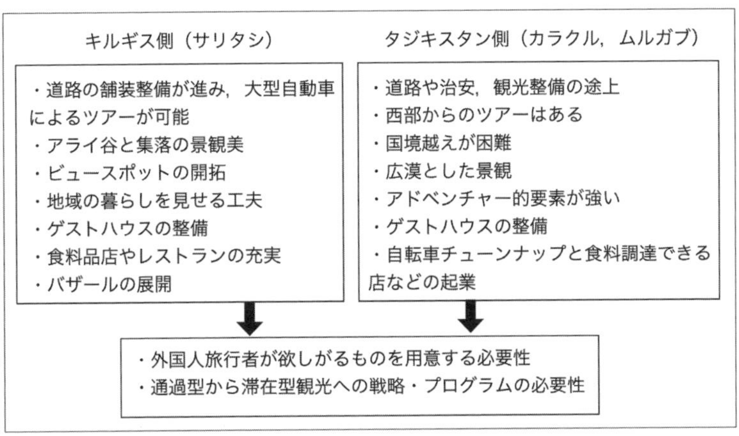

図15.6　パミールのこれからの観光の可能性

一方で，タジク・パミールはパミールハイウェイの道路整備や治安の面から観光の発展が遅れている。西部の首都ドゥシャンベからホローグ，ムルガブまでの観光客の流れはあるが，キルギスとの国境通過には時間がかかることや，国境閉鎖などの問題がある。しかしパミールハイウェイを旅する外国人観光客にとってゴルノバダフシャン自治州の荒漠とした景観と環境は，まったくの非日常的であるという意味で大きな魅力の一つになっている。外国人観光客はモーターバイクや自転車，徒歩などでパミールハイウェイ上のアドベンチャーツーリズムを楽しんでおり，標高4,655 mのアクバイタル峠は世界のサイクリストにとって「聖地」の一つと位置づけられ，あこがれの場所となっている。

今後，タジク・パミールではパミールハイウェイの本道から西側の山岳地帯への回遊ができるバイクルートなどを開発し，アドベンチャー要素をいかした観光のプログラムを考えることも可能であろう。さらにゲストハウスや，食料調達と簡単な自転車・バイクのチューンアップができるショップなどの設置も観光客にとって必要な環境整備となろう。

外国人観光客の動向を踏まえ，彼らが必要とするものを整備し，通過型から滞在型観光への戦略やプログラムを創出していくことが重要である。

4.2 「世界の交差点」アライ谷サリタシの観光客にとっての重要性

サリタシはアライ谷の大きな村の一つで，パミールハイウェイのタジキスタンへと中国へのゲートウェイでもある。またアライ谷西部のチョン・アライ郡への入り口でもあり，レーニン峰の登山ツアーは登山口のサリモゴル村やカシカス村へ向けて必ずサリタシを通過する。村中の分岐点にはガソリンスタンドがあり，世界各国から来た観光客やキルギスと中国を往来するトラックのよりどころとなっている（写真15.4）。村のなかにはゲストハウスが7軒，カフェ，ショップが10以上あり，病院もある。パミールのなかでは，かなりまとまった観光インフラが成立している（図15.7）。

観光はサリタシにとっては新しいビジネスチャンスであり，道路整備が進めば，毎年，多くの観光客が滞在する可能性がある。特にゲストハウス経営は夏の短期間に現金収入を得ることが可能なビジネスである。今後はゲストハウスの経営ノウハウを学び，サービスの適正化を図って，ゲストハウスどうしが協力し合いながら，地域全体で観光ビジネスが発展するように努めていく必要がある。そのためにはサリタシにおいてもKCBTAへの加盟によって観光サービスに関する教育を受け，サリモゴルCBTのような地域の観光を育てていく主体が必要である。しかしながら，パミールのほかの地域同様，サリタシでも教育を受けた若者が都市に出ていく傾向があり，新しい時代のゲストハウス経営者の人材確保は難しい面がある。

写真 15.4 「世界の交差点」サリタシ（撮影：渡辺 2013 年 5 月）
向かって右がパミールハイウエイ M41，チョン・アライとタジキスタンへ向かう道。左が中国へ向かう道 A371。

ゲストハウス　7 軒	カフェ，商店，ガソリンスタンド 合計10軒以上
○開業　2002~2013年 ○自宅で経営 ○宿泊可能人数　15~40人 ○食堂・トイレ・風呂 ○宿泊費（1泊2食つき）200~850ソム ○個人客・ツアー客 ○誘客方法　看板，旅行会社契約 △インターネットほとんどなし △宿泊料金，条件がわからない	○開業　ソ連時代～2011年 ○営業時間　06:30～22:00 ○ガソリンスタンド 2008年から （24時間営業） ○販売品目　飲み物，食品，タバコ，日用品，薬 ○ほとんどが住民のための供給 ○通過するトラック運転手などにも提供 △看板がわかりにくい

図 15.7　サリタシの観光ビジネスの現状（インタビューによる）

4.3　サリタシでの外国人の滞在日数を増やす観光プログラムの例

観察調査やアンケートなどで明らかになったレーニン峰やパミールハイウェイを旅する観光客の志向をもとに，サリタシでの滞在日数を増やす観光プログラムをいくつか検討した（図15.8，15.9）。

サリタシのゲストハウスに宿泊する観光客にサリタシの暮らしの一端を見せられるプログラムとしてゲズー（*Kezüü*）を提案する（図15.8）。サリタシでは，毎日，早朝と夕刻の二回，家畜の放牧への出発と帰着をみることができる（第11章）。100頭を超えるヒツジやヤギの群れは観光客にとって，かっこうの被写体であり，通過型の観光客でも朝または夕刻にその様子をみることができる。時間と体力があればヒツジやヤギに同行することも可能である。

観光客が希望する観光のなかでもっとも多くあげられたユルタ滞在や乗馬のプログラム，キルギスの伝統的な暮らしと美しい山岳の景観を楽しむプログラムの開発も必要である。サリタシ周辺には地元の人びとが夏の間に家畜を連れて村外のジャイロ（夏の放牧地）に出かけ，ユルタで暮らしている人びとがいる（第9章）。こうしたサリタシのジャイロを訪れて，ユルタでお茶や昼食を楽しみ，乗馬を楽しむプログラムをつくることは可能であり（図15.9），さらに運がよければユルタのなかでバターやヨーグルトをつくっている様子をみることもできる（写真15.5）。

このようにサリタシでゲストハウスやショップ，ツーリズム・インフォメーション・センターなどの観光インフラを整備し，ユニークな観光プログラムを造成して提供することができれば，パミールハイウェイをほかの国に向けて忙しく通過する外国人観光客の足を止めることができると考える。

そのためにはサリタシの村全体で明確な観光のビジョンと計画を打ち出し，地域が一体となって取り組む必要がある。サリタシをパミールの観光拠点に発展させ，外国人観光客にとって快適な観光環境を整備するためには外国のNGOや地元のKCBTAなどが支援に入ることも必要であろう。

図 15.8　観光メニューの例（1）サリタシの暮らしを見せるゲズー
（撮影：渡辺 上 2019 年 8 月，下 2012 年 7 月）

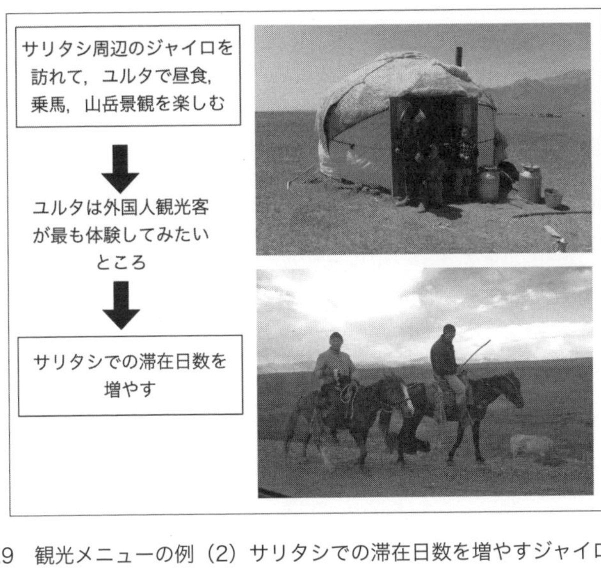

図 15.9　観光メニューの例（2）サリタシでの滞在日数を増やすジャイロツアー
（撮影：渡辺 上 2013 年 6 月，下 2009 年 7 月）

写真 15.5　ユルタのなかでのバターつくりの様子（撮影：白坂 2011 年 7 月）

文　献

アナルバエフ マクサト・渡辺悌二 2008. キルギス共和国南部，パミール・アライ山脈の観光．地理，53, 1, 56-59.

澤柿教伸 2008. レーニン峰にのぼる．地理，53, 1, 42-46.

Liu Y. 2014. *Current status of tourism and a proposal for sustainable tourism development in the Lenin Peak area, southern Kyrgyzstan*. Master's thesis, Hokkaido University, Sapporo, Japan..

Middleton R & Thomas H. 2008. *Tajikistan and the High Pamirs*. Odyssey Books & Guide.

Mayhew B, Bloom G, Clammer Pほか2名 2010. *Central Asia*. Lonely Planet.

Stewart R & Weldon S. 2008. *Kyrgyz Republic-Heart of Central Asia*, Third Edition. Odyssey Books & Guides,.

第16章

パミール・アライの地名とその観光利用

Place names in the Pamir-Alai region and their use in geoecotourism

渡辺 悌二

1　はじめに

北海道の約8割の地名はアイヌ語に由来しているとされ（山田 2000），地形をはじめとする自然を表す地名が数多く存在している。世界各地で行われている地名に関する研究，すなわち，地名学（toponymy）では地名と地形や，動植物，歴史的・政治的な背景，あるいは民族学的な伝承など，その地域のさまざまなことがらとのかかわりが研究されている。しかし観光客がどれだけ地元の地名の意味を理解しているのかというと，研究成果が彼らに十分に伝わっているとはいい切れない。例えば，北海道で生まれ育った人は地名の多くがアイヌ語を起源としていることは知っているが，それぞれの地名の意味を知っている人は多くはない。

パミール北部のパミール・アライ山脈地域においても，その地名の多くは，自然（例えば，地形，野生動物，水）や色（例えば，岩石や川・湖の水の色）など，生活の場やその周辺の様子と結びついていることが多い。しかしパミールの地名の意味は地元住民にも，しばしば理解されておらず，観光ガイドであっても知らないことが多い。そこで，これらの地名の意味を整理し，その地域の理解とジオエコツーリズムにおける地名の活用の可能性について述べる。

2　調査対象地域

ここでは，図16.1に示したようにキルギス南部のアライ谷を中心とした，縮尺20万分の1英語地形図（Lenin Peak）[1]の範囲のうち南側のアライ谷流域を分析の対象とした。この地形図は2008年にキルギス国立測地・地図サービスから出版されたものである。また，この地図のほかに旧ソ連が発行した5万分の1地形図，キルギス政府が発行した60万分の1地形図，およびスイスの地形図会社が発行した10万分の1地形図も参考にした。調査対象地域には全部で125の地名が記載されていた。

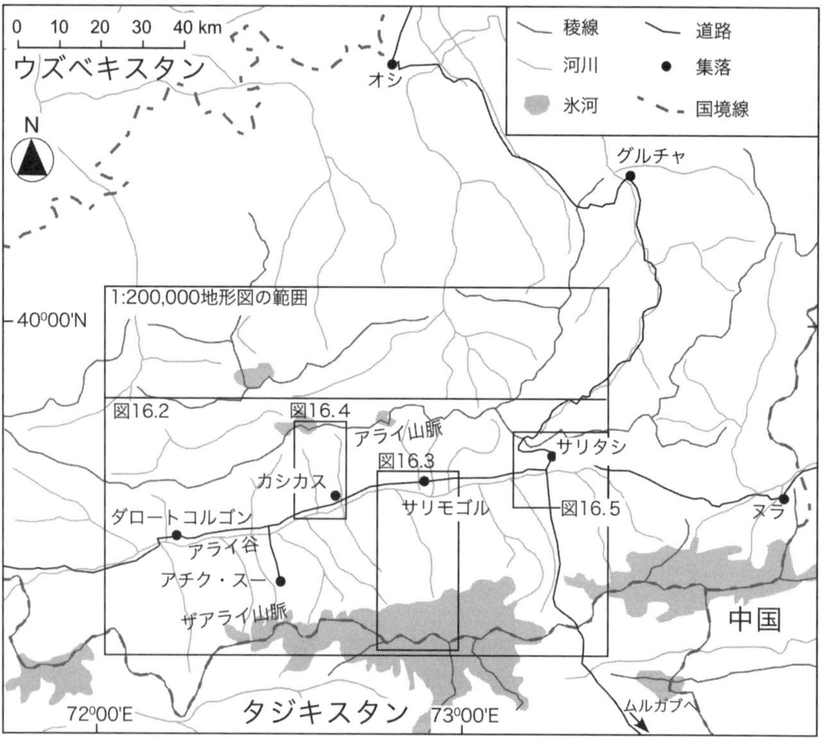

図 16.1　調査対象地域

1)　レーニン峰の現在の正式名称は，クーヒガルモ山（*Koh-i-Garmo*,「暖かい山」の意）であるが，現在でもクルグス人（2019年時点のキルギス山岳協会長を含む）はレーニン峰とよんでいて，長年にわたる調査の間にもクーヒガルモ山を口にする人には誰一人として出会わなかった。そこでここではレーニン峰を用いる。

3　地名の特徴

対象とした地形図に載っている125の地名の多くはキルギス語の地名であった。これらを表16.1にまとめた。その際，(1) 地形や景観に関連した地名，(2) 動植物に関係した地名，(3) 色に関係した地名，(4) 人に関係した地名，および(5) そのほかの地名の5つに区分した。個々の地名の分布は図16.2に示した通りである。また125件のうち意味が不明であった地名が1件（*Jipak-Suu*，表16.1の39番）あった。以下に5つのグループの特徴を紹介する。

表16.1　アライ流域の地名とその意味

	20万分の1地形図上の表記	意味	カテゴリー					
			地形・景観	動植物	色	人	その他	不明
1	*Achyk-Suu*	開かれた水・川	○					
2	*Achyk-Tash*	開かれた石	○					
3	*Agachart Pass*	木のある峠		○				
4	*Ak-Suur Pass*	白いマーモットの峠		○	○			
5	*Alay (Alai) Valley/ Range*	嵐の谷・山脈，美しい谷・山脈	○					
6	*Altyn Dara*	黄金の流域	○					
7	*Archa-Bulak*	ネズの泉	○	○				
8	*Archa-Davan Pass*	ネズのある地域の峠		○				
9	*Arkar Peak*	メスのアルガリのピーク		○				
10	*Ashuu-Küngöy Pass*	日当たりの良い峠	○					
11	*Ashyk-Suu*	氾濫する川	○					
12	*At-Jayloo Mountan/Glacier*	ウマの夏の放牧地の山・氷河		○				
13	*At-Jolu Pass*	ウマの道の峠		○				
14	*Balyk-Jungan*	魚を洗う場所		○				
15	*Begmat Mountain*	ベグマットさんの山				○		
16	*Berk-Suu Pass*	川の源流部の峠	○					
17	*Bezymyannyy Glacier*	名前のない氷河					○	
18	*Bortumshuk*	山稜のとがった岩	○					
19	*Bulak-Suu, Bulak Mountain*	泉の水，泉のある山	○					
20	*Chak*	何かに適した，生きていくのに適した					○	

	20万分の1地形図上の表記	意味	カテゴリー					
			地形・景観	動植物	色	人	その他	不明
21	*Chetki-Aryk*	最後の小さな川の水路	○				○	
22	*Chevirtke Pass*	バッタの峠		○				
23	*Chong Kashka-Suu*	大きく綺麗な水・川	○				○	
24	*Chukury*	穴，凹地	○					
25	*Dam-Jayloo River*	湿潤な夏の放牧地の川	○					
26	*Daroot-Korgon*	ダロート要塞					○	
27	*Djylma*	広い，平坦な	○					
28	*Estoniya Peak*	エストニアのピーク					○	
29	*Gaz Pass*	アヒルの峠	○					
30	*Gudur Tract*	デコボコな地域	○					
31	*Jamman-Jar*	危険なガリー	○				○	
32	*Jamman-Kyrchyn*	悪くて若い木・ブッシュ		○			○	
33	*Janay-Dartak*	不器用な/健康なジャナイさん				○	○	
34	*Jangy-Korgon*	新しい要塞					○	
35	*Jany-Jer Pass*	新しい土地の峠	○				○	
36	*Jar-Bashy*	ガリーが始まる所	○					
37	*Jash-Tilek*	若者の願い					○	
38	*Jetin-Chukur Tract*	7つの穴の広い土地，一つの穴の土地	○				○	
39	*Jipak-Suu*	ジパック川（キルギス語では意味なし）						○
40	*Jiptik Pass*	困難な峠					○	
41	*Jolchu-Too Mountain*	旅行者の峠	○				○	
42	*Kabyk*	渓谷	○					
43	*Kalmak-Ashuu Pass/Mountain*	カルマックの峠・山（部族の名前）					○	
44	*Kaman-Suu Galcer*	イノシシの川の氷河	○	○				
45	*Kapa-Tör*	大きな/平らな高地	○				○	
46	*Kara-Suu/Glacier*	大きな川・氷河	○				○	
47	*Kara-Kabak*	大きな峡谷	○				○	
48	*Kara-Kindik*	大きなヘソ	○				○	
49	*Kara-Otök Pass*	冬の場所として適した峠					○	
50	*Kara-Shyabak*	黒いテレスケン		○	○			
51	*Kara-Töbö Mountains*	大きな山頂の一番上	○				○	
52	*Kashka-Suu*	綺麗な水・川	○				○	

	20万分の1地形図上の表記	意味	カテゴリー					
			地形・景観	動植物	色	人	その他	不明
53	*Katta-Aryk*	大きな水路	○				○	
54	*Katta-Beshik*	大きなゆりかご	○				○	
55	*Katta-Boz*	大きな/灰色の山脈	○		○		○	
56	*Katyk-Art Pass*	困難な峠	○				○	
57	*Kauk Pass*	殼の峠		○				
58	*Kichi-Bel Pass*	小さな峠の峠	○				○	
59	*Kichi Kashka-Suu*	小さく綺麗な川	○				○	
60	*Kindik Pass*	ヘソの峠	○					
61	*Kochkorchu*	ヒツジの繁殖者		○			○	
62	*Kök Döbö*	緑の丘	○		○			
63	*Kök-Bulak*	緑の泉	○		○			
64	*Kök-Kiyik*	緑の/青いヤギ		○	○			
65	*Kök-Suu*	緑の/青い水	○		○			
66	*Kondu Mountain*	人が定住した山	○					
67	*Kongur Pass/Suu*	心地良い峠・川	○					
68	*Kongur-Töbö Mountain*	心地良い丘の山	○					
69	*Korjenevskiy Peak/Glacier*	コルジェネフスキーさんのピーク・氷河				○		
70	*Korumdu*	石垣の/フェンスのある	○					
71	*Korumdu-Chukur Tract*	岩がちの穴のある場所	○					
72	*Kosh-Köl Lake*	双子の湖	○					
73	*Kosh-Korgon*	二つの要塞					○	
74	*Krasin Peak*	クラシンさんのピーク				○		
75	*Kukazyk Peak*	乾燥した頂上のピーク	○					
76	*Kulcha*	雄の野生ヤギ		○				
77	*Küngöy-Ötök*	日当たりの良い凹地	○	○				
78	*Kurgak*	乾燥した					○	
79	*Kuruk-Say*	乾燥した川	○				○	
80	*Kuugandy Pass*	冬に超えることができる峠					○	
81	*Kyzyk Küngöy*	陽が当たるおもしろい場所	○				○	
82	*Kyzyl-Art Pass*	赤い峠の峠	○		○			
83	*Kyzyl-Agyn*	赤い渓流	○		○			
84	*Kyzyl-Daryya*	赤い川	○		○			
85	*Kyzyl-Eshme*	赤い模様の岩	○		○			
86	*Kyzyl-Say*	赤い川	○		○			
87	*Kyzyl-Suu*	赤い川	○		○			
88	*Kyzyl-Turuk*	赤い集落			○		○	
89	*Kyzyl-Tuu*	赤い旗			○		○	

	20万分の1地形図上の表記	意味	カテゴリー					
			地形・景観	動植物	色	人	その他	不明
90	*Kyzyl-Ungkür*	赤い洞穴	○		○			
91	*Ledyanoy Mtn. Range*	凍った山脈	○					
92	*Lenin*	レーニン				○		
93	*Makash-Döbö*	マカシュさんの丘	○			○		
94	*Ming-Jar*	1000のガリー	○					
95	*Ming-Teke*	1000の雄のアイベックス		○				
96	*Nichke-Suu*	狭い（浅い）川	○					
97	*Orto-Aryk River*	中央の流路の川	○					
98	*Orto-Chukur Track*	中央の穴の場所	○					
99	*Pogranichikov*	国境警備					○	
100	*Sary-Mogol*	キルギスの種族の名前					○	
101	*Sary-Tash*	黄色い石	○		○			
102	*Shart Pass*	急いで越える峠					○	
103	*Shiman*	シマンさん	○			○		
104	*Shiman-Bel Pass*	シマンさんの峠	○			○		
105	*Skobelev Peak*	スコベレフさんのピーク				○		
106	*Sovetskaya Latviya Peak*	ソベット・ラトビアさんのピーク				○		
107	*Sverdlov Peak*	スベルドルフさんのピーク				○		
108	*Syngar-Jar*	壊れたガリー	○					
109	*Taka River*	ウマの蹄の川		○				
110	*Taldy-Suu*	柳のある川	○	○				
111	*Taldyk*	柳がある場所		○				
112	*Tarasha Peak*	困難なピーク					○	
113	*Tarasha River*	困難な川					○	
114	*Tash-Küngöy*	陽当たりの良い石	○					
115	*Tegizbay Pass*	タグズバイの峠				○		
116	*Teke-Saldy Pass*	アイベックスが繁殖する峠		○				
117	*Tsuryupa Peak*	ツルユパさんのピーク				○		
118	*Tulpar-Köl Lake*	翼をもつウマの湖	○	○				
119	*Tuyuk-Suu*	閉じた川	○					
120	*Tuz Pass*	塩の峠	○					
121	*Tüz-Ashuu Pass*	まっすぐな峠	○					
122	*Uluu-Bel Pass*	巨大な丘の峠	○				○	
123	*Uu-Tash Mountain*	毒のある石の山	○				○	
124	*Ylay-Suu*	濁った川・水	○					
125	*Zaalay Range*	アライの向こう側の山脈	○					

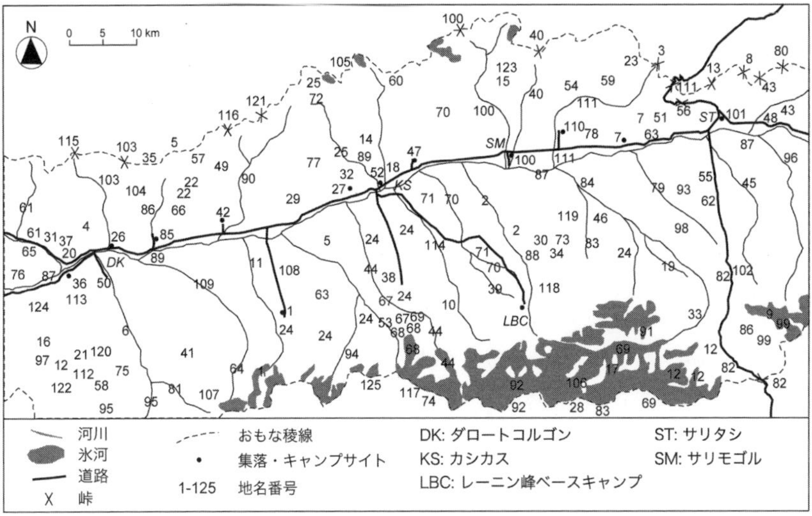

図16.2　調査地域の地名の番号（地名は表16.1に示してある）

3.1　地形・景観に関係した地名

地形や景観に関係した地名は77件（全体のほぼ62%）あった（表16.1）。このうち12件は色とも関係しており，2件は人名とも関係していた。

77件の地名のうち，もっとも多い地名は川や水を示す地名であった。次いで山や峠を示す地名が多かった。川や水を示す地名がもっとも多かったのは，おそらく，この地域で行われてきた牧畜と大きな関係があるものと考えられる。第9章で述べたように，この地域にはかつて遊牧民がいて，定住化が進んだのは最近のことである。定住化後も最大の産業である家畜の飼育が行われており，水の供給場所が彼らの生活には不可欠であり，川や水に関係した地名がもっとも多いのであろう。

地元では川はダリヤあるいはダリア（*darya*），スー（*suu*）[2]，アギン（*agyn*）とよばれている。これらがほかの単語と組み合わさって，例えば，「開かれた川・水」の意味のアチクスー（*Achhyk-Suu*）という地名ができた。

2)　スーは，もともと「水」の意味。

またハンモック状モレーン（写真16.1，第1章参照）と関係した地名も多い。ハンモック状モレーンはザアライ山脈の北向き斜面に広く発達している。地元の牧民はこの特徴的な地形をたくみに利用している。地元の牧民にとっては比高10〜100 mに達するハンモック状モレーンは，とても良質な草が採れる場所として認識されている。ハンモック状モレーンの一部に相当する狭い範囲は，グドゥルートラクト（*Güdür Trackt*：でこぼこな場所）やアチクタシトラクト（*Achyk-Tash Trackt*：開けた石の場所）のように「場所」や「地帯」を表すトラクトとよばれている。また，通常，モレーンのデコボコやモレーン表面の「穴」や小さな「湖」を示す*Chukur*という地名も多く，*Jetin-Chukur Trackt*（本来のスペルは「7つ」を示す*Jeti*あるいは「一つ」を示す*Jetim*）は，牧民にとってハンモック状モレーン上の小さな湖が彼らの各地の飲み水の供給場所として重要であったことと関係しているものと考えられる。

図16.3はレーニン峰北面のハンモック状モレーンを含む地域の地形図で，このハンモック状モレーン上に三つの地名（1: グドゥルートラクト，2: アチクタシトラクト，3: コルムドゥチュクールトラクト）があり，これらの土地が古くから放牧地として使われていたことが理解できる。

3.2　動植物に関係した地名

動植物に関係した地名は23件あった（表16.1）。そのうち野生動物に関係した地名には，この地域でいまでは絶滅してしまったアルガリ（マルコポーロ・シープ）を起源とするものがあり，かつて，そこにアルガリが生息していたであろうことが推察できる。表16.1に示したようにアルガリやアイベックスに関係した地名は5件あった（アルカール峰，コクキーク，クルチャ，ミンテケ，ケテサルディィ峠）。クルチャ（*Kulcha*，本来は「雄のアイベックス」を表す*Kuldja*）は，すでにアルガリが絶滅したものの，現在でもアイベックスの違法狩猟が行われている場所（Izumiyama et al. 2009）の近くにある。またアクスール峠（*Ak-Suur* Pass）はマーモットと関係した地名で，そこには多くのマーモットが生息している。

一方，Anarbaev et al. (2019）によればキルギス国内にはクマの生息地が広く

写真 16.1　レーニン氷河のハンモック状モレーン
もっとも高いピークがレーニン峰（撮影：渡辺 2009 年 7 月）。

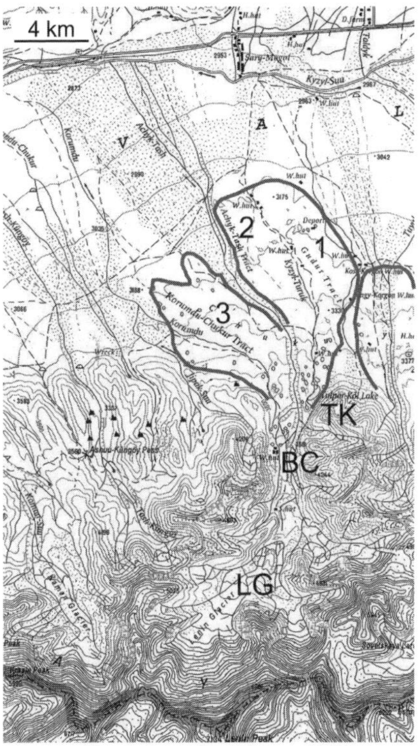

図 16.3　ハンモック状モレーン上の三つの「デコボコな場所（1 ～ 3）とトゥルパルコル湖
（20 万分の 1 地形図を原図に縮小）
実線：ハンモック状モレーン，1: グドゥルートラクト，2: アチクタシトラクト，3: コルムドゥ・チュクールトラクト，TK: トゥルパルコル湖，LG: レーニン氷河，BC: レーニン・ベースキャンプ。

分布していて，*aiu*を含む地名（*Aiu-Bulak*：クマの泉や*Aiu-Tör*：クマの高地・高所の草原）があちこちにみられるという。アライ谷のブラウン・ベアは，ほぼ絶滅に近い状況にあるが，「クマ」を意味する*aiu*を含む地名が存在していないことからアライ谷にはもともとクマが少なかったのかもしれない。

家畜に関係した地名も確認できた。ウマと関係した地名にアトジャイロ山地，およびアトジャイロ氷河（ウマの夏の放牧地の山地・氷河）とアトジョル峠（ウマの道の峠）がある。また，このほかにタカ川（蹄鉄川）やコチコルチュ（子ヒツジのブリーダー）が認められた。

アライ谷には低所の西部を除くと，ほとんど森林はない。昔，ネズは，たくさんあったと地元の長老たちはいうが，現在では伐採されてしまった（Watanabe et al. 2008）。森林や木に関係した地名も存在している。アガチャルト峠（木の峠），アルチャブラク（ネズの泉），アルチャダバン峠（ネズの生える地域の峠），コルムドゥ（たくさんの森林），タルディス（ヤナギの川），タルディク（ヤナギのある場所）などである。

3.3　色に関係した地名

125件のうち17件が色に関係した地名であった。そのうち「赤色」に関係した地名がもっとも多かった（表16.1）。特にキジル（*kyzyl*）を地名の一部としているケースが9件あった。これはザアライ山脈の北向き斜面の中腹に赤色の砂岩が分布していることと関係している。実際にアライ谷で最大の河川であるキジルスー川（赤い水の川）は真っ赤な色をしている。しかしキジルスー川の色は興味深いことに季節によって大きく異なる。一般にいわれる赤い色の水は多くの観光客が現地を訪れる夏から秋にかけてみられるが，春のキジル川の色は赤ではなく，ほぼ透明である。これは上流域の地表面のほとんどが積雪で覆われていて，赤色の岩や砂が露出していなくて河川によって運搬されないためだと考えられる。「赤色」に次いで多いのはカラ（*kara*，「黒色」）で，6件が認められた（例えば，カラカバクは「黒い盆地」）。三番目に多いのは青色あるいは緑色を表すコク（*kök*）を含む地名で，4件あった（例えば，コクブラクは「青・緑の泉」）。サリタシは「黄色の石」を表す。

これらの色と関係した地名の多くは，ほかの特徴とも関係づけられていることが多い。そのうち12件は色と地形の組み合わせでできている（例えば，アクアート峠は「白い丘の峠」，カラトボ山は「黒い山頂の山」）。また色と動植物の名前が組み合わさってできた地名もある（コクキイクは「青・緑の野生のヤギ」，カラシャバクは「黒い灌木」）。

3.4　人に関係した地名

125件のうち13件が人に関係した地名であったが，これらの多くは山頂や氷河の名前に多い（表16.1）。レーニン峰はその好例である。レーニン峰は1871年にフェドチェンコ教授によってみつけられたとされており，最初はトゥルケシュタンの当時の知事であったカウフマンの名前をとってカウフマン山と命名され，1928年にレーニン峰と改称された。地元住民の間ではジェルアイダール（風の神の山），あるいはアチクタシ山（開けた石の山）とよばれることもある（アナルバエフ・渡辺2008）。コルジェネウスキー峰（6,008 m）はタジキスタン側のイスモイル・ソモニ峰（かつてのコミュニズム峰）の近くに聳えるコルジェネウスキー峰（7,105 m）とおそらく関係があるだろう。タジキスタンのコルジェネウスキー峰は1901年にその山を発見したロシアの地理学者コルジェネウスキーの妻の名前をあてたとされている。キルギス側のコルジェネウスキー峰はタジキスタン側のコルジェネウスキー峰よりもずっと標高が低いが，コルジェネウスキー氷河はアライでは最長の谷氷河である。

3.5　その他の地名

アライ谷の多くの集落の成立は最近のこと（第9章参照）であるが，西部のダロートコルゴンは古くからあり，かつてそこにおかれていた「ダロート要塞」が地名となっている。ジャンギコルゴンは「新しい要塞」で，コシコルゴンは「二つの要塞」である。これらの地名はロシア・ツァーリ国（16世紀から18世紀初め），およびコーカンド・ハン国（18世紀後半から19世紀前半）に起源があるものと考えられる。

このほかには民族と結びついた地名がいくつか認められた。サリモゴルは「モゴル」という民族に起源があると考えられ，カルマク・アシュー峠は「アクマク」民族に関係していると考えられる。

4　ジオエコツーリズムの導入と地名

4.1　現存のトレッキング・コース沿いの地名

アライ谷最大の（現状ではほとんど唯一といってもよい）観光地は第15章で述べたようにレーニン峰山麓である。サリモゴルとカシカスはレーニン峰山麓のキャンプ地への入口の集落で，レーニン・ベースキャンプのコース，およびトゥルパルコル湖コースがもっとも人気のあるトレッキング・コースである。

トゥルパルコル湖コース（図16.3，写真16.2）はハンモック状モレーン上にあるトゥルパル（翼をもつウマ）コル（湖）までのコースで，ここでは地元サリモゴルの観光会社CBTのガイドがトゥルパルの意味を客に伝えている。地元で地名が伝えられているきわめて希なケースである。しかし，このコースで地元ガイドがトゥルパル以外の地名を解説することはない。

またサリモゴルを起点とするトレッキング・コースのなかではトゥルパルコル湖コースの利用者が圧倒的に多いが，わずかな人数のトレッカーは北側のアライ山脈を越えて北上する二つのコースを利用している。このうちジプティク峠越えのコースではサリモゴルCBTのガイドがダルボゾタシ（岩の門）という地名の解説を行うことがある。ダルボゾタシにはビリンチ・ダルボゾタシ（岩の第一門）とエキンチ・ダルボゾタシ（岩の第二門）があるが，いずれの地名も20万分の1地形図には載っていない。

これまでの地元ガイドへの聞き取り調査によると，客に対して解説を行っている地名は上記のトゥルパルとダルボゾタシの2件のみであった。

一方，レーニン・ベースキャンプのコースではウズベキスタンやカザフスタン，キルギスの首都ビシケクやオシのガイドがほとんどであるが，彼らも同様にトゥルパルコルの意味を客に伝えることはあっても，それ以外の地名の解説を行うことはない。

4.2　開発可能なトレッキング・コース沿いの地名

アライ谷沿いには多くのトレッキング・コースを開発することが可能だと考えられる。ここでは，そのうち二つのコースについて述べてみたい。

4.2.1　ダムジャイロコース

第15章で述べたように，レーニン・ベースキャンプはカシカス村が所有する土地である。現時点ではカシカスの観光地はレーニン・ベースキャンプに限られている。このため，ほぼすべての観光客（トレッカー）がレーニン・ベースキャンプ以外には滞在せずに，アライ谷を去っている。また第15章で述べたようにレーニン・ベースキャンプでの観光収入のほとんどは域外に流出してしまっていて，カシカス村には観光のメリットは，ほとんど生じていない。

しかしカシカスには，ほかにも多くの開発可能な観光の候補地がある。その一つがダムジャイロ（湿潤な夏の放牧地）である（図16.4）。ブルクト・トー（*Bürküt-Too*）と地元の人たちによばれる標高3,462.6 mの小ピークは「鷲山」の

写真16.2　ハンモック状モレーン上にあるトゥルパルコル（翼をもつウマの湖）
モレーンは東西（写真の右から左）にのびるアライ谷の底にある。背後はアライ山脈（撮影：渡辺2009年7月）。

意味をもつ山で，20万分の1地形図には載っていない（図16.4，写真16.3）。

ダムジャイロコース（写真16.4）は夏の放牧地になっていて，トレッカーは家畜との触れあい（写真16.5）や移動式住居（ユルタ）での滞在，自家製のヨーグルトやチーズなどを楽しむことができ，またモレーンや岩石氷河などの地形を楽しむこともできる。

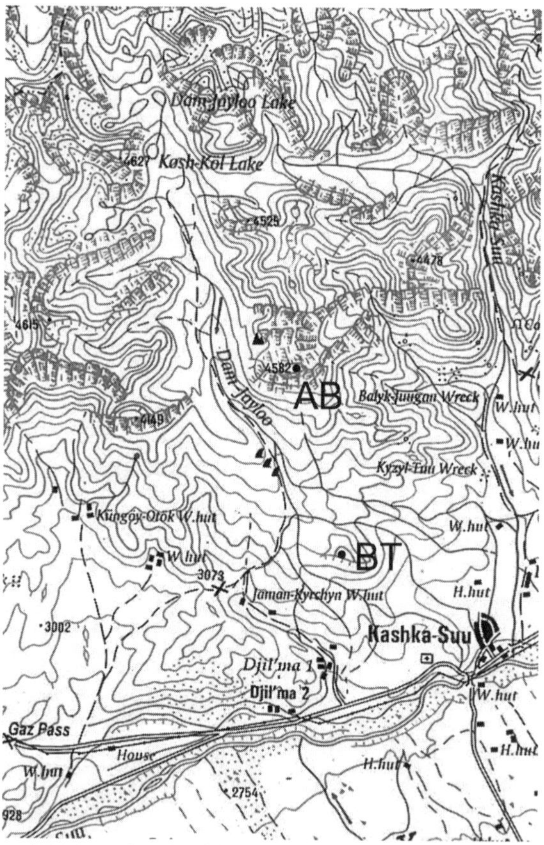

図16.4　カシカス村北側のダムジャイロ谷の地形図
（20万分の1地形図を原図に約105％拡大）
AB: アリプバイ山（金もちのアリプさんの山），BT: ブルクト・トー（鷲山）。

写真16.3　ブルクト・トー（鷲山）と背後のザアライ山脈主要部（撮影：渡辺2009年7月）

写真16.4　ダムジャイロ（撮影：渡辺2009年7月）

写真16.5　ダムジャイロの谷で出会ったヒツジ・ヤギの群れ（撮影：渡辺2009年7月）

4.2.2　サリタシコース

アライ谷の交通の要衝であるサリタシ村の周辺にはトレッキング・コースは一つもない。このため観光客にとってのサリタシは通過地点，あるいは移動中の一泊だけの村という位置づけしかされていない（第15章）。しかし，ここもトレッキング・コースの開発が期待できる地域である。

サリタシ村には2019年時点で11軒のロッジがあり，村周辺で半日あるいは一日のトレッキング・コースを容易に設定することができる。例えば，マカルドボジャイロ（*Makal-Döbö Jayloo*，集会の丘の夏の放牧地）やアライジャイロ（*Alay Jailoo*，美しい夏の放牧地），ニチケジャイロ（*Nichke Jailoo*，狭い夏の放牧地）では，コクブラク（*Kok-Bulak*，緑の泉），カラドボ（*Kara-Döbö*，大きな丘），アトジョル（*At-Jolu*，ウマの道），トゥマンチ（*Tumanchy*，霧の多い場所）などの地名を紹介することができる。こうしたトレッキング・コースでは地元の馬乳酒や，ヨーグルト，チーズと自家製のパンを組み合わせて昼食に提供でき，夏にはたくさんの種類の高山植物の花について解説することもできる。さ

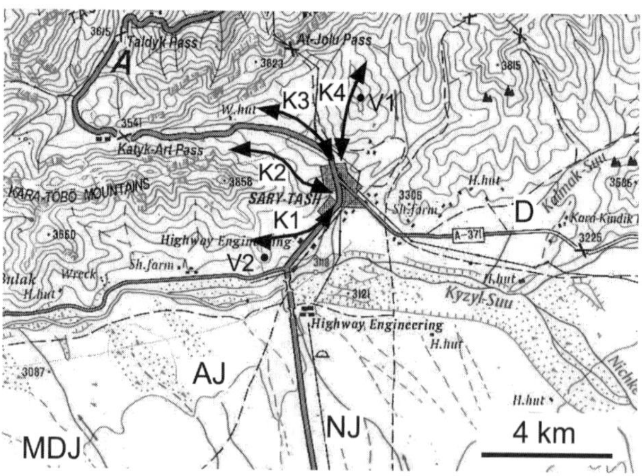

図16.5　サリタシ周辺の地名（20万分の1地形図を縮小）

K1-4：ゲズー・ルート（K1: コクブラックジャイロを使うカムチャツカゲズー，K2: カラドボジャイロを使うカラドボゲズー，K3: アトジョルジャイロを使うオイドンクマーラーゲズー，K4: トゥマンチジャイロを使うエルケシュタムゲズー），D: デメイスー，MDJ: マカルドボジャイロ，AJ: アライジャイロ，NJ: ニチケジャイロ，V1・V2: ビューポイント。

らに図16.5に示した4つのゲズー（日々放牧）のルートでは半日あるいは一泊二日のトレッキング・コースを組むことが可能であり，地元の食材を使った昼食の提供に加えてヒツジ・ヤギとの触れあいを客に提供することが可能になる。

写真16.6はサリタシ村背後にあるカラドボとよばれる丘（図16.5のK2コースへの出発地点）から見たアライ谷とザアライ山脈で，誰でもが容易にアクセスできる。しかしガイドがこうした場所を知らないため，ほとんどの観光客はサリタシで観光をせずに通過してしまっているのが現状である。

写真16.6　カラドボの丘から見たザアライ山脈とアライ谷
もっとも低いコルがキジルアート峠（赤い丘の峠）（撮影：渡辺2013年6月）。

4.2.3　過去に名称を変更した村を巡るコース

レーニン峰が，その名称を変えてきたことは，すでに紹介した通りであるが，アライ谷にはそのほかにも地名の変更があった。

カラカバク村（*Kara-Kabak*，黒い峡谷，大きな峡谷）は1952年まではキジルドン（*Kyzyl-Dön*，赤い丘）とよばれており，さらに1952～1980年にかけては*YUKOS*とよばれていた。*YUKOS*は南キルギス試験場の意味で，当時，そこではメリノ種のヒツジの繁殖試験が行われていた。現在の村の名前は1980年につけられたものである。

サリタシ村（図16.5）は，かつては現在よりも東に位置していたことがわかっている。かつてサリタシ村であった場所は，現在，エスキ・サリタシ（*Eski Sary-Tash*，古いサリタシ）とよばれている（20万分の1地形図にはその名称は載っていない）。

5　アライの意味

ここまでアライ谷とアライ山脈の意味を説明せずにきたが，そもそもアライは，どのような意味をもっているのであろうか。

アライ (英語表記ではAlaiやAlayと書く) には二つの意味がある。一つ目の意味は「美しい場所」で，二つ目の意味は「嵐の」である。したがって，アライ谷は「美しい場所からなる谷（美しい谷)」あるいは「嵐の谷」ということになる。その美しさと荒々しい冬季に，ここで生活をする人たちにとっては，いずれの意味も受け入れやすいであろう。特に11月から春までは積雪下におかれ，最低気温は氷点下30〜35度に達することもある。何年かに一度の寒波が到来すると，多くの家畜が凍死するといわれている。こうした厳しい冬の環境のなかで生活をする地元の人たちにとっては，冬のアライ谷が「嵐の谷」であって，夏の緑のアライ谷が「美しい谷」なのかもしれない。

アライ山脈と平行して，その南側にのびるザアライ山脈は，ヨーロッパの人たちを中心にトランス・アライ山脈とよばれることが多いが，キルギスの人たちは，これを受け入れていない。トランス・アライは「アライの向こうにある山脈」であり，域外の人が地元の名称を引き継がずに「勝手に」つけた名前にすぎない（世界にはいつくか同様の山脈名がある)。したがって，例えば，スイスの地図会社が発行した地形図に書かれているようにトランス・アライ山脈とよぶことは地元の人たちのアイデンティティーにかかわる大きな問題であり，本書ではザアライ山脈とよぶことにしている。なお地元の高齢者のなかにはザアライ山脈をチョン・アライ山脈（大アライ山脈）とよぶ人たちもいる。

文　献

山田秀三 2000.『北海道のアイヌ語地名』

アナルバエフ マクサト・渡辺悌二 2008. キルギス共和国南部，パミール・アライ山脈の観光. 地理, 53, 1, 56-59.

渡辺悌二 2008. パミールにおけるエコツーリズムの現状と課題. 地理, 53, 1, 47-55.

Anarbaev M, Davletbakov A, Kyrbashev J & Izumiyama S. (2019) Distribution and conservation status of Teien-Shan brown bear in the Kyrgyz Republic. *International Bear News*, 28, 2, 15-17.

Izumiyama S, Anarbaev M & Watanabe T. 2009. Inhabitation of larger mammals in the Alai Valley of the Kyrgyz Republic. *Geographical Studies*, No. 84, 14-21.

第17章

キルギス南部アライ谷における農業と生活からみた地域の持続性

Lifestyle and agro-pastoralism in the Alai Valley, Kyrgyz Republic

水嶋 一雄・落合 康浩

1　はじめに

キルギスの山岳地帯に多い降水や積雪・氷河は，乾燥地帯の中央アジアを西流するシルダリヤやアムダリヤといった大河川の源となっている。こうした中央アジアの国ぐにがソ連邦の構成国だった時代から，各国がそれぞれ主権国家として独立したこんにちに至るまで，キルギスは，その水源域として重要な役割を担い続けており，その点において中央アジア一帯の産業発展のカギを握る存在であることは間違いない（クロイツマン 2008）。

ところが，現在もこの国における一人当たりの国内総生産額はCIS諸国のなかでタジキスタンに次いで低く（2016年），人びとの暮らしも第一次産業に依存する傾向が強い。そうしたキルギスのなかでもパミールに含まれる最南部の一帯は北部にある首都ビシュケクからもっとも離れた辺境にあり，とりわけ開発の遅れがちな地域である。

一方，キルギスがソ連邦から独立して以降，この地域もまた市場経済のもとに組み込まれるようになり，経済のグローバル化も進展するなかで商品経済の流入が急激に進行しているため，地域住民の生活は大きな変化を余儀なくされつつある。すなわち，主要産業である農牧業の変革や新たな産業の発展をみないまま消費支出ばかりが増大し，地域住民の生活を圧迫しているこんにちの状況は地域社会の存続をも脅かしかねない事態であるといわざるをえない。

そこで，本章ではパミールの北縁にあたるアライ谷を事例に，そこに暮らす人びとの農業と生活の実態[1]をみることで，従来の地域社会が大きな変化に直面したために生じた問題点を整理するとともに，そうした地域社会が維持してきた特性の活用で実現できる地域開発の可能性や方向性，あるいは当面の課題などについて考えてみたい。特にアライ谷の中でもチョン・アライ地方のカシカス地区など，谷の中央部にある地域を取り上げ，現地の農業と生活の実態をみる。

2　キルギス共和国アライ谷の概要

カシカス地区は中心集落のカシカスをはじめ，カラカバク（Kara-Kabak），ジャイルマ（Djil'ma），アチクス（Achyk-Suu），カビク（Kabyk）などの集落を含む総面積2,137 km²の地区である（図17.1）。集落と周辺の耕作・放牧地は標高約2,500～3,300 mの谷底部に分布している。標高が高いことから7月（夏季）でも平均気温は12～14℃と冷涼であり，1月（冬季）は平均気温が−16～−18℃と厳しい寒さになる。年間降水量は300～350 mm程度と少ないが，冷涼なため谷底部には牧畜の舞台となる草原がひろがっている（写真17.1）。村の世帯数は1,514，総人口は7,713人（いずれも2011年）で，地区総生産の9割近くは農牧業によるものである（2004年）。

アライ谷を含むキルギスは，かつてソ連邦を構成する共和国の一つであり，この地もパミールの山間地域ながら社会主義体制下の計画・管理制度は徹底されていたと思われる。実際に，例えば，カシカスの集落は計画的に建設された区画をもち，ソホーズとして管理されていた周辺の土地とは別に，個々の家屋それぞれに，かつての自留地であったと思われる菜園が付属している（写真17.2）。しかしながら辺境地域であるがゆえにインフラストラクチャなどの整備は十分になされていたとはいえない。ソ連邦および社会主義体制が崩壊した後は同国の政治体制や社会・経済システムは激変したともいえるが，これら辺境地域の開発は，いまだ進んでおらず，中央や都市部との格差は著しい。ただし

1)　本章では落合・水嶋（2011）による調査報告にもとづいて農業と生活の実態をみた。

グローバル化する経済のなかにあって，ほかの中央アジア諸国や西アジア，あるいは中国などとの連携が強化されるこんにち，アライ谷の資源が注目されつつあることは確かで，現に資源の探査や開発なども進められている。一方的な収奪を行う開発行為の進展も危惧されるため，こうした動きにより地域資源が不当に搾取されないよう，それらに先んじて地域が自ら持続的発展を実現できるような開発手法の確立がもとめられる。

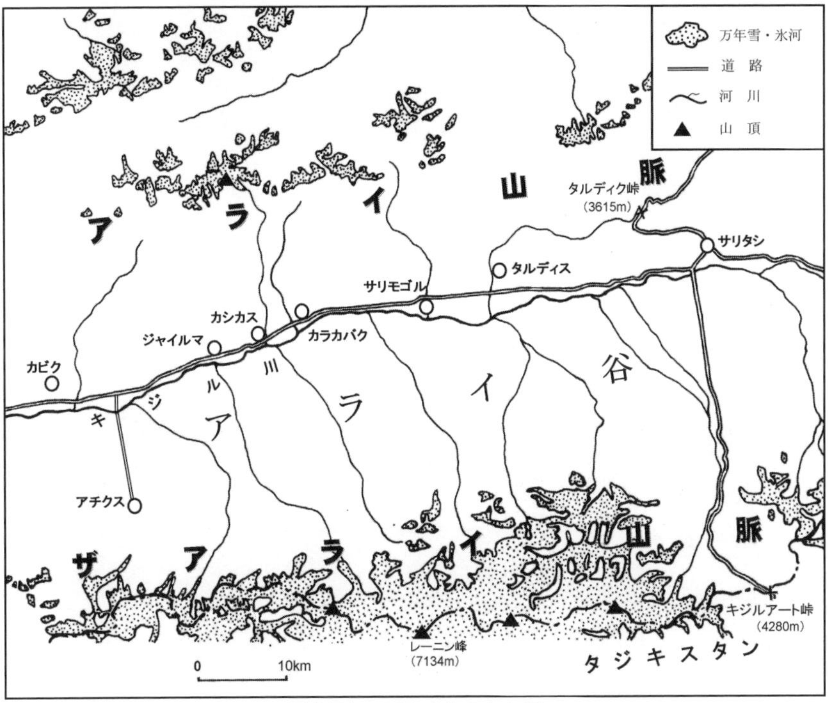

図 17.1　アライ谷の中央部

写真 17.1　アライ谷底部にひろがる草原（撮影：水嶋 2008 年 7 月）

写真 17.2　カシカス集落の家屋と園地（撮影：落合 2008 年 7 月）

3　カシカス地区における農牧業の現状

3.1　農牧業の概要

前述の通り，カシカス地区は地域経済の大半をアライ谷底部の草原を利用した牧畜と，集落内および周辺の土地で行われる灌漑農業に依存している。

飼養する家畜はウシ，ウマ，ヒツジ，ヤギ，ロバなどであり，集落内各戸の敷地では家禽も飼われている。通常，家畜は夏季（5〜10月）には夏の放牧地ジャイロ（写真17.3）で飼育される。カシカス村のジャイロはアライ谷の中に10数カ所点在している。放牧地は定住する集落から離れた場所にあるため，放牧地での家畜飼養にかかわる期間はユルタとよばれる組み立て式の住居（写真17.4）で生活している。冬季（11〜4月）はカシャール（*kashar*）とよばれる家畜小屋（写真17.4）のある場所において，圃場で栽培した牧草や採草地から刈り取った草を飼料に家畜を飼養している。カシカス地区で使用するカシャールは地区内外に10数カ所点在している。カシカス村の放牧地面積は85,735 ha（2004年）で総面積の約40%を占めている。牧畜によって，さまざまな乳製品や肉類を生産しており，それらや家畜そのものの一部を出荷，販売している。

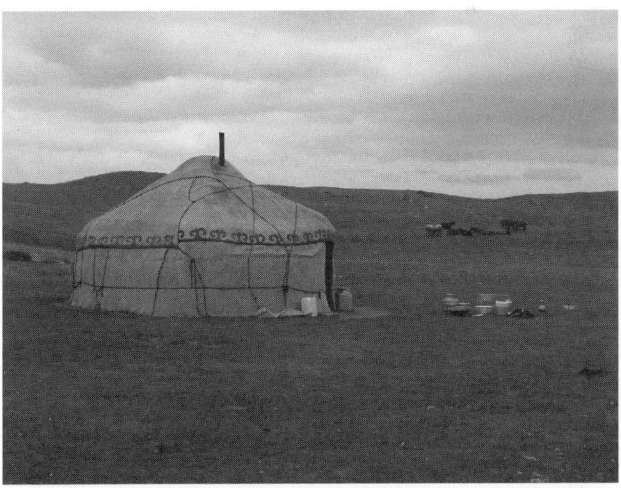

写真17.3　アライ谷のジャイロ（夏の放牧地）とユルタ（撮影：落合2010年8月）

写真 17.4　カシャール（冬期の家畜小屋）（撮影：落合 2010 年 7 月）

灌漑農業は主として家の敷地内にある菜園と，屋敷地に隣接する集落内および集落周辺にひろがる耕作地において行われている。これらの農地に導く灌漑用水は村落背後にある山地氷河を源とする小河川や湧水地から引いている。ただしカシカス地区の灌漑農地面積は4,187 ha（2004年）で，地区全体の面積のわずか2%程度にすぎない。栽培される作物は小麦・大麦などの麦類，牧草，ジャガイモなどである。麦類は自家消費されるものが大半を占めるが，ジャガイモは自家用のほか販売用に生産されているものも多い。麦類は5月上旬に播種し，9月に収穫する。ジャガイモは5月中旬に種芋を植え付け，生育中に雑草取りやウマを使った土寄せを行うなどして（写真17.5），9月中旬～10月に収穫している。これらの耕作地に投入する肥料にはウシなどの糞を乾燥したものを使い，化学肥料はあまり使用していない。食用の作物はソ連邦時代の1985年頃から栽培されるようになったが，それらの栽培がみられるのはサリモゴル周辺やカシカス地区を含む中央部以西である。アライ谷底部の平坦な地域でも標高が3,000 mを超えるサリタシなどの地区では夏季でも冷涼なため食用作物の栽培は行われておらず，耕作地で栽培されているのは牧草である。

一方，カシカス地区付近ではみられない果樹類も，チョン・アライ地方のより西側の標高の低い地域では栽培されており，例えば，最西端にあるカビク

（Kabyk，標高約2,300 m）では集落内にリンゴやアンズ，クワなどの果樹がみられる。

3.2　カシカス村住民の生活の実態

カシカス村では，ほぼすべての世帯が農牧業に従事している。ここでは現地の代表的な世帯を事例に，カシカス，カラカバクの各集落に居住する住民の生活実態について農牧業生産の状況を中心に整理する。なお両集落は5 kmほど離れて立地しており，その間に集落はない。

3.2.1　カシカス集落の事例

カシカスとはキルギス語で，きれいな水（清流）の意味であり（第16章参照），具体的には集落の東側を流れる水の澄んだカシカス川のことを指している。この流れからは8本の用水路が引かれ集落内の耕地を灌漑している。カシカス集落は標高約2,800 mにある569戸，2,838人（2011年）の集落である。1968年に建設された比較的新しい集落であり，家屋のある敷地が整然とした区画で仕切られている（写真17.6）。

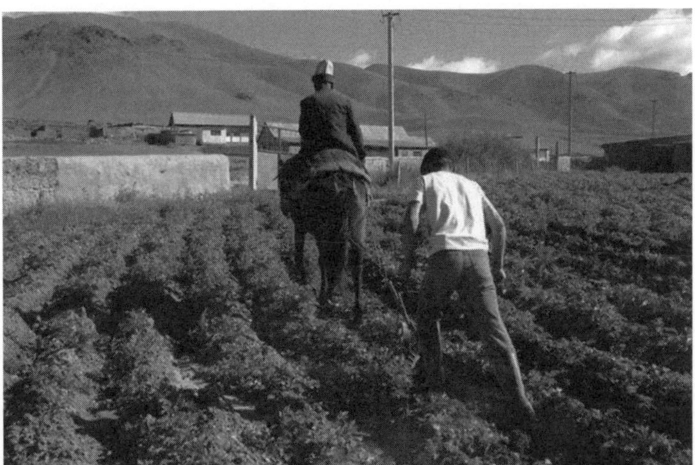

写真17.5　ウマを使ったジャガイモ畑の土寄せ（撮影：水嶋2008年7月）

写真 17.6　カシカス集落（撮影：落合 2008 年 7 月）

A氏（70歳）[2)]は所有する13 haとカシカス地区からの借地43 haのあわせて56 haの農地で，息子の一人とともに農業を行っている（2008年）。このうち，食用作物は麦類9 ha，ジャガイモ1 haだけで，46 haは牧草地となっている。家畜はヒツジ・ヤギ120頭，ウシ20頭，ウマ7頭，ロバ3頭を飼養している。カシカスではジャイロにおける家畜の放牧をグループで行っており（第11章のゲズー），集落内には約40のグループがある。1グループは15世帯程度で構成されている。A氏のグループが使用するジャイロは集落から約20 km離れており，カシャールは集落から約11 kmのところにある。前年（2007年）のおもな農牧業収入は，ジャガイモの販売による5万ソム（1ソム＝約2円），ウマの売却[3)]による4万5千ソム，乳製品の販売による15万ソムなどである。

---

2)　調査時の年齢で以下の調査対象者についても同じ（A，D，E氏は2008年7月，B，C，F氏は2009年7月時点）。

3)　家畜の販売額は，ウシが一頭あたり1万～1万7千ソム，ヒツジが4,000ソム，ヤギが2,000ソム，ヤクが2万ソム，ウマが4万～4万5千 ソム，ニワトリが150ソムほどである（2009年）。

カシカス地区の役所に勤務するB氏（49歳）は，そのかたわら農牧業を行っている。農業では35 aで栽培したジャガイモのうち4.5 tを販売（2008年）しているが，農地の内6 haでは牧草を栽培する。家畜はヒツジ・ヤギ40頭，ウシ3頭，ウマ1頭を飼養する。B氏の場合，役所勤務により月1万5,500ソムの収入があり，農牧業の規模はあまり大きくない。

C氏（26歳）は両親，妻子とともに暮らしている。妻は学校の教師であるが，本人は父親とともに農牧業専業である。50 aで栽培したジャガイモのうち15 tを販売した（2008年）。家畜はヒツジ・ヤギ300頭，ウマ15頭，ウシ20頭を飼養しており（2009年），2008年にはヒツジ・ヤギ60頭を販売したほか，乳製品を多く販売している。乳製品は例えば生乳が1 ℓあたり25ソム，クルト（乾燥チーズ）は1 kgで50ソム，クムズ（馬乳の発酵飲料）は1 ℓ 50ソム程度で販売される。

3.2.2　カラカバク集落の事例

カラカバクは黒い谷間の土地を意味する地名で，1910～20年頃には定住集落ができていた。標高約2,900 mに位置しており，現在約100世帯におよそ500人が暮らしている（写真17.7）。集落内の灌漑農地の用水は集落から約10 km離れたカラカバク氷河から流れ出す川の水を引いて使用しているが，冬季には凍結して使用できない。用水路は6本あり，日替わりでそれぞれに水を流している。水の使用料は1 haで一回あたり30ソムとなっている。

この集落に暮らすD氏（71歳）は二人の息子とともに農牧業で生活している。所有する7.5 ha，借地5 haのあわせて12.5 haのうち3 haで麦を栽培し，1 haをジャガイモに，残りは牧草栽培，採草地に充てている。家畜はヒツジ・ヤギ160頭，ウシ10頭，ラクダ10頭，ウマ1頭を飼養しており，ほかにも息子が，あわせて300頭ほどの家畜を飼養している。D氏の家畜を放牧するジャイロは集落から13 kmほど離れており，カシャールも集落から8 kmほどのところにある。農牧業による収入にはジャガイモ12 tを販売したことによるものと，ウシ，ヒツジ・ヤギなど50～60頭を販売したことによるものとがあった（2007年）。

E氏（57歳）はカシカスにある学校の教員で，同じく教員の妻と子どもたちとともに暮らしている。経営農地は所有地5 ha，借地5 haで，このうち10 aにジャガイモ，1 haに牧草を栽培しているが，ほかは採草地となっている（2008年）。教員の収入が二人合わせて月1万500ソムあるため，農作物は販売しておらず，ジャガイモも自家用である（2007年）。家畜はヒツジ・ヤギ45頭，ウシ9頭，ウマ1頭を飼養しており，家の敷地内でニワトリ10数羽を飼っている。2007年にはウシ5頭を販売している。

F氏（51歳）はザアライ山脈の南側タジキスタン共和国カラクル出身のクルグス人で，10年ほど前に家族とともにカラカバクに移住してきた。経営農地は1 haで，15 aにジャガイモを栽培していて，2008年には3 tの収穫があり，そのうち2 tを販売した。ほか30 aで牧草を栽培している。家畜はヒツジ・ヤギ30頭，ウシ2頭，ロバ1頭を飼養している（2009年）。2008年にはヤク3頭，ヒツジ20頭，ウシ5頭を販売したほか，乳製品も販売しており，あわせて10万ソムの収入を得た。F氏は牧畜にカシャールを使用せず，冬季は家畜を家の敷地内の小屋で舎飼いしている。

写真 17.7　カラカバク集落（撮影：水嶋 2008 年 7 月）

3.3　農牧業にみられる地域的特徴

前項の個別事例からも明らかなように，カシカス地区では農牧業全体のなかで牧畜の占める割合が大きい。元来，クルグス人の多くは遊牧の形態をとる牧畜を，その生業としてきた。ロシアの勢力下，あるいはソ連邦の時代に定住化が進み，農作物栽培の比重を高めた地域や個別の農家も多いが，アライ谷は辺境にあり，標高の高い冷涼な自然条件から麦類やジャガイモなどの作物栽培の定着は難しく，定住化と農業の集団化が進んだ後も基本的に生業の大部分を牧畜に依存する形態は変化することがなかったと考えられる。カシカス地区にも1980年代から麦類，ジャガイモなどの栽培が本格的に導入され始めたとはいえ，作物の種類は限られ，いまなお灌漑農地の大半は牧草栽培に向けられている。牧畜も，例えば，同じパミールの山岳地帯を生活舞台とするワヒの人びとが移牧の形態をとるのに対し（落合・水嶋 2004; 落合 2008; Ochiai 2009），アライ谷ではユルタを用い，草地の状態をみながら異なるジャイロ間を移動し，同じジャイロのなかにあっても場所を移動する方法は遊牧的な牧畜形態とみることができる（落合・水嶋 2011，および第9章）。

また近年，特にキルギス独立以降は飼育する家畜の種類によって増減の傾向に違いがみられる。例えば，キルギス独立の翌年である1992年にカシカス地区で飼養されていたのはヒツジ・ヤギ4万627頭，ウシ・ヤク2,858頭，ウマ928頭であったが，2008年にはヒツジ・ヤギ2万2,436頭，ウシ・ヤク3,620頭，ウマ1,662頭になっている。ヒツジ・ヤギは飼養頭数が減少傾向にある一方，ウシ，ウマの頭数は増加傾向にある[4)]。これは経済の自由化にともないアライ谷にも商品経済の波が押し寄せてきたことと無関係ではなく，乳製品の需要増への対応などが要因の一つと考えられる。

一方，こうした地域経済を取り巻く変化は栽培作物の動向にも影響している。1985年頃から導入され始めたジャガイモは独立以降その栽培が本格化した。カシカス地区や，その東に位置するサリモゴル周辺など，アライ谷中央部の自然

4)　現地の統計ではウシとヤクが合算されていたが，聞き取りによればヤクは減少傾向にあるとのことであった。

条件はジャガイモ栽培に適しており，その品質には定評があって，市場価値も高いことから栽培が増加したと考えられる。収穫期直後の10月頃には供給量も多く，ジャガイモの販売価格は1 kgあたり10ソム程度（2008年）であるが，都市部の市場のジャガイモが品薄になる春には価格が1.5〜2倍に上昇する。そのためアライ谷の生産者は厳冬期の寒さでも凍結しないよう，家屋の地下や畜舎の脇など比較的暖かい場所にある「室」にジャガイモを貯蔵し（写真17.8, 17.9），3〜5月に取り出して出荷するといった工夫をしている。

写真 17.8　家屋内地下にある室の入口（撮影：水嶋 2017 年 3 月）

写真 17.9　室に貯蔵されているジャガイモ（撮影：水嶋 2017 年 3 月）

4　地域経済の実態と問題点

アライ谷にはソ連邦の時代からインフラなどの施設整備が進められてきてはいるものの，辺境地域ということもあって，現在も未整備のままのものが多い。

一方，1991年のキルギス独立以降，経済の自由化，グローバル化や商品経済の進展はアライ谷の地域経済にも大きな影響を与え，人びとの生活も変化しつつある。

4.1　インフラや施設等の整備状況

最近，カシカスを含むアライ谷を東西に貫く幹線道路では幅員の拡張およびアスファルト舗装化が完成した。サリタシからオシを結ぶ道路でも舗装が完了しており，2010年ごろに比べるとオシからの所要時間は短縮され，アライ谷の集落間アクセスも格段に改善された。

ただしサリタシから西のアライ谷中西部には公共交通機関がほとんどなく，人びとの移動手段は限られている。自家用車を所有していれば，それを使えるが，多くは自家用車をもたず，他人の車両[5)]をチャーターするか，それらに便乗するしかない。

電気はカシカス集落には1974年から，カラカバク集落でも1982年から供給されているが，現在も安定性に欠け，停電することもまれではない。上水道にいたっては未整備の村が多く，例えば，カシカスでは灌漑用水と同じ表流水を，カラカバクでは集落内に3カ所ある湧水を汲んで生活用水としている。

小学校と中学校に相当するミドルスクールは各集落に設置されている。しかしカシカス地区内には上級の学校がないため，進学するには他地区に出るしかない。またカシカスやカラカバクには小規模な医療施設があるものの，十分な医療を受けるためにはダロートコルゴンなど地方の中心地やオシなどの都市に行く必要がある。銀行など金融機関の利用についても同様である。

---

5)　例えば，カシカス村では4軒に1軒程度が，乗用車，トラックなどなんらかの車両を所有している。乗り合いなどでカシカスからオシまで利用した場合，料金は500ソム程度になる。

カシカス集落には3軒ほどの雑貨店があり，日用品程度の買物はできるが，大量に一括購入する小麦粉などの食料品や衣類などの買物には週一回水曜日にカシカス集落で開かれるバザールを利用するか，都市の店舗や常設市場を訪れるしかない。

この村の基幹産業である農牧業に欠かせない施設が灌漑用水路である。各集落の小規模な耕作地には灌漑の設備はあるものの，広大な土地を灌漑できる大規模な施設は少ない。数少ない大規模施設の一つが1990年に供用されたサリモゴルからコルムドゥ（カシカス地区の東側）に通じる灌漑用水路である。これにより，およそ1,000 haの灌漑が可能であったが，2010年現在，破損により使用できない状態になっていた。

4.2　生活の変容にかかわる問題点

経済の自由化によって生活様式も変化し，収入を得られる機会は増えつつあるが，同時に支出も増大し，ソ連邦時代は低く抑えられていた物価も高騰したために，さらなる収入の拡大が必要になってきている。

カシカス地区では作物栽培が広く普及し，ジャガイモという商品作物が本格的に導入されたことによって，農業収入を増やす途が開けた。

一方，こうした農業が普及し始めたことで農業にかかわる経費もまた拡大した。コンバインやトラクターなどを使用する農業の機械化は利便性が向上する反面，設備にかかる経費も増大し，自由化した経済のなかでは個々の世帯にそれらを使用するための支出が求められる。ほかにも麦類製粉の機械化，化学肥料の使用等々，農業経費は拡大する一方である[6)]。牧畜にかかわる広大な土地は地方自治体などからの借地も多く，1 haあたり年間180ソムの借地料を支払わなければならない。

---

6)　例えば，トラクターの使用には1haあたり800〜1,000ソムと燃料代30 ℓ 分の費用を支払うことになる（ジャイルマの事例）。またコンバインを麦畑で使用する場合1haあたり300ソムもしくは収穫した麦30 kgと燃料代30 ℓ 分の費用を支払う（カラカバクの事例）。製粉機を使用する場合は，手数料として製粉した小麦粉の1割を手渡している（カラカバクの事例）。また文中のE氏は1 kgあたり30ソムの化学肥料を年間100 kgほど使用している。

カシカス集落では牧畜にかかわる肉類や乳製品とジャガイモの自給率は高いものの，そのほかの食料品は購入することになる。麦類を栽培する世帯は多いが，自家消費を満たすだけの生産量を確保することは難しく，購入量も多い[7]。そのほか服飾雑貨など日常生活に必要な品々も購入することになり，物価の高騰は家計に大きな負担となっている。

こんにち，カシカス地区においても，さまざまな電化製品が普及してきているため電気の使用量は増えている。電気代は世帯によって，また時期によっても異なるが，月100〜300ソム程度の支払いになる。電話はカシカス地区でも固定のものだけでなく携帯電話の使用が可能で，その経費もかかる。また，この地区では冬季はもちろん，夏でも暖房が必要になることが多い。そのおもな燃料は石炭[8]であり，光熱費などの負担も大きい。

教育にかかわる支出も大きな負担である。ミドルスクールは学費を必要としないが，上級の学校に通う子どもがいれば，その学費や学校のある町での生活費を負担しなければならない。例えば，前述のB氏はキルギスの首都ビシュケクの大学に通う子どものために年間24,000ソム程度の費用をかけている。

このように生活にかかわる経費が増大する一方で，農牧業以外に収入を得る機会の少ないカシカス地区では就業機会を得るために地元を離れ出稼ぎに出る人びとも多い。例えば，カラカバクなどでは若年層を中心に数十人もの男性がオシ，ビシュケクなど国内の都市や，モスクワをはじめとしたロシア各地に働きに出ている。こうした状況は，かつて日本の経済の高度成長期以降の農村部にみられたものではあるが，それが人口減少と過疎化を引き起こしたことに鑑みれば，地域社会の崩壊をも招来しかねない深刻な事態に陥っているということになる。

---

7)　例えば，A氏の家などでは小麦粉は一人年間140 kg程度消費するとのことである。小麦粉は50 kg入りのものが1袋1,000ソム（2010年）であり，全量を購入する世帯では年間一人あたり3,000ソム程度を小麦粉に費やすことになる。また，プロフなどの料理に使われる米は1kgあたり80ソムである。

8)　石炭は1 tあたり1,500ソムで，例えばE氏の家では年間3 t程度を使用している。

5　地域資源利用の可能性と課題

カシカス地区における経済状況，地域社会の変化は人びとの意識と産業構造に変革を求めている。現在は農畜産物の販売量を増やしたり，出稼ぎなどによって収入の増加を図っているものの，このような，いわば場当たり的な対応では決して地域の持続的な発展は望めない。地域の社会と生活を持続させるということは，従来の生業のシステムや，それらに立脚した伝統文化といった地域資源を損なわずに活用し，地域を発展に導く開発手法を確立するということである。日常，馴染んできた産業や生活様式を異なる視点から捉えて活用し，新たな収入の道を切り開く方法が期待される。そして，その一つの有力な選択肢に観光開発がある。

5.1　観光開発に利用可能な地域資源

アライ谷における観光化に利用可能な地域資源として，まずあげられるのは美しい山岳景観と，貴重な生態系からなる自然環境である（第1部）。アライ，ザアライ両山脈の高峰群が連なる姿は圧巻であり，とりわけカシカス地区の南に聳えるレーニン峰の白く優美な姿に魅了される人は多いはずである。またアライ谷と周辺の山岳地帯は希少な野生動物の生息域であり，高山地帯特有の植物相とともに，貴重な生態系を観察できる場でもある。

一方，生業と生活にかかわる特有の文化も，この地域ならではの地域資源である。牧畜を基調とした農業が展開する空間は，それ自体，アライ谷の壮大な景観美を構成・演出する重要な要素である。放牧地として利用される広大な草原は，そこに点在するユルタや、ウマ，ウシ，ヒツジの群れの姿とともに魅力的な景観として目に映る。ユルタでの生活，家畜との触れあい，乳製品の生産，農作物を栽培する畑といった地域固有の農業の有り様や，農産物を利用した食文化も観光の魅力になりうるものである（写真17.10）。これらに加えて，女性の手になるじゅうたんなどの手工芸品も伝統文化としての地域資源に数え上げることができる。さらには，こうした伝統文化を継承する技をもち，来訪者をもてなすことを惜しまない友好的なアライ谷の人びとこそが観光業を担うべき人材としての地域資源である。

写真 17.10　牛乳から抽出した生クリーム（カイマク）（撮影：落合 2010 年 8 月）

5.2　観光開発の可能性と課題

レーニン峰と標高3,600 m付近にあるそのベースキャンプ周辺は，すでに多くの登山家やトレッカーを集める観光拠点として確立しつつある（第15章）。そこには幾張りものテントに混じって食堂，宿泊施設として営業するユルタがあり，その一部を貸し出しているのはカシカス地区に住むG氏である。G氏は2001年頃からここでトレッキングのガイドをするなどして働いている。ただし施設の経営者はウズベキスタンの旅行社であり，ここに観光客を導く旅行社はオシなどいわゆる「外部」の業者である。

一方，カシカス地区に住むH氏はベースキャンプ近くの放牧地を拠点にユルタの宿泊施設を経営しており，登山・トレッキングツアーのコーディネートやベースキャンプで必要となる食材・資材を提供する会社も経営している。H氏は1994年からこの仕事を始めており，地元出身のポーターや通訳なども雇い，交通手段となる自動車も所有するなど，手広く事業を展開している。キャンプに提供する食材のうち肉，乳製品，ジャガイモなどの農畜産物は自らの所有地で生産したものである。

このように地元にもレーニン峰観光にかかわり，実績を積んだ人びとがいることから，今後この地域で住民による観光業を定着させていくことは可能であると考えられる。ユルタの利用は観光業に地域文化の一端を提供することであり，宿泊施設などで地元の食材や，それらを使った地元風の料理を提供することは地産地消の実践として地域経済への貢献も大きい。さらには家畜との触れあいや，家畜を利用したツアー，調理の体験などを適正な規模と方法で実践していけば，観光客の，より深い地域の理解にもつながると考えられる。それは，すなわち，ジオエコツーリズムが目指す「観光客による地域環境の理解」を実現するものでもある。しかしながら，こうした観光を促進していくためには渡辺（2008）も指摘するとおり，いくつかの課題が残されている。

その第一は観光資源ともなる肝心の農牧業を改善し，充実させることである。すなわち，地域環境に照らして適切な農作物栽培システムを確立していくとともに，伝統的な牧畜業の形態を維持し，家畜と畜産物の適正利用をはかる必要がある。観光客への提供を行っていくためにも農牧業に立脚する食などの伝統文化は継承していかなければならない。

第二は地元住民の組織化と観光に関する教育の拡充である。地元には放牧のシステムを通じて培ってきた世帯間あるいは集落内の連携があり，これをベースに観光に取り組むための組織とシステムの構築を目指すべきである。また観光業に携わるためには来訪者へのサービスのあり方を理解し，それを実践する能力を身につけなければならない。英語を中心とする語学力の向上もその一つであり，ミドルスクールでは授業導入が進む語学教育を成年にもひろめる必要がある。また地元の地域資源の可能性を適切に判断する能力を養い，観光業を地域開発の柱とする意義などについて理解させるための教育も必要である。

第三は行政・NGOによるさらなる支援体制の確立である。レーニン峰へのアクセス道路の整備，電気の安定供給，上水道の整備などインフラストラクチャの充実は地元住民の生活環境改善のためにはもちろん，観光客の誘致を進めるためにも実現されなければならない。しかしながら，これらの環境整備は地元の資金だけで実現できるものではなく，外部からの支援も不可欠である。また前述の地元住民の組織化，教育のための資金援助や人材派遣にも外部からの支援が必要である。

6　おわりに

本章ではキルギス南部のアライ谷における農業と生活に関する実態を示すことで，この地域における伝統的な農牧業システム維持の現状と，経済・社会状況の急激な変化に対応する地元住民の姿を紹介した。また，そこに示された問題点を整理しながら，アライ谷の人びとが持続可能な地域社会づくりを目指すうえで必要な農牧業や生活文化にみる伝統の維持と，それらを活用することで実現できる観光を軸とした新たな産業導入の可能性について考えてみた。

アライ谷においても地域経済の変容が，住民の生活様式や，生業に関する取り組みを変化させつつあり，地域の伝統文化までも変質させかねない状況を生み出している。

一方で新たな取り組みのなかには方法次第では存続の危機にある地域社会をたて直し，維持しながら，人びとの生活を豊かなものに変えていく可能性を秘めたものもある。地域の持続可能な発展を実現していくためにも伝統的な農牧業システムの本質は維持し，そこに軸足をおきつつ具体的な方法の，さらなる改善を進める必要がある。農牧業に立脚した地域固有の文化を観光業に活用する方法の確立もまた然りである。むろん，こうした変革を確実に進めていくうえで，インフラの整備が遅れ，資金が不足している現状は大きな問題ではあるものの，その解消においても外部からの支援と内発的な発展のための努力を両立させる必要がある。

文　献

岩田修二2008. パミールとはどんなところか？－範囲・地形・環境. 地理,53, 1, 18-29.
落合康浩2008. パミール高原周辺に暮らすワヒの生活様式にみられる地域的差異. 日本大学文理学部自然科学研究所「研究紀要」43, 55-65.
落合康浩・水嶋一雄 2004. パキスタン北部地域ゴジャール地区の地域開発による生活の変化. 地学雑誌, 113, 2, 312-329.
落合康浩・水嶋一雄 2011. キルギス共和国アライ谷における産業構造及び生活の変化. 日本大学文理学部

自然科学研究所「研究紀要」46, 11-24.
クロイツマン ヘルマン 2008. パミールの水問題. 地理, 53, 1, 60-62.
渡辺悌二 2008. パミールにおけるエコツーリズムの現状と課題. 地理, 53, 1, 47-55.
Ochiai Y. 2009. Influences of the developments and issues related to the sustainability of regionalism in Gojal, Northern Areas of Pakistan. *Geographical Studies*, No. 84, 51-64.

第18章

タジキスタン・ワハンにおける住民と生業

Inhabitants and their livelihoods in the Tajikistan-Wakhan

落合 康浩・水嶋 一雄

1　はじめに

中央アジアのパミール西部は，元来，バダフシャーンとよばれる一つの地域であったが，19世紀末には地域内を流れるパンジ（Panj）川を境に分断され，現在も南がアフガニスタン領，北がタジキスタン領になっている。このうちタジキスタンに属しているのが同国面積の約45%に及ぶ広大な範囲を占めるゴルノバダフシャン自治州（Gorno-Badakhshan Autonomous Oblast；以下GBAO）で，山岳地帯でもあるこの自治州には全国総人口のわずか3%程度が暮らしているにすぎない。自治州内に暮らす多くはタジク人以外の少数民族であり，北東部は主としてクルグス人の，南西部は主としてパミール人の生活領域となっている。アフガニスタンとの国境であるパンジ川はアムダリヤ川の上流部にあたり，その河谷は，かつてシルクロードの一部として中央アジアにおける東西交通の要衝でもあった。この河谷の上流側がワハン（Wakhan），もしくはワハン渓谷といわれる地域で，パンジ川を挟んだ両岸は，ともにワヒ（Wakhi）の人びとの居住地域となっている。

タジキスタンはソ連の崩壊にともなって1991年に独立し，その行政機構や経済システムが大きく転換したことで同国に居住する人びとの生活は激変することになった。むろん，パンジ川右岸側のワハン（タジキスタン・ワハン）もタジキスタンに属しているため同様な状況におかれることになったが，同国内ではもっとも辺境に位置し，もとより中央政府による地域振興のための具体的な施策に乏しかったこともあって，国家独立後，四半世紀を経たこんにちもなお地域の開発は進まずに，発展から取り残された状態にある。本章では，このタジキスタン・ワハンに注目し，住民であるワヒの生業，生活の実態を紹介するとともに，現在，この地域が抱える問題や取り組むべき課題について考えてみたい。

2　タジキスタン・ワハンとワヒの人びと

GBAOの最南部に位置するイシュカシム地区のうちイシュカシムの町や西側の一部を除いたダシュット（Dasht）以東の地域がタジキスタン・ワハンである（図18.1）。パンジ川によって形成され東西方向にのびるワハン渓谷の右岸側にあたり，北側をシャフダラ（Shakhdara）山脈によって区切られている。現在，タジキスタン・ワハンにはパンジ川沿いの東西およそ100 kmにわたって26ほどの集落があり，あわせて2万91人（2011年）が暮らしている（表18.1）。

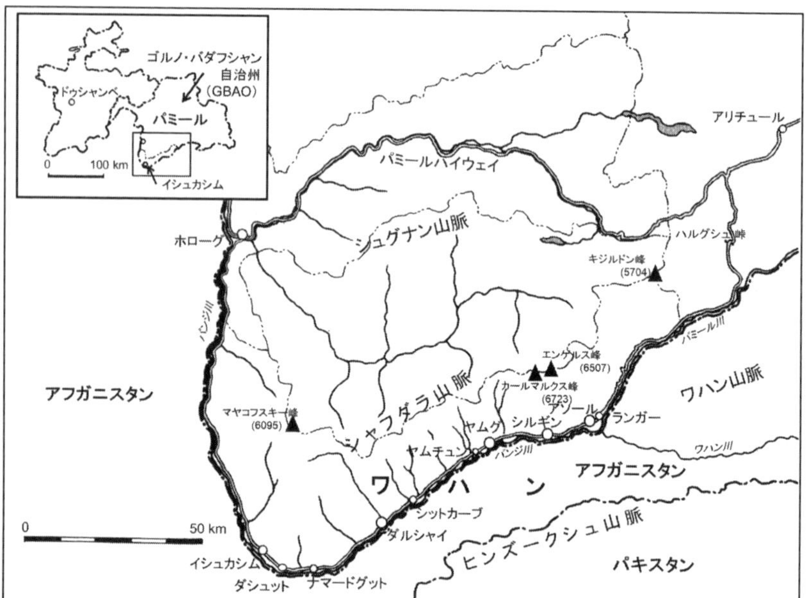

図18.1　タジキスタン，GBAOイシュカシム地区

なおパンジ川左岸側のワハンはヒンズークシュ山脈との間に細長く東西にのびる地域であり，いわゆる，ワハン回廊（Wakhan Corridor）[1]とよばれるアフガニスタン領である。両岸からなるワハン渓谷は谷底部でも標高2,500〜3,000 mの高所にあるが，背後に連なる山地斜面下部には傾斜の緩やかな部分がみられ，谷幅は広く，パンジ川の河岸も比較的広い平坦地となっている所が多い（写真

表18.1　タジキスタン・ワハンにおける集落別人口（2011年）

ジャマート	村（集落）	人口（2011年）		
		男	女	合計
Ishkashim	Dasht	225	240	465
	Namadgut	686	708	1,394
	Udit	90	90	180
	Boibar	97	99	196
	Takakhona	60	67	127
Shitkharv	Darshai	242	228	470
	Shitkharv	880	806	1,686
Ptup	Zumudg	422	368	790
	Navobad	231	194	425
	Ptup	342	306	648
	Tuggoz	246	219	465
	Vichkut	152	155	307
	Yamchun	280	284	564
Brang	Yamg	620	538	1,158
	Vnukut	551	564	1,115
	Vrang	825	827	1,722
	Trichi	235	265	500
	Inv	205	245	448
	Nizgar	62	75	137
	Drizh	223	235	458
	Shirgin	383	437	820
Zong	Zugvand	487	475	962
	Zong	1,040	1,092	2,132
	Asor	463	489	952
	Langar	960	872	1,832
	Ratm	70	68	138
	合計	10,077	9,946	20,091

1）「ワハン回廊」はパンジ川沿いのワハン渓谷全体を意味することもあるが，一般にタジキスタン，パキスタン両国に挟まれた現在の細長いアフガニスタン領ワハンの名称として用いられることが多い。

18.1)。ただし谷底部は年間降水量の少ない乾燥気候下にあり，集落や耕地以外の土地は，きわめて植生に乏しい。また河谷沿いに卓越する風によって形成された砂丘が河畔の随所に発達している（写真18.2)。

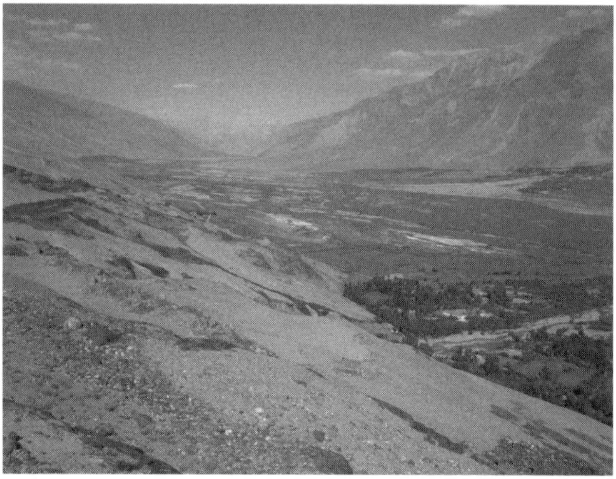

写真 18.1　ワハン渓谷の景観（撮影：落合 2011 年 7 月）

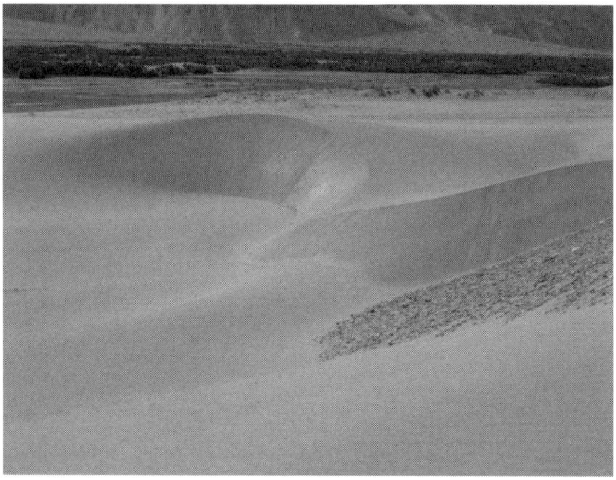

写真 18.2　パンジ河畔に発達する砂丘（撮影：落合 2014 年 9 月）

ワヒの伝統的な生業は牧畜と灌漑農業を組み合わせたものである。夏季には牧畜は標高4,000 mを超える高所に点在する草地に展開し，冬季には谷底部にある集落付近に戻ることでヒツジやヤギ，ウシなどを飼養する移牧の形態をとる。集落内と，その周辺にひろがる耕作地では氷河の融氷水や湧水の流れを耕作地に引き込んで灌漑に用い，麦・豆類などの畑作物や果樹を栽培する。こうしたワヒの人びとの伝統的な生活様式についてはパキスタンのゴジャール地区に関する水嶋（1990, 2006）や落合（1999），落合・水嶋（2004）の報告に詳しい。

図18.2　ワヒの居住地域

ワヒの人びとは，この農牧業形態にもとづいて伝統的な食文化を育んできた。家畜の乳は，さまざまな乳製品に加工され食材に利用されている。例えば，生乳を熱しながら攪拌することで抽出する乳固形分を，扁平なボール状にして天日で乾燥させたものがクルト（第8章参照）である。そのまま食べたり，細かく削って料理の素材に用いたりしている。

小麦・大麦などの穀物類は粉に碾いてフラットブレッドに加工することが多

い。また，これにクルトなどの乳製品を加えて煮るなどした数々の料理もある。

果実は生食することも多いが，特に種類と生産量の多いアンズやリンゴは乾燥させ，保存食とするのが一般的である。またアンズの杏仁やクワの果実なども油やジャムといった食材に加工し，用いられている。

ワヒの集落内で耕作地や敷地の境界として用いられている石垣づくりには自然石（礫）を接着せずに，そのまま積み上げる技法を用いている（写真18.3）。なお，この技法は伝統的家屋の基本構造にも用いられ，土などで塗り固めた石積みは壁面となる。家屋の天井中央部は木枠で囲んだ正方形の開口部になっており，採光と排煙の役割をはたしている。この開口部の対角線の長さを一辺とした，やや大きめの正方形の木枠を水平に45度回転させて，その下にはめ込み，これを繰り返してサイズの異なる5つの正方形を重層的に組み合わせ，天井中央部の意匠としている。これはワヒを含めたパミール人の家屋に特徴的なものである（写真18.4）（Ochiai 2015; 落合 2017）。

写真 18.3　自然石を積み上げた石垣（撮影：落合 2011 年 7 月）

写真 18.4　パミール地域の家屋天井にみられる意匠（撮影：落合 2014 年 9 月）

3　ワハン地域における開発

パミールの主要部でもあるGBAOを横断する重要な幹線はパミールハイウェイとよばれている。現代のシルクロードの一部ともいえるこのルートはアフガニスタンからウズベキスタンを経てタジキスタンに入り，首都のドゥシャンベ，自治州都のホローグを経由してパミールの中央部を横切り，キルギスのオシに至る国際的な道路である。ただしGBAO内ではホローグからパンジ川沿いを離れて，そのまま東に向かう道筋をとり，ワハンのはるか北側を通過する。むろん，パンジ川沿いにワハンを通る道路もあり，ホローグでパミールハイウェイから分岐し，ハルグシュ（Khargush）峠を越えた東側で再びパミールハイウェイに合流するが，自治州内の交通路としては，いわば脇道にすぎない。この道路は，かつて舗装されていた部分も集落付近の一部を除いて補修されておらず，大半は砂利や土が露出したままの状態にあって（写真18.5），公共交通機関の運行もほとんどない。かつてシルクロードの要衝であったワハンも，こんにちではタジキスタンの中央部からは，もっとも遠隔の地にある辺境地区となっている。

そのため，この地区はタジキスタンのなかでも特にインフラなどの整備・開発が遅れている。例えば，ワハンでは現在の電力需要を地元の発電量だけでまかなうことはできない。ソ連時代の1970年代半ばにナマードグット（Namadgut）村の東側に建設された水力発電所は現役ながら発電量が限られており，2013年からは地区内需要に対する不足分を他地区から送電することで補っている。上水道にいたっては完備されている事例が少なく，いまもなお多くの集落では生活用水を氷河や湧水地からの表流水にたよっている（写真18.6）。

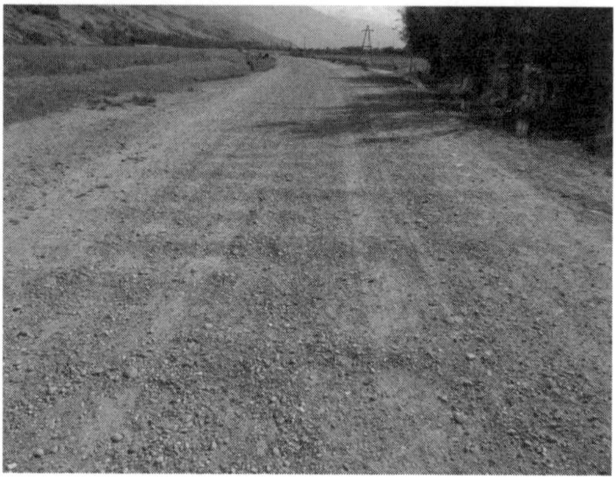
写真 18.5　タジキスタン・ワハンにおける主要道（撮影：落合 2014 年 9 月）

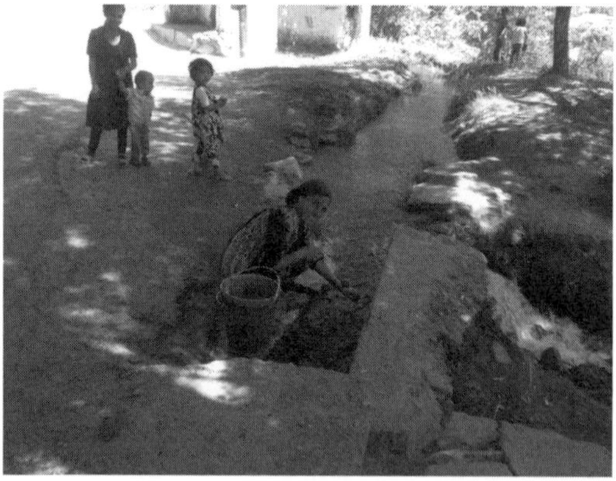
写真 18.6　灌漑用水路から生活用水を汲む住民（撮影：落合 2011 年 7 月）

タジキスタンは1991年に独立して主権国家となったが，1992年から内戦状態になり，1997年の和平協定調印まで混乱が続いた。内戦の終結後，急速な経済成長を遂げたものの，いまなお独立国家共同体（CIS）諸国中，一人当たりの国内総生産額がもっとも低い[2)]。大きな対外債務も抱えるこの国では少数民族の暮らす辺境のイシュカシム地区にまで政府の開発事業を十分に進めるゆとりはない。したがって，この地区の地域開発は，いきおい諸外国による開発援助や国際的なNGOの活動に依存せざるをえないのが実情である。

この地区の開発に主導的な役割をはたしているNGOがイスマイーリーの宗教指導者アガ・ハーンの財団が運営する開発支援の世界的な連絡機構（Aga Khan Development Network）である[3)]。例えば，タジキスタン独立後の1993年に設立されたPRDP（Pamir Relief and Development Programme）は，1997年にMSDSP（Mountain Societies Development Support Programme）と改称され，GBAO全域を対象とした開発支援活動を行っている（写真18.7）。そのおもな活動は，この地域の主要産業である農牧業の改善指導であり，地域に適合した作物の開発・導入や灌漑用水路など農業関連施設の改修・整備などを行ってきたほか，2002年以降は上水道設備の敷設や小中学校の校舎修築といった地域住民の生活改善にかかわる事業も進めている。また途上国において金融事業を展開するAKAM（Aga Khan Agency of Microfinance）は，2003年，首都ドゥシャンベにFMFB（The First Micro Finance Bank）を設立し，そのホローグ支店がパミール地域における自立的な開発を金融面からサポートしている（写真18.8）。

ただし，こうしたNGOがパミール地域の開発に関与できるようになったのはタジキスタンの独立以降で，その本格的始動はGBAOを巻き込んだ内戦が終結した後のことであり，その歴史は，わずか20年ほどにすぎない。しかもタジキスタンの中央部などからもっともアクセスのわるいこの地区にあっては，経済の自由化以後も，同国内，あるいは国外からの人や物資の流入は限られていた。

2)　『世界国勢図会2019/20』に示されたUN dataのNational Accounts Estimates of Main Aggregatesによれば2017年におけるタジキスタンの一人当たり国内総生産（GDP）額は801ドルであった。

3)　アガ・ハーン財団（Aga Khan Foundation）は，この地域の開発にあたって先進国による政府開発援助とも連携している。例えば，JICAも2012年から2015年に「アフガニスタン・タジキスタン国境バダフシャーン地域における農村開発プロジェクト」でAKFと連携し，インフラの整備や地元の人材を育成する研修などを実施している。

そのためアガ・ハーン関連のNGOなど一部を除いて，外部からこの地区へと目を向けることができた外国の組織は少なく，開発は遅々として進まなかったものと思われる。同じくワヒの人びとが居住するパキスタンのゴジャール地区における開発の経緯と実情については落合・水嶋（2004），落合（2008），Ochiai（2009），水嶋（2009, 2010）の報告があるが，1980年代から急速に開発の進んだこのゴジャール地区に比べて，タジキスタン・ワハンではハード，ソフトの両面において明らかに開発が遅れている。

写真 18.7　イシュカシムにある MSDSP の事務所（撮影：落合 2016 年 3 月）

写真 18.8　ホローグにある FMFB 支店（撮影：落合 2016 年 3 月）

4　ワハンにおける住民の生活実態

タジキスタン・ワハンにおける農牧業はソ連時代には計画経済のもとソホーズ（国営農場）に組織されていた。農牧業の生産基盤である灌漑農地と夏の放牧地は国有化され，家畜も定住集落内において飼養する一部を除き，原則的にソホーズに属すものとされた。ソ連当時，この地区のソホーズは牧畜の占める割合が高く，現在と比較して飼養される家畜の頭数は多かったようである。地区内のシルギン（Shirgin）村を例にとると，タジキスタンの独立以前にはウシが約500頭，ヒツジ・ヤギがあわせて約2万5千～3万頭，ヤクが，およそ600頭飼養されていた。しかしながら，2015年現在，ウシは約300頭へと減少しており，ヒツジ・ヤギについては約900頭にまで激減している。また高所の放牧地周辺に常時とどまることの多かったヤクについては，現在，まったく飼養されていないとのことである。すなわち，独立以降は夏の放牧地の経営が縮小しているものと推察される。

ただしワヒの人びとが伝統的に行ってきた移牧のシステムは現在もなお維持されている。夏季（6～9月）中の3カ月間ほどは背後のシャフダラ山脈中の斜面やハルグシュ峠付近一帯の高所にひろがる草地においてウシやヒツジ・ヤギを放牧する。この夏の放牧地への移動・滞在は村のなかの10～15軒によって構成されるグループを単位として行われている。グループ内各戸から，それぞれが所有する家畜を委託された代表者が家畜を率いて放牧地に行き，そこに滞在して家畜を管理する。放牧地には家畜を集める囲いと，管理者が滞在する恒久的な小屋が設置されている（写真18.9）。

ソ連時代に国有地であった河谷底部の灌漑農地は独立後もしばらくは共有地であったが，内戦が終結した1997年に各個人へと分配された。例えば，地区内のダルシャイ（Darshai）村では割当面積を一人当たり0.14 haとし，各戸に対して，その員数に応じた面積を分配している。現在，灌漑農地においては麦類のほか，豆類，ジャガイモ，牧草などが栽培されている。これらのうち，自給ないしは出荷されることもある食用の小麦やジャガイモなどはソ連時代から化学肥料を用いて栽培されていたが，独立以降は肥料価格の高騰もあって，その栽培面積は縮小傾向にあるとのことであった（写真18.10）。

写真 18.9　ハルグシュ峠付近の放牧地にある家畜の囲い（左）と夏の放牧地における常設の作業小屋（右）（撮影：落合 2014 年 9 月）

写真 18.10　氷河の融氷水を耕作地へと引く灌漑用水路（左）とヤムチュン村付近の灌漑農地（右）（撮影：落合 左 2014 年 9 月　右 2011 年 7 月）

次にダルシャイ村とシルギン村，そしてアソール（Asor）村における事例世帯の農牧業生産と家計の一部の実情を紹介する（表18.2）。

ダルシャイ村はワハン西部の標高約2,700 mにある集落である。この村のA家は1.7 haほどの灌漑農地を所有しており，その大部分を麦類の栽培にあてている。ジャガイモの栽培には所有する農地面積の1割弱程度をあてているにすぎない。家屋に隣接する部分は園芸地とされ，そこにはアンズが80本ほど植えられている。ジャガイモの一部は販売する[4]こともあり，専用の乾燥小屋で加工す

4)　ジャガイモの販売価格は1kgあたりおよそ2TJS（ソモニ：1TJSは14.8円，2016年）であ

表 18.2　タジキスタン・ワハンの事例世帯における農牧業生産と家計（2015 年）

項目	A（ダルシャイ村）		B（シルギン村）		C（アソール村）	
回答者	男性（42）		男性（70）		男性（61）	
	教員（臨時）	300TJS/月	元教員	400TJS/月		
家族	妻（35）　娘（10）・（7） ほか兄夫婦の家族4名		妻（66）　息子（29）　嫁（25） 孫（11）（1）		妻（59）　息子（36）　嫁（29） 孫（4）　姪（18）（13）	
灌漑農業	小麦・大麦（自家用）	1.5ha	小麦・大麦（自家用）	0.25ha	小麦（自家用）	0.6ha
	ジャガイモ（自家用）	0.15ha	ジャガイモ（自家用）	0.04ha	ジャガイモ（自家用）	0.1ha
	菜園（自家用）	0.04ha	飼料用麦類	0.2ha	飼料用麦類	1.6ha
	アンズ（おもに自家用）	80本	アンズ（自家用）	9本		
			リンゴ（自家用）	5本		
家畜	ウシ	8頭	ウシ	5頭	ウシ	10頭
	ヤギ・ヒツジ	30頭	ヤギ・ヒツジ	20頭	ヤギ・ヒツジ	10頭
			ロバ	1頭	ラクダ	7頭
			ニワトリ	5羽		
主な支出	食料品	800TJS/月	食料品	800TJS/月		
	電気代	70～80TJS/月	電気代	35～40TJS/月		
	化学肥料	200TJS/50kg	化学肥料	200TJS/50kg		
	その他　子供の学費・雑貨 税金（世帯，土地）		移牧委託料	300TJS/年		

かっこ内の数値は2015年時点での年齢。

るアンズも交換という形で他者とやりとりすることはあるものの，生産する作物の多くは自家用である。飼養する家畜はウシとヒツジ・ヤギであり，この世帯では，独立以降，飼養頭数を増やしているとのことであった。A家の場合，金銭的な収入は，おもに農牧業以外から得ている。例えば，この家の主要な働き手である42歳の男性は集落内にある学校のタジク語の教員（パートタイム）として月に300TJS程度の収入を得ている。ただし食品の購入だけでも月に800TJS程度の支出があり，電気代や農業で使用する高価な化学肥料代，子弟の学業にかかわる経費[5]，税金など，ほかにも多くの支出がある。

った。

5)　学費そのものは無料であるが，子弟を学校に通わせるためには，学用品や制服などに関する費用が大きな負担となる。

シルギン村はワハン東部の標高約2,800 mにある。B家は所有する灌漑農地0.5 haの，およそ半分で食用となる小麦を栽培し，4割でウシなどの飼料にする麦類のほか，ジャガイモなどを栽培している。アンズ，リンゴといった果樹を含めたほとんどの作物は自家用で，販売することは，まれである。家畜としてはウシやヒツジ・ヤギのほかロバ，ニワトリなどを飼養するが，これらによる畜産物もまた基本的には自家用である[6)]。B家の年長者は，かつて教員をしており，退職後も月に400TJS程度の収入があるが，食費や電気代，化学肥料のほかに，A家と同様，家族人員相応の支出がある。また，この家の場合，放牧地での家畜の管理をグループの代表者に委託することが多く，その費用も年間300TJSほどになる。

アソール村はシルギン村のさらに東方，標高約2,800 mにある。この村は特に牧畜業に特化しており，村全体では約800頭のウシ，1,500頭を超えるヒツジ・ヤギをおもに移牧の形態で飼養している。また季節的移動をしないで飼養されるヒツジ・ヤギが3,000頭を数える。C家も家畜の飼養に重きをおくため，所有する灌漑農地のうち7割はウシなど家畜の飼料にする麦類の栽培に使用しており，残りの土地で小麦とジャガイモを栽培するにすぎない。家畜のなかでは相対的にウシの飼養頭数が多く，ワハンではほかにあまり例のないラクダを7頭飼養している。表に示してはいないものの，C家でも食費ほかの支出は当然大きくなってきており，それを補うため2015年から2016年の冬季には36歳の男性（世帯主の息子）が単身でロシアへ季節労働に出ていた。

タジキスタン・ワハンはパンジ川とシャフダラ山脈に挟まれた東西に細長い地域で，各集落はパンジ川沿いを走る唯一の道路によって結ばれてはいるものの，東西では各々の集落がおかれている条件も大きく異なっている。ワハンの西側にはワハンを含むイシュカシム地区の中心地で，事業所や市場，商店などの立地するイシュカシムの町がある。この町の北側にある国境管理事務所の隣接地は毎週土曜日にアフガニスタン側からも人びとの集まる定期市が開催されることで賑わいをみせる。ワハンでも下流側にあるナマードグット村からであ

6)　家畜の販売価格（このB家の場合，家畜を販売するのは，3〜4年に一回程度）は，雄の成牛で2,000TJS，ヤギ・ヒツジで400〜500TJSが相場である（2016年）。

ればイシュカシムまで自動車を利用して30分程度で行くことができる。またイシュカシムから3時間もあれば自治州の州都ホローグの街に到達することが可能である。すなわち，ワハンの西部は相対的に都市部へのアクセスがよく，事実，イシュカシムに通勤や農畜産物の取引，買い物で頻繁に出かけるものも多い。したがって，ワハンの西部で相対的に灌漑農地における食料作物栽培の比重が大きくなるのは，それらを販売・取引することを目的として，ある程度本格的に生産することが可能なためだと考えられる。また農業以外の定職について通勤する機会が見いだせるのであれば，夏の放牧地までの距離が遠く負担も大きな移牧による牧畜は縮小することにもなり，相対的に，そうした世帯が多い西部では牧畜の比重が小さくなりつつあると考えられる。

これに対して東部は都市部へのアクセスがわるく，農作物の販売市場もごく限られており，農牧業以外の就業機会も少ない。夏の放牧地の多くが展開するハルグシュ峠周辺に近いため伝統的な正移牧を維持することに抵抗が少なく，通年で集落周辺や放牧地において飼養するケースも含めて相対的に牧畜の比重が大きくなり，灌漑農地も飼料用作物の栽培に充てられる割合が高くなるものと考えられる。ただし，こうした地域差はワハンのなかにおける相対的なものであり，この地区内で農牧業から得られる金銭的収入が限られていることはいうまでもない。

ソ連の崩壊後，市場経済が進展し，タジキスタン内戦以降の経済成長によって物価が高騰したためにワハンにおいても人びとは消費支出の急激な増大を余儀なくされている。食品や光熱費，生活雑貨などにかかる支出は日増しに拡大しており，それに見合う金銭的収入を得るためには農牧業以外の就業機会が必要になっている。しかしながら，ワハン住民の意識と行動はタジキスタン全体の社会・経済の変化に追い付けず，地域内における農外産業の成長は遅れ，タジキスタン中央部との格差も拡大して，現在の状況に至っている。なおタジキスタンでは独立後の内戦の時期に国内の混乱を避け，安定した収入を得るためにロシアなど国外への労働力流出が進んだ。こうした状況はワハンにおいて，より深刻であり，地域内の産業の成長が遅れた大きな要因でもあると考えられる。地元住民によれば，現在，この地区からはおよそ4,500人の人びとが国外や国内他地区に出て就労しているとのことである。じつに地区内総人口の2割以上が金銭的収入を得るため地区外へと流出していることになる。その多くが若年層であることに鑑みれば，この地区の地域社会は崩壊の危機に瀕しているといっても過言ではない。

5　観光開発の可能性

ワハンにおいて地域社会を維持していくためには人びとが地元で就業できる機会を創出・拡充することが急務である。そして，その可能性の一つに観光業の導入による就業機会の創出がある。

この地区はタジキスタンのなかでももっとも辺境の地にあるが，それは裏返せば「秘境」としての魅力を残す地域でもあるということになる。この地区はユーラシア大陸の最奥部，世界の屋根ともいわれるパミールにあって，数々の高峰や高原状の山並みに囲まれている。国境をなすパンジ川の対岸には雪氷に覆われたヒンズークシュの山系などアフガニスタンの雄大な自然景観を望むことができる。ワハン渓谷は，かつてのシルクロードの一部であり，さまざまな民族が去来した悠久の歴史をとどめる文化的な遺産にも恵まれている。そしていまもなお，独自の農牧業に依拠した人びとの伝統的な文化と暮らしが息づく。それらはひじょうに価値の高い観光資源であり，多くの人びとを魅了してやまない（図18.3)。

現実にワハンでは，ときおり，自転車やオートバイなどで移動する外国の人びとに出会うことがある（写真18.11)。彼らは，パミール，そしてシルクロードの「秘境」を目指して，陸路でこの地を訪れた旅行者である。

こうした観光業発展の可能性を秘めたワハンを含むGBAO全域の観光にかかわる非営利組織にPECTA（The Pamirs Eco-Cultural Tourism Association）がある。自治州における観光業の育成，地域観光発展のための開発を目的とした事業を推進するこの組織の事務所は前掲のMSDSPの支援のもと，2008年，ホローグに設立された。地域開発を進めるNGOもまた，観光業が自治州における地域発展のカギを握るものであると強く認識していることがわかる。

このような動きに呼応して，地区内のいくつかの集落には宿泊施設が開業するようになってきている。例えば，「Home Stay」の看板を掲げる宿がある（写真18.12)。これは民家が，その家屋内で旅行者に宿泊スペースと夕食・朝食を

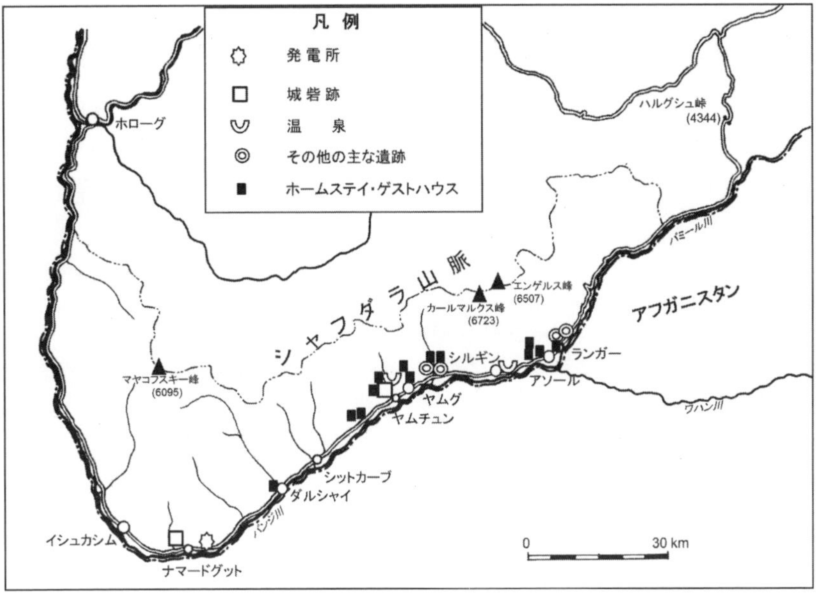

図 18.3　タジキスタン・ワハンにおけるおもな観光資源などの分布

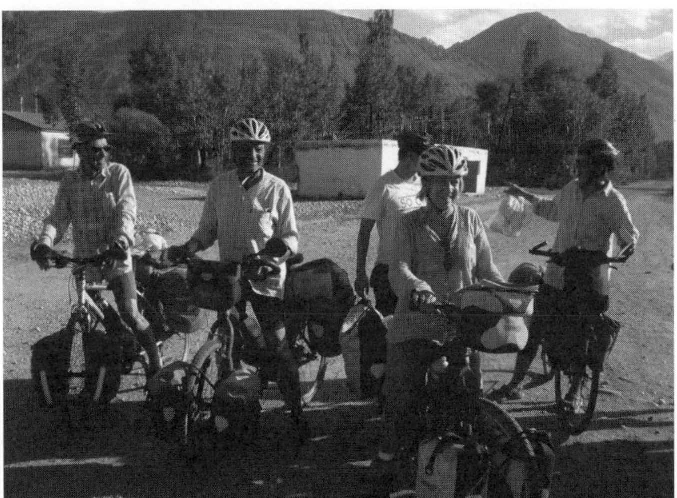

写真 18.11　タジキスタン・ワハンを自転車で移動する旅行者（撮影：落合 2010 年 8 月）

提供するもので，民泊に類似する。建物の改装や特別の施設整備を必要とせず，地域住民が比較的容易に観光業に参入できる方法として注目される。地元の役所の許可を得て開業しているHome Stayはタジキスタン・ワハン内に10軒ほど

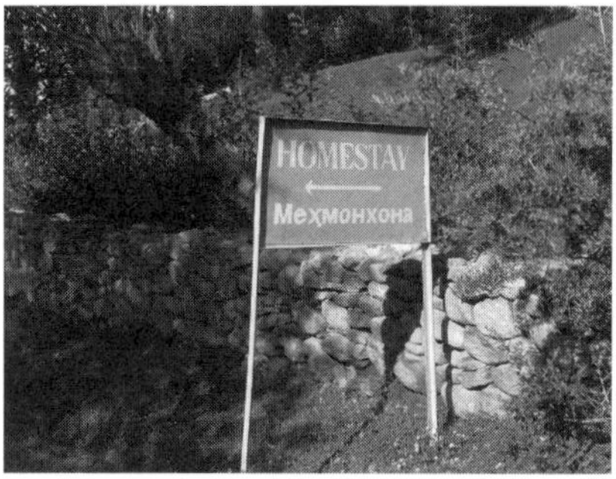

写真 18.12　幹線道沿いにある Home Stay の看板（撮影：落合 2010 年 8 月）

写真 18.13　ヤムグ村のゲストハウス（撮影：落合 2014 年 9 月）

あり，さらに，その数は増加しているとのことであった。

一方，「Guest House」とよばれる宿泊施設も，すでに開業しているもの，近々の開業を目指して建設が進められているものなど，あわせて数軒が確認できる。これらは小規模ながら滞在客が専用に使える設備をもった宿泊施設である。例えば，ヤムグ（Yamg）村には2005年に開業したGuest Houseがあり，オーナーは農牧業のかたわら自宅に併設したこの宿泊施設を運営している。施設にはベッドのある個室のほか，宿泊者共用の食堂，水洗トイレ・シャワーもあり，1泊2食付き20ドル程度（2014年）で利用できる（写真18.13）。

表18.3は，この施設の利用者（宿泊者）数を国籍別に示したものである。宿泊者にはドイツ人，スイス人，イギリス人などが多く，アメリカ人やオーストラリア人，アジア人も散見されるが，全体ではヨーロッパ人が7割以上を占めている。こうした施設を利用する者の多くは個人旅行者であり，そのなかには地続きのヨーロッパからパミール地域まで自転車やオートバイのツーリングで訪れるような旅行者も少なからず含まれると推察される。

ただし，この事例施設の場合も年間の宿泊者数は50～60名程度であり，ワハンを訪れる旅行者は必ずしも多いとはいえない。政情不安の続くアフガニスタ

表 18.3　ヤムグのゲストハウスにおける国籍別宿泊者数

宿泊者の国籍	2010年	2011年	2012年	2013年	計
イギリス	13	6	0	3	22
ドイツ	9	7	0	12	28
イタリア	3	2	0	0	5
フランス	1	9	0	5	15
スペイン	0	0	0	2	2
オランダ	2	0	0	1	3
ベルギー	0	0	0	1	1
デンマーク	1	0	0	0	1
スイス	4	14	0	5	23
オーストリア	3	1	0	3	7
アイルランド	1	1	0	0	2
スウェーデン	4	0	0	0	4
ノルウェー	1	0	0	0	1
ポーランド	1	5	0	0	6
スロベニア	2	0	0	0	2
スロバキア	0	0	0	2	2
エストニア	2	0	0	0	2
ロシア	1	0	0	1	2
アメリカ合衆国	9	0	0	5	14
カナダ	0	0	0	2	2
オーストラリア	3	2	0	5	10
ニュージーランド	0	1	0	0	1
南アフリカ	1	0	0	0	1
日 本	0	3	0	0	3
中 国	0	3	0	0	3
インド	0	0	0	4	4
タジキスタン	0	1	0	0	1
その他/不明	0	0	0	1	1
合　計	61	55	0	52	168

筆者らの聞き取り調査により作成。

ンと国境を挟んで接するこの地区は治安に関する国際的な評価も芳しくないため，一般の旅行者が安心して訪れることのできる場所ではない。2012年にはGBAO内の紛争の発生などにより治安が悪化し，上記宿泊施設にも旅行者が来訪していないことでもわかるように，現実に安定して観光客を迎え入れるのは難しい。また前述のとおり，この地域の道路や水道などのインフラ整備は不十分である。辺境の観光に魅力を感じる旅行者であっても，それらすべての人びとが旅程や滞在施設の不便をもいとわないわけではない。したがって，現在のところ，この地域を訪れているのは通常の観光旅行に飽き足りずに，冒険心を満たす手段として旅をするような，ごく一部の人びとに限られている。

しかしながら，タジキスタン・ワハンに近年みられるような観光の萌芽は観光業による地域発展の可能性を示唆するものであり，観光客の安全性，利便性が確保されれば観光が発展する余地は十分にあると考えられる。

6　おわりに

本章でみてきたタジキスタン・ワハンは，現在，4カ国に分散するワヒの人びとの起源の地であり，彼ら共通の故地として，いわば民族的アイデンティティの拠り所となる地域である。しかしながら，歴史のなかで絶えずほかの民族や国家権力による干渉を受け続けてきたために特徴的な個性にもとづく独自の地域社会として認識されることは少ない。この100年あまりの間においても列強のはざまで本来一体のワハンであったパンジ川対岸とは分断され，ロシア，そしてソ連の支配下におかれた。ソ連の崩壊以後もタジキスタンの自治州の一部として組み込まれ，辺境における少数民族の居住地域という位置付けは変わっていない。また20世紀中の大半を社会主義経済のもとで過ごしながら，タジキスタン独立後の内戦が終結してからこんにちまでの，およそ20年間は市場主義経済のなかで価値観の大転換をみた。さらには経済におけるグローバル化の進展はこの辺境の地にまで及び，小さな地域社会は急速な変化を強いられている。長い間，地域住民自らが主体的に，地域をつくり，動かし，変えるような機会に恵まれなかったがゆえに，その機会が到来し，変革の必要にも迫られるこんにちに至っても，ワハンには地域の存続と発展に向けて動きだすだけの力が培われていない。この地域の開発に外部からの援助が必要とされる所以である。

タジキスタン・ワハンを持続可能な発展に導くために地域開発が進めるべき基本的指針には以下のようなことをあげることができる。

第一は，ワハンの自然環境・景観を保全するとともに，いまもなお残されているワヒの人びとの伝統的な生業・文化を維持・継承していくことである。ワハンは辺境であったがゆえに中央の権力による支配の影響は相対的に弱く，幸いにも，この地域本来の自然環境はもちろん，ワヒの人びとに共通する伝統的な生業の形態，生活様式も色濃く残されている。こうした，この地域ならではの特色は，ほかに類をみない貴重な地域の魅力でもあり，観光資源として活用する手法を見いだしていけば地域再生の足掛かりとなるものでもある。ヨーロッパなどからは，この地域を訪れる人びとが増え始めていることから，諸外国に向けて積極的に，この地の魅力をPRしていくことは有効であると考えられる。

また第二は，インフラの整備と産業の振興による新たな就業機会の創出を推進していくことである。ワハンでは道路や上水施設などの整備がきわめて遅れており，これらを充実させることが急務となっている。さらには農牧業の技術などの改善を検討するとともに観光業などの新たな産業を育成していくことが求められている。ただし農業では開発を急ぐ地域にみられがちな行き過ぎたモノカルチャーに陥ることがないよう，適正なあり方に配慮すべきである。観光の需要はいまだ小さく，観光業が過当競争にならないためにも，つねに観光需要の現実を見定める必要もある。いずれにしても開発による変化と伝統の維持とのバランスをとることが求められている。

そして第三は，地域開発を有効に推進するために地区内住民の組織化をすすめ，集落内のみならずワハンにおける他村との関係を強化していくことである。いまもなお家族・親族の結びつきが強いこの地域ではあるが，ワヒとしてのアイデンティティを保ちつつ，現代社会にも対応した結びつきを集落の枠を超えて地区内全域に展開していく必要がある。それが地元住民主導の自立的な開発を推進することにもなる。むろん，インフラの整備などハード面の開発においては，まだまだ多くを外部資金に頼らざるをえないが，外国のNGOなどからの援助も，こうした地域住民の組織化と，そのなかで中心的な役割を担える人材の育成に力を入れていくことが求められている。

ワハンの小さな地域社会は，こんにちも開発途上にあるがゆえに進む道を違えればグローバル化する経済・社会の大きなうねりのなかに翻弄され続け，あるいは，その潮流から取り残されて，その実体を失いかねないような危うい状況にある。そのようなことのないように地域の環境・伝統文化の価値とその存続意義への理解が進めばと思う次第である。

文　献

アシャー RE・モーズレイ Ch（編）, 土田 滋・福井勝義（日本語版監修）, 福井昌子（訳）2000.『世界民族言語地図』. 東洋書林.

落合康浩 1999. パキスタン北部地域パスー村における住民の生活実態. 地理誌叢, 40, 2, 52-64.

落合康浩 2008. パミール高原に暮らすワヒの生活様式にみられる地域的差異. 日本大学文理学部自然科学研究所「研究紀要」, 43, 55-65.

落合康浩 2017. パミール・カラコラムに居住するワヒの生活実態にみる地域差. 日本大学文理学部自然科学研究所「研究紀要」, 52, 1-15.

落合康浩・水嶋一雄 2004. パキスタン北部地域ゴジャール地区の地域開発による生活の変化. 地学雑誌, 113, 2, 312-327.

水嶋一雄 1990. パキスタン北部地域の農耕―シムシャール村の場合―. 地理誌叢, 31, 2, 54-61.

水嶋一雄 2006. パキスタン北部地域ゴジャール地区のワヒ民族のNGO組織―フセイニ村を事例として―. 日本大学文理学部自然科学研究所「研究紀要」, 41, 31-38.

水嶋一雄 2008. パキスタン北部地域ゴジャール地区の灌漑システム―フセイニ村を事例として―. 日本大学文理学部自然科学研究所「研究紀要」, 43, 43-53.

水嶋一雄 2008. タジキスタン南東部ワハン地域に居住するワヒ民族. 地理学論集, 83, 12-21.

水嶋一雄 2009. パキスタン北部地域ゴジャール地区における農牧業と生活基盤の変化と現状―シムシャール村の場合―. 日本大学文理学部自然科学研究所「研究紀要」, 44. 19-36.

水嶋一雄 2010. パキスタン北部地域ゴジャール地区ザラバードの土地利用―伝統と近代化の混在―. 日本大学文理学部自然科学研究所「研究紀要」, 45, 39-53.

Breu T, Maselli D, Hurni H. 2005. Knowledge for sustainable development in the Tajik Pamir Mountains. *Mountain Research and Development*, 25, 2, 139-146.

Iloliev A. 2008. Popular culture and religious metaphor: saints and shrines in Wakhan region of Tajikistan. *Central Asian Survey*, 27, 1, 59-73.

Kreutzmann H. 2003. Ethnic minorities and marginality in the Pamirian knot. Survival of Wakhi and Kirghiz in a harsh environment and global contexts. *The Geographical Journal*, 169, 3, 215-235.

Kreutzmann H. 2007. The Wakhi and Kirghiz in the Pamirian Knot. In: Brower B & Johnston BR. Eds.: *Disappearing peoples? Indigenous groups and ethnic minorities in South and Central Asia*. Leftcoast Press, 169-186.

Ochiai Y. 2009. Influences of the developments and issues related to the sustainability of regionalism in Gojal, Northern Areas of Pakistan. *Geographical Studies*, No. 84, 51-64.

Ochiai Y. 2015. The current status of lifestyle and occupations in the Wakhan Area of Tajikistan. In: Kreutzmann H & Watanabe T. Eds.: *Mapping Transition in the Pamirs,* Springer International Publishing, 181-195.

第19章
パミールの社会は持続可能か

Is the society of the Pamir sustainable?

渡辺 悌二

最近の考古学研究によればキルギス南部のアライ谷では紀元前（共通紀元）約2,200年にはヒツジ，ヤギ，ウシが飼われていたという（Taylor et al. 2018）。アライ谷では4,200年以上にわたり人間活動が行われてきたことがわかってきたことになる。それでは，アライ谷を含むパミールの将来はどうなのであろうか。

第1〜18章では，キルギス南部とタジキスタン東部のパミール中核部を中心に，その周辺地域を含めて，日本の研究グループによる成果をまとめた。パミールはきわめて貧困な地域であるが，一方で山岳ジオエコツーリズムの大きなポテンシャルをもちながらも，その開発は大きく遅れている。

貧困解消を目指した国際援助プログラム・プロジェクトにはエコツーリズムの導入を取り入れた例が世界各地に数多く存在している。しかしパミールの山岳社会における将来の持続可能性を高めるために，果たしてエコツーリズム，あるいはジオエコツーリズムの導入がもっとも適しているのだろうか。そもそも地元の人たちは持続可能な社会づくりを望んでいるのだろうか。本章では，これまでに得られた成果からパミールの将来の持続可能性について考えてみたい。

1　自然資源の消費と管理

1.1　植生

乾燥したパミールでは人間を含めた生態系の維持にとって水の存在がひじょうに重要になる。パミールの山脈列と，その間の谷・盆地の配列（第1, 2章）

が，降水量に影響を与え，氷河の発達の主要因となり，パミール主要部に長大な氷河をつくり（第3章），その融け水が低所では農牧畜業を，高所では牧畜業を可能にしている（第9〜11, 17, 18章）。

こうした降水量の分布の違いは氷河の分布と植生分布に大きな影響を与える（第3, 4章）。相対的に湿潤なキルギス側では放牧地として適した草地がひろがっているが（第5, 9, 13章），より乾燥したタジキスタン側では氷河の融け水が供給される場所でしか放牧地は成立しない（第10章）。

またキルギス側ではネズを中心に，わずかに生育する樹木が伐採され，例えば，アライ谷ではほとんど消失してしまっている。これに対して極端に乾燥しているタジキスタン側では点在するテレスケンの灌木を住民たちが販売用に集めている（写真19.1）。集められたテレスケンは，通常，手押し車に乗せることができる一層分の量（面積にして約50×70 cm）で販売価格が決められていて，その価格はムルガブでは2000年に30円ほどであったのが2003年には120円に高騰していて，2015年時点のカラクル村での販売価格は260円であった。住民は購入したテレスケンを主として調理に使用している（写真19.2）。

写真19.1　タジク国立公園のなかで販売用のテレスケンを集める人たち
（撮影：渡辺2015年8月）

写真 19.2　カラクル村のジャイロでテレスケンをストーブにくべる女性
（撮影：渡辺 2013 年 7 月）

1.2　野生動物

貧困なパミールではタダで入手できる野生動物資源の消費は，きわめて深刻な問題である。

アライ谷では大型草食動物の多くは姿を消してしまった。アルガリは，ほぼ絶滅し，アイベックスは著しく減少した。これは基本的にアライ谷に保護地域が設けられていないためである。この地域からアルガリやアイベックスがほぼ姿を消してしまったことは，これらの動物に関係した地名が残っていることから推察できる（第16章）。特に，いまでもわずかに生息しているアイベックスが国境警備隊員や軍人によって販売目的で殺されていることは第6章で紹介したとおりである。現在では，あちこちでマーモットを罠で捕まえて，肉と油をとる様子が観察できる[1)]（写真19.3）。

一方，隣接するタジキスタン側はタジク国立公園（世界自然遺産）になっている（第6章）。ここではいまでも多数のアルガリが生息している。タジク国立

1)　タジキスタン側のサイコヌシュでは，1匹のマーモットから得た油1 ℓ をムルガブで約3,000円で販売するという。サイコヌシュの，この家族は1年に10匹のマーモットを捕まえている。

公園を訪れる外国人はきわめて限定されているので，国立公園内で何が行われているのかは，ほとんど知られておらず，この地域がアルガリを代表とするトロフィー・ハンティングの違法狩猟地になっていることは，もっと広く世界に知られるべきである（第6, 7章，写真19.4）。野生動物の狩猟そのものに問題があるのではなく，本来，保護の場であるべき国立公園内で違法に狩猟が行われていることが問題なのである。

キルギスには多くの自然保護地域が存在している（第6章）。このなかの一つ

写真 19.3　アライ谷で生きたまま捕獲されたマーモット（撮影：渡辺 2010 年 8 月）
この少年は，ワナで捕まえたマーモットを自宅に連れて帰って食べるという。

写真 19.4　タジク・パミール，タジク国立公園で違法に殺されたアルガリ（マルコポーロシープ）の角（撮影：渡辺 2006 年 10 月）

サリチャット・エルタシュ自然保護区には，ユキヒョウ，アイベックス，アルガリなど，多くの貴重な野生種が残されているが，クムトール金鉱山の拡大とダム開発が懸念されている（第7章）。たとえ保護地域に指定されていても，外圧によって政府が容易に開発許可を与えてしまう状況をなくさねばならない。さらに，アライ谷には，すでに稼働している中国主導のオシ・ピリム石炭鉱山での採掘（「はじめに」の章の写真5）をはじめ，いくつかの石炭・金鉱山（ほとんどは欧米と中国による）・水銀鉱山の開発があり（図19.1），キルギス政府はアルミニムをはじめ，さまざまな鉱物の探査をアライ山脈で進めている。第7章で述べたクムトール金鉱山のようにアライ谷でも自然環境破壊に繋がる大きな懸念材料になっている。特にダロートコルゴンの北にあるコクスー川沿いでは中国の鉱山会社が，またキジルスー川本流のタジキスタンとの国境付近ではオーストラリアの鉱山会社（ケントール金鉱山会社）が，それぞれ金鉱山開発を進めていて，さらにダロートコルゴン南方，タジキスタンとの国境付近ではケントール社が金・銅の鉱山探査を行っている。2008年に実施した住民へのアンケート調査によるとダロートコルゴン村の4割以上の住民が金鉱山開発に期待を寄せていることがわかっている。

一方，2009年に金鉱山開発がはじまったコクスー川沿いでは2012年時点で排水が河川の水質に影響を与えて，生息していた魚の個体数が減少し，住民が暴

図19.1　アライ谷における鉱山開発（Hughes 2012 などにより作成）

動を起こしたために2013年時点で金鉱山開発作業の中断に繋がった。

またオオカミによる家畜への被害のようにパミール・アライでは適正な管理が必要とされている問題も存在している（Watanabe et al. 2010）。これはソ連時代とは異なり，この四半世紀に特に大きな問題となったもので，独立後のキルギスおよびタジキスタン政府に管理能力がなくなってしまい，かつてソ連政府に依存していた地元が，管理できない状況になってしまった例である。オオカミと住民との関係についてアライ谷の7つの集落で住民に対してアンケート調査を行った。2008年には331世帯からアライ谷の野生動物の認識について回答を得たが，その際にアライ谷における野生動物の最大の問題がオオカミと家畜との間で生じているコンフリクト（軋轢）だという指摘を多数受けた。このため2009年にはオオカミに関する調査を行い，468世帯から回答を得た。2009年の調査結果では実際に自分が所有する家畜にオオカミの被害があった世帯がアライ谷全体の平均で67.8%（もっとも割合が高かったのはカシカス村で80.7%，もっとも低かったのはダロートコルゴン村で54.1%）であった。このなかになんらかの補償を期待して被害があったと回答した例が含まれている可能性は否定できないが，3分の2の世帯がオオカミの被害を経験していることになる。独立した1991年以降にアライ谷でオオカミの頭数が増加していると感じている住民は谷全体で94.5%（そう感じていない回答者が5.1%，わからない回答者が0.4%）に達した。2010年にタジク側のカラクル村で実施したアンケート調査でも同様の結果が得られた。

このような家畜へのオオカミの被害が深刻である理由を聞き取り調査で明らかにした。その結果をまとめたのが図19.2である。図19.2はアライ谷の状況を示したもので，ここでは自然保護地域が設定されていないため，銃を所持できる軍隊・国境警備隊などの関係者が自動小銃を使ってアイベックスの大量殺戮を行い，その肉をブラックマーケットで販売しているという。

一方，家畜所有者や村の行政レベルでは資金がないため銃の更新だけではなく銃弾の購入さえできない状況にあるという。独立後には中央政府からの銃・銃弾の供給も途絶えたため村ではオオカミの管理ができなくなった。このため1991年以降，オオカミが人を恐れることなく，家畜を襲うことができるようになったという。

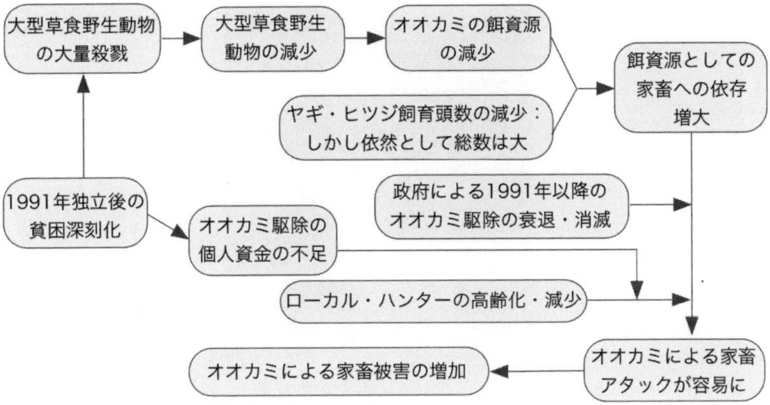

図19.2　1991年独立後のオオカミ−家畜の軋轢関係（Watanabe et al. 2010を改変）

カラクル村でも同様に貧困がオオカミと家畜の軋轢を生じるようになったが，カラクル村は国立公園内に位置する。すでに述べたように，そこではアルガリを主対象とした違法狩猟が行われてはいるものの，その生息数はまだ多く，オオカミにとっては餌資源が残されている。しかし，ここでも独立後の中央政府からの銃・銃弾の供給がなくなったためオオカミが人を恐れなくなったという。こうした状況に至ったため，アライ谷全体では回答者（466人）のうち94.8%が，またカラクル村では97人のうち81.4%がオオカミの管理を望んでいる。

オオカミをめぐっては最近になって新しい動きがみられるようになった。以前は地元のハンターがオオカミを射殺して，毛皮を販売していたが（写真19.5），2010年代になってからは中国からバイヤーがやって来て，生きたままの個体を購入するようになってきたのである（写真19.6）。毛皮の販売価格が100〜200ドルであるのに，生きた個体が250〜400ドルで販売できる（いずれも2015年時点の価格）ことを考えると，地元のハンターにとっては生きたままでの販売の方が大きな魅力となる。現状では，こうした行為によってオオカミの頭数が管理されているわけではなく，ごくわずかのハンターが限られた村でオオカミの捕獲を行っているにすぎない。したがって，オオカミによる家畜への被害の問題解決には貢献しておらず，むしろ野生動物の消費が容易になっている点が若者に浸透していくことに問題を感じる。

写真 19.5　アライ谷西部の農家でみつけたオオカミの皮（撮影：渡辺 2014 年 2 月）

写真 19.6　生きたまま捕獲されたオオカミ
中国人バイヤーに高額で販売されている（撮影：渡辺 2014 年 2 月）。

2　家畜の移動形態の多様化

吉田（2012）によれば中央アジアの家畜の季節的な移動形態は，(1) 水平移動および(2) 垂直移動の二つに大きく分けられる。すなわち，私たちがフィールドに入っている間に，ほかの研究者によっても私たちがパミールで見いだした家畜の移動形態が観察されていたのである。吉田（2012）がキルギス北部のナルン州コチコル地区カラタル村で得た結果によれば，水平移動は広大なカザフ草原地帯で南北に長距離移動してきたカザフ人と，カラクム砂漠を擁する乾燥地帯で比較的短距離移動してきたトルクメニスタン人の2グループによって行われている。また垂直移動はパミールと天山山脈で標高差を利用して移動してきたクルグス人によって行われている。同様に長距離移動をともなう家畜の水平移動はカザフスタンでSquires (2012)らのグループによって報告されている。

しかし本書で議論したキルギスのアライ谷やタジキスタンのカラクル周辺のパミールでは，第9～12章で述べたように，これまでには，ほとんど記述されてこなかった短距離の水平移動が行われている。さらに第9，10章で述べたように，パミールの季節的な家畜の移動パターンは，きわめて多様で（図19.3），こうした多様な季節的移動パターンが同時に認められる事例は，ほかには紹介されていない。図19.3が示すように特にアライ谷では多くの移動パターンが同時に認められる。またアライ谷の水平移動はカザフスタンやアフリカ各地のように長距離移動をともなわない，きわめて短距離のものである。

家畜の垂直移牧（垂直移動）や水平移牧（水平移動）は世界のあちこちでみられるが，多くの場合は，一地域ではどちらか一つの移動形態が認められるだけである。そこに複数の世帯が共同で家畜を飼育するゲズーやノバドが加わることはあるかもしれない。ところが本書で議論した地域では図19.3に示したように村内利用者による垂直移動放牧（*VI*），村外利用者による垂直移動放牧（*VO*），水平移動放牧（*HI*），協働型のゲズー（*K*）あるいはノバド（*N*）が同時に認められ，ゲズー（*K*）およびノバド（*N*）にも，いくつかのタイプが存在しているのである（第11章）。しかもアライ谷の西部を除くと垂直移動を行っているのはアライ谷の外に居住する人たちであり，谷の中に住む人たちのほとんどは垂直移動を行わない。厳密にいえば，地形的な制約によって行うことができない。

一方，タジキスタンのカラクル村周辺では標高差500～700 mを超える垂直移動が行われている（図19.4）。夏の放牧地ジャイロ*jailoo*と，冬の放牧地キシュトー*kyshtoo*あるいは母村の標高差は最大で506 mになるが，それぞれのジャイロでは図19.4でも理解できるようにジャイロよりもさらに高所（400 m程度）で放牧が可能で，夏と冬の放牧地との比高は700 mをはるかに越えることになる。それでは，なぜアライ谷の人たちにできない垂直移動が，すぐ隣のカラクル村周辺では可能なのだろうか。

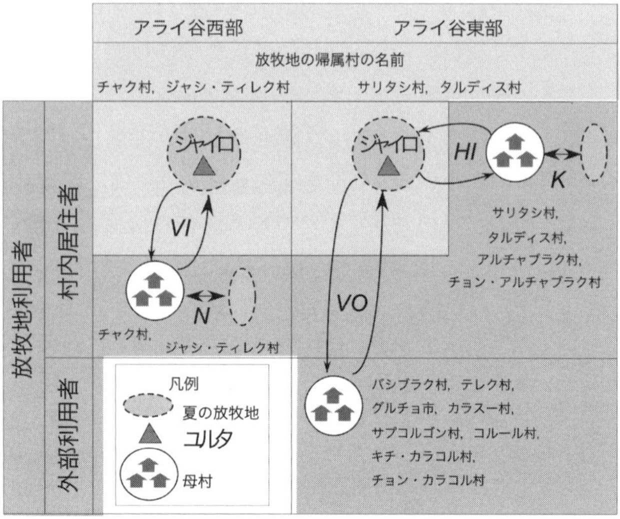

図 19.3　キルギス，アライ谷で行われている家畜の季節移動パターン
（Shirasaka et al. 2016 を改変）

アライ谷とカラクル村周辺での移動形態の違いは，地形の違いと，その違いがもたらす降水量・土壌水分の違いによっている。アライ谷では集落（母村）と放牧地の標高がほとんど変わらない。放牧地よりも高所は急傾斜の裸地斜面か氷河である。ところがカラクル村周辺では，母村のカラクルと放牧地の標高は大きく異なっていて，すでに述べたようにジャイロはカラクル村よりもかなり高い位置にある。これはU字谷の底と両側斜面に牧草地がひろがっているためである。カラクルでは，かつての大きな谷氷河が後退した後に広大な放牧地ができたのである。このように，かつての谷氷河が形成したU字谷に放牧地がひろがる例は，アライ谷ではダムジャイロなどアライ山脈南面のいくつかの谷に限定されており，それらの谷は規模が，ひじょうに小さい。アライ谷で垂直移動が可能なのは，もっとも西側，すなわちアライの主谷の標高が低くて，南北の二つの山脈の稜線までの比高が大きくなる地域に限定される。

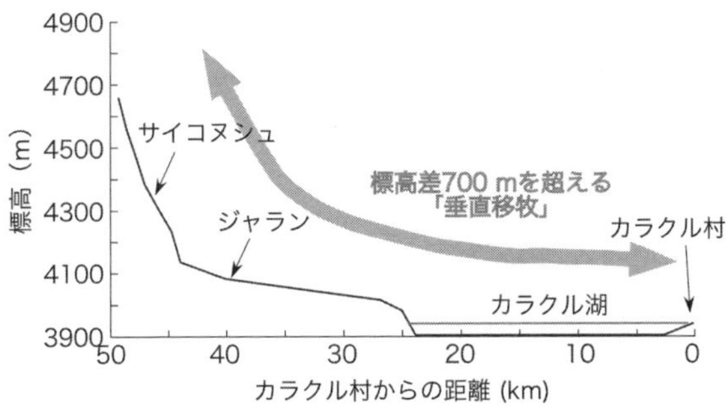

図 19.4　タジキスタン，カラクル村周辺の家畜の季節移動パターン

タジキスタン側で行った気象観測によると標高が高くなることで降水量が急速に増加する（表 19.1）。この結果，植物が生育する夏季の土壌水分量にも村とジャイロとの間で大きな差が生じるため夏季の高所で放牧が可能になっている。もちろん，家畜が夏季に放牧されるジャイロはアルガリなどの野生動物の生息域でもある。

表 19.1　2014 ～ 2015 年のカラクル村と二つのジャイロの夏の気象

月	サイコヌシュ (4,348 m)	ジャラン (4,094 m)	カラクル (3,920 m)
降水量 冬以外の 7 カ月合計	73.0 mm	39.2 mm	26.2 mm
2014～15 年平均気温	−2.7℃	−1.1℃	−0.1℃
5～8 月の平均土壌水分 （最小～最大）	12.1% (7.2～23.0%)	データなし	3.9% (2.8～5.2%)

筆者らの観測による。

このような家畜の多様な移動形態が主として発達したのは，この地域が社会主義から資本主義に変化した 1991 年の国家独立以降のことであり，貧困社会のなかにありながらも貧富の差が生じ，またサリタシなど一部では職業の多様化も加わって，住民がいかに家畜所有を維持し続けていくことができるのかを考えた結果の現れである。すなわち，現在，認められる多様性の高い放牧形態は過去20数年の間に発展してきたものである。

興味深いことに，少なくとも1991年からいままでの期間に限っては，本研究で扱ったパミールでは気候変化よりも社会変化の影響の方が山岳社会に住む人たちへの影響ははるかに大きいといえる。しかし，より広域に目をむけると，すでに述べたように，山脈と谷の配列（第2章）と，その結果うまれる降水量の違いが氷河発達（第3章）の大小を決め，農牧畜の成立パターンを決める。将来の気候変化がパミールの牧畜の分布パターンの変化に影響を与える日がやってくるかもしれない（第13章）。

こうした季節的に異なる移動をともなう家畜の放牧形態の発達は山岳住民が戦略的に行ってきた環境適応の結果であり，適応能力に長けている限りはパミールから家畜の放牧が消滅するとは考えにくい。

ソ連邦の崩壊直後には家畜頭数が激減して，それ以前の過放牧状態が改善されたものと考えられる（第12章）。それは1991年以降2013年までに放牧地の植生被覆が回復していることからも理解できる（第13章）。ソ連時代からの過放牧によって不採食種が増えるなど変化した草の種（草地生態系への影響）については簡単に復元しないものの，家畜頭数だけが現在の草地の状況を決めているわけではない（第5章）。第13章の結果からはサリタシ村周辺ではゲズーという放牧形態が影響して過放牧状態の放牧地が多いのに対して，夏に集中して放牧が行われる斜面では放牧が草の生育時期と一致するため，家畜密度が低くても草の回復はなかなか進まない。また家畜密度が高くても川沿いでは平坦地が多いので草地の荒廃は進んでも裸地化は生じにくい。すなわち，1991年以降の家畜の放牧形態の多様化が放牧地の荒廃，あるいは回復と関係している要因の一つであると考えられる。

調査地域では，放牧形態の多様化戦略をとることで貧困の状況でも生き残ろうとしているパミールの人たちの存在を観察してきた。しかし，その多様化は彼らの経験にもとづいて進められたり，試行錯誤の繰り返しで新たな取り組み（環境変化への適応）として進められたりしている。したがって，成功と失敗が共存してみられる。失敗をどのように修正してゆくのかが重要になるが，他者とのかかわりのなかでうまく修正・適応ができるのかが問われる。例えば，ヒツジ・ヤギの頭数はソ連時代よりも，はるかに少なくなったにもかかわらず，自由な放牧地利用が可能になり，一方で貧困が深刻になったため過放牧地と放棄放牧地が認められるようになってしまった（図19.5）。放牧地は，いまでも共有の土地であり，共有地であるがために他者（村外者）が自由に利用できるのである（第9, 10, 12章）。

1991年以降の放牧地の自由な利用によって生じた利用の集中と放棄は，利用の集中した放牧地で利用者間のコンフリクト（軋轢）を生みだすものと懸念される（第12章）。放牧地のコンフリクト問題は，吉田（2012）がキルギス北部のカラタル村で報告している。1995年以降，カラタル村から遠方の山の中では放牧地の利用者が少なくなり，村の近くの放牧地では過剰利用によって利用者間で衝突が生じているのだ。同様のことはUndeland (2005)，Steimann (2011, 2012)，Dörre & Borchardt (2012)によってキルギスのほかの地域でも観察されており，さらにBehnke (2003)がカザフスタンの例を紹介している。実際，2019年夏の私たちの調査では，サリタシ村南方のニチケ・ジャイロ（図12.3のS7）で，チョン・カラコル村から放牧にやってきた牧民にジャイロの草を食べさせないよう，サリタシ村がフェンスを張り始める事態に陥っていた（写真19.7）。フェンス設置にはチョン・カラコル村の牧民は同意しておらず，大きなコンフリクトが生じ始めている。

こうした利用者間のコンフリクトは適切な管理が欠如しているために生じる。放牧地の利用が多様になれば，当然，適切な管理が必要となるが，その管理が

写真19.7　サリタシ南方，ニチケ・ジャイロでサリタシ住民が放牧地利用者との合意なしに設置を始めたフェンス（撮影：渡辺2019年8月）

ほとんどうまく機能していないのが現状である。放牧形態の多様化はジオエコツーリズム資源を提供してくれる一方で，過放牧地と放棄放牧地の出現（すなわち持続可能性の低下）という正負の影響（トレード・オフ）を生み出している。

一方でタジク・パミールでは法律で土地の私有地化が進められるようになった。放牧地の私有地化はすでにタジク・パミールの一部で進行している（例えば，Robison & Whitton 2010）。もしも調査地域にもそれが及ぶようになると，家畜の所有頭数の多い家族に割り当てられた放牧地では過放牧が進行し，家畜の所有頭数の少ない（すなわち，貧困な）家族に割り当てられた放牧地では移動経費が大きくなる遠方の放牧地の利用ができなくなり（家畜を手放す家族が出現するであろう），村周辺でしか放牧を維持できなくなってしまう。その結果，放牧地利用の持続可能性は大きく低下するものと予測される（図19.5）。調査地域にみられるように管理者（リーダー）が不在のままで多様化が進むこと

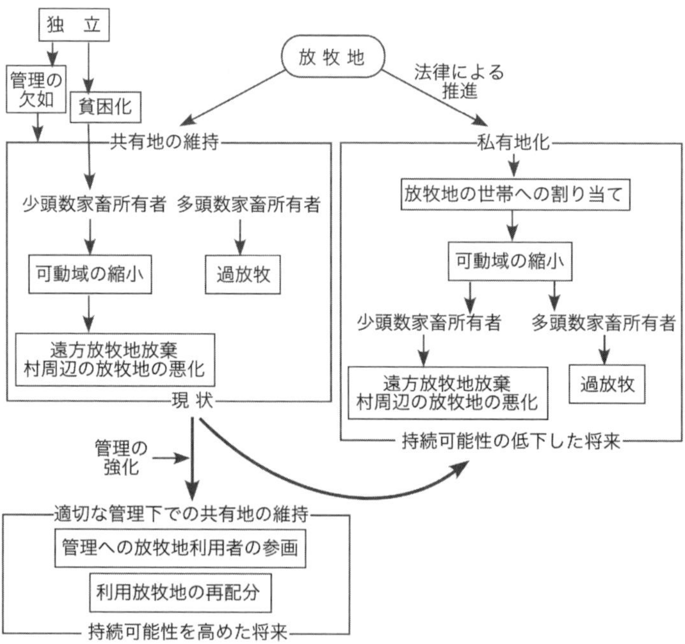

図19.5　パミールにおける放牧地利用と放牧地の持続可能性の関係

は望ましいことではない。放牧地の局所的な集中的利用（過放牧地と放棄地の出現）は将来の持続可能性の点で大きな問題をもっている（第12章）。放牧地の利用をめぐって今後は適切な管理が不可欠で，2009年にコミュニティーごとに設けられるようになった「ジャイロ（放牧地）委員会」を機能させねばならない（第12章）。

タジク・パミールの放牧地の私有地化と類似の問題は中国でも生じている。内モンゴルや，甘粛省，チベット自治区では森林を増やすために放牧地の利用を制限する政策がとられ，放牧から離れて地方都市に移住を強いられる人がたくさん現れ，「生態移民」という言葉までうまれた（小長谷ほか2005）。そこでは放牧の「固定化放牧」の固定化が与えるトレード・オフが議論されている（Miyasaka et al. 2017）。タジキスタンの一部では放牧地の私有地化を進めているが，本研究の調査地域では，まだ放牧地の私有地化・固定化は進んでいない。私有地化・固定化が進むと家畜の移動範囲が制限され，放牧地の利用の集中と放棄が生じる（Watanabe & Shiraska 2018）。その結果，放牧地の持続可能性は著しく低下するものと考えられる。同様のことは家畜の放牧が行われていた地域に国立公園などの自然保護地域が設定されることでも起こりうる（Kreutzmann 2012）。

3　ジオエコツーリズムの導入と外部からの貢献

3.1　ジオエコツーリズム開発のポテンシャル

パミールのツーリズム開発は周辺の中央アジア諸国における歴史遺産ツーリズムや，キルギス東部イシククル湖の保養ツーリズムと比較すると，著しく遅れている（第6, 15, 16章）。現状では自転車あるいは四輪駆動車を使った観光客が，わずかにこの地域を訪れるほかは，キルギスとタジキスタン国境のザアライ山脈最高峰レーニン峰やその周辺に登る登山・トレッキング・ツーリズムがあるだけである（第14, 17章）。

先に述べた豊富な自然資源の存在と家畜の多様性に富んだ季節的移動形態の存在が，パミールでは，まさにジオエコツーリズム資源となる。具体的には，放牧する家畜ならびに家畜がもたらす乳文化（第8章）との触れあいと，放牧地で食するヨーグルトやチーズなどの乳製品（第8章），自家製パンの提供，野生動物や高山植物の観察（第5〜7章），氷河やさまざまな地形・地質の観察（第1〜3章），これらの自然資源と強く結びついた移動式テント（ユルタ）での生活の体験などがジオエコツアーの際に活用できる（写真19.8）。サリタシ村のジャイロでは客をユルタに滞在させるツアーをすでに提供している（第17章）。しかし現状では残念ながら現地の豊富なジオエコツーリズム資源を活用できずにいる。本書では開発の可能性の高いジオエコツアーの具体例について，第15章でサリタシの例を取り上げ，第16章で地名を用いた例を取り上げた。

写真 19.8　タジキスタン，ジャラン･ジャイロでパンを焼く女性（左）とユルタの内部（右）
（撮影：渡辺 左：2010 年 7 月，右：2010 年 8 月）

3.2　ジオエコツーリズム開発の現状と課題

私たちの研究では，ジオエコツーリズム導入を通して貧困軽減・解消と地域社会の持続可能性を高めることを最終的なゴールとしていたのだが，まずキルギスでは政府レベルでの動きがきわめて遅いため，ジオエコツーリズム導入の実現は，ただちには困難であると思われた。キルギス政府に観光庁ができたのは，じつに2007年になってからである（第6章）。タジキスタン側ではタジク国立公園をエコツーリズムの拠点にしようというアイディアが15年以上も前から存在していたのに（第6章），いまだにエコツーリズムは浸透していない（第15, 18章）。

一方，住民たちの頭のなかには，いかなる形態であっても観光開発を進めようという考え方は存在していなかった。私たちの研究で明らかになってきたことを住民にフィードバックするために2013年8月および10月にサリタシで二度にわたってワークショップを開催した。また，その前後にカシカス村やサリモゴル村，サリタシ村の役場で，地元行政トップらとの面談の機会を繰り返して設けた。

例えば，カシカス村役場ではレーニン峰登山による収入の96.8%が域外に流出している（調査を行った2012年時点）ことを伝え，村に収入がもたらされる方法を伝えても，地方行政トップらは新しい取り組みへの挑戦には，きわめて消極的であった。地元の人たちとのやりとりでわかったことは彼らと私たちの間には，きわめて大きなギャップが存在していたということである。

以下ではサリタシ村で開いたワークショップについて簡単に紹介しよう（写真19.9）。このワークショップでは彼らが国際的な観光保護・保全の考え方をほとんど理解できていないこと，また外部との情報共有のシステムが，ほとんど存在していないことが明らかになった。旧ソ連時代の「中央政府から物資が供給されていた頃はよかった」という考え方が，いまでも特に高齢者には強く残っている。彼らの興味は「JICAはプロジェクトをもってきてくれないのか？日本大使館はどうだ？」という目先の支援の可能性ばかりで，これでは長期的な社会の持続可能性を高めることは容易ではない。

研究プロジェクトの枠組みでは地元の支援そのものはできないのだが（研究費はあくまで「研究」にしか使用できず，「開発行為」や「持続可能性を向上させる活動」などには使用してはならない），それでも私たちは，もっと地元住民の考え方や知識レベルの理解については早い段階から注意を払うべきであっただろう。

ワークショップへの参加者は，それぞれの世帯を代表する男性ばかりであり，宗教上，女性がこうした場に出てくることは特別な理由がなければできない。観光客のもてなしに直接的にかかわる可能性の，より大きな女性たちが参加してくれれば少しは状況が異なっていたのかもしれない。それでも私たちは参加者に地元の魅力を伝え，それを外国人観光客に「売る」ことができると強く訴えたのだが，彼らの関心を惹くには時間が必要だと判断せざるをえなかった。

また旅行者自身もパミール域内では大きなお金を使わないのが現状で（第15, 18章），あらたな旅行者層を取り込む必要があることがわかった。旅行者が大きなお金を使う唯一の例はレーニン峰の登山・トレッキングだが，すでに述べたように，そこでは，ほとんどの収益が域外に流出してしまっている。

写真 19.9　サリタシ村で実施したワークショップ（撮影：渡辺 2013 年 10 月）

3.3　ジオエコツーリズム導入を通した持続可能な社会の構築への国際貢献

それでは，開発途上国地域の持続可能性向上に関して国際的研究プロジェクトの果たすべき役割は何なのであろうか。地元が，まだジオエコツーリズムをはじめとする次のステップに着手できる状況におかれていない場合，私たちのような部外者は，そのまま黙ってみていることしかできないのであろうか。

そこには先に述べた研究費の使用規定に関する強い制約が影響している。そこでフューチャー・アース（www.futureearth.org/，以下 FE）型の活動が重要になる。パミールではジオエコツーリズム導入による自然資源利用の持続可能性の飛躍的な向上が急務の課題であると同時に，家畜の放牧地をめぐるコンフリクトの解消や将来のコンフリクトの発生を回避する仕組みを構築する必要がある。自然資源の持続可能な利用には，さらに氷河や地形，地質，植生などに関する基礎的なデータを蓄積する必要がある。

地球上で生じているさまざまな環境問題への対応を目指して，FE型の研究プロジェクトは世界各地で実施されようとしている。しかし，ここで国連大学によるGEF/UNDPプロジェクトに対して10年以上前に始めた私たちの学術的支援の経験から述べることができることは，学術研究の進展速度と，問題解決や持続可能な開発のための行動・支援の速度の歩調をあわせることは予想以上に難しいということである。一般に研究には長い年月が必要とされるが，途上国における開発や環境保全プロジェクトでは短期間に成果が求められることが大部分である。開発や環境保全プロジェクトで本当によい成果を出したいのであれば，すなわち，プロジェクトの実施が間違った方向に現地を誘導しないようにしたいのであれば，学術的研究成果・エビデンスにもとづいてその次の段階でプロジェクトの実施を考えることが重要になる。もしも科学的なエビデンスをもたずに環境保全や経済開発プロジェクトを進めると，現実社会と保全・開発プロジェクトの間に大きなミスマッチが生じうる。

FE型の研究においては，(1)学術研究そのものの遂行，および(2)問題解決の二つが同時に進められることになるが，これら二つをどのように「パッケージ化」する（研究だけを目的とするのではなく，すべてのステークホルダーが共通のゴールに向かって，研究成果を利用しながら持続可能な開発や環境保全を実施すること）とよいのかについては，まだ関係者の間でも明確に理解できていないのが現状である。

ネパール・ヒマラヤの氷河湖決壊洪水（GLOF）研究を通して私は住民を巻き込んだGLOF軽減活動にかかわることができた。GLOF軽減のように目的が明確で比較的単純なテーマであっても，現実に外部の研究者が地元ステークホルダーと「協働作業」を行うのはとても難しいことで，研究者は有能な数名の地元住民をプロジェクトに巻き込むだけで，地元コミュニティーと連携して問題解決に向かっていると信じ込んでしまいやすい。しかし私たちが巻き込む何人かのステークホルダーは決して住民の総意を代表しているとは限らない。地元コミュニティーには多様な考え方があるはずで，そこを十分にくみとることなしにプロジェクトを進めてしまう危険性が大きい（Watanabe et al. 2016）。

一方，FEのコアプロジェクトの一つである全球陸域研究計画（現Global Land Programme，旧Global Land Project, GLP）への貢献という点や，個々の領域での研究の進展の点では，パミールでの，この研究プロジェクトで興味深いことがたくさん明らかになったといってよいだろう。例えば，放牧のシステムが1991年以降に，これだけ多様化した例は世界的にも希有（私たち自身もほかには知らない）であり，彼らの環境適応能力の高さを知ることができただけではなく，将来の放牧地管理の必要性も理解できるようになった。野生動物ならびに植物の保護・保全については知識が集積しつつあるものの，まだ長期間のデータ収集が必要である。

4　パミールの人たちの幸せとSDGs

パミールにおける持続可能性の問題は，ひじょうに複雑である。繰り返し述べているように，私たちの研究の最終ゴールが貧困軽減・解消と地域社会の持続可能性の向上に資することであっても，さまざまな要因が貧困を生み出しているので問題解決は容易ではない。そもそも住民のなかには現状の経済状態のままで満足していると考えている人たちが一定数存在している。

2008年のアンケート調査によると，経済状況に対して満足だと回答した人の割合はアライ谷東部（105人）では55.2%であったのに対して，西部（114人）では72.8%であった（図19.6）。アライ谷の西に向かって経済への満足度が低下しているのは谷の西部がオシやビシュケクのような都市部から遠いためであると推測できる。西部地域では外部の情報に触れる機会が少なくなるからである。ソ連時代を経験した年長者たちの多くは，いまでもソ連時代の方がよかったと述べる。こうした世帯主たちは世界の情報をほとんどもっていない。このアンケート調査は10年以上前に実施したものであり，現在では，かなり変化している可能性があり，不満をもつ住民が増えているものと推測されるが，それは若者の間でスマートフォンを中心とした外部情報へのアクセスの機会が増えてきたためである。

本書の初めにSDGsの17の目標のうち11がパミールで取り組むべき重要な目標として位置づけることができると述べた。SDGsが目指す2030年の世界は貧

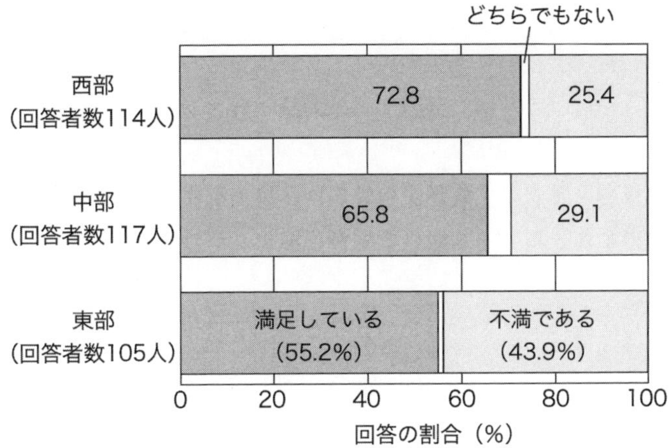

図19.6　アライ谷の住民の経済状況への満足度（2008年アンケート調査による）

困に終止符が打たれた，すべての人が平和と豊かさを享受できる世界である。

それでは，2030年にパミールの人たちが平和と豊かさを享受できる「幸せな」世界に住んでいられるのであろうか。部外者である私たちが幸せだと考えることが彼らにとっても幸せだとは限らない。例えば，経済的に満足していると回答した人が多かったのは情報へのアクセスの不平等が国内の都市部と辺境地とで，あるいは富裕層と貧困層との間で生じているためである（目標10）。情報アクセスの不平等は住民から働きがいや経済成長（目標8）を奪う。ソ連邦崩壊後に深刻化した貧困をなくし（目標1），そのことによって飢餓をゼロにすること（目標2）はパミールの社会の持続可能性を考えるうえでもっとも基礎になることであろう。キルギス側と比べるとタジキスタン側の貧困状況はさらに深刻であるが，それは1991年の独立以降に長く続いた内戦の影響と考えられている。キルギスとタジキスタンの両国では，いまでもときおり，国内で武力衝突が生じている。住み続けられるまちづくり（目標11）が進み，平和をすべての人に保証できる社会づくり（目標16）を実現させることこそが持続可能な社会であり，そのためは政府に依存して外部からの援助を待っているだけはいけない。コミュニティーの内外でのコミュニケーションが重要で，パミールの放牧地利用でもステークホルダー間でのパートナーシップによる適正な放牧地管理の達成（目標17）が望まれるようになっている。その実現には質の高い

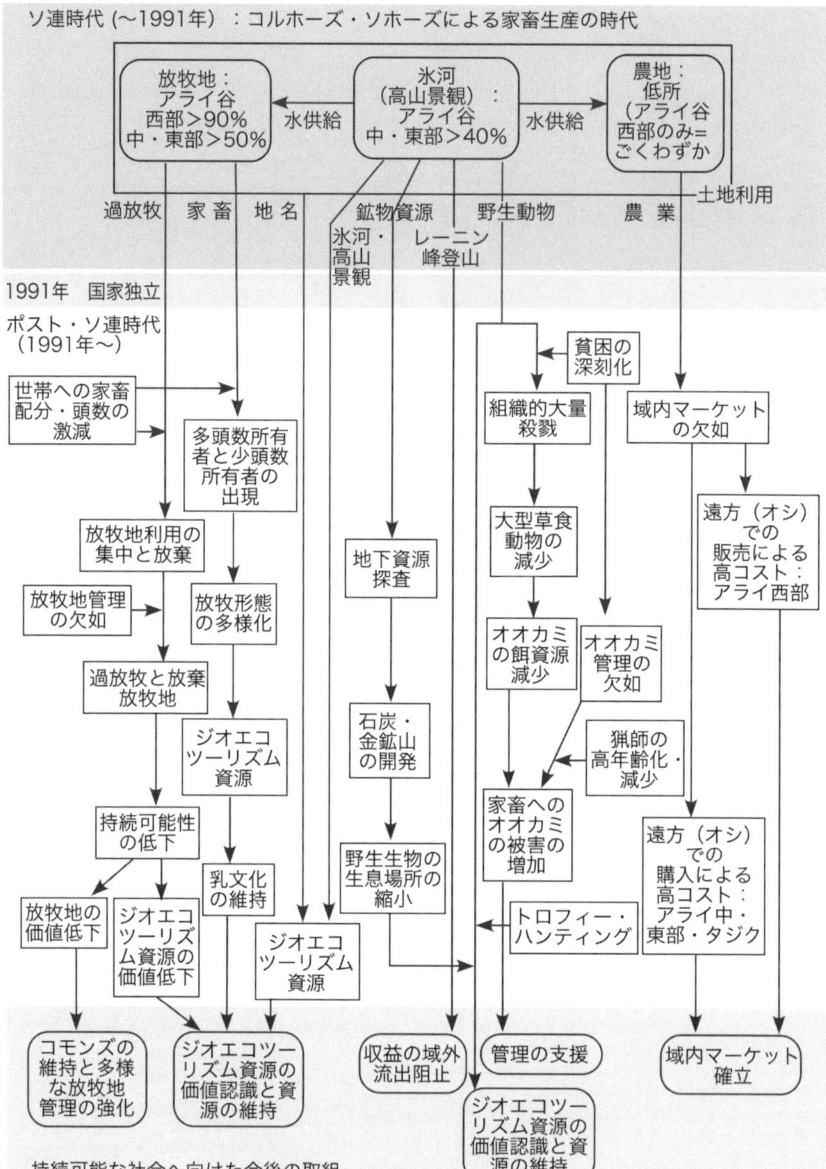

図 19.7　パミールの山岳社会の諸問題と，貧困・飢餓をなくした，持続可能性の高い社会の構築への取り組み

教育に，みんながアクセスできる（目標4）ようにしなければならない。また質の高い教育や情報アクセスの改善がなければ，地元の地下資源開発が外部の個人や組織の思いのままに進み，地元にはエネルギー供給さえ（目標7）保証されないし，ジオエコツーリズム開発も進められない。

本調査地域では，それぞれの家屋で飲用水が供給される状況にさえなく，近くの河川に水を汲みに行くか，せいぜい村にいくつか設置された井戸水を汲みに行かねばならない（井戸のいくつかは日本政府の援助で設置されている）。本書では，その具体的な調査・観察結果を示さなかったが，安全な水とトイレ（目標6）の普及は，まだ，かなり遠い将来に残された課題の一つであろう。パミールのすべての人に健康と福祉（目標3）がもたらされるようになるには，かなりの年月が必要とされるに違いない。

この研究の過程で議論された，さまざまな問題と，これから必要となるおもな取り組みをまとめたものが図19.7である。パミールの研究は，まだ道半ばにある。よくわかっていないことも多く，データが足りない部分もある。また，今後，関連する11のSDGsの達成に向かってFE型の「パッケージ型プロジェクト」を実施するには住民との対話が決定的に不足している。もちろん，これまでの研究はFE型のパッケージ型プロジェクトを目指したものではなかったし(研究に着手した時点ではFEは存在していなかった)，FE型のパッケージ型プロジェクトではすべてのステークホルダーを巻き込んだ議論をプロジェクトの立案時から共同で行い，共通のゴールの設定をしなければならないが，それは，いまからできることではない。

すでに述べたように、パミールは人間・生態系システムについて考えるのにかっこうのフィールドであり，地元の人たちを含めた持続可能な社会づくりを実践する，かっこうの場でもある。将来も，これまで以上に研究活動と研究への住民の参加が進むことが期待される。

文　献

小長谷有紀・シンジルト・中尾正義（編）2005.『地球研叢書,中国の環境政策　生態移民 - 緑の大地,内モンゴルの砂漠化を防げるのか？』昭和堂.

吉田世津子 2012.「遊牧民」の現在.朝倉世界地理講座5　中央アジア, 143-154.

Behnke R. 2003. Reconfiguring property rights and land use. In: Kerven C. Ed.: *Prospects for Pastoralism in Kazakhstan and Turkmenistan: From State Farms to Private Flocks,* Routledge.

Dörre A & Borchardt P. 2012. Changing systems, changing effects - pasture utilization in the post-Soviet transition. *Mountain Research and Development*, 32, 313-323.

Hughes G. 2012. *Mining, Development and Environment in Central Asia: Toolkit Companion with Case Studies.* Zoi Environment Network, University of Eastern Finland, and Gaia Group Oy.

Miyasaka T, Le QB, Okuro T ほか2名 2017. Agent-based modeling of complex social-ecological feedback loops to assess multi-dimensional trade-offs in dryland ecosystem services. *Landscape Ecology*, 32, 707-727.

Robinson S & Whitton M. 2010. Pasture in Gorno-Badakhshan, Tajikistan: Common resource or private property? *Pastoralism*, 1, 198-217.

Squires V. (Ed.) 2012. *Rangeland Stewardship in Central Asia*. Springer.

Steinmann B. 2011. *Making a living in uncertainty: agro-pastoral livelihoods and institutional transformations in post-socialist rural Kyrgyzstan*. University of Zurich, Zurich Open Repository and Archive.

Steinmann B. 2012. Conflicting strategies for contested resources: pastoralists' responses to uncertainty in post-socialist rural Kyrgyzstan. In: Kreutzmann H. Ed.: *Pastoral Practices in High Asia*, Springer, 145-160.

Taylor W, Shnaider S, Abdykanova A ほか10名 2018. Early pastoral economies along the Ancient Silk Road: Biomolecular evidence from the Alay Valley, Kyrgyzstan. *PLoS ONE*, 13, 10.

Undeland A. 2005. *Kyrgyz Livestock Study: Pasture Management and Use.* Washington, DC. International Bank for Reconstruction and development.

Watanabe T, Izumiyama S, Gaunavinaka L & Anarbaev M. 2010. Wolf depredation on livestock in the Pamir. *Geographical Studies,* No. 85, 26-36.

Watanabe T, Byers AC, Somos-Valenzuela MA & McKinney DC. 2016. The need for community involvement in glacial lake field research: The case of Imja Glacial Lake, Khumbu, Nepal Himalaya. In: Sing RB, Schickhoff U & Mal S. Eds.: *Climate, Glaciers and Vegetation in Himalaya: Contribution towards Future Earth Initiatives*, Springer Publishing, 235-250.

Watanabe T & Shirasaka S. 2018. Pastoral practices and common use of pastureland: The case of Karakul, northeastern Tajik Pamirs. *International Journal of Env. Research and Public Health*, 15, 12.

あとがき

渡辺 悌二

本書の内容の多くは，2005年から10年以上にわたってキルギスとタジキスタンを中心に行われた研究にもとづいている。1999年，まだタジキスタン国内が，ひじょうに緊迫していた時期に，たまたま，私は，国連の環境アセスメントに加わり，タジク・パミールに調査に入る機会を得ることができた。その経験から当初はタジキスタン側から調査に着手し，次いでキルギス側に調査対象範囲をひろげていった。最初の2年ほどはタジキスタン側では自由な調査は，ほぼ不可能な状況にあり，現在の中国での調査以上に行動が著しく制限されていた。

一方，キルギス側では調査開始時点から自由な行動ができた。アライ谷を初めて訪れたときは，すでにタジキスタンでの調査を進めていたため，すべてをタジキスタン側と比較するようになっていた。アライ谷には広大な草地がひろがっていて，タジキスタン側とは天と地ほどの違いを感じた。1991年の独立以降，内戦の影響をもろに受けてしまい，教育レベルを初め，さまざまな点で大きな差をつけられて遅れをとったタジキスタンと，内戦を経験せずに比較的「のんびりと」できたキルギスとを比較せざるをえなかったのである。

アライ谷の最初の個人的印象はザアライ山脈とアライ谷の組み合わせが，まるで北海道の日高山脈と十勝平野の一部のようだ，ということであった。中島みゆきが「十勝は地の果てに天の果てから風が吹いてきてぶつかるところ」と述べたらしいが，アライ谷は，まさにこの表現が当てはまるところである。ザアライ山脈の主峰レーニン峰は地元の長老たちから「風の神の山（ジェール・アイダル山）」とよばれることがあり，アライ谷で調査を行っている間には「天の果て」であるレーニン峰から吹いてくる強風を何度も経験した。

冬には，ときに氷点下35℃よりも，さらに冷え込む辺境の地で質素な家屋に石炭ストーブという，まるで私が小学生の頃に住んでいた十勝平野を思い起こさせる世界がパミールにはひろがっていた。

クルグス族は蒙古斑をもっていて，さらには私たち日本人と顔立ちがよく似ていて，日本にいる知人にそっくりな顔をした人があちこちにいた。彼らの多くは日本人とクルグス人の先祖が同じであると信じて疑わない。それだけに日本人に対しては，とても優しかった。

ときにはノミ・シラミ・南京虫に襲われ，またヒツジの出汁が効いた，しかし小さなジャガイモのかけらが一つ入っているだけのスープと，固くなったパン，紅茶だけの夕食で過ごし，標高4,500 mの峠を越えるときもロシア製ジープでは車内も外気も同じ氷点下の温度で‥‥と，とても快適とは言いがたい条件で調査を進めた。しかし，あっという間に調査は10年ほど続き，その間に携帯電話が使える場所が現れ始め，オシにはポスト・ソ連時代の快適な宿泊施設が数多く建設されるようになり，ビシュケクやドゥシャンベでは5つ星の国際チェーン・ホテルに宿泊することも可能になってきている。

こうした地域での調査には財政支援が不可欠で，大学の調査チームは，いつも財政面で問題を抱えている。まだわかっていないことが，あまりにも多いのに，10年ほどにわたって科学研究費を受けていると「もういいんじゃないの？」と評価されてしまい，調査の長期的な継続が困難になってしまった。しかし調査チームにも新陳代謝が必要で，将来にパミールで調査を行う次世代の若き研究者たちが，さらに変化してゆくパミールをしっかりと記録してくれることを期待して，ここでこれまでの成果をまとめておくことにした。

この研究チームには，大学の研究者に加えて，修士論文研究あるいは博士論文研究のために大学院生が参加してくれた。太平洋のフィジー諸島出身のレンバ・ガウナビナカ（Leba Gaunavinaka）と，中国からの留学生であった劉 潔（Jie Liu），宋 鳳（Fong Song），それに劉 泱（Yang Liu）は修士論文を執筆し，小松哲也と劉 潔は博士論文を執筆した。またキルギス側のカウンターパートであるマクサトベック・アナルバエフ（Maksatbek Anarbaev）をドイツ・ベルリン自由大学博士課程に送り込むことに繋がった。

この研究プロジェクトは多くの人的および経済的支援のもとに実施が可能となった。もともと，この研究は国際連合大学（国連大学）のGEF/UNDPプロジェクト「パミール高原とパミール・アライ山脈における持続可能な土地活用（通称PALMプロジェクト）」への学術的側面からの支援を行うことで始動した。また，この研究はフューチャー・アース（Future Earth）のコアプロジェクトの一つである全球陸域研究計画（Global Land Programme, GLP）への貢献でもある。

プロジェクト初期段階では当時の国連大学第4代学長ハンス・ファン・ヒンケル（Hans van Hinkel）教授，同大学元副学長である安井 至東大名誉教授ならびに鈴木基之東大名誉教授，同大学元上席顧問の吉野正敏筑波大学名誉教授（故人）ほか，国連大学関係の諸先生やスタッフにお世話になった。同大学のリボル・ヤンスキー（Libor Jansky）教授と，ニベリーナ・パコーバ（Nevelina Pachova）博士が中心となって進めたPALMプロジェクトへの参画がなければパミールでの困難なロジスティックスへの対応はできなかった。共同で研究に取り組んできたキルギス国家山岳地域開発センターのマクサトベック・アナルバエフ研究員，ならびにタジク国立公園局コクール・カシロフ (Kokul Kasirov) 元所長は現地で多岐にわたる支援を提供してくれた。もちろん，地元住民の協力と理解なしには，この研究の実施はできなかった。

本研究の実施にあたっては，JSPS科学研究費・2005～2007年度基盤研究（B）（課題番号JP17401002），2008～2010年度基盤研究（A）（課題番号JP20251001），2011～2014年度基盤研究（A）（課題番号JP23251001），2005～2006年度住友財団研究助成金（助成番号054031）を使用した。また参加メンバーの，それぞれの所属機関から直接的・間接的な支援提供を受けた。さらに本書の執筆に加わった松山　洋・平田昌弘の二人は，それぞれの研究助成を受けた。

これらの個人・組織に感謝したい。

索　引

【さ行】

【な行】

【は行】

執筆者紹介

（掲載順）

渡辺 悌二（北海道大学・大学院地球環境科学研究院・教授）：刊行によせて，第6章，第7章，第9章，第10章，第11章，第12章，第13章，第15章，第16章，第19章

白坂 蕃（東京学芸大学・名誉教授）：刊行によせて，第9章，第10章，第11章，第12章

小松 哲也（国立研究開発法人日本原子力研究開発機構・研究員）：第1章，第2章

岩田 修二（東京都立大学・名誉教授）：第1章，第3章

平川 一臣（北海道大学・名誉教授）：第2章

松山 洋（東京都立大学・都市環境科学研究科・教授）：第4章

荒瀬 輝夫（信州大学・農学部・准教授）：第5章

泉山 茂之（信州大学・農学部・山岳科学研究所・教授）：第6章，第7章

アナルバエフ マクサトベック（キルギス国立山岳地域開発センター・主任研究員，ベルリン自由大学・博士課程）：第7章

平田 昌弘（帯広畜産大学・人間科学研究部門・教授）第8章

宋 鳳（玉一商店・生産管理部・社員）：第11章，第12章

劉 潔（デロイト トーマツ コンサルティング・社員）：第12章, 第13章

宮原 育子（宮城学院女子大学・現代ビジネス学部・教授）：第14章，第15章

カチキンバエフ ソベットベック（ゲストハウスMatsunoki・経営）：第14章

劉 泱（JTB首都圏・インバウンド事業）：第15章

澤柿 教伸（法政大学・社会科学部・准教授）：第15章

水嶋 一雄（日本大学・名誉教授）：第17章，第18章

落合 康浩（日本大学・文理学部・教授）：第17章，第18章

変わりゆくパミールの自然と暮らし
―持続可能な山岳社会に向けて―
Changing nature and people's life in the Pamir:
Towards sustainable mountain society

2021年10月30日　初版第1刷発行

編著者　渡辺悌二・白坂蕃
Teiji Watanabe and Shigeru Shirasaka (eds.)

発行者　谷村勇輔
発行所　ブイツーソリューション
〒466-0848 名古屋市昭和区長戸町4-40
TEL：052-799-7391 / FAX：052-799-7984
発売元　星雲社（共同出版社・流通責任出版社）
〒112-0005 東京都文京区水道1-3-30
TEL：03-3868-3275 / FAX：03-3868-6588
印刷所　モリモト印刷

万一、落丁乱丁のある場合は送料当社負担でお取替えいたします。
ブイツーソリューション宛にお送りください。
　ISBN978-4-434-27278-3